縱橫200年,
帝國來臨前的權力賽局

故事戰國

任超
著

目錄

壹

變法圖強

法家的起源

春秋末年，魯國的孔子已年近七十。遠離魯國政壇多年的他，早已看透了世間萬物，內心已從心所欲。人近黃昏，孔子只想做做學問、帶帶學生，平靜地度過餘下歲月。

然而，一位前來求學的年輕人，徹底打破了孔子平靜的生活。這位年輕人不僅在求學期間對儒家思想發出了質疑之聲，更是在此後的歲月裡開宗立派，為儒家帶來了相愛相殺數百年的競爭對手。

前來求學的是一位出身貧寒的年輕人，姒姓，卜氏，名商，字子夏，比孔子小四十四歲。子夏雖然家境貧寒，但是孔子毫不介意地收他為徒。

初入孔子門下，子夏就展現出了學霸的天賦，只要是孔子在課堂上講過的知識，他就能一字不落地複述出來，簡直是活生生的人肉播放器。並且他還能將所學知識點舉一反三，具有很強的發散性思維。

才華如此出眾的學生，很快就被魯國高層看中。子夏被安排去莒父擔任地方官員，去基層歷練，作為國家儲備幹部培養。

子夏在治理莒父這段時間，政績斐然。這個學霸不是對所學知識生搬硬套，而是活學活用，讓當地老百姓過上了小康的日子。

子夏工作了一段時間後，利用節假日回來看望孔子。一般畢業後的學生回母校看望老師，都會對老師說些客套話，感謝老師的教導之恩，子夏也不例外。子夏拜見孔子後，恭敬地坐下。

孔子笑著說：「聽說你在莒父幹得不錯。」

子夏：「那都是您教導得好。您當初不嫌棄我出身貧寒，收我為徒，盡心教育我。」

孔子：「那是為師應盡的義務。對了，你說說，你是如何治理莒父的。」

子夏：「就算是小的技藝，也是有可取之處的。只要這些技藝能幫助生產，有利潤可圖，我就讓各行各業的百姓認真鑽研。他們有了一技之長便可以豐衣足食，經濟就能快速增長。大的道德節操上不能有踰越，小節上有些隨意也是可以原諒的。對於作姦犯科的人，應按照刑罰嚴懲。」

孔子聽完，整個身子忍不住了。他平時教導學生治理國家要「為政以德」，「德」的核心就是「禮」與「仁」。然而自己的得意門生子夏非但沒有把自己的思想貫徹實施，還反其道而行之，不僅根本看不到「德」，還追求物質上的「欲速」與「小利」，這不僅是對自己作為一位先進教育工作者的最大否定，更是搞出了異端邪說。

作為一名德高望重的老師，孔子要把自己的學生重新引上正軌。

孔子嚴肅地說：「為師今天想教導你，做事不要急於求成，不要貪圖小利，否則欲速則不達，貪圖小利更做不成大事！」

子夏早料到老師會這樣批評自己。他鼓起勇氣說：「老師，您說的都對。我始終不忘您主張的『禮』與『仁』。可是周平王東遷雒邑後，天子大權旁落，禮崩樂壞三百年，弒君七十二，亡國五十六。要想恢復『禮』，就必須國富民強，這樣國家與社會才能恢復秩序，否則就有被吞併的危險。要想恢復『仁』，就必須用政令、刑罰驅動百姓，一味地說教並不能感化所有人，只有恩威並施，人才會遵紀守法，心存善念。」

孔子聽完，仰天長嘆了一聲，隨後說道：「子夏，你要做君子儒，不要做小人儒。」

子夏眼見老師面露不悅，不敢再惹老師生氣，畢竟孔子已年近七十了，於是他退出了房間。

師徒為學術爭論是難免的事，事情過去就過去了。然而這一場爭論就像蝴蝶效應一樣，南半球的一隻蝴蝶微微搧動了一下翅膀，幾個星期後在北半球可能演變成了一場龍捲風。

中國教育自古以來有一個傳統，就是要求孩子在家聽父母話，在學校聽老師話。然而歷史上無數事例告訴我們，打破舊規則、創造新世界、制定新秩序法則的，往往都是質疑型學生，因為他們有不同於凡人的思想，有敢於創新的精神。

幾年後，孔子死了，弟子們為孔子守孝三年。守孝結束後，弟子們就要各奔東西了。子夏不願留在魯國這樣的彈丸之地，想找一個更廣闊的天地去施展自己的才華。

在臨走前，子夏特意拜別孔子的孫子子思。子思的父親孔鯉在孔子生前就去世了，子思是孔子唯一的後代，也是四書五經裡《中庸》的作者。此時子思還是個小朋友，孔子在生前將他託付給另一位得意弟子曾參撫養。

曾參就是四書五經裡《大學》的作者，被後世尊稱為曾子。作為新監護人，曾參牽著子思的小手，代子思向前來拜別的子夏行禮。

子夏說：「我打算西去晉國。晉國雖然內部混亂，但越是危險的地方，越充滿機遇，更能發揮我的所學。」

曾參說：「我選擇留在魯國，老師將子思託付給我，我要好好教育他。」

子夏說：「我與你不同，人在亂世之中，想獨善其身是不可能的，我們的老師不也曾想改變這個世界嗎？這個世道太亂了，只有『禮』才能規範每個人的行為。君君臣臣父父子子，每個人能恪守自己的本分，不僭越，這樣才能讓天下井然有序！」

曾參聽完皺了皺眉：「士不可以不弘毅，任重而道遠。仁以為己任，不亦重乎？死而後已，不亦遠乎？」

講到這裡，子夏明白自己與曾參話不投機，於是就此拜別，頭也不回地走了。

子夏背起行囊，帶上儒家的《詩》、《書》、《禮》、《樂》、《易》、《春秋》六經，踏上西行之路。他到達晉國後，選擇了在晉國的西河開辦私學，像孔子一樣，開始了教書生涯。

然而，正是子夏此次西行開啟了孔子死後儒家內部的大分裂。

活躍在戰國時期的儒家可以分成兩大宗，一個是禮派，一個是仁派。在禮派看來，要想改變亂世，恢復孔子理想的禮制，讓社會秩序井然、尊卑有序，光靠說教感化是沒有用的，必須透過強而有力的改革方式來達成。說直白點，手段要狠硬。

在仁派的眼裡，要想改變亂世，就要相信老百姓是善良的，是可以被教化的，對他們施以仁政，手段要柔和。

就在子夏到達晉國後不久，西元前四五三年，魏、趙、韓三家分晉。這是一件劃時代意義的大事，晉國國君雖然還在，但國內大權已分屬三家，晉國在事實上已經滅亡。

子夏在西河地區教書。作為孔子的高徒，他憑藉淵博的學識，很快在西河地區打開了教育市場，魏國國君魏桓子特意請子夏給自己的兒子魏斯教書。

自古以來，讀書人的最高理想就是要做帝王師！國君是國家的一把手，一把手的老師更是受萬人敬仰。透過教育國家一把手，從而實現自己的政治理想與人生抱負，這是所有古代讀書人夢寐以求的。

天上掉下如此巨型的蛋糕，子夏欣然接受。他隔三差五進宮給魏斯小朋友上課，由於教書效果好，子夏的禮派思想開始在魏國流行起來。子夏憑藉儲君老師的金字招牌，在魏國西河地區收了眾多學生，形成了自己的學派。歷史上，子夏在西河地區的學派被稱為西河學派。

西河學派吸引了各國大量的尖子生前來報考。西河學派裡，學習成績優秀的學生會被魏國政府派往地方擔任高級官員。整個魏國出現了一個很奇特的景觀，國內上上下下充斥著子夏的學生，整個國家都被西河學派操縱著，全國上下都是布衣卿相。

統一德國的鐵血宰相俾斯麥說過這麼一句話：「普魯士在戰場上的勝利，早在小學的課桌上就被決定了！」而魏國在戰國初期的輝煌，也是在子夏的課堂上就已經決定了。

子夏以刑罰作為工具，用鐵與血的意志維護禮，讓整個魏國秩序井然。他們沒有想到的是，自己跟老師學的明明是正經八百的儒家學問，後世卻把他們這群依法治國的人稱為「法家」。

儒家成為孕育法家的母體，魏國的法家實際上是儒家禮派的學生。即將登場的戰國法家第一人李悝，就是子夏的高徒。再比如戰國後期的李斯、韓非子，他倆作為法家的著名代表，就是穿上公務員外衣的儒家禮派學生，他倆的老師是儒家的著名人物——荀子。荀子同子夏一樣，也是儒家禮派。

子夏無意中造就了戰國時叱吒風雲、改變歷史走向的法家！

西元前四四六年，魏桓子死了，魏斯小朋友繼位成為魏國一把手。魏斯是一位有志青年，他不願當名義上的晉國臣子，要做就做真正的國君！

西元前四二四年，魏斯自稱為侯，他就是戰國初期威震天下的魏文侯。

在西河學派思想的指引下，魏文侯身邊人才濟濟，魏國成為戰國初期一顆冉冉升起的新星。而魏文侯每天辛勤工作，從來不敢偷懶。

如果有人問魏文侯為什麼這麼拚，他會哭著對你說：「老祖宗搶的地也太奇葩了，你看看魏國的地圖就知道了！」

中央集權

翻開戰國初期地圖，當看到魏國疆域時，很多人會不禁笑出聲。因為魏國版圖造型也太喜感了，就像一條肥肥的秋褲。

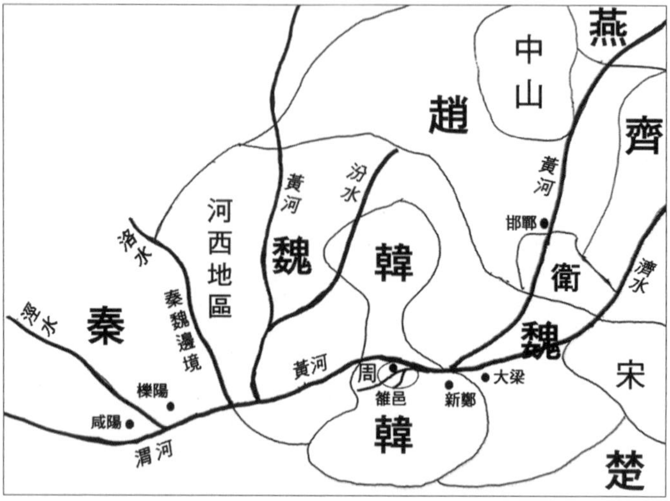

圖1　戰國前期魏國形勢圖

秋褲讓人免受寒冷的侵襲，會給人一種溫暖的感覺。然而，魏國這條「秋褲」非但不能讓人感受到一絲溫暖，反而會讓你有種冰錐扎心的感覺。

魏國這條奇葩的「秋褲」，兩條「褲腳」下面是楚國。與晉國同是超級大國的南天一霸楚國曾多次稱霸中原，號令天下諸侯。一部春秋史，就是晉楚兩國爭霸史；「褲腰」上面是趙國。趙國是三家分晉的領頭羊，分得的領土也最大，實力不可小覷；「褲腿」左邊是秦國。秦國是西方大國，稱霸西北，民風彪悍，敢打敢殺，還曾把滅了西周的戎人打得滿街跑，號稱「蠻夷鬼見愁」；「褲腿」右邊是齊國。齊國是東方富國，靠近大海，出產當時的強勢貨幣食鹽，家裡小日子一直過得不錯；兩條「褲腿」之間，還夾著一個韓國。韓國在戰國史上是最沒有存在感的國家。但別看韓國躲在魏國「褲襠」一下好像受到胯下之辱，實際上由於韓國被魏國包圍了大半部分，魏國成了其天然肉盾，韓國只要和魏國打好關係就行。

可以數數，戰國七雄分別是秦、楚、齊、魏、燕、趙、韓，而魏國分別與五雄接壤。戰國時，著名說客張儀就曾精闢地評價過魏國：「地四平，諸侯四通，條達輻輳，無有名山大川之阻……固戰場也。」如果把戰國比做一局即時戰略遊戲的話，魏國正處於「天下」這張地圖的中心，這是各路遊戲玩家打野的地方，屬於四戰之地。

魏文侯做為魏國的初代國君，一看魏國地圖，就會哭著說：「我太難了！」

若想不被人欺，就要具備自己的實力。

農業是古代國家的命脈，要想農業增產，水利顯然少不了。春秋時地廣人稀，洪水暴發也沖不走幾個人，破壞力不大。到了戰國時期，各國開始變法，鼓勵生產，人口開始爆炸性增長，一場洪水下來，無數老百姓被捲走，國君找誰徵兵徵糧？

在古代，水利對於一個國家來說是頭等大事。水利修得好，可以灌溉河兩岸良田；水利修得不好，一場大洪水能讓一個國家一夜陷入貧困。

讓魏文侯頭疼的是漳水。漳水是黃河的支流，位於燕、趙、魏三國邊境，一到春夏雨水到來的時候，就開始發洪水。漳水性情不定，與愛變道的黃河有一拼，人送綽號「小黃河」。

漳水邊上有一個軍事重鎮鄴城，那裡的百姓飽受其苦。再沒人治理漳水，鄴城的老百姓就要跑光了，到時誰來守衛邊疆？

魏文侯希望有大臣願意去鄴城支援，可以保留原有職務，回來後還大大提拔，可是根本沒人願意去。朝堂上的大臣都是混跡官場多年的老油條，官場經驗一個比一個豐富。他們知道，治理鄴城的關鍵不是靠行政，而是靠水利。水利是工程專業，從來沒有學過水利專業的大臣才不會傻到去蹚鄴城的渾水。再說，萬一洪水暴發，自己也餵魚蝦了怎麼辦？

企業找不到合適的人才，怎麼辦？如果放到現在，企業就會去找獵人頭公司，厲害的獵人頭可以慧眼識人，給雇主推薦想要的人才。魏國朝堂一位叫翟璜的大臣，就是戰國第一獵人頭專才，西門豹、樂羊、吳起等都是他挖掘來的高級人才。

他向魏文侯推薦了西門豹，魏文侯對西門豹進行面試後，發現這人不光精通水利，在行政方面也頗有見解。魏文侯對西門豹很是滿意，封他為鄴城令。

西元前四二一年，西門豹前往鄴城，開始了他的傳奇生涯。

我們在學生時期可能聽過一篇〈西門豹治鄴〉。故事是這麼說的：西門豹來到鄴城後，看到十室九空，民不聊生。因為漳水經常氾濫，當地的長老、縣吏、巫婆發現了一個生財之道。他們對老百姓說，漳水裡面住著一位河神，河神喜歡美女，只要給河神娶老婆，就不會有洪水了。婚嫁是要有嫁妝的，每次給河神娶親，這些惡勢力就以陪嫁的名義趁機搜刮老百姓的錢財。

他們編造的河神如此不正經，可是老百姓畏懼他們的權勢，不得不向這些惡勢力屈服。

西門豹來到鄴城時，正好趕上惡勢力又給河神娶老婆，無數百姓在旁邊圍觀。西門豹看見一個被盛裝打扮的小姑娘坐在岸邊，她將被當作河神新娘扔到河裡。

子夏的儒學在魏國大紅大紫，魏文侯與朝內很多官員都是子夏的學生。而子夏的老師孔子說過：

「未能事人，焉能事鬼？」這句話簡單的意思是，活人的事都沒搞好，怎麼能搞鬼神的事。孔子一生都對「怪力亂神」極其反感，魏文侯崇尚儒學，師祖孔子討厭鬼神，鄴城作為魏國基層怎麼能大搞封建迷信禍害百姓呢？

西門豹雖不是子夏的學生，卻是一名無神論者。他打算用科學的方法反迷信。

西門豹對在場眾人喊道：「河神喜歡漂亮姑娘，我看獻給河神的姑娘長相如此醜陋，河神娶了肯定不高興，一不高興就要發大水！巫婆，麻煩你對河神說一下，過兩天我給他找個漂亮的姑娘送過去！」

話剛說完，西門豹的手下就把巫婆扔進了洶湧的漳水裡。在場的眾人看傻了，誰也沒想到西門豹這麼狠。

西門豹對著漳水看了半天，又說：「咦，巫婆怎麼還沒有回來？再派人去催催！」於是西門豹的手下把巫婆的弟子也扔了下去。

又過了一會兒，西門豹又說：「咦，巫婆的弟子怎麼還沒有回來？再派長老、縣吏去催催！」只聽「撲通」幾聲，長老和縣吏也被扔進河裡。

周圍的百姓見到此景，大聲叫好。除掉惡勢力，讓西門豹在鄴城樹立了崇高的威望。鄴城治安穩定之後，西門豹開啟了基建狂魔的模式。

西門豹真正的強項是水利，這也是他被魏文侯派來鄴城的重要原因。漳水經常氾濫，而鄴地又是鹽鹼地，如何讓水量過多的漳水灌溉鹽鹼地，需要修建一個巨大的水利工程。

再大的工程在中國人眼裡都不算什麼，因為中國人自古以來就有「人定勝天」的理念。遇到大山，中國人可以愚公移山；遇到史詩級大洪水，中國有大禹治水。西門豹徵集當地百姓，起早貪黑治理漳水，魏文侯也調集眾多資源給他。

西門豹用「磴（ㄉㄥˋ，石階）流十二，同源異口」的方法治好了漳水。漳水流域附近地面西高東低，西門豹在漳水附近不同的高度上修建了十二道攔水壩，每道攔水壩又向外引出一條渠。透過這個方法，鄴城既控制了經常氾濫的漳水，又灌溉了兩岸的土地，從此變成魚米之鄉，畝產量提高了八倍。

後來，富庶的鄴城成為六個朝代的首都。三國時曹操把鄴城定為首都，後趙、冉魏、前燕、東魏、北齊也定都於此。

西門豹修建水利之舉，讓魏國成為戰國時的水利強國，後來也出了不少水利專家。

就在西門豹在鄴城大修水利時，勵精圖治的魏文侯總感覺少了點什麼。熟讀歷史的魏文侯知道，明君身邊都會有治世能臣。齊桓公身邊有管仲、鮑叔牙，吳王闔閭身邊有孫武、伍子胥，越王勾踐身邊有范蠡、文種。可是，自己身邊卻沒有一個智商爆表、能力超強的幫手。雖然魏國滿朝都是自己的師弟，魏文侯用得也很順手，可是其中沒有一個特別亮眼的。

就在魏文侯苦惱的時候，他的老師子夏又給他送了個小學弟來。正是這位小學弟，把魏國推上了戰國初期的頂峰。

子夏推薦來的這位小學弟叫李悝，史書上又稱李克，他是魏國人，比魏文侯小十七歲。李悝是法家開山老祖，商鞅在他面前也只有拎包的份。

李悝拜在子夏門下後，認真學習，把儒家六本教科書背得滾瓜爛熟。而且李悝不但學習好，還有創新求變的精神，能把所學知識與當時實際情況相結合，並提出驚人的見解。

這樣的創新型學生不正是魏國需要的嗎？

於是子夏送給了魏文侯。

魏文侯坐在殿上，李悝向國君兼學長恭敬地行了禮。

魏文侯雖為國君，但是具有禮賢下士的精神。他對李悝說：「請您說說，如何才能治理好一個國家？」

李悝侃侃而談：「這是一個禮崩樂壞的時代，每個人為了自己的慾望去爭奪自己想要的東西，慾望也是天下動亂的根源。」

「孔子說過『克己復禮』，就是透過克制自己的慾望，使自己的言行符合禮制。其實慾望並沒有什麼壞處，我們身處亂世之中，如果不爭，就會被時代大潮淘汰。國家如果不爭，也會被他國消滅，無數國破家亡的例子擺在我們面前。」

「所以，人的慾望在正確引導下，也會有好的一面。國家要獎勵那些勤勉耕作的百姓，給那些有才之人上升的管道，讓他們成為國家的棟梁。然而光靠人的自覺是不夠的，還要透過刑罰來維護禮制。只要每個人的奮鬥合乎禮制，國家就會太平強盛。」

「時代大潮瞬息變幻，我們不能光守著書本知識，要根據情況來做人做事。變則生，不變則死！」

魏文侯聽完被徹底震撼了。面前這位年輕的學弟竟把儒家禮派的思想闡述得如此精妙，實在讓人佩服！作為大師兄，魏文侯也聽出了李悝的弦外之音：在這個變幻多端的世界，必須透過強而有力的手段，讓國家與人快速轉變順應時代潮流，而最靠譜的手段就是「刑罰」。

魏文侯內心十分佩服李悝的好勝進取之心，他完全接受了李悝。在此次的交談中，這倆人已站到了大時代的風口浪尖上，這個風口就是「變法」。

變法？

魏文侯有些猶豫。他也知道，任何政治改革都會牽一髮而動全身，如果處置不好，便會玉石俱焚。之前沒有諸侯國搞過變法，這臨門一腳怎麼踢，誰都不知道。

在與李悝談完話後，魏文侯覺得這位學弟可以作為變法的先驅，讓他去踢這臨門一腳。

由於李悝沒有基層工作經驗，魏文侯怕他是個只會說不會做的人，為了保險起見，就先把他派到地方上鍛鍊一下，把李悝自己的治理地區當作試驗田。

魏文侯很會挑地方，他安排李悝擔任的是上地郡的太守一職。上地郡說是一個郡，倒不如說是戰爭前線。因為上地郡位於黃河以西，就是歷史上常說的河西地區，正好在秦魏兩國的交界處。

由於上地土地肥沃，是兩國嘴前的大肥肉。秦國對著河西地區一直流口水，秦魏兩國沒少為河西地區爆發邊境衝突。秦國作為一個大國玩家，在春秋時代就練到滿級了。萬一哪天秦國徹底翻臉，率大軍殺過來，魏國這個新玩家想憑一己之力去對抗一個滿級玩家，這難度相當於史詩級的。

但是，再難的問題，也有解決辦法。

李悝在擔任上地郡太守期間經常下基層，他發現上地郡的民風太彪悍了。由於上地郡緊挨著秦國，經常會遭到秦人騷擾，當地老百姓為了守護自己的家園，簡直拼了老命。只要秦人一來，田間耕種的農民拿起鋤頭，家裡做飯的婦女拿起菜刀，直接就上戰場了。在李悝眼中，這是多好的兵源呀！為了提升老百姓的戰鬥力，為日後儲備兵源，李悝想出了一個主意。於是一個故事誕生了，叫作「射箭斷訟」。

故事是這麼說的：李悝擔任上地郡太守後，下令以射箭來斷訴訟案的勝負。法庭上，原告與被告兩人比賽射箭，誰贏了誰就勝訴。於是上地郡百姓開始勤學箭術，為魏國提供了優質兵源。

這故事聽聽就可以，別當真。如果這故事讓死去的李悝知道的話，他一定會從墓裡爬出來掐死那個編故事的人。法家的核心思想就是公平正義。李悝在他後來的《法經》裡把罪名與刑名統一了起來，也就是現在法律上說的「罪刑法定」，說直白一點，這人有沒有犯罪，法律說了算。「射箭斷訟」的故事中，誰勝訴不是法律說了算，而是看誰射得準，無異於砸法家招牌。

這個故事編得很拙劣，不過編故事的人是想告訴我們，李悝在擔任上地郡太守時，把百姓當作預備役士兵來培養。

李悝在上地郡做了一段時間，成績斐然，當地不光GDP上去了，百姓也被李悝打造成上得了戰場、下得了農田的準軍事化部隊。李悝在上地郡這塊試驗田上做得很好，看來他不光是個理論家也是實踐者，於是魏文侯趕緊把他上調高層，委以重任。

一場開天闢地的變法，正式拉開帷幕。

戰國初期，變法就是一個風口，哪個諸侯率先站在這個風口，就能迅速騰飛，吊打他國。

作為法家先驅，李悝的任務就是要把魏國推到變法的風口上。可是變法絕不是嘴上說說那麼簡單。很多人印象中，法家的主要建樹是在法律上面，其實不對。法家不光是法律研究，也實施行政和經濟建設。

中華民族不是一個因循守舊的民族，幾千年來一直在變法，一直在創新，有變法成功的，也有變法失敗的。變法成功者名垂青史，變法失敗者死無葬身之地。

什麼是變法？說專業點，就是對國家的法令制度做重大的變革，從而讓國家變得富強。國家的財富就像一塊蛋糕，誰看見都流口水，誰都想多吃一口。春秋時，誰胳膊粗，能打贏，誰搶的蛋糕就多，沒有固定規則。但到了戰國就不行了，因為戰國人口實在太多，各諸侯國都在思考如何重新劃分蛋糕，否則家裡三天兩頭就會為了搶蛋糕而火併。

李悝變法要解決的問題有三個：

一、如何把這塊蛋糕做得又大又香？

二、如何建立劃分大蛋糕的規則，決定誰分得多，誰分得少？

三、如何懲戒不遵守劃分蛋糕規則的人？

針對第一個問題，李悝的回答是：必須從農業入手。

古代沒有現在的重工業，經濟除了農業就是商業，有的國家選擇重農，有的國家選擇重商。但是無論重農還是重商，都要解決最根本的吃飯問題。

商業可以透過貿易先獲得巨大利潤，再透過貿易交換糧食。最典型的要數古代地中海周圍的文明，腓尼基人、古希臘人、迦太基人透過航海在地中海區域開拓貿易，購買糧食。可是戰國時，華夏大地上的諸侯國可以重商嗎？答案是不可以。

從環境來講，地中海相當於一個內湖，豎起帆、盪起雙槳就能做生意了。而李悝變法的魏國深處內陸，在黃河旁邊，魏國人連海長什麼模樣都沒見過，沒有海運不可能發展出強大的貿易。

所以在李悝看來，提高糧食產量才是王道，魏國必須重農，指望商業來提高國力是不行的。再說，中國古代君王最討厭的就是人口流動，人都跑去做生意了，找誰徵兵，找誰修黃河堤壩？

魏國走重農主義路線，就必須提高糧食產量，首先要保障農民的權益與積極性。魏國作為獨資企業，魏文侯作為老闆和唯一股東，獨自占有所有的土地與百姓，絕不會分給中階幹部。

趙、魏、韓三家在瓜分晉國前，就把自己領地上的土地授予老百姓耕種，不許販賣，自己收租當地主，這就是「授田制」。

魏國的基層員工都是小農，國君作為全國最大也是唯一的地主，是小農經濟的堅定捍衛者，堅決杜絕地主存在。自家的地都是祖上分封和用命搶來的，怎能允許老百姓私自販賣？退一萬步來說，如果允許私自販賣土地，會出現什麼情況呢？有錢的人就會炒地皮，大量兼併土地，自己當地主。人都有個天災人禍，小農急需用錢時把地賣給地主，自己就變成了佃農。佃農給地主打工交租，萬一地主是個惡霸，抬高租金逼得佃農活不下去，佃農跑了怎麼辦？

如果國內出現地主，國君徵收賦稅時該找地主還是找佃農？更可怕的是，大量土地兼併，會導致基層百姓流離失所，到時國君去哪裡徵兵？另外，如果土地被地主兼併了，哪還有土地獎勵給有戰功的軍人？

縱觀中國歷史，我們可以看到，當一個王朝土地兼併嚴重時，它就由盛轉衰，財政難以為繼，徵兵徵不上來，只能搞募兵制，結果將領擁兵自重。

在李悝眼中，魏國基層員工家庭最理想的模式是五口之家。李悝說過這樣一句話：「一夫挾五口，治田百畝，歲收畝一石半，為粟百五十石。」意思是，一家五口人，可以種一百畝的地，一畝地一年可以上交國家糧食一石半，一百畝地合計上交一百五十石糧食。

只有保護好小農，才能穩定魏國的基層，糧食、兵源也會滾滾而來。

為了穩定魏國的經濟基礎，李悝頒布了影響後世的法令——平糴（ㄉㄧˊ）法。

糧食市場上一直有這麼個怪循環，就是「穀賤傷農，穀貴傷民」。就是說糧價太便宜了，農民入不敷出；糧價太貴，城市居民負擔不起。只要糧食價格存在波動，商人就會囤積居奇，投機倒把，最後導致農民破產，國家財政困難。

糧食豐收時，糧價會下跌。為避免糧價下跌，政府會根據豐收情況買進農民手中多餘的糧食，然後儲備起來以備不時之需；糧食歉收時，糧價會上漲。為避免老百姓吃不起糧食，政府就會根據歉收情況，平價出售糧食。

李悝不光頒布《平糴法》從法令角度保護小農，更在政策上鼓勵農民自力更生，豐衣足食。這一政策叫「盡地力之教」，說通俗點，就是能種的農作物全都要種，地裡能種什麼就種什麼，不留一塊空地。

李悝要求田裡要種小米、黍子、麥子、大豆、麻五種作物。萬一其中一種農作物遇到災害，靠其他農作物也不會餓死。住宅的四周也不能空著，全部都要利用。院子裡要多種些瓜果蔬菜，還要多種樹，但不能亂種，必須種桑樹。

如果在戰國時期對炒地皮的人和商人做問卷調查，問他們最痛恨的人是誰，李悝肯定高票當選。可也正是李悝，確保了百姓安居樂業，壯大了小農經濟，提升了魏國國力。

魏國蛋糕做大了，下面就看怎麼切蛋糕了。

李悝要替魏文侯制定一套劃分蛋糕的規則，也就是財富分配制度。這關乎每個人得到蛋糕的大小，如果劃不好，是要出大亂子的。

李悝實行變法，其實就是要實行中央集權，讓國君大權獨攬。在魏國，只能是國君一人說了算，決不能出現春秋時司空見慣的大夫犯上作亂。所以魏國劃分蛋糕的人，必須是國君。

春秋時代，老子英雄兒好漢。那時的晉國，一個大夫沒有幾百年的家族史，都不好意思在朝堂上混。這樣的家族會長期壟斷權力，霸占著國家財富的大蛋糕，不願與人分享，阻斷有才能之人的晉升管道，更易形成不穩定因素。

李悝的做法很簡單，就是徹底廢除世卿世祿。想要往上爬，必須靠自己的功勳。想吃老本？門兒都沒有。

春秋末期，當魏國祖先還是晉國的大夫時，就在自家領地上實行專業經理人制度，中階幹部做不好就換人，世卿世祿在魏國已沒有滋生的土壤。廢除世卿世祿，能徹底根除大家族的威脅，為國君消滅潛在的對手。這種能保障自己的子孫永遠都是國君的政策，魏文侯當然大力支持。

工作績效在魏國成為個人分得蛋糕大小的唯一依據。不管你是哪國人，不管你出身高低貴賤，只要是人才，我魏國就願意高薪聘用你。你在魏國沒有背景也不要緊，只要你做得好，國君給你當靠山。你只要踏實肯做，就能在魏國出人頭地，房子、車子都會有，做得特別出色還有土地賞賜。不過魏國賞賜的土地是食邑，可不是封地，你可以享有土地的賦稅，但是土地的所有權及行政權仍歸國君所有。

魏國開始變法後，各國也爭相效仿，無數平民進入國家高層，布衣卿相在戰國時變得很常見。可是，在實際操作中，總有心術不正的人對自己分的蛋糕不滿。那麼如何懲戒或警示這些人呢？這就要依靠刑罰了。

在春秋時，每個國家都有法律，晉國的趙鞅就將法律條文鑄刻在鐵鼎上公示。可是這些法律都不成系統。

李悝擔任相國後起草了中國歷史上第一部有系統的法典——《法經》，來確保所有人都遵守分蛋糕規則，並懲戒和威懾那些不聽話的人。這部法典並不是即興創造的，其中很多條文都是李悝結合前人與自己一線工作經驗總結出來的，具有無與倫比的先進性。

《法經》成為法家成員心目中的「聖經」，更是中國法學思想的老祖宗。

有人會說，法家是殘酷邪惡的代名詞，動不動就要削人頭、斷人腿。這話如果讓李悝聽到了，他會憤怒地說：「這鍋我不背！《法經》是管理國家的手段，我內心要實現的是儒家的德政！」

有一次李悝與魏文侯探討人為什麼會鋌而走險，走向違法犯罪的道路。魏文侯問：「刑罰產生的根源是什麼？」

李悝回答：「都是奸邪淫逸引起的。一個人如果飽受飢寒，就會去偷盜殺人；權貴如果淫逸，就會追求奢侈的生活，會為了住豪華的大宅院而侵占農民的田地；當老百姓活不下去的時候，他們就會鋌而走險，此時就不得不用法律來制裁他們。」

魏文侯一邊聽一邊點頭。

李悝繼續說：「治理好國家，要讓百姓安居樂業，教化百姓禮義廉恥。以德治國，這是『本』；靠刑罰維護秩序，這是『末』。作為君主，決不能捨本逐末！」李悝雖是法家開山鼻祖，但他的骨子裡流的是儒家的血。對他來說，刑罰只是維護社會安定的手段，要讓國家真正強盛，仍是靠國君體恤百姓。

春秋時代，法律成為縱容貴族欺壓百姓的工具。「刑不上大夫，禮不下庶人」是春秋時法律的核心思想。那時的大臣都是貴族，有地有兵，如果看國君不順眼是有本錢造反弒君的。而《法經》在懲戒權貴方面有了大大的進步，如果相國與將領接受行賄，他身邊的辦公人員全部要被誅殺，雖然沒有直接誅殺高階官員，但也發揮了震懾作用。當時的公務人員都是膽顫心驚，如果他們發現上級有不法行為，一定檢舉揭發。

李悝的《法經》不光維護公平正義，更保護了老百姓的權益。

李悝用一句話概括了《法經》的終極奧義：「王者之政，莫急於盜賊！」意思是，一個國君要行王道，首要任務就是懲治盜賊。小老百姓不求大富大貴，只求平平安安，人身和財產的安全就是他們最掛念的事。古代刑罰中，對百姓私有財產的侵犯稱為「盜」，對人身傷害稱為「賊」。只有讓老百姓有安全感，能踏踏實實地工作，國家才能穩定繁榮。

李悝變法讓魏國實力大增，如同遊戲中「課金」一般迅速崛起。做為「課金玩家」，魏國接下來要找人練等級、解副本任務。它很快就瞄準了一塊大肥肉——中山國。

貳

滅中山

家有賢妻

魏國如今人才濟濟，行政上，中央有李悝，地方有西門豹；在軍事上，魏文侯手上也有兩位讓天下聞風喪膽的將領，一位是樂羊，另一位是吳起。

樂羊的軍功相當顯赫，因為他滅了戰國第八雄——中山國。

樂羊能有如此大的成就，絕對離不開他妻子的幫襯與教誨。他的老婆可是位列《列女傳》的人，此書中的很多人都是古代女性的道德楷模，能光榮登上此書的女子絕不是一般人。一個男人能有這樣一位賢內助，他的事業無疑成功了一半。

樂羊的老婆是一個賢明且彪悍的女子，樂羊被他老婆管得服服貼帖。樂羊是中山國人，他有一次出門看見路邊有一塊金子，那時也沒有撿到錢要交給政府這一說，撿到的錢那不就是自己的嗎？樂羊高興壞了，立馬把金子拿回家。

樂夫人並沒有因為天上掉金子的事開心，反而因老公愛占小便宜而生氣。她說道：「我曾經聽說過這樣一個故事：盜賊占據的山叫盜山，盜山上的泉水叫盜泉。有志氣的人不願喝盜泉的水，清廉的人不吃嗟來之食。你撿了別人遺失的東西，這是對你品德的玷汙。」

被老婆痛批一頓後，樂羊深感慚愧，趕緊把金子放回原地。

後來樂羊出去遊學。年輕人心浮氣躁是難免的，由於獨自一人在外求學，他經常感到孤獨苦悶。

沒多久，學無所成的樂羊就逃學回家了。

樂羊回家看到許久未見的老婆，心裡又激動又興奮。然而，正在織布的樂夫人看見樂羊逃學回來，不禁怒火中燒，立馬拿起剪刀剪斷正在織的布。

樂羊傻眼了，勤儉的妻子為什麼要毀壞自己的勞動成果呢？樂夫人氣得火力全開，怒斥道：「織布機上的布是我花費時間一寸一寸織起來的。我現在把它剪斷，就是在毀壞我之前的心血。同樣，你出去學習，半途而廢，不也是在毀壞前程，浪費你的人生嗎？」

樂羊看著老婆怒目圓睜，再看看老婆手裡的剪刀，明白自己再不趕緊滾回去上學，怕也要被老婆手中的剪刀剪掉了。

就在樂羊在外求學期間，他家裡出事了。

有一天，有盜賊進了家門，把樂羊的母親給劫持了。樂夫人二話不說，拿著刀就衝了出來。盜賊見到樂夫人頗有幾分姿色，想侵犯她：「只要你從了我，我就放了你婆婆！」

樂夫人是一個貞潔烈女，哪能受得了這種侮辱，立馬拿刀抹脖子自殺了。盜賊頭一回見到如此剛烈的女子，被震懾住了，於是把樂羊的母親放了。

當地官員聽說了此事，賜給樂夫人「貞義」的稱號。

樂夫人死後，樂羊悲痛欲絕。雖然老婆對自己管得很嚴，可她都是為了自己能有出息。再加上樂羊在外求學多年，家裡的事務全都是老婆一人操持，樂羊深感虧欠。他把喪妻之痛埋藏在心裡，打算學成之後，用自己的一番作為去報答妻子的在天之靈。

多年之後，樂羊圓滿結束了求學生涯。此時的他早已不是當年那個毛頭小夥子了，如今滿腹經綸的他背負亡妻遺願，強烈地渴望能有一番大作為。

應屆生樂羊在找工作時，毅然選擇了魏國。因為魏國作為新生的諸侯國，最為包容開放。只要有才能，無論是哪國人，都能在魏國找到發揮自己才華的空間。

樂羊到了魏國後直接求見當時的相國翟璜。魏國當時求賢若渴，高級人才在魏國不需要經過面試筆試的層層篩選，哪怕只是個平民，也可以直接求見國家二把手。

翟璜接見了平民樂羊，天南地北地聊了起來。聊完之後，翟璜覺得這個年輕人是個人才，尤其是在領兵打仗方面有自己的獨到見解，以後如果國家有戰事，必定是個將才。

史書上一直沒有記載樂羊外出求學究竟學了什麼，但我們根據他後來卓越的軍事才能可以推測，他學的應該是兵學。在戰國那樣競爭激烈、戰亂頻仍的時代，最高薪穩定、不愁就業的就是法家與兵家兩個專業。這兩個專業的就業前景，一個是當公務員，一個是當軍官，都是吃皇糧的。

翟璜並沒有直接把兵家專業的優秀畢業生樂羊推薦給國君，而是把他留在身邊當門客，想等到關鍵時刻，把樂羊當作神兵利器獻給國君。樂羊就這樣被翟璜當作門客好吃好喝地養起來了。

春秋時，國君把土地與百姓分封給大臣，分封制的弊端給戰國各諸侯國帶來了血淋淋的教訓。大臣有了自己的封地和百姓，就會有糧、有私卒，從而變成一個獨立的小王國。

戰國時期，諸侯開始搞中央集權。戰國國君賞賜給大臣的土地只是食邑，大臣只享受土地上的賦稅，並沒有土地上的行政權。所以，戰國時，大臣形成不了自己的獨立小王國，手裡卻能有大把的錢。他們不能組建軍隊，就從社會上招聘一些有才華的人做自己的「馬仔」。這些只聽命於主子的馬仔就是大臣的門客。於是，戰國時很多王公貴冑家裡都養了許多門客，這些門客身懷各種絕技，隨時為主子效勞。門客的主子為擴大自己在朝堂的勢力，也會將自己的門客推薦給國君，擔任大臣。戰國時很多叱吒風雲的人物早年都當過門客。

樂羊留在翟璜府裡，翟璜在政務上有拿不定主意的就會找樂羊商量。樂羊在翟璜府中受到優待，有吃有喝，生活十分滋潤。後來樂羊作為翟璜看中的人才，被推薦給了魏文侯，從此開始擔任武將。

翟璜擔任相國期間，大力支持李悝變法。魏國開啟了轟轟烈烈的變法運動，GDP增長速度成為天下第一。人長壯了就要運動運動，諸侯國變強了也一樣，而諸侯國最常見的運動方式就是打仗。很快，樂羊將被魏文侯當作神兵利器，派上了大用場。

樂羊食子

一天，樂羊被召進王宮參加御前會議。到了朝堂，他看見魏文侯、翟璜、李悝表情嚴肅，旁邊掛著一張巨幅天下地圖。樂羊從空氣中嗅到了一絲緊張的氣氛，他知道國君召他來，一定是為了大事。

魏文侯問：「樂羊，你知道當年翟璜當相國時，為什麼向我極力推薦你嗎？」

樂羊恭敬地說：「不知道，還望國君告知。」

魏文侯說：「翟璜最大的能耐就是看人極準。他當年對我說，你將來會是魏國的神兵利器，讓我在必要的時刻用你。翟璜曾建議我吞併中山國，可惜當年魏國國力不足以遠征遙遠的中山國，所以這個戰略計畫一直被擱置著。現在李悝主持變法，魏國國力強盛，已具有遠征中山國的實力。我想聽聽你的意見。」

中山國位於太行山東麓，夾在趙國與燕國之間，因為國家首都裡面有座山，所以稱為中山國。中山國是狄人在戰國初期建立的新興國家。狄人原本是北方的蠻夷，在部落時期就展現出強悍的戰鬥力，經常侵擾中原，曾把衛國、邢國打得差點滅國。要不是當年齊桓公帶領眾多諸侯國抵抗狄人，搞不好狄人就入主中原了。後來晉國成為北方超級大國並繼承了齊桓公的遺志，一直抵抗狄人，並從狄人手中奪取了大片土地。

狄人與諸侯的交鋒過程，也是其融入華夏文明的過程。他們逐漸從部落走向國家，他們的科技樹也被點亮，青銅器製造工藝已經不弱於中原諸侯。中山國擁有戰車千乘，兵力十萬，國土面積約三．五萬平方公里，其綜合國力完全可以算作「戰國第八雄」。

聽魏文侯說完遠征計畫，樂羊震驚了！他自己就是中山國人，深知中山國雖小但實力強悍，而且遠離魏國，與魏國之間還隔著一個趙國。

但是樂羊在地圖上看到中山國的位置後，心裡也明白，國君之所以要吞併中山國，是因為周邊諸侯國中，只有中山國是魏國可以一口吞下的。魏國三面都挨著大國，即西秦、東齊、南楚，對付這三國只能不斷蠶食；與魏國緊密相鄰的趙國、韓國和魏國一樣，都是從晉國分出來的，號稱「三晉」。三晉必須抱團，否則會有被大國吞掉的危險。所以，魏國唯一能一口吞下的大肥肉只有中山國。只要吞下中山國，魏國的國土面積與人口將會大增。

想到這裡，樂羊向魏文侯提出了三個疑問。

「我有三個疑問，不知道當講否？」樂羊恭敬地說道。

「但說無妨！」魏文侯講道。

「第一個疑問，我們魏國大軍攻打中山國，就必須要經過趙國。趙國一定會借道嗎？」

「第二個疑問，我是中山國人，深知中山國不是一個弱國。要滅中山國，絕不是一戰就能定乾坤的，而會是一場艱苦卓絕的滅國之戰，起碼要三年時間。大軍在外征戰三年，糧草供應能充足嗎？」

「第三個疑問，我率大軍在外遠征，國內空虛，如果周邊有他國入侵，尤其是西邊的死敵秦國，該如何應對？」

魏文侯聽完微微一笑，然後說道：「我先回答第一個問題。我寫信給趙國國君，他願意借道給我們。」

李悝緊接著說：「我來回答第二問題。魏國自從變法以來，國力雄厚，可以支撐大軍在外征戰三年。不過你必須要在三年內滅了中山國，否則，中山國沒滅，魏國先流乾了血。」

翟璜最後說道：「我是國家的相國，識人是我最大的本事。你在外帶兵期間，我又為國家選拔了一位蓋世將才，這個人叫吳起。他之前一直在秦魏邊境，手上有五萬魏武卒，個個能以一當十！有吳起和魏武卒在，你就放心地去吧。」

樂羊聽到三位長官的回答後明白了，魏滅中山的計畫早已板上釘釘。他聽聞吳起在秦魏邊境經常打得秦人抱頭鼠竄，可惜一直未曾謀面，於是又提了一個問題：「既然吳起是蓋世將才，為何不讓他領兵去滅中山國呢？」

「因為你是中山國人，你熟悉那裡的一草一木。去滅你的祖國，沒人比你更合適了。這也是我向國君推薦你的原因。」翟璜冷酷地說道。

樂羊心如刀絞。這是要去滅生他養他的祖國，那可是自己的故土啊！更要命的是，自己的兒子已在中山國做官了。去毀滅自己的故國與孩子，任誰都很難邁過這一道檻。樂羊本想仰天長嘆一聲，可是當他看到國君那冰冷威嚴的臉時，又猛地將內心的哀嘆憋了回去，恭敬地回答：「臣一定肝腦塗地滅了中山國。」

西元前四〇八年，樂羊帶著數十萬大軍遠征中山國。

中山國在位的國君是中山桓公。他在歷史上被描述成一位荒淫無道的君主，史官把什麼髒水都往他身上潑。然而就是這位「昏君」，最後憑藉驚人的毅力，在荒山野嶺與魏軍周旋，最後東山再起，將中山再次復國。請問，這到底是一位昏君還是英主？

中山國被滅，不是自己不努力，而是魏國這位「課金玩家」實在要兵有兵，要糧有糧，最可恨的是還有樂羊這位吃裡扒外的「帶路黨」。

樂羊帶著大軍和中山國連續打了三年，戰況極其慘烈，魏軍最後圍困了中山國首都。中山桓公欲哭無淚，人在家中坐，禍從天上來，中山國與魏國無冤無仇又不接壤，不知道自己上輩子幹了什麼壞事，能把魏國從大老遠給招來。

眼瞅著要被打滅國了，中山桓公為報復樂羊，把樂羊的兒子下鍋煮了，做成一鍋肉湯，派使者送給樂羊。

樂羊看著使者送來的肉湯，他能說什麼，能做什麼？自己雖是手握重兵的大將，可是在魏國毫無根基，國君可以把他推上人生頂峰，也可以像拍蒼蠅一樣把他拍死。將士在國君眼裡，只不過是戰爭消耗品。

兒子的死已經無可挽回，盡忠才是做臣子的本分。

樂羊喝掉了用兒子的肉做成的肉湯，然後把碗砸到了地上。他要讓在場的所有人見證他滅中山的決心！

西元前四〇六年，樂羊忍著悲痛率領大軍向中山國首都發起了最後的總攻，中山桓公率剩下的人突圍而去，躲入太行山中與魏軍打起游擊戰。

滅掉中山國後，樂羊原以為自己將會鎮守這片新的國土，萬萬沒想到，一位年輕人的到來，打碎了樂羊的美夢。他就是魏文侯的兒子——太子魏擊，史書稱其為太子擊。

在春秋時，太子是不領兵打仗的，因為如果太子戰死沙場，未來就沒有國君了。太子主要在國內負責宗廟祭祀、社稷大祭和早晚照看國君飲食，又被稱為「冢子」。魏文侯卻是一位「虎爸」，對太子的培養極其重視，他安排子夏高徒田子方作為太子擊的老師。太子擊長大後，又被魏文侯派往秦魏邊境，還在與秦國交戰時奪取了兩座城池。

魏文侯心裡清楚，春秋時代，眾多國君正是因為將權力下放，所以才被大夫篡了國。何況自己老魏家就是篡了晉國的江山，為避免再有人仿效，自己的兒子必須是一個既能上馬領兵又能下馬治民的國君。只有這樣，他才能穩坐江山。

為鍛鍊太子擊，更為了穩固新占領的中山國，魏文侯在樂羊攻滅中山國後第一時間就派遣太子擊前去全面接管樂羊的工作。

樂羊只是實現君王征服意志的工具，征服中山國後，樂羊對於魏文侯來說就毫無作用了。而且樂羊遠在中山國，又手握重兵，萬一哪天造反了怎麼辦？

被調回國內的樂羊心有不甘。他離開中山國無非是想成就一番事業，然而就在勝利的最後關頭，自己的兵權被剝奪，勝利的果實被太子輕而易舉地摘走了。可是樂羊又能怎樣呢？他在王權面前毫無還手之力。

魏文侯對樂羊是打一巴掌，然後給個棗。雖然奪了樂羊的兵權，但是等他回來後，慶功宴該辦還是得辦。慶功宴上，樂羊成為魏國的明星，眾人向他敬酒，把他灌得頭暈目眩，分不清東西南北。

宴會結束後，魏文侯拉著喝得東倒西歪的樂羊來到了後殿。只見一個箱子擺在樂羊面前，樂羊以為箱子裡面是國君賞賜給他的寶貝。

魏文侯對著樂羊微微一笑，說道：「這箱子是我送你的，你把這箱子打開吧！」

樂羊打開箱子後，看到箱子裡面除了數不清的竹簡外，什麼寶貝都沒有。魏文侯拿起一卷竹簡遞給樂羊，示意讓他看看。樂羊打開後，越看越驚訝。看完一卷後，他接著又拿起好幾卷竹簡看。此時，樂羊已經汗如雨下，酒也徹底醒了。

魏文侯笑著說：「樂羊，你還是別看了。你才看了幾卷，額頭就不停冒汗。箱子裡面還有很多呢，你在我這裡是看不完的，帶回家看吧。」

樂羊撲通一聲就跪在地上，磕頭如搗蒜，一邊哭一邊道：「我絕無謀反之心！」

魏文侯趕緊把樂羊扶起，說道：「樂羊，你在中山征戰三年，耗資巨大。國內很多大臣向我告你的狀，說你擁兵自重，畏敵不戰。然而我用人不疑，疑人不用，這些狀子都被我壓了下來。」

魏文侯深諳馭人之術，他解除了樂羊的兵權，卻讓樂羊反而對自己感激涕零。魏文侯也算是個厚道的君主，沒有兔死狗烹，而是賜給樂羊良田美宅，讓他安度餘生。

可惜魏文侯打錯算盤了。樂羊離開中山國後，中山國遺老遺少蠢蠢欲動。英主魏文侯死後，魏武侯繼位，中山國趁機復國。魏國之前流的血，全都白流了。

不過，如果和魏國另一位戰神吳起比起來，樂羊的結局確實很圓滿。

參

命運坎坷的吳起

黑歷史

如果有人問戰國歷史上誰的黑料最多，那麼吳起肯定高票當選。

吳起混過社會，混過朝堂，混過沙場。他在兵法造詣上僅次於「兵聖」孫子，在行政才能上僅次於法家鼻祖李悝，在殺敵數量上僅次於「殺神」白起。雖然在各方面吳起都是「僅次於」，但論綜合實力，他絕對是戰國第一名。

吳起本是衛國人，祖上經商，家有萬金，算是大富豪。中國古代一直重農抑商，哪怕你是天下首富，在眾人眼中也只是一個散發著銅臭味、唯利是圖的小人。吳起從小就過著大富豪的生活，家裡有著金山銀山，不愁吃不愁喝，身邊的佣人前呼後擁。如果換作普通人，可以安逸地度過一生，但他覺得這樣的生活太枯燥乏味，所以他想透過用最簡單粗暴的方式來達到做官的目的，就是買官。

出生於商人家庭的吳起，原以為只要有錢，天底下沒有自己買不到的東西。然而讓他萬萬沒想到的是，在達官貴人眼中，他只是一個白送錢的傻子。

吳起花了很多錢，往達官貴人家裡跑了無數次，人家都回覆道：「你給的錢不夠，我幫你上下疏通關係需要花很多錢，要再加錢。你先回去再等等，有消息了我自然會告訴你！」

吳起就這樣不停地送錢，換回來的始終是那句「你再等等」。

終於有一天，祖上留下的錢全部送光了，自己一官半職都沒得到，吳起才反應過來自己被騙了。

周圍人都譏笑他，拿了錢不辦事的達官貴人也暗自慶幸遇到一個這麼好騙的傻瓜。

吳起憤怒了，從來沒吃過虧的他開始了報復行動：「拿了我的給我加倍還回來，吃了我的給我加倍吐出來！」

憤怒讓吳起變得瘋狂，他拿起寶劍，一口氣殺了三十多人。周圍的人看見渾身是血的吳起，就像看見來自地獄的惡魔一樣。

犯下這麼多條人命，吳起選擇了跑路。臨走前，吳起對母親說：「做不到將相，絕不回來！」

買官被騙這件事，讓吳起更加堅定做官的信念。他明白了，一介平民在達官貴人眼中就是一隻微不足道的蚍蜉，可以被戲弄，可以被掐死。只有做到大官，位極人臣，才能擺脫蚍蜉的命運。

生如蚍蜉，當有鴻鵠之志；命如薄紙，應有不屈之心。

為什麼自己要買官，還不是因為自己沒有學問。於是吳起來到魯國，投到孔子學生曾參的門下。曾參就是曾子，也就是四書五經裡《大學》的作者。學習期間，吳起的母親過世了，而吳起為了早點學成，選擇不回去奔喪。曾參覺得他不孝，不配做儒家弟子，就開除他的學籍。

吳起被曾參開除後，學文不行，就改學武。他開始學習兵法，並得到魯國國君的重用。

有一次，齊國入侵魯國，魯國國君想讓吳起領兵抵抗齊軍。可吳起的老婆是齊國人，魯君怕吳起陣前與齊軍通敵，有些猶豫。吳起為了能得到重任，竟然回家把老婆殺了，魯君便任命吳起為將，抵禦齊軍。

吳起果然不負眾望打敗了齊軍，但是魯國君臣從此開始猜忌吳起。他們認為吳起為了功名連老婆都能殺，那如果讓他掌了兵權，就沒他不敢殺的人。於是，吳起得勝還朝後立即被罷免了兵權。

為了功名，吳起已經犧牲了可以犧牲的一切。萬貫家財被騙了，母親死了自己沒回去奔喪，為洗去通敵嫌疑把老婆也殺了，然而到最後自己仍被戲弄，尊嚴仍被人肆意踐踏。

此處不留爺，自有留爺處。不死心的吳起，瞄準了當時天下最大的人才市場——魏國。

吳起到了魏國後，拜入子夏門下。子夏作為一名優秀的老教師，什麼學生沒見過？一看吳起的面相，子夏就知道這是個問題學生。再加上坊間對吳起的傳言，子夏心裡明白，這是個極其難得的人才，可是功利心太強，殺心太重，必須要悉心調教，方能在日後成為魏國的擎天一柱。

有一天，相國翟璜到子夏的私學裡來。翟璜作為魏國的高級獵人頭專才，說是來轉轉，更多的是來挖掘優秀的學生作為國家的儲備幹部。他在課堂上發現了一個氣質不同於常人的學生，就把這位學生叫過來聊了聊，結果發現這個學生學富五車，對政事、軍事都有獨到見解，更重要的是，這學生身上還有股銳氣。翟璜覺得這人當學生完全是屈才，完全可以當老師。

於是，吳起脫離了「象牙塔」，跟隨著翟璜的腳步，步入了魏國的權力核心。

吳起在子夏私學求學這幾年，已經磨去了稜角，洗去了滿身殺氣，只留下勢不可當的銳氣，他終於熬到了春暖花開，終於見到了遼闊的世界。此後的吳起再想低調，奈何實力不允許。

有人說：「蚍蜉撼大樹，可笑不自量！」然而吳起這隻蚍蜉，即將化身成戰國初期第一戰神，攪動天下格局。

魏武卒

在翟璜的推薦下，魏文侯安排吳起前往秦魏邊境的河西地區擔任將領，讓他去最危險最艱苦的地方，以此來檢驗他的實力。

李悝曾經在河西的上地郡做得不錯，因而被上調至中央。而吳起明白，他與李悝不同。李悝來河西是要做行政管理的，而自己來河西是要為魏文侯開疆拓土的。河西是秦國與魏國嘴邊的大肥肉，兩隻巨獸都死死咬住這塊肉不鬆嘴，在河西地區也形成了犬牙交錯的局面。

對於吳起來說，上天賜給了他極佳的國際環境。

大環境上，自從西元前五四六年的弭兵大會以來，原本隔三差五來場火併的中原已經太平了上百年。

局部環境上，曾經稱霸西方的大秦國，在進入戰國時代後就突患大病，躺在床上奄奄一息，而這一切都是秦國自己作的。西元前四二五年，秦國的庶長發動政變，秦懷公被逼死。此後，秦國四代國君均陷入朝政混亂的局面，史稱「四代亂政」。

吳起現在就要趁秦國內亂的大好時機，打破魏國在河西地區的僵局，徹底趕走秦人。

吳起雖是將領，卻沒有一點領導的架子，與士兵們同吃同住，打成一片。一個士兵生了毒瘡，吳起像對待親人一樣，替他吸吮膿液。有這樣愛兵如子的長官，全軍上下無不為他賣命。

人越是經歷苦痛，就越能看清世間的真相。

吳起在魯國也曾指揮過千軍萬馬，見識過屍山血海，眼前這位生瘡的戰士，沒準哪天就戰死沙場了。自己雖是將領，卻和戰士一樣，在國君眼中，在吞噬生命的戰爭面前，都是隻蚍蜉，轉瞬即逝。既然大家都是蚍蜉，那就好好地活著，只要活出個樣子，也不枉此生。

正是他們這群蚍蜉，推動了歷史的車輪。

西元前四〇九年，吳起率軍攻陷秦國王城（今陝西省大荔縣東南），並在那裡築起了臨晉城，進而又攻取了蒲坂關，最後攻占元里（今陝西省渭南市澄城縣）。

西元前四〇八年，吳起攻下鄭地，又攻取洛陰和郃陽。秦軍被迫撤出河西地區，退守洛河。自此，河西地區全部納入魏國版圖，魏文侯將新征服的地區設置為西河郡，任命吳起為西河太守，並拜吳起為大將。

身為大將的吳起並沒有因此滿足，他為防止秦人反撲，搞起了軍制改革。

吳起與秦國打了數年仗，他知道憑藉徵兵制，魏國可以快速增兵。然而，如果讓老百姓一直當兵打仗，家裡的地就荒了。等老百姓打完仗回家，就集體喝西北風了。所以，要設立常備兵，而且要有非常能打的常備兵，於是一支中國古代特種兵部隊就此誕生！這些特種兵又被吳起稱為「武卒」，史稱魏武卒。

魏武卒的選拔標準極其嚴苛，想要入選，必須要經過一場終極地獄般的體能測試，什麼馬拉松、鐵人三項在魏武卒的選拔標準面前都不值一提。

報考魏武卒的選手，需要在一天之內完成一百里的徒步行走。千萬別以為這是一場愜意的戶外運動，因為選手是要負重前行的。選手身上需要穿著重型三屬甲（肩甲、胸甲、背甲），要帶需要十二石力才能拉開的重弩，背著五十支弩箭，肩上扛著戈，腰上掛著劍，背上三天口糧。光是把這些重東西穿戴在身上，就讓人感覺到像一座大山壓在身上。反正就是一個字——重。

沒錯，魏武卒就是重裝步兵。戰國時期主宰戰場的是步兵，而戰場的主力是重裝步兵。

透過魏武卒的選拔標準，我們可以一窺其作戰方式。打仗時，魏武卒排好方陣。當敵人距離較遠時，魏武卒會使用弩進行遠程射擊，近戰接敵時用長戈攻擊。如果陣型被打亂，需要進行混戰械鬥，魏武卒就用近身武器廝殺。

雖然魏武卒選拔標準過於變態，但是來報名的人卻是烏泱泱的一大片。魏國每家每戶的男丁，不管歲數多大，只要還能走能爬能喘氣，全部主動報名參加。原本只是魏武卒的選拔測試，卻成為一場轟動全國的「我是特種兵」的海選節目。

魏武卒選拔之所以如此火爆，是因為獎勵實在太豐厚了！只要誰家裡有一個男子被選為魏武卒，國家就免除這戶的徭役稅賦，並賜給百畝土地和宅子。魏武卒上戰場後，殺敵越多，獎勵就越多。而魏武卒的名額是有限的，只招五萬人，所以很多人都是擠破頭想當魏武卒。

由於魏武卒的建立，過去在戰場上被當作炮灰的百姓，不再是權貴眼中任人踐踏的蚍蜉。如今，他們透過自身的努力也可以讓家裡過上好日子，更有可能出將入相。

靠著物質上和精神上的雙重鼓勵，這五萬魏武卒成為魏國的殺手鐗。魏文侯看到周邊哪個諸侯不順眼，直接讓吳起帶著魏武卒，殺得諸侯魂飛魄散。

魏武卒在吳起的統領下成為魏國的機動部隊，與周邊諸侯交戰七十六次，六十四次獲勝，其他都是平局。這一戰績只有戰國後期的「殺神」白起能與之媲美，然而綜合考量起來，白起是不如吳起的。因為白起的「封神之戰」——長平之戰，是靠六十萬秦軍慘勝四十萬趙軍；而吳起的陰晉之戰，僅以五萬魏武卒就大勝五十萬秦軍。

吳起建立的魏武卒如同一顆隕石砸入海中，掀起了滔天巨浪。被巨浪拍醒的諸侯驚奇地發現，軍制原來可以這樣玩。

過去的諸侯，都是立了軍功就給你獎勵，而魏武卒是把福利待遇、激勵機制、軍人榮譽捆綁在一起。當了魏武卒，政府會賜予你土地宅子，免除你家的徭役稅賦，這是福利；你殺敵越多，就會得到越多的賞賜，這是激勵機制；你立了大功，還能和國君見面，這是榮譽。

福利待遇、激勵機制、軍人榮譽是魏武卒體系的核心理念，而後來這一理念被曾在魏國當公務員的商鞅學到，並帶去秦國加以改良，創造了與軍功掛鉤的二十級爵位。這一制度讓秦軍變成了虎狼之師，更被後世的大漢帝國所繼承。

可是魏武卒風光的背後，卻也暗藏危機。戰鬥力爆表的魏武卒讓魏國具有能在戰國初期傲視天下的資本，但其實，從魏國創立魏武卒的第一刻起，就已埋下了亡國的種子。儒家學者荀子對魏武卒的評價是「亡國之兵」。

魏武卒的問題就出在福利上，因為福利實在是太高了。一個男丁當上魏武卒，這一戶就免除徭役賦稅，國家財政就少了。更別說還要給魏武卒家庭一塊地，做得越好，賜的土地就越多。要知道，稅收是國家的血液，土地也是有限的，遲早有一天會賜完。

吳起之所以能搞起魏武卒，是因為李悝變法，讓魏國富了。天下諸侯在玩權力遊戲，而魏文侯作為「課金玩家」，魏武卒相當於他充錢買到的高級裝備。可是要想維持魏武卒這種高福利兵役制度，國家就必須不斷開疆拓土，這樣才能保證不斷有新鮮血液流入。

魏國處於四戰之地，雖贏了無數次，但只要有一步戰略失誤，就會跌入萬劫不復的深淵。魏文侯死後，魏國犯了一連串不可挽回的戰略失誤，即使透過李悝變法變成了課金玩家，也玩不過後期開了掛的秦國。後來魏國喪失大量土地，不再有土地支撐，也沒法給魏武卒分地了。況且魏武卒的家庭還不需要交稅，這讓魏國一下子就貧血了。

不過，雖然魏武卒最終導致魏國亡國，但是這支軍隊的戰鬥力太強了。後來其他諸侯國也照搬照抄，發展出了自己的特種兵，趙邊騎、齊技擊、秦銳士相繼應運而生。

封神之戰

西元前四〇三年，吞併中山國、打遍周邊無敵手的魏文侯，不滿足於在家裡稱侯，他想讓周天子正式承認自己為諸侯，讓自己由自封的侯變成合法的國君。但自己一個人去討封號，實在不好意思，他就把趙國、韓國兩位國君一起叫上，帶上金銀珠寶去了雒邑。

雒邑的周威烈王雖是天下諸侯的領導，可是窮得像個要飯的。他看見趙、魏、韓三國不請自來，意識到發財的機會來了。除了天子的名號不能給，象徵天命的九鼎不能借，別的什麼都可以交易，而趙、魏、韓三位只不過是要周天子承認他們的諸侯身分。周威烈王一看，原來只是來要個名分，這好辦！你交錢，我立馬發證。

有了周天子背書，趙、魏、韓三家可以正式對外宣稱自己是諸侯了。趙、魏、韓三家以大夫的身分熬了數百年，歷經無數刀光劍影，終於把家族的終極目標實現了。

西元前三九六年，魏文侯去世。在此之前，魏國國力達到頂峰，只要魏國一跺腳，天下諸侯都要抖三抖。然而魏文侯死後，一切都變了。太子擊繼位，史稱魏武侯，一聽他的謚號，我們就知道他特別愛打仗。

魏武侯在當太子的時候，就在與秦國的交戰中立下戰功，後來又接替樂羊擔任中山國的占領軍司令。過於順風順水，對於一個年輕人來說反而是一場災難。魏武侯覺得自己是一個不世出的君主，自己今後的功績會比老爹還要強。擁有迷之自信的魏武侯覺得目之所及都是自己的江山。

吳起作為先君留下的唯一重臣，資歷在魏國相當深。有一次魏武侯外出遊玩，看著風景感慨道：「魏國河山如此險峻，我們的邊防是多麼的堅固啊！」他剛說完這句話，就被吳起批評教育了：「一個國家能否太平，在德不在險。」

面對老臣的批評，剛坐領導位子沒多久的魏武侯雖然心裡不高興，但是嘴上還得說：「吳起說得好呀！」

彼時，魏文侯留下的老臣中，只有吳起還活著，然而魏武侯並不想用吳起。吳起手握重兵，功高震主，對魏武侯來說是一個極大的威脅。中國古人為什麼會說一朝天子一朝臣，就是因為老國君留下的老臣在朝堂內樹大根深，老謀深算的老臣，對新國君來說是潛在的威脅。

但是魏武侯也不能除掉吳起，因為從西邊傳來了十萬火急的軍情，讓他不得不起用吳起。

西元前三八九年，秦國發兵五十萬，以迅雷不及掩耳之勢朝魏國西河郡的陰晉城（今陝西省華陰市附近）撲來。魏國上下從未見過這麼多敵人，等自己集結數十萬軍隊再開赴前線，恐怕陰晉早就失守了，西河郡也將被秦人一舉拿下。

要想一次性消滅這五十萬秦軍，恐怕也只有核武器能做到了！而吳起作為魏國的「核武器」，只要投入使用，就能把敵人炸得灰飛煙滅，他手下的五萬魏武卒就是魏國的殺手鐧。

吳起是個老江湖，江湖、朝堂、沙場他都混跡過。這個老江湖已經嗅到魏武侯要動自己的氣味，可是他對魏國還是有很深的感情的。在來魏國前，他只是一隻被權貴戲弄的蚍蜉；而來到魏國後，他成為獨當一面的大將，實現了自己的價值。魏國夢的實現，讓吳起從心底認同自己是一個魏國人。

大敵當前，就該放下一切恩怨。保衛魏國，就是保衛自己的理想。

吳起火速召集了五萬魏武卒，朝著陰晉方向一路狂奔。魏武侯增派了戰車五百乘、騎兵三千人馳援。魏軍經過急行軍，在陰晉城外與秦軍相遇。

陰晉城外的曠野上，五十萬秦軍列好軍陣。這是秦人的全部家底，國內但凡能動的男人全上了戰場，誓死要從魏國手裡奪回已被霸占數十年的河西地區。

與秦國對陣的魏武卒只有區區五萬人。他們匆匆地趕到戰場，經過數日的急行軍，很多人連甲冑都沒有穿戴整齊。然而魏軍並沒有被秦國的五十萬大軍嚇到，反而露出異常興奮的神情。

吳起對所有士兵喊道：「大家都聽好了！此次作戰，是你們獲取軍功的天賜良機！」

魏武卒像沸水一樣升騰起來，他們發出震天動地的吶喊聲，每個人腦子裡只想著立軍功。對面五十萬秦軍，在他們眼中就是五十萬枚金燦燦的元寶。

對面的秦軍被這五萬魏武卒的氣魄所震懾了。魏國建國才幾十年，卻一直保持著對秦國完勝的交戰記錄，秦人已被打出了「恐魏症」。有人會說，秦軍不是虎狼之師嗎？但那是商鞅變法之後的事。此時，在魏武卒眼中，對面的秦軍就是一群「戰五渣」（編注：即戰力只有五的渣滓，代表其戰鬥力很弱）級別的「貓狗之師」。

你戰術比我強，我只能用龐大的體量壓死你。秦國畢竟湊了五十萬大軍，一人吐一口吐沫都能淹死你。

面對人數眾多的秦軍，吳起並不畏懼。他非常瞭解自己的對手，秦人雖然彪悍，可是缺乏紀律，愛搶奪戰利品。吳起總結出了對付秦軍的一個「萬金油」（編注：意思是哪裡痛抹哪裡，好用就一直用）戰術：「擊此之道，必先示之以利而引去之，士貪於得而離其將，乘乖獵散，設伏投機，其將可取。」意思是，打秦軍時，可以用一些財物誘惑他們，等他們為搶奪戰利品導致陣型混亂時，就可以一舉擊潰。

秦軍仗著自己人數眾多，率先向魏武卒發起攻擊。吳起耍起了花招，他讓士兵丟棄財物，然後開始有組織地向後撤退，讓衝鋒在前的秦軍以為魏軍是因為懼怕自己而逃跑。秦軍見到地上的財物，就開始爭相搶奪，陣型一下子就混亂了。後排的秦軍看見前面的秦軍在撿地上的財物也迅速加入，有的人為了爭搶大打出手，有的人把財物拼命往身上塞。

五十萬大軍已經不能用「亂」來形容了，簡直是一場大型的事故現場。

秦軍將領們咒罵著驅趕士兵重新整理陣型，可惜已經來不及了。原本在向後撤退的魏武卒已經轉身，並迅速整理好陣型，朝混亂的秦軍徐徐逼近。

當弩箭攻擊範圍可以覆蓋秦軍時，魏武卒停止前進，上好弩箭，向秦軍發出第一輪箭雨。

混亂的秦軍只聽見遠處有一陣呼嘯聲，還沒等他們反應過來，箭雨就像一面巨牆砸了過來。毫無準備的秦軍瞬間被射死無數，僥倖不死的也找不到自己的隊伍與將領，無法進行有效抵抗。這時，新一輪箭雨又射了過來，又有無數秦軍被射死。

就這樣，魏武卒不停地用弩射出一輪又一輪的箭雨，直到把自己身上的五十支弩箭全部射光。弩箭射光了，接下來就該衝鋒了。秦軍也明白這一點，他們丟下武器與鎧甲，不顧自己受傷戰友的哀號，如同決堤的洪水一樣漫山遍野地逃竄。

吳起大旗一揮，五萬魏武卒排著整齊的陣型向秦軍衝鋒，戰車與騎兵從兩側進行包抄，秦軍就這樣被包了餃子。

到了日暮時分，一整天打下來，五十萬秦軍沒有打垮五萬魏軍，還被魏軍反殺，毫無還手之力。戰敗的秦人一邊跑一邊哭泣，他們從來沒有敗得如此窩囊，五十萬人被五萬人打得潰不成軍，不計其數的人戰死沙場。

此戰史稱「陰晉之戰」。這一戰，魏國把秦國打成了半身不遂，讓秦國數十年不敢再與魏國交戰。這一戰也讓吳起的人生達到了頂峰，成為人人眼中的戰神。

然而，高處不勝寒，功高震主的吳起覺察到魏武侯已經有卸磨殺驢的意圖。

蚍蜉

西元前三八五年，吳起頭也不回地離開了魏國，投奔了楚國。他長期經營的西河郡，也在數十年後被經過商鞅變法國力大增的秦國一舉奪回。

吳起來到楚國時，楚國在位的國君是楚悼王熊疑。他接手的實在是一個爛攤子。楚國王室姓羋、氏熊，而手底下大臣們不氏熊，但是也都姓羋，是和楚王有血緣關係的公族。楚國屬於整個公族所有，楚王只是公族的帶頭大哥。

而楚悼王雖然是帶頭大哥，可是下面老羋家人都不聽他的，甚至對楚悼王吆五喝六，因為這些人各自都是封君。

封君制度從戰國時出現，一直延續到秦漢時代。春秋時，國君把土地和地上的人民分封給大夫，大夫有了地，有了人，就可以建立自己獨立的小王國。有實力的大夫如果看國君不爽，完全有能力正面幹掉國君。

到了戰國時期，諸侯意識到這種分封制危害太大了，於是實行起專業經理人制度，大夫就變成只拿工資的中階幹部。可是有的人業務能力太強，有的人甚至還是國君的親戚，國君只給點工資就打發人家，也過意不去。所以很多國君想出了封君制這個辦法。

對於親戚、功臣，國君可以給他們土地，允許他們在土地上經商、放高利貸、享受賦稅收入，但是土地上的行政權和兵權依然屬於國君。相當於國君分給你了一間臨街的店鋪，你可以出租，也可以自己做買賣，不過你只有使用權，沒有產權，還得接受國家的管理。

大多數諸侯國對封君制管得很嚴，三晉、齊、秦等國很少有世襲的封君。可是楚國的封君幾乎都是世襲的，有的封君輩分比楚悼王都大，楚悼王見了還得喊聲叔。最要命的是，楚國封君的領地非常大，不亞於一個小諸侯國。而且楚國的封君不同於其他諸侯國，楚國封君在領地裡擁有絕對的司法權、行政權，可以魚肉百姓，肆意妄為，儼然是一個個土皇帝。

楚悼王對這些封君很頭疼。國家大部分土地都被他們占了，自己想給功臣分封塊土地都沒有。雖然楚悼王手裡有兵權，但是他沒有解決這些土皇帝的方法。

聽說吳起來投奔，楚悼王笑得合不攏嘴。

楚悼王在朝堂上接見了遠道而來的吳起。吳起步入楚國朝堂時，所有大臣都以好奇的眼光看著這位叱吒戰國的戰神。

楚悼王見到吳起，就像病人遇見神醫一樣，直接問了：「請教先生，該如何治理楚國？」

吳起細想了一番。來郢都的路上，他看到楚國的老百姓遭到封君的壓迫，貧困不堪，甚至流離失所。如果底層老百姓的生活得不到保障，尊嚴受到踐踏，那麼國家的基石必然受損。

「楚國的土地非常富足，不足的是人口。楚國封君的數量太多，而封君領地占有太多的百姓。如果任其發展下去，他們將上逼君王，下迫百姓，必然造成國柄失衡。這也是楚國國窮兵弱，在與魏國對抗中不堪一擊的原因。」

在場大臣一片嘩然，他們都是有著數百年家族歷史的老貴族，凡是官居高位的，哪一個不是封君？吳起公然說楚國的問題在於封君，這是在赤裸裸打他們的臉。

楚國最大的封君陽城君站了出來，對著吳起怒吼道：「過去善於治理國家的人，不會改變國家過去的傳統！」

陽城君向原本已怒火中燒的朝堂又澆上了一大桶汽油，瞬間爆燃了。有人甚至按捺不住地想要上前毆打吳起。

「王卒何在？」楚悼王怒喊道。

話音剛落，朝堂上頓時安靜了。

楚悼王眼見朝堂安靜了，於是接著說：「我任命吳起為令尹。」

楚悼王此言一出，大臣們立即汗如雨下，他們知道自己後面的日子不好過了。

「吳起，你從魏國來，就按照你在魏國的經驗，對楚國進行大刀闊斧的改革！誰要不從，你可以帶領我的王卒進行彈壓！」

吳起有些受寵若驚，要知道他是初來乍到的外國人，而楚國之前的令尹可都是由本國貴族擔任。一心想恢復楚國昔日榮光的楚悼王具有強烈的進取心，他絕不允許別人破壞自己的意志。楚悼王對初次見面的吳起給予了充分信任，希望吳起能像神醫一樣施行變法，讓楚國藥到病除。

然而，吳起在楚國變法的難度遠超過李悝在魏國的變法。楚國滿朝都是混吃等死的貴族，地方百姓都被封君管著，楚王難以插手。面對這樣一個病重的國家，唯有下一服猛藥，才能讓楚國起死回生。而吳起的變法恰巧就是這麼一服猛藥，藥性猛，副作用強，把封君都毒死了。可是這服藥療效也很明顯，它讓眾多百姓脫離了封君的迫害，讓楚國開始再次走向輝煌。

國家的財富就像一塊蛋糕，李悝在魏國的變法，其實是優先解決如何把蛋糕做大的問題。而楚國可以說是全天下地皮最大、資源最豐富的國家，本身已經是塊巨型的蛋糕，不需要再做大了，所以楚國變法的核心就是如何劃分蛋糕。

針對如何劃分蛋糕，吳起簡單粗暴地頒布了三條法令。

第一條法令：「衰楚國之爵而平其制祿，損其餘而綏其不足。」

這條法令對楚國封君來說如同晴天霹靂，就像兩把鉸刀直插他們的心臟，鉸得他們如同煉獄般煎熬。每個封君都哭天喊地，恨不得把吳起生吞活剝。

這條法令前半句的意思是降低封君的爵位，爵位只能傳到孫子輩，之後國家要收回爵位與領土了。法令後半句殺傷力更大，大致意思是說楚國地皮很大，人口太少了，有的地方需要人去開荒，不能有那麼多貴族不幹活，浪費糧食。

任何一個封君都不可能接受這條法令。自己作為幾百年的老貴族，突然有一天被告知自己的領地以後不能傳給子孫，不光如此，自己一家還得去開荒種地，這誰受得了啊？

就在封君哭天喊地的時候，吳起的第二條法令又頒布了。

第二條法令：整頓吏治。即罷黜無能的官員，不准官員徇私舞弊走後門，還禁止縱橫家來楚國遊說。

封君原本想著，子孫沒了爵位，但好歹自己還能渾渾噩噩度過一輩子，沒想到吳起又來這麼一招！要是做不好，自己的官也保不住！

這條法令中最有遠見的是禁止縱橫家來楚國遊說。戰國時期的縱橫家，說好聽點是諸子百家之一，說難聽點就是一群大騙子。後來縱橫家張儀來到楚國，把智商堪憂的楚懷王騙得血本無歸，把原本好好的楚國騙得瘸了一條腿。

第三條法令：整軍經武。即將爵位授給在戰爭中立下功勞的百姓，加強軍隊建設。

吳起變法的核心就是要把蛋糕從世卿世祿的貴族手中搶過來，多分給老百姓，並給他們提供上升的階梯。楚國經過吳起變法，有了巨大起色，國力提升，百姓的幸福指數提高，軍隊戰鬥力也得到了大幅提升。

而最慘的就是以封君為首的貴族，他們一夜回到解放前，自己的領地被剝奪，爵位被取消，甚至還要被發配到邊遠地區開荒種田。萬一開荒過程中遇到什麼猛獸，就算他們為楚國變法事業捐軀了。可是他們又能怎麼辦呢？吳起手裡有兵，背後有楚悼王支持，如果自己不聽話，馬上就會被法辦了。

隨著吳起疾風驟雨般地變法，楚國再度富強起來，於是開始了開疆拓土。吳起因此也幹起了老本行，帶領楚軍大殺四方，讓天下諸侯聞之色變。

吳起先是帶兵向南征服了百越（今湖南省地區），為楚國擴大了戰略縱深。隨後，西元前三八三年，大腦短路的魏武王破壞了三晉同盟，與趙國連續打了三年，吳起趁機率領楚軍北上伐魏。吳起的舊老闆魏武侯萬萬沒想到前員工吳起會突然起兵。吳起率領楚軍吞併陳、蔡兩國，接著以凌厲的兵鋒橫掃中原，準備進入魏國腹地，飲馬黃河。

魏武侯此時恨不得給自己一個大嘴巴，他終於意識到頂尖人才的流失對魏國造成了多大的傷害。魏武侯不得不趕緊從趙國撤軍回家救援。吳起對魏國的一切瞭如指掌，倘若魏軍撤晚了，老家就要被一鍋端了。趙國也就因此得救。

吳起「圍魏救趙」是採取遠交近攻的策略，敵人的敵人就是朋友，敵人在攻打他的敵人時，我方就可以趁機攻打敵人空虛的老家。

天下諸侯也從中看到，貌似無敵的魏國其實也是有軟肋的。魏國處在四戰之地，當它從一個方向去攻打別國時，很容易被人從另一個方向偷襲。曾經那些被魏國欺負的諸侯，反覆使用「圍魏救趙」

這個萬金油戰術來對抗魏國，魏國還就吃這一套，始終無法攥緊拳頭與對手進行戰略決戰。

西元前三八一年，吳起從中原得勝還朝。然而，他剛一進入郢都，城門就被關上，兵權也立刻被收走。他得到了一個噩耗：「楚悼王死了！」

吳起的榮辱都與君王捆綁在一起，支持自己的君王在，自己就是橫掃中原、威風八面的令尹，反之則一無所有。楚悼王死了，被奪了兵權的吳起在楚國毫無根基，又變回一隻蚍蜉。

狼狽的吳起帶著自己為數不多的親兵走向王宮，儘管他知道那裡隱藏著凶險，自己可能一去不復返，但他還是想與曾經給予自己無比信任和尊敬的楚悼王做最後的道別。

吳起剛步入王宮，宮門立刻緊閉了起來。周圍全是身著素服的封君，他們滿懷仇恨地看著吳起，恨不得把他大卸八塊。他們被吳起發配到偏遠山區，在那裡除了開荒就是種地。曾經錦衣玉食的封君為了生存不得不拿起了鋤頭、糞叉，甚至還可能會被豺狼當點心。

楚悼王死了，對於封君來說是天大的好事。吳起沒了唯一可以依靠的人，封君組了個還鄉團，打著為楚悼王弔喪的名義趕回了郢都，目的就是要手刃吳起。

吳起沒有理會曾被自己整慘的封君，而是徑直走向被裝扮成靈堂的大殿。楚悼王的遺體靜靜地躺在棺材裡，吳起對著棺材磕頭行禮，做最後的告別。

突然，吳起發現了一絲蹊蹺，楚國的權貴都在王宮內為楚王治喪，唯獨少了一個重要人物——太子。

「太子去哪裡了？楚王的喪事，不應由太子主持嗎？」吳起心中疑惑地問道。

可是楚國封君不會為吳起答疑解惑，他們怒喝道：「吳起，你把我們害得好苦！楚王已去世，太子又不在，沒人能救得了你，今天你就拿命來吧！」

說完，封君或拔出劍，或拿出弓，向吳起發起了攻擊。吳起雖然有親兵保護，可是人數太少。眼看親兵抵擋不住，吳起跑向大殿，趴在楚悼王身上。封君朝吳起射箭，有的箭射在了楚悼王的遺體上。有的封君衝過來拿劍砍吳起，躺在棺材裡的楚悼王遺體也挨了幾刀。

吳起此時已然成了血人，流血過多的他已經沒了知覺。他感覺自己變成一隻蚍蜉，飛走了，從這個紛亂的世界中徹底解脫了。

而這一切，被宮內的守衛全程記錄了下來。

數日之後，太子繼位，他就是楚肅王。

楚肅王完成繼位大典後，所有封君都在等候新王封賞。他們認為，自己殺了吳起，對新王來說是大功一件。

每個人均以企盼的眼神看著新王。

看著滿朝大臣，楚肅王大喊道：「王卒何在？」只見黑壓壓的王卒進入大殿內，如同一道巨牆傾倒，壓迫著在場的諸位大臣。在場的每個人都懵了，新王繼位是件喜事，為什麼要讓王卒入殿內？

「按照楚國法律，凡是兵器碰到楚王屍體者，一律處死，夷滅三族！」

七十多人被當場拿下，這也意味著有七十多個家族將被一鍋端了。封君們終於明白，他們命中的剋星不是吳起，而是楚肅王。楚肅王故意躲起來，借封君之手除掉了功高震主的吳起，同時也藉著老爹的屍體把封君們集體消滅。

楚肅王的手段實在是高明。

有人說，吳起死了，楚國變法失敗了。這完全是錯誤的。吳起被人分屍，楚肅王替吳起報了仇；而商鞅被五馬分屍，則是新任的秦王與貴族合夥幹的。所以我們不能以變法者本人的生死榮辱來衡量一個國家變法的成功與失敗。

吳起用短短九年時間，就讓楚國強盛起來了。四十多年後的楚威王時期，不斷擴張的楚國成為當時天下第一強國。彼時所有人都認為，統一天下的國家，很有可能是楚國。

戰國時期，楚國努力變法，但是後來仍然扛不住開外掛的秦國。秦國之所以能開掛，就是因為它的變法是最徹底的。人才是國家富強的核心，變法是否徹底，要看人才是否能像活水一樣源源不斷地湧入國家高層。經過商鞅變法，各國平民湧入秦國成為高官，商鞅、張儀、范睢、李斯都是布衣卿相。

吳起雖然像蚍蜉一樣死了，但是故事並沒有結束。陽城君是參與殺害吳起的眾多凶手之一，而他提前得知楚肅王要下手的消息，提前逃走，不知所蹤。楚肅王得知陽城君逃跑的消息後，立刻派大軍收回陽城君的封地。

然而，楚軍沒能輕鬆地收回陽城君的封地，因為有一個威震戰國時期的學派會與楚軍對抗。這個學派就像是一個宗教騎士團，連儒家弟子遇到他們也要繞著走。

肆

平民的學派——墨家

鉅子

陽城君亡命天涯去了，他的封地陽城由一群「墨者」堅守。墨者是墨家學派的師生對自己的稱呼，墨家的領袖則被尊稱為「鉅子」，此時守護陽城的就是一位叫孟勝的墨家鉅子和他的一百八十位弟子。

陽城君與孟勝是鐵哥們兒，陽城君雖然是陽城的土皇帝，但是這個土皇帝是沒有兵權的。一個封君竟然沒有軍隊保護自己和封地，這讓人很沒面子。

家裡沒有正規軍，到哪裡去尋找既能打又忠心的人呢？於是陽城君便把墨家鉅子孟勝和他的弟子請到了陽城。陽城君並不關心什麼學說，他只知道墨家弟子很講義氣，為了心中的理想，不惜捨生取義。最重要的是，墨家有著嚴密的組織，很強的戰鬥力，這也是陽城君看重的。

楚國土豪陽城君盛情邀請，孟勝心裡相當高興。墨家作為一個民間學派，一直是自負盈虧，有了陽城君好吃好喝地供著，孟勝便可以帶著弟子安心做學問。

陽城君與孟勝相處期間，兩人增進了感情，都把對方當自己的好哥們兒。楚國封君們計畫要去郢都刺殺吳起，陽城君在前往郢都前把自己身上一塊璜（半璧形的玉）掰成兩半，把其中一半給了孟勝，並對孟勝說：「我此去郢都，前途未卜。需要你幫忙的時候，我會派信使帶上口信和另一半璜來找你。如果兩塊璜能對上，你就聽從信使的口信。如果沒有見到另一半璜，請你務必替我守護好陽城！」

孟勝遵守了與陽城君的約定。楚肅王派兵追殺陽城君，陽城君跑路時沒有來得及通知孟勝。孟勝和弟子們在陽城聽說了楚國境內到處有軍隊捕殺封君、屠戮其家人的消息，換作普通人，在生死抉擇面前，早就跑路了，然而墨家弟子最看重「義」。陽城君對墨家有恩，墨家弟子就應該對陽城君有義。

孟勝與弟子們自願留下來，以微薄的力量去對抗楚王派來的大軍。此時一位叫徐弱的弟子發現了一個大問題：墨家作為一個民間學派，在天下還開設了很多分部，而孟勝作為鉅子是墨家的中心。鉅子可以號令天下墨家弟子，指揮下轄的每一個分部。如果孟勝死了，那天下的墨家弟子就會群龍無首，各地分部就會各自為戰。

於是徐弱勸孟勝：「你的死對陽城君來說沒有任何意義，而你作為墨家鉅子，倘若死了，墨家將會絕於世間。」

孟勝聽完後覺得很有道理，可是為了守護墨家最看重的義氣，他不能做出對陽城君不義的事。於是孟勝命令手下的三位弟子，前往墨家在宋國的分部傳達自己的命令，把鉅子之位傳給田襄子。

三位弟子來到宋國找到了田襄子。田襄子收到繼任的命令，成為新一屆的鉅子。

新任鉅子田襄子發出了他繼任後的第一道命令：「我命令你們三人，不許回陽城！」

「我們是奉前任鉅子的命令前來宋國，現在任務完成了，我們要回陽城與前任鉅子一起赴死！」

說完，這三人頭也不回地走了。

楚王派來的大軍開始進攻陽城。這是楚軍在清剿封君行動中遇到的最難攻克的城市。城裡雖然只有一百八十名墨者，但是他們構建了複雜的防禦工事，讓進攻的楚軍損失慘重。

王命不可違，楚軍踏著同伴的屍體，不斷向陽城進攻。孟勝與他的弟子終因寡不敵眾，全部戰死。

這就是「孟勝守義」的故事，這個故事讓大家見識到了墨家學派與戰國時其他學派的不同之處。他們對鉅子唯命是從，有著極強的組織紀律性，願為自家學說獻出生命，更有著高超的防禦戰術。

儒家的對立面

戰國時的學術市場被四大學派瓜分，分別是儒、墨、道、法。

法家是官方學派，只要有中央集權政府在，就必然有法家。儒、墨、道則是民間學派。其中道家比較避世，儘量不摻和世間事務。儒、墨兩家為爭奪偌大的民間學術市場，展開了激烈的競爭，形成了非儒即墨的局面。

如果你問一個墨家弟子：「你們墨家最大的敵人是誰？」墨家弟子會回答：「我們的頭號敵人是儒家！」

如果你問一個儒家弟子：「你們儒家最大的敵人是誰？」儒家弟子會說：「我們的頭號敵人是墨家！不好意思，我看見前面不遠處有墨家弟子，他們個個武藝高強，都是集體行動。我怕自己有不測，先跑再說！」在儒家眼中，墨家就是一個組織嚴密、戰鬥力爆表的組織。

儒墨兩家都視對方的學說為異端邪說，恨不得除之而後快。

你會發現一個奇怪的現象：儒、墨兩家作為先秦時的「顯學」，相當於現在大學裡的熱門專業，報考學習的人數非常多。然而現在我們去查找先秦時墨家經典和師生的記述，會發現寥寥無幾，而儒家經典和師生的記述可是汗牛充棟。

墨家創始人是墨子，《史記》裡對他的記載只有二十多字：「蓋墨翟，宋之大夫，善守禦，為節用，或曰並孔子時，或曰在其後。」意思是：墨翟，宋國的大夫，擅長守城防禦戰術，提倡節儉，有人說他與孔子同時代，也有人說他出生在孔子死後。

這也是史料對墨子生平的唯一概述。而史料中，孔子的爹媽是誰，祖上有誰，子孫有誰，哪一年做了什麼事，哪一年去世，全都寫得明明白白。

墨家從戰國時的一個熱門學派，到後世在歷史裡幾乎絕跡，這是儒家與統治者聯手造成的。漢朝獨尊儒術，罷黜百家，儒家成為最後的勝利者後，必然對墨家展開反擊。《史記》是崇尚儒家的司馬遷寫的，他在寫墨子的時候，本著節約墨水的原則，能少寫就少寫。漢代統治者看到墨家要建立準軍事組織，也必然禁止墨家學說的傳播，以免影響自己的統治安全。

為什麼墨家這麼遭儒家與統治者的痛恨呢？

因為墨子從一開始就把墨家的根紮在平民百姓中。墨子叫墨翟（ㄉㄧˊ），據梁啟超先生考證，墨子生於西元前四六八年至西元前四五九年之間，即孔子死後十餘年，死於西元前三九〇年至西元前三八二年之間。

墨翟年輕的時候放過牧，後來學起了木匠手藝，由於天資聰穎，還成了一位高級木匠。所謂「六級木匠相當於一個中級知識分子」，知識分子墨翟還利用業餘時間投入科學興趣試驗。

拿著木匠的穩定收入，還可以搞自己的興趣愛好，這樣的日子得讓多少人豔羨。可是墨翟並不滿足，他發現雖然自己的小日子過得很滋潤，可是周圍的人活得很累，人們為了名利相互爭鬥，國家為了土地相互仇殺。

有的人之所以能成為聖人，是因為他們沒有把目光局限於眼前的苟且，而是有著更高的精神追求。為了能讓人們不再仇恨，為了天下和平，墨翟踏上了尋找真理的道路。

想得到真理，無外乎兩種途徑：一種是在書本中向前人學習，另一種就是靠自己身體力行悟出真理。

當時學術市場最熱門的是儒家，儒家宣揚「仁」，維護「禮」，墨翟心想也許這就是自己想要的，於是就拜入儒家門下。

儒家孕育出了法家，也催生出了墨家。智力超群的墨翟很快就熟讀儒家經典，但他越是深入瞭解儒家思想，就越對儒家思想產生懷疑。

終於有一天，墨翟對自己的靈魂進行了拷問：「我在儒家每天學的都是些什麼啊？父母死了，兒子正事不能做，要守孝三年。儒家不信鬼神，為什麼葬禮還要那麼隆重？人就是一張臭皮囊，死了挖個坑埋了不就行了嗎？還有什麼君君臣臣父父子子，我作為平民，難道一出生就低人一等嗎？儒家天天強調人倫關係研究，科學創造卻沒人研究，人類怎麼會進步？我退學吧！」

離開儒家，墨翟開始豎起自己的大旗，他要打垮儒家思想，用自己的新思想去打造一個新世界。儒家無形之中給自己培養了最具威脅的異教徒。由於墨翟打入儒家內部時間久，已經熟讀儒家經典，只要儒家出現一個新觀念，墨翟就能提出一個與之相反的觀念。

墨翟創立了自己的墨家學說，並向世間頒布了儒家足以毀滅天下的四大罪狀：

一、儒家不敬鬼神。鬼神如果不高興，就會降下災難到人間。

二、儒家講究厚葬、久葬。要好幾重棺槨裝遺體，陪葬很多貴重的物品，家裡人一死，家底都能被掏空了，活人還怎麼活？更誇張的是要守孝三年，這樣一來很多正事都做不了啊！

三、儒家喜歡音樂。如果每個人沉迷於絃樂、擊鼓、舞蹈，會迷失方向。

四、儒家認為人的生老病死、貧富差距都是命中注定。這完全否定了人的自我奮鬥。

墨翟雖然說得很誇張，但是這四條罪狀如同堅硬的拳頭，拳拳都打在儒家的要害上。不過墨翟雖然打中了儒家的要害，讓它傷得不輕，可是儒家畢竟長期盤踞民間學術市場，有著宏大的思想體系，想扳倒儒家絕非易事。

孔子的思想核心是「仁」與「禮」。「仁」的意思是，每個人要有仁愛之心，關心、愛護別人，不要將自己的意志強加於別人；「禮」的意思是，每個人要克制自己內心原始的衝動，讓自己的行為符合儒家的行為規範。「仁」和「禮」作為儒家思想的倚天劍，讓儒家在民間學術市場縱橫八方。

既然你有倚天劍，那我得有屠龍刀。

墨翟提出了十條思想，被稱為「墨家十論」。分別是天志、兼愛、非攻、明鬼、非命、節葬、非樂、節用、尚賢、尚同。「墨家十論」就像一把屠龍刀，成為與儒家在學術市場廝殺的神兵利器。

「天志」是墨翟思想的根基，就是屠龍刀的刀把，是揮動寶刀的動力。

墨翟認為上天像人一樣是有意志的。上天的意志又是什麼呢？那就是，上天希望人們相互關愛、相互幫助，不要相互厭惡與殘殺。

「兼愛」與「非攻」則是屠龍刀的刀背，只有刀背硬實厚重，才能將對手一劈兩半。

孔子講「愛人」，但是孔子的「愛」是在君君、臣臣、父父、子子的嚴格等級內，沒有平等一說。哪怕國君、父親不愛你，你作為大臣或兒子也得無條件愛他們。而在墨翟眼中，每個人生而平等，沒有你我之分，大家都要相互關愛對方。這讓習慣了當牛做馬的百姓聽到「兼愛」後，頓感清風拂面。

墨翟討厭當時的國君與大夫為了自己的私利發動戰爭。墨翟把這些自私自利的人叫作「別」，把那些慷慨無私的人稱做「兼」。於是墨翟給當時的君主和大夫都起了綽號，國君為「別君」，大夫為「別士」，而墨者則是「兼士」。

既然大家要兼愛，那就要反對不義的侵略戰爭，這就是「非攻」。

墨翟所處的戰國時代，隔三差五就是一場大仗，處處是殺人盈野復盈城的慘狀。在墨翟眼中，戰爭絞肉機滿足的只是君王的私慾，天下每一個人都應該不分彼此地相互關愛，停止不義的侵略戰爭。可是君王對領土的慾望就像永遠也吃不飽的饕餮一樣，為了遏制暴君對他國的進攻，就必須擅長防禦作戰。所以墨翟和他的弟子們也成為戰國時著名的守城專家。

「明鬼」、「非命」、「節葬」、「非樂」、「節用」則是屠龍刀的刀鋒。這五條思想與儒家思想截然相反，它們如同鋒利的刀刃，迅速砍入儒家要害。

「明鬼」是說，墨翟相信世間是有鬼神存在的，一個人如果做好事，鬼神會獎賞他；一個人如果做壞事，鬼神會懲罰他。而孔子說過「敬鬼神而遠之」，儒家能離鬼神越遠越好。墨翟想用鬼神來遏制人心中的惡，不能讓人做了壞事還有恃無恐。

「非命」是說，相信鬼神存在的墨翟卻不相信命。墨翟認為福禍是靠個人行為的結果，而不是命中注定的。而孔子則認為凡事都由天定，不可挽回。

「節葬」是說，墨翟覺得儒家很搞笑，因為他們明明不相信鬼神，可偏偏又把死人的葬禮搞得那麼隆重，恨不得把家裡值錢的東西都帶進墓裡，這讓活著的人還怎麼過日子？例如後來把儒家扶正成為官方正統思想的漢朝，上至皇帝下至百姓都大搞厚葬，巨額的財富被埋在地下，所以漢墓也成為後世盜墓賊的提款機。

「非樂」是說，墨翟不希望人們玩音樂，底層百姓出身的他知道音樂這種高雅的興趣愛好不是老百姓能玩得起的。如果普通百姓沉迷於音樂，恐怕幾天就得餓死了。

「節用」是說，墨翟不光反對音樂，還反對那些脫離百姓需要的奢侈品。墨翟要求自己和弟子過著苦行僧的生活，飯能吃飽就行，衣服能禦寒就行，房子能遮風擋雨就行。

「尚賢」是關於使用屠龍刀的人。一個思想學派想要發揚光大，就必須讓賢能的人像新鮮血液一樣不斷湧入。「尚賢」也是墨家與儒家唯一的共同點，畢竟學術市場的競爭歸根結底是人才的競爭，崇尚賢能的人是學派賴以生存的根本，家裡如果沒有挑大梁的大學者，關門是分分鐘的事。

「尚同」則是屠龍刀的刀鞘。無論多麼厲害的刀，最終也得回歸刀鞘。「天志」是墨翟思想的起點，而「尚同」則是墨翟思想的終點。「尚同」並不是說像儒家那樣崇尚天下大同，這裡的「尚」字其實等同於「上」。墨翟的「尚同」要求人們的思想統一於上級，最終統一於天志。這樣，思想統一了，秩序就會得到恢復，天下也不會再有紛爭。

「墨家十論」在學術市場推出之後，墨翟變成了當紅學者，擁有了無數弟子，還在各國開設教學分部。墨翟也被人尊稱為「墨子」。

作為學術明星的墨子有沒有去做官呢？

墨子曾說過：「道不行不受其賞，義不聽不處其朝。」意思是，這個國家如果不行道義，就不在這個國家擔任官員。要知道，墨子不願與世俗同流合汙，所以他不會去當官。如果當官了，哪還有時間做學問？

當墨子大紅大紫的時候，墨家學說即將迎來一場戰爭的考驗。

大義救宋

春秋末年，南邊的楚國曾被吳國打得滿地找牙。到了戰國初年，楚國漸漸恢復了元氣，雖然大國雄風不再，可是破船還有三千釘，楚王打算吞併宋國，以壯大自己的實力。史書裡沒有說明這位楚王到底是誰，但是這位楚王顯然展現出了楚人特有的蠻霸氣概。

墨子聽說楚王要攻打宋國的消息後，按捺不住內心的激動：「楚王要發動戰爭，這不正是檢驗我們墨家的時刻嗎？決不能讓楚王發動不義的戰爭。」

於是墨子安排自己的弟子守護宋國城池，自己則前往楚國郢都。墨子一路狂奔，花了十天十夜才到達楚國郢都。有的史書上說墨子是宋國人，也有的說他是魯國人。宋國離楚國近，魯國離楚國遠，梁啟超先生根據墨子此行的路程和所花時間，推算出墨子應該是魯國人。

墨子到楚國後沒有先找楚王，而是去找了同為魯國人的公輸班。公輸班就是中國木匠的祖師爺——魯班。木匠常用的鋸子、鉋子、鏟子都是公輸班發明的，最神奇的是，據說公輸班曾造過一隻木製小鳥，在天上飛了整整三天。

但如果只把公輸班當成一個木匠就大錯特錯了，他其實還是一個高級工程師，專業方向就是攻城。公輸班能造出科技含量極高的攻城武器，任何城池在公輸班的攻城設備面前都會化成齏粉，所以他是一個名副其實的「攻城獅」。

公輸班被楚王高薪請來，主要負責製造進攻宋國的攻城武器。春秋時代楚國就進攻過宋國無數次，可惜最後都是折戟沉沙，於是楚王想借助「攻城獅」公輸班之手，與宋國做個了結。

墨子找到公輸班後，並沒有出現「老鄉見老鄉，兩眼淚汪汪」的場景，反而是一場充滿濃濃火藥味的爭論開始了。

公輸班：「老鄉，你好啊！你來找我有什麼事？」

墨子：「我在北方被人欺負了，想借你的手殺了他！」

公輸班：「你有神經病吧，我又不是職業殺手！」

墨子：「我給你錢，不可以嗎？」

公輸班：「我講道義，絕不濫殺無辜。」

墨子聽到公輸班這麼說，知道他是一個可以溝通的人，於是站起來向公輸班行禮。

墨子：「請聽我說，我在北方聽說您造了一架巨型雲梯，用來攻打宋國城池。宋國有什麼罪呢？楚國地廣人稀，現在卻要犧牲珍貴的人口去掠奪多餘的土地，這很愚蠢。宋國沒有罪過，楚國卻要攻打它，這是不仁。您講道義，不願去殺一個無辜的人，但您卻願意幫助楚王殺害眾多的百姓，這很不明智。」

公輸班聽完，對墨子心服口服。但他又說：「可是我不能拒絕楚王，因為我之前答應他幫助楚國攻宋。」

「既然您無法拒絕楚王，那就讓我去說服楚王，請您把我引薦給楚王。」墨子無畏地說道。

公輸班帶著墨子來到楚王宮，並將其引薦給楚王。

楚王聽說著名的學術大咖墨子來到楚國，內心非常高興，熱情地接待了他。可是他萬萬沒想到，墨子是來砸場子的。

墨子向楚王行禮後，直接說道：「有一個土豪，自己有華麗的衣服不去穿，有美味佳餚不去吃。鄰居家裡有件破衣服，土豪卻要去偷來穿；鄰居家有糟糠，土豪卻要去偷來吃。這是一個什麼樣的人呢？」

楚王說：「這人一定是偷竊成癮。」

墨子於是說：「楚國領土比宋國大十倍都不止，要什麼有什麼，而宋國窮得叮噹響。富裕的楚國去攻打宋國，這和偷竊成癮的人有什麼區別？」

楚王沒想到墨子是在給自己下套，不禁惱羞成怒。但生氣歸生氣，禮賢下士的氣度還得有。「公輸班已經給我造好了雲梯，我還是得進攻宋國。」楚王陰沉著臉說道。

墨子：「大王既然覺得公輸班的雲梯攻無不克，那不如讓我和公輸班對上一局。」

楚王心想這很有意思，於是讓墨子與公輸班來一場沙盤推演。

墨子解下腰帶，圍成一座城池的樣子，公輸班用小木片作為攻城器械，模擬了九次攻城，每次攻城的方法都不一樣，墨子均能一一化解。

公輸班好歹也算是一名「攻城獅」，竟然連續九次敗給了墨子，面子有些掛不住了。他說道：「我知道有一種方法可以對付你，但我不說！」

墨子冷冷一笑，對楚王說：「公輸班的意思是把我殺了。可是我的弟子禽滑釐等兩百多人在替我守衛宋國，即使你們殺了我也無濟於事，我們墨者是殺不盡的！」

楚王聽完後長嘆一聲，撤銷了進攻宋國的計畫。

墨子不為自身名利，而為天下蒼生謀福祉，阻止不義戰爭，教導人們相互關愛，這正是大公無私的天下主義精神！

伍

天子之都

悲摧的長子

魏武侯魏擊在當太子的時候，生了長子魏罃。魏罃作為太孫，本應集萬千寵愛於一身，受到眾臣擁戴、萬民敬仰，可現實卻是魏罃集萬千嫌棄於一身，太子擊一看見魏罃就煩得要死，恨不得沒這個兒子。

太子擊之所以討厭魏罃，是因為他更喜歡小兒子魏緩。魏緩聰明伶俐，長相可愛，太子擊越看越喜歡，便萌發了立幼的想法。

魏文侯死後，魏武侯剛繼位做的第一件大事，就是將小兒子魏緩封為公子，而長子魏罃卻什麼也沒封。

魏武侯做的這事讓魏國上下直呼不解。魏武侯作為魏國新任領導人，沒有立長子魏罃當太子，反而立小兒子魏緩當公子，這是什麼意思？

嫡長子繼承制是國之根本，魏武侯能繼承國君之位，靠的就是嫡長子的身分。魏武侯如果廢長立幼，就等於否定了自己繼位的合法性，因此魏武侯再怎麼喜歡小兒子魏緩也不能立他為太子。

怎樣才能表達自己對小兒子魏緩的寵愛呢？那就是立小兒子魏緩為公子，而把立長子魏罃為太子的事一直拖著。

魏罃成為魏國最悲摧的人。親爹從來沒有正眼瞧過自己，自己什麼身分都沒有，跟無業遊民差不多。弟弟魏緩天天跟在父親身邊，接受臣民的朝拜，儼然是一名準太子。

魏罃在魏武侯在位期間那是度日如年，內心痛苦煎熬。他生怕哪一天父親立弟弟為太子，作為長子的自己必定被弟弟視為潛在威脅。一個沒權沒勢的長子，能有什麼好下場？

如果那時候有親子鑑定，魏罃應該就是最想要去做的人，他實在想不通親爹為何要這樣折磨自己，唯一靠譜的解釋只能是自己是從路邊撿來的。

為了生存，魏罃每天都裝作一副孝子的樣子，極力侍奉嫌棄自己的父親。可背地裡，魏罃每天都在地上畫個圈圈詛咒父親趕緊死。

魏武侯終於死了，而且死前沒有立小兒子當太子。

可是一個問題來了：魏罃雖然是長子，卻連公子身分都沒有，怎麼能繼承國君之位呢？公子緩雖是弟弟，可是人家好歹是個公子。

就在魏國上下都在觀望的時候，一個重量級角色跳了出來，說：「魏罃，你無須擔心，我來幫你！」

說這句話的人，是管理魏國上黨地區的大夫王錯。

王錯算是一個有良知的人，他知道古往今來有無數國家因為廢長立幼引發內亂。王錯不願看到魏國內亂，因此帶著手下軍隊奔向安邑，擁戴魏罃為國君。

二十多年的隱忍，讓魏罃成為一個善於隱藏自己想法的人，他有著比常人更深的城府，喜怒不形於色。二十多年的煎熬對普通人來說是苦難，可是對魏罃來說卻是人生的財富。

西元前三六九年，魏罃正式繼位為魏國國君，史稱魏惠王，魏惠王在位長達五十年，因為其待機時間超長，也成為魏國歷史上最有爭議的國君。由於他在位期間將魏國首都從安邑遷到大梁，又被人稱為梁惠王。

此時，大家會產生一個疑問，魏罃怎麼被稱為王？

稱王是魏惠王幹的最轟動戰國歷史的一件大事。

當時天下能稱王的只有三位大人物，一位是周天子，他是唯一合法的王；另兩位是楚王、越王，他倆是自己封的王，純屬自娛自樂，不被天下諸侯承認。魏惠王不在乎什麼合法不合法，他覺得自己說合法就合法。晚年的魏惠王還拉著齊國一起稱王，從那以後天下諸侯跟風都稱起了王。

魏惠王不光在稱號上要向周天子看齊，連平時的生活也要向周天子看齊。凡是天子吃的、用的、穿的，自己也必須要一樣的。更誇張的是，魏惠王還按照天子的居住標準，把魏國大梁建成了一個超大型首都，不知道的還以為大梁城裡住的是周天子呢。

稱王、建大梁城那都是後話，剛繼位的魏惠王別說稱王了，國家能不能保得住都是個問題。

魏罃的逆襲

魏惠王剛繼位時，老天爺很不給面子，直接給全魏國人民來了個日食直播。

要知道，在古代，出現日食可是大凶的預兆，寓意著老天對國家一把手不滿意。魏國人民都被嚇得半死，剛當上國君的魏惠王一下子就沒了人氣。而日食僅僅是個開始，公子緩的逃亡讓魏惠王直接感受到了死神的威脅。

哥哥當上了國君，弟弟公子緩自知在魏國難以活下去，就跑到了趙國。趙國此時的國君是趙成侯。趙成侯看到公子緩前來投奔開心得要死，因為這意味著自己手裡有了一張可以干涉魏國內政的王牌。

當年魏武侯就是利用趙國流亡的公子朝來干涉趙國內政，打了一場五國大亂鬥。於是父輩的戰爭延續到了子輩，趙成侯繼承了他老爹的遺志，誓要打垮魏國，主宰中原。

趙成侯向全天下宣布：「魏罃連公子的身分都沒有，竟然以太子的身分繼位成國君，是得位不正。公子緩在魏武侯生前深得魏武侯寵愛，還有合法的公子身分，按照法理，魏國國君之位應由公子緩來坐！」

趙成侯知道，光憑自家的實力還不能打垮魏國，最好是拉上韓國。於是趙成侯向韓國發出邀請，一起組隊打魏國。

此時韓國國君是韓懿侯，他收到趙國邀請後立馬拍板同意。韓懿侯之所以如此爽快，是因為趙韓兩家有著長達三百年的傳統友誼。

韓家的祖先韓厥在春秋時期，只是晉國一個默默無聞的貴族，然而趙家的一位貴人把韓家拉入晉國政治核心，韓家從此飛黃騰達，這位貴人叫趙盾。

趙盾作為晉國中軍將，是國家的二把手，而且幾乎把國君給架空了，在國內隻手遮天。趙盾看到韓厥為人忠厚老實，做事兢兢業業，就大力栽培韓厥，韓厥也對趙盾心懷感激。

趙盾死後，晉國國君聯合眾臣對勢力熏天的趙家展開反擊，趙家慘遭滅門之禍，只留下了趙氏孤兒——趙武。由於趙家對韓厥有恩，韓厥始終沒有參加對趙家的屠殺行動。等趙武長大後，韓厥就在晉國朝堂內積極為趙家復立奔走，成為趙家重返晉國政治舞臺的重要支持力量。後來趙武復立趙家成功，從那時起，趙韓兩家成了生死之交。

一般來說兩家的友誼能維持幾代就不錯了，然而趙韓兩家的友誼竟然維持了三百年，從春秋延續到戰國。這麼長久的友誼，完全可以申請金氏世界紀錄了。

趙韓兩國就是最鐵的朋友，更是全天候戰略合作夥伴關係。為了更好地肢解魏國，形成戰略優勢，趙韓兩國還交換了各自手裡的土地。趙國把曾經侵占的鄭國土地給了韓國，韓國把靠近長子（今山西省長治市）的土地給了趙國。交換土地後，韓趙兩國就可以從南北兩個方向夾擊魏國，肢解魏國。

一把巨大的絞索套在了魏國脖子上，趙韓兩國即將勒緊手中絞索。魏惠王將面臨政治生涯的第一場大考，這次考試成績直接關乎他與魏國的存亡。

魏國作為一個中原強國，完全具有單挑任何一個諸侯國的實力，不過魏國也只能應付單挑，一旦遇到圍毆，就得分散精力去應付多個敵人。趙韓兩國分別從北方與南方發起進攻，讓魏國腹背受敵，很是被動。

趙韓兩國同時向魏國展開攻擊，魏軍被打得節節敗退。就在此時，又有一個噩耗傳來，讓魏惠王感到挨了當頭一棒。曾經擁立他為國君的大夫王錯眼看魏國要亡了，叛逃去了韓國。擁立自己的人都跑了，這還怎麼玩啊？

看一個人是否具有鋼鐵般的意志，就看他在被眾人拋棄之後，是否還能堅持到最後，置之死地而後生！

魏惠王是一個不肯認輸的人，不願當亡國之君的他御駕親征，迎戰趙韓聯軍。可是初出茅廬的他被趙韓聯軍在濁澤擊敗，被圍困了起來。

是殺了魏惠王立公子緩為魏君，還是將魏國解體？

面對魏國這塊大肥肉，趙成侯與韓懿侯都打起了各自的算盤。打仗就像做生意一樣，決不能幹虧本的買賣，畢竟死了那麼多的人，花了那麼多的錢，跑了那麼遠的路，沒有豐厚的回報，怎麼對得起自己？

政治面前，沒有永恆的朋友，只有永恆的利益。為了各自的利益，趙韓的友誼即將走到盡頭。

在如何處置魏國的問題上，兩國想法是不一樣的。由於趙韓兩國的國力是趙強韓弱，趙成侯想吃獨食，打算立手中的公子緩為魏國的傀儡國君，藉機控制魏國，最後吞併魏國。而韓懿侯知道憑自己的斤兩想一口吞掉魏國，不光實力不允許，趙國也不會同意。折中的辦法就是讓魏國解體，把魏惠王與公子緩都立為國君，將魏國一分兩半。一口吞不下，就分兩口來吃，這樣對韓國來說最有利。

於是趙成侯與韓懿侯交換了想法，趙成侯立馬翻臉：「必須按照我的想法來！」

「憑什麼按照你的想法來？我韓國也是流了血，出了力的！」韓懿侯反擊道。

就這樣，趙成侯與韓懿侯你一言我一語地吵了起來。

被包圍的魏惠王猜想自己將會有一個悲慘的結局，他寧願自殺也不願親眼看到魏國亡在自己手上。然而，就在魏惠王思索應該選擇哪種死法時，一天早上，他醒來後突然發現，包圍圈南面的韓軍不見了，只剩下北面的趙軍！

魏惠王大喜過望，立馬整軍備戰。魏軍打不過兩國聯軍，現在只剩一家，還怕打不過？

趙成侯原本以為南面的韓軍會率先進攻魏軍，哪知早上到軍營前一看，韓軍竟不辭而別，魏軍準備與趙軍單挑了。趙成侯自知單挑不過魏軍，下達了撤軍命令。

原來韓懿侯知道韓國的實力不如趙國，如果把魏國打垮了，趙成候必然會按照他的想法立公子緩為魏君，進一步吞併魏國。趙國吃掉魏國後，下一個必然會吃韓國，完成三晉的統一。於是韓懿侯帶著軍隊回國了，既然你不仁，也別怪我不義。趙韓兩國三百年的同盟就此正式散夥。

散夥就散夥，好歹吃頓散夥飯吧。氣呼呼的韓懿侯招呼都不打，飯也不吃，直接晾了趙成侯。

原本給魏惠王出了難題的兩個敵人，卻因為彼此之間的分歧，幫助魏惠王順利通過了考試。

人生中總有那麼一段時光，各種壞事都會接踵而至，運氣壞到了極點。但越是在人生低谷的時候，就越要撐住，在越過人生中的激流險灘之後，等待你的一定會是柳暗花明。

天下十分美，九分在大梁

魏惠王繼位的第二年，魏國重新振作了起來。國內局勢穩定後，魏惠王率領大軍找韓趙兩國報仇，韓趙兩國毫無招架之力。

魏軍先在馬陵（今河南省新鄭東南）擊敗了韓軍，然後掉轉槍頭向北方的趙國進攻，在懷地（今河南省焦作市武陟縣）擊敗趙軍。趙、韓被魏惠王打老實後，魏國的枕邊之患也就暫時清除了。

接著，魏惠王做了一件改變魏國歷史的重大決策——遷都。

魏國首都一直在安邑，這是老魏家從春秋時代就經營的老巢，而魏惠王選擇的新都則是大梁（今河南省開封市）。大梁作為魏惠王的新家，即將被他打造成全天下最雄偉壯麗的城市。

如果說天下有十分美，那麼九分在大梁。

遷都就像現在搬家。一個人在一個地方住了很久，突然選擇離開熟悉的地方，搬去新環境，大都有兩種原因：第一種，這人有錢了，要改善居住條件；第二種，如果這個人不是為了改善居住環境，那麼他搬家很有可能是為了躲避災禍。

後世很多人認為，魏惠王將魏國首都從安邑遷到大梁正是出於第二種原因，即躲避災禍。躲誰？自然是西邊凶悍的秦人。

根據《史記》記載，魏惠王三十一年，「秦用商君，東地至河，而齊趙數破我。安邑近秦，於是徙治大梁」。意思是說，魏惠王在位的第三十一年，秦國重任商鞅，國土擴張到黃河邊，齊國與趙國又趁火打劫，攻打魏國。由於安邑靠近秦國，隨時有被攻下的危險，魏國將都城遷到大梁。

司馬遷作為「史聖」，按理說，他說的話一定最權威。可是關於魏國遷都大梁的時間，司馬遷說得未必對。

在司馬遷死後三百多年的西晉時期，出土了一本顛覆古代史學界的重量級書籍——《竹書紀年》。這是一本史學奇書，讓信奉儒家思想的古人看了直呼辣眼睛。《竹書紀年》是魏襄王（魏惠王的兒子）墓裡的陪葬品，也是魏國官方修訂的史書，記載了從上古黃帝到戰國魏襄王時期的歷史。由於作者是處在戰國時代的魏國史官，對魏國歷史的記載具有相當的權威性。

魏國的史官記載：「周顯王四年，夏四月甲寅，魏徙邦於大梁。」周顯王（當時的周天子）四年即西元前三六五年，相當於魏惠王在位第六年。這時，魏國已經從混亂重創中走了出來，李悝變法給魏國留下了殷實的家底。只要魏國自己不瞎折騰，國家穩定，GDP就能快速增長。

有了錢就可以成為「課金玩家」，魏國很快就能恢復成天下第一強國。魏國沃野千里，帶甲三十六萬。有著這麼雄厚的啟動資本，魏惠王自然想要成就一番事業。

去哪裡投資呢？魏惠王開始了市場調查研究。

諸侯國就像一個個公司，需要不斷搶占市場才有活下去的可能，否則就有被別人吃掉的危險。而土地與百姓則是諸侯國搶奪的核心，哪裡的土地最富庶，哪裡的人口最密集，就是它們向外擴張的方向。

魏惠王首先看了看魏國潛在競爭對手的發展方向。趙、韓、秦三國把各自的首都全部向東移，很明顯就是要搶奪中原。這三位諸侯不惜斥巨資，拖家帶口的也要朝中原方向搬家。在他們眼中，中原這塊大肥肉，搶到就是賺到，誰不向中原發展，誰就是大傻瓜。

越是資本流往的地方，就越有投資價值，魏惠王深諳此道。於是他決定學秦、趙、韓三國，也把自己的首都向東移，位於中原核心區的大梁也就被他定位為魏國的新首都。所以魏惠王遷都至大梁是為了改善居住條件，便於創業發展。

大梁城位於中原腹地，後來也是宋代的首都，濟水、丹水、鴻溝、睢水在這裡交匯，物產豐富，交通便利。可是大梁城除了位置好以外沒其他優點，房子太老太舊，是舊房改造，還是拆了重建？

作為改善居住條件的新家，房子一定要新、要大，採光要好。魏惠王說：「拆了給我重建，反正不差錢！」

拆好拆，可是怎麼重新規畫建設呢？規畫建設一塊新地，需要召集專家進行反覆討論，又要畫設計圖，又要做沙盤推演，麻煩得不得了。

負責營造新都的官員們為規畫方案爭吵不休，這時魏惠王說道：「大家都別吵了。我給你們一張規畫圖，你們照著建就行了！」

所有人看到國君給出的圖紙後，都不禁倒吸了一口涼氣。大家心裡都蹦出了一句話：「國君你這是要逆天啊！」

擺在眾人面前的規畫圖是「天子之都」。說直白點，魏惠王直接把周天子居住的雒邑規畫圖拿了過來。

「你們就按照這張圖紙建造魏國的新都城，尺寸還可以放大。我的新都一定要比周天子的雒邑更大更豪華，我要打造一座宏偉的天子之都！」

雖說周平王東遷雒邑後，天下禮崩樂壞，很多諸侯國都不把周天子放在眼裡，可是在等級制度上，大家還是尊重周天子的。諸侯見到周天子還是會跪拜，想當諸侯的人也得跑趟雒邑找周天子蓋個章。

西周早期，輔國功臣周公旦制定了周禮，這是天子對全天下的一套管理制度，目的是告訴每一個人，要認清自己的身分，什麼事該做，什麼事不該做。周禮對天子的都城大小尺寸有著詳細的描述：「匠人營國，方九里，旁三門，……天子十二門。」意思是，天子的都城是個正方形，每個邊長九里，相當於四．五公里，面積是二十．二五平方公里。每條邊有三個門，總計十二個門。

據現在的考古發現，魏惠王造的大梁城東西邊長六．四公里，南北邊長四到六公里，總面積為三十七平方公里。他的確建了一座超過天子規格的都城。

造完都城，還要修建宮殿與臺閣，不然去哪裡上班，去哪裡遊玩？魏惠王又命人造了丹宮、公宮、范臺、京臺、暉臺、靈臺等。

西元前三六四年，經過數年的營造，魏惠王帶著一家老小正式入住新建好的天子之都。

魏惠王住在恢宏的大梁城裡，覺得自己就是天下最偉大的君王，更是無冕的天子，全天下都要臣服在自己的腳下。路過大梁的人，也無不被大梁的壯麗所折服。

然而，魏惠王遷都看似無限風光，背後卻埋下了一顆驚天巨雷。

戰國初期，魏國首都安邑靠近秦國，魏國為了自身的戰略安全，需要一直把家門口的秦國踩在腳下。而現在，魏國把首都從安邑遷到了大梁，就等於把自己的腳從秦國身上挪開，向東去踩中原諸侯去了。

踩在自己身上幾十年的腳挪走後，秦國猛地站了起來。就在魏惠王搬家期間，秦獻公向魏國發動了一場石門之戰，六萬魏軍為秦軍殲滅。這一場大勝仗一掃秦國數十年的陰霾，周天子也派人向秦獻公表示祝賀。

周天子給秦獻公按讚，等於肯定了秦獻公是替天行道，打了一場正義戰爭的做法。顯然，周天子對魏國極其不滿，大梁緊挨著雒邑，你魏罃把都城造得比我家還大，你是什麼意思？

魏惠王被周天子的按讚行為氣得半死，卻又無可奈何。雖然自己在魏國可以讓所有臣民把自己尊奉成天子，但這僅僅是對周天子拙劣的模仿。

大梁城的建成，讓魏惠王與周天子結下了梁子，更讓秦國迎來了千載難逢的崛起機會。魏惠王並沒有察覺到即將到來的危機，畢竟魏國家大業大，死了六萬人也並未傷筋動骨。魏國還能徵召更多的士兵，仍是全天下第一。

盛世之下隱藏的危機，始終得不到人們的重視，直到災難爆發的那一刻，才悔之晚矣。

這時，有一個人離開了魏國，讓魏惠王好不容易建立的盛世再次崩塌。他就是歷史課本上被反覆劃重點、考了無數次的商鞅！

當時他還不叫商鞅，而叫公孫鞅。後來他在秦國飛黃騰達後，有了自己的封地「商」後，才被稱作商鞅。此時的公孫鞅正在魏國忍受職場的瓶頸期，死活升不上去。心灰意冷的他，準備挪窩了。

陸 中庶子的逆襲

意外逃生

魏國遷都大梁後不久，在家臥病已久的相國公叔痤快不行了。公叔痤擔任相國期間政績平平，在李悝的萬丈光芒下，他顯得完全黯淡無光。魏惠王對公叔痤並不感冒，可他畢竟是老爹留下來的重臣，做了那麼多年，沒有功勞也有苦勞，沒有苦勞也有疲勞。

為了表示尊重老臣，魏惠王立刻備馬，前往相國家裡看望。

公叔痤看到國君來了，想從床上爬起來行禮，可是身體卻怎麼也動不了。

「相國，您不要動了，我是專程過來看望您的。」魏惠王說道。

公叔痤勉強撐起自己，向面前的國君說道：「感謝國君前來看望。」由於公叔痤的聲音太微弱，魏惠王需要將耳朵緊貼在公叔痤嘴邊才能勉強聽清楚。

眼前的公叔痤如同風中的蠟燭，隨時有熄滅的危險。魏惠王希望公叔痤趕緊交代後事。公叔痤作為魏國的二把手，遺言絕不會像普通人一樣無關緊要，他死前說的每一句話，都將關乎魏國未來的國運。

魏惠王嚴肅地問公叔痤：「相國，您如有不測，我們魏國的江山社稷將怎麼辦？」

公叔痤沒有思索，用盡最後的力氣回答：「國君，我是一個將死之人。鳥之將死，其鳴也哀；人之將死，其言也善。我有一個中庶子（侍從之臣，相當於祕書）叫公孫鞅，雖然很年輕，卻是一個不世出的能人，希望國君把國家交給他來治理。」

魏惠王聽完相當無語，他心想：「公叔痤讓我把國家交給公孫鞅治理，分明是建議公孫鞅來接任下一任相國。可是我連公孫鞅長什麼樣都不知道，讓我把國家交給這樣一個完全不認識的人，這不是瞎胡鬧嗎？公叔痤是不是病久了，糊塗了？」

公叔痤見魏惠王默不作聲，用勁揮了揮手。周邊的人知趣地離開了，屋內只剩公叔痤與魏惠王兩人。

公叔痤伸出微顫的雙手一把握住魏惠王的手：「國君，不用公孫鞅也可以，可是您一定要殺了他，決不能讓他離開魏國！」

魏惠王敷衍地說道：「好的，相國放心，您交代的事，我一定記在心上！」

公叔痤放下手，長舒了一口氣，躺了下去。隨後，魏惠王離開了相國府。

路上魏惠王對左右隨從不屑地說道：「相國老糊塗了，臨死前想讓我把國家交給一個從未謀面的人來治理。公孫鞅也就是一個小官，如果真有才能，早就做出一番政績被提拔上來了，現在怎麼還會只是個中庶子？」

沒幾天，公叔痤就死了，魏惠王也忘了老相國的臨終遺言，一直被蒙在鼓裡的公孫鞅僥倖躲過了一死。

講到這裡，筆者要替魏惠王說句公道話。魏惠王作為一名國君，也是求賢若渴，後來與他搭檔的相國惠施也是一個賢明的人。可是公叔痤要國君讓公孫鞅從中庶子一步坐到相國的位子上，放到現在，相當於讓一個祕書一下子升到國家總理，這太激進了。

魏文侯時期的名相李悝與戰神吳起也都是透過政績一步步升上去的，在魏國還從來沒有一步登天的情況出現。換作我們大多數人，也會覺得公叔痤這是病得不輕。

既然公孫鞅在公叔痤眼中是一個舉世無雙的人才，那為何他到現在還只是相國身邊的祕書呢？這是因為公叔痤自己就是一個嫉妒心極強的人，他從見到公孫鞅的第一刻起，就沒打算讓公孫鞅出頭。

公孫鞅是姬姓，衛國人，所以又叫衛鞅。他祖上是國君與姬妾生的公子，雖然是庶出，好歹也與國君沾點親。但是再親的血緣關係也會隨著時間的流逝而淡漠，到了衛鞅這一代，他們家已經成了沒落貴族。

衛國是個巴掌大的小國，就業市場不景氣，工資待遇不高。為了混口飯吃，公孫鞅師從學術大師尸佼。尸佼是雜家，是個融合了各家學派思想的集大成者，被後世尊稱為尸子。

公孫鞅學成之後，選擇前往魏國就業。因為魏國是當時天下最強大的國家，只要是人才，就可以在魏國高薪就業。

西元前三六五年，年輕的公孫鞅收拾背包，前往魏國找工作。從他踏上仕途的那一刻起，他就注定要成為打破天下格局的狠人。

來到魏國，公孫鞅接觸了先進的法家思想，於是決定在就業之前先來個充電學習。在治國思想上，他向李悝學習；在治軍思想上，他向吳起學習。在自我提升之後，公孫鞅才開始投履歷。

沒想到，作為職場小白，公孫鞅竟然被相國公叔痤看中，招為自己的中庶子。公孫鞅太高興了，他認為抱上相國這棵大樹，以後必定飛黃騰達。

中庶子和後世的幕僚很像，負責給高官打下手，出謀劃策。只要做得好，高官厚祿少不了，例如清代的李鴻章就是曾國藩的幕僚，後來也是靠曾國藩的推薦青雲直上。

可是公孫鞅萬萬沒想到，他在魏國混到頂也就是個中庶子。

身為相國的公叔痤可謂老奸巨猾，能混到這個位子，必然是有兩把刷子的，最起碼閱人無數，知道什麼人能用，什麼人不能用。公叔痤剛開始覺得公孫鞅是個能幹的小夥子，做自己的祕書，可以幫自己起草文件，寫份報告。可是在公孫鞅給自己打下手期間，公叔痤發現他竟然有很多見解遠超自己，這個小夥子竟然要比自己高好幾個層次。

公叔痤心想：「公孫鞅還年輕，如果讓他成長起來，日後必會對我的相國之位造成威脅。我一定要死死地按住他，讓他為我所用。等我死後，再讓他為魏國效力吧！」

每當公孫鞅為自己擬好文件，公叔痤都會大加讚賞地說：「日後我一定大力提拔你。」然而，公孫鞅在公叔痤身邊無論怎麼任勞任怨，一直也沒有得到提拔。

不過，雖然公孫鞅的仕途怎麼也看不到出路，但是他每天在相國身邊辦公，接觸的都是國家重大決策。很多重要的文件報告都經過他的手，這為他積累了珍貴的政治經驗。

終於有一天，相國死了，可公孫鞅也失業了。人總得賺錢吃飯，自己接下來該去哪裡呢？公孫鞅為失業的事情愁眉苦臉，哪裡知道自己竟然躲過了一場死亡陷阱。

這時候，他從別人那裡看到了一份來自秦國的招聘廣告。

改變歷史的面試

對於如今的職場人來說，招聘廣告是很常見的，可是在戰國時期，都是人才去國君那裡尋找工作，從沒聽說過國君主動放下身段來招人。秦孝公發布的這則招聘廣告被全天下廣泛傳抄，所有人都想看看秦君是如何招人。發布這份招聘廣告的秦孝公也成為中國歷史上第一位發布招聘廣告的人。

秦孝公是秦獻公的兒子，名渠梁，於西元前三六一年繼位，時年二十一歲。秦孝公繼承了父親的遺志，誓要擴大秦國版圖，打敗死敵魏國，入主中原。

秦孝公明白，國與國之間的競爭，說到底就是人才之間的較量。秦國雖然經過秦獻公的大力改革，還是很難甩掉「位置偏」、「經濟窮」的舊帽子。縱使廢除了人殉這一陋俗，可在其他諸侯國人眼中，秦人依舊和野蠻人沒什麼區別。

為了改變天下人對秦國的偏見，秦孝公在招聘廣告的文案上下足了功夫。他的招聘廣告就叫《求賢令》！

好的招聘廣告一般包含三個基本要素：招聘的企業很厲害，企業急需什麼樣的人才，一經錄用待遇從優。秦孝公的《求賢令》正包含了這三個基本要素。

企業介紹：「昔我繆公[1]自歧雍之間，修德行武。東平晉亂，以河為界。西霸戎翟，廣地千里。天子致伯，諸侯畢賀，為後世開業，甚光美。」

意思是：想當年，我們秦穆公在岐山與雍地勵精圖治，向東平定了晉國內亂，並以黃河劃定秦晉兩國邊境。秦國在西方的戎翟前稱霸，沃野千里。周天子都派人向秦穆公表示祝賀，秦穆公為後世子孫開闢了基業，實在是太偉大了。

這段話告訴應聘者，秦國過去是一個非常厲害的大企業，曾出過明星企業家秦穆公。他曾經幫助東邊的晉國企業重組，還把想侵占秦國市場的蠻夷趕跑了。周天子都給他按讚。

企業經營現狀：「會往者厲、躁、簡公、出子之不寧，國家內憂，未遑外事，三晉攻奪我先君河西地，諸侯卑秦，醜莫大焉。獻公即位，鎮撫邊境，徙治櫟陽，且欲東伐，復繆公之故地，修繆公之政令。」

意思是：秦國歷經了四代亂政，國家處在內憂外患之中，三晉趁機攻占我們先君的河西之地，諸侯們都看不起我們秦國，秦人丟人丟到家了。我老爹秦獻公繼位後，平定了邊境的戰亂，遷都至櫟陽，而且想要向東征討，收服秦穆公時期的故地，恢復秦穆公時的輝煌。

人們看了這段話，也知道秦孝公是個實在人，沒有忽悠應聘者，而是講出了企業現在存在的經營困難，強調秦國現在正是急需人才的時候。

職位描述與待遇福利：「寡人思念先君之意，常痛於心。賓客群臣有能出奇計強秦者，吾且尊官，與之分土。」

---

1 通假字，即「穆公」。

意思是：作為秦國國君，一想到老爹的遺願我就感到心痛。只要誰有辦法能讓秦國再次崛起，要官給官，要地給地！

公孫鞅看完秦孝公的招聘廣告之後，感受到了秦國對人才的極度渴望。既然魏國混不下去了，那就去秦國吧。

於是，公孫鞅把自己偶像李悝的《法經》背在身上，踏上了前往秦國的旅途。

戰國時代很適合一個人自由行，那時沒有護照，沒有海關，想去哪裡去哪裡。你可以追逐想要的一切，仕途、詩歌、學術，它們都在遠方等著你。

年輕的公孫鞅從大梁一路向西，穿過崤函道，越過渭水，來到了秦國的新都櫟陽。

公孫鞅到了秦都之後開始犯難了。現在人們找工作，可以在招聘網站上找到人事經理的電子信箱，可是秦孝公作為中國歷史上第一個發招聘廣告的人，當時還沒有經驗，竟然沒在招聘廣告上說明應聘者到了秦國該找誰。

公孫鞅畢竟是在相國身邊混過的人，知道直接進宮找秦孝公面試肯定不可能，估計還沒進門就被衛兵當成刺客亂刀砍死了。那該找誰呢？

想來想去，公孫鞅打算去找景監。史書對於景監沒有詳細的記載，但可以看出，他有一項別人無法企及的能力，那就是看人極準。如果後來不是他幾次態度堅決地向秦孝公推薦公孫鞅，秦國就會失去重整山河的機會。

當時，景監作為秦孝公身邊的寵臣，與國君的關係非常密切。只要能獲得景監的推薦，想見秦孝公也不難。

公孫鞅敲開景監家的大門後，下人向景監稟報說一位從魏國來的求職者求見。景監很客氣地親自接見了公孫鞅。

兩人相談甚歡，景監覺得公孫鞅正是秦國急需的人才，就向國君引薦。秦國董事長秦孝公也從百忙之中抽出空來，親自面試公孫鞅是否有才。

面試最常見的對話內容，無外乎自我介紹、才能展示和薪水期望。秦孝公求賢如渴，直截了當地問公孫鞅有什麼才能。

「我可以幫助國君治國理政！」公孫鞅恭敬地回答道。

「那你就給我詳細地說說吧。」秦孝公立馬挺直了身子，側耳傾聽公孫鞅的高見。在秦孝公眼裡，人家畢竟是在中原見過世面的，一定有很深刻的見解。他原本以為這將會是一場充滿雞血的激情演講，結果萬萬沒想到的是，公孫鞅硬生生把他講睡著了。

公孫鞅師從尸子，對各家學派都有所涉獵，在魏國也做過相國祕書，通曉法家奧義。不過雖然他肚裡面的貨很多，但作為一名求職者，他並不知道老闆的戰略目標是什麼。秦孝公到底想成為一個什麼樣的君主，是想成為堯舜一樣的仁君，還是想成為殺伐決斷的霸王？

為保險起見，先從大道理開始講。於是公孫鞅對秦孝公進行流水帳似的演講，說治理好一個國家要講帝道，從三皇五帝開始講到當今。他還告訴秦孝公，要管理好一個國家，就要學習古代的堯舜，光靠打打殺殺是不對的。

當公孫鞅講完，秦孝公也睡醒了。他原本想找一個可以幫助自己成就一番霸業的人才，沒想到此人講的都是把人耳朵磨出老繭的大道理，這些道理秦孝公從小聽到大，不想再聽了。聽公孫鞅演講，唯一的好處就是治好了自己因為發憤圖強而引發的失眠焦慮。

睡醒後的秦孝公帶著起床氣瞪了一眼公孫鞅，然後拂袖而去，找景監開罵：「你給我找的是什麼人啊！一上來就跟我談三皇五帝，跟我說上古帝王治國之策。上古帝王死了多少年啦，他們能讓敵國不侵略秦國嗎，能讓魏國吐出侵占秦國的土地嗎？」

景監要不是與秦孝公關係不錯，搞不好就會被暴打一頓。

然而景監是個一心為國的人，他知道公孫鞅是個難得的人才，只是秦孝公與公孫鞅在談話時沒有在同一頻道，才會讓局面變成你講你的、我睡我的。

既然如此那就再試一次吧，景監厚著臉皮央求秦孝公再給公孫鞅一次機會。看在朋友的面子上，秦孝公再次召見公孫鞅。

公孫鞅也對自己第一次面試所講的內容進行了深刻反思。俗話說，蘿蔔青菜各有所愛，既然國君不喜歡帝道，那我講王道。

秦孝公對公孫鞅進行了第二次面試。公孫鞅就說國君應講道德樹仁義，用王道才能治理好天下。沒想到這次秦孝公又睡著了，並且睡得更香，呼嚕都打起來了。

公孫鞅看著被自己連續催眠的國君，恨不得找根柱子撞死算了。連續面試兩次都失敗了，公孫鞅心灰意冷，打算離開秦國。景監拉住公孫鞅的手，說道：「既然國君不喜歡帝道和王道，那你就向他講述魏國內部是如何運行的，是如何征戰的，是如何制霸中原的！」

這句話點醒了公孫鞅：原來秦孝公要的是霸道。

「霸道」一詞聽起來就很酷，不僅讓人感到一股強大的氣場，更是符合大國雄霸天下的氣質。雖然霸道裡面藏著蠻橫、不講理的元素，不如帝道、王道光明磊落，但是它符合弱肉強食的國際政治叢林法則，更與人類好鬥的基因相契合。

公孫鞅知道這將是最後一場面試，如果不成功，不光自己要從秦國滾蛋，引薦自己的景監也要跟著倒楣。

進入宮內，公孫鞅看著對自己翻白眼的秦孝公，鼓足勇氣，把自己在魏國的辦公經驗全部倒了出來，比如如何獎勵軍功，怎樣提高糧食產量，面對刑事案件如何審判。說直白點，就是告訴秦孝公國家需要透過變法來做大做強，去搶占別國領土。

秦孝公越聽越起勁，從原先翻著白眼，到後來眼睛瞪得像銅鈴一樣大，並且不由自主地靠近公孫鞅。

公孫鞅看見國君終於與自己有互動了，很是高興。只要國君願意聽，我就講得更精深。就這樣，公孫鞅一直講到深夜，秦孝公聽得不時鼓掌，有時還會提出自己疑惑的問題。

最後，兩個年輕人終於熬不住了，只得各自回去睡覺。之後，秦孝公連續幾天拉著公孫鞅聊。在兩人的交談中，新舊思想展開了大碰撞，碰撞出來的火花見證了兩個年輕人的友誼，他們在以後的歲月中，既是君臣，也是朋友，更像師徒。

秦孝公雖然想當一個霸道國君，但是他對人還是很寬厚的。作為一個國君，竟然在百忙之中抽空連續三次面試公孫鞅，並且每次還不厭其煩地聽下去，這簡直是百年難得一遇的好老闆。明朝開國皇帝朱元璋在聽一位大臣做報告時，因為嫌大臣寫得太多太囉唆，當場把大臣褲子脫掉打板子，這招被稱為「廷杖」。公孫鞅要是遇到朱元璋，估計要被活活打死。

對於公孫鞅來說，能遇到懂自己的國君，那是幾輩子修來的福分。既然你百分百信任我，那麼我將以死相報。正是因為遇上了明主秦孝公，小科員公孫鞅也就成了赫赫有名的商鞅。

不過秦孝公現在還不需要商鞅以死相報，他需要的是借商鞅的三寸不爛之舌，去與那些反對變法的保守派進行論戰。

舌戰守舊派

魏國變法有一條內容讓秦國權貴恨得咬牙切齒，那就是廢除世卿世祿。雖然秦孝公的老爹秦獻公也做了一些簡單的改革，卻只能算是為變法試水，並未涉及變法的深水區。

秦孝公想在秦國推行魏國的變法，可是國內阻力比較大。歷史上，每次變法都要動一部分人手裡的蛋糕，權貴壟斷社會巨額的財富，往往是最害怕自己的蛋糕被動的人。

只有把蛋糕從權貴手中搶過來，分給更多願意為秦國奉獻的人，才能讓秦國有再次崛起的原動力。

每當社會發生大變革，新舊思想都會展開一場大論戰。保守派始終把舊思想當作亙古不變的真理來守護，而維新派將用變法這一霹靂手段打破舊世界的枷鎖，讓人看清楚前方的道路。

俗話說，真理越辯越明。

為了讓全體國人知道變法是秦國的唯一出路，秦孝公為商鞅挑好了論戰的地點與對手，讓商鞅去把他們全部辯倒。

論戰其實和約架差不多，只不過將拳頭變成了論點與論據而已。為了自己，為了國君，為了秦國，商鞅答應了論戰。此時的他並未有一官半職，可他知道，如果論戰勝利，自己將成為秦國變法的實施者，一人之下萬人之上。

影響秦國乃至戰國歷史進程的論戰正式開始。

論戰就在朝堂上進行，裡面坐滿了秦國的滿朝文武。秦孝公端坐在朝堂的寶座上，擔任辯論賽的主持人。

商鞅來到朝堂下，一步一步向上走去。在此之前，他還僅僅是魏國一個微不足道的科員，現在他竟然步入了秦國的朝堂。迎戰商鞅的兩位辯手分別叫甘龍、杜摯，是秦國權貴的代表。

秦孝公見辯論雙方入席，於是公布了辯題：「秦國是否需要變法？」

商鞅作為正方辯手，主張變法。

甘龍、杜摯作為反方辯手，反對變法。

商鞅首先說道：「做大事者，不能猶豫不決，否則會抓不住稍縱即逝的良機。天下各國都開始轟轟烈烈地搞變法運動，秦國必須趕上這趟快車，否則就有掉隊的危險。」

這話一出，在場官員中有很多都表示同意。

商鞅接著說：「國君應該下定變法的決心，不要在乎守舊勢力的批評。具有遠見的人一向會被世俗非議，有獨到見解的人很容易遭人嘲笑。愚昧的人在事成之後都不知道自己是如何成功的，而那些具有真知灼見的人卻能發現問題的本質。所以同愚昧的百姓講治國方針是行不通的，要想管理好百姓使秦國富強，必須透過新法來實現。」

商鞅的陳詞高屋建瓴，他告訴在場的所有人，變法是由具有遠見的精英領導的改革運動，即使有阻力，也必須將新法推行下去。

在場的不少大臣已經被商鞅「圈粉」了。

甘龍在商鞅陳述完之後展開了反擊：「我們秦人遵守的舊制是老祖宗傳下來的，祖宗之法不能變！聖人不會去改變百姓的生活習俗，聰明的執政者不會透過改變舊有的法度來治理國家。官員也習慣用舊有的法度來管理國家，一下子要來個大刀闊斧的變法，國家與百姓經不起折騰！」

商鞅聽完後不屑地說道：「您說的話，都是世俗的言論！夏、商、周三代每一代制度都不同，卻都能統治天下。春秋五霸各自國情也不一樣，卻都能稱霸於天下。賢能的人可以創製法度，愚蠢的人只能被舊制束縛。因循守舊的國家，只會自取滅亡！」

在場的很多官員聽到商鞅的這段話，再想想秦國在戰國初年被魏國揍得滿地找牙的窘況，從心理上都認為商鞅講到了秦國的痛點。

此時反方的二辯杜摯站出來駁斥道：「一個人用工具久了，已經習慣了這個工具，那就不要輕易去換掉，除非新工具能提高十倍的工作效率。同樣，除非你能給國家帶來百倍的經濟利益，否則就沒必要去動原來的法度。舊的法度雖然舊，但是運行了數百年也沒有出過差錯。隨意更改法度，搞不好會引起國內大亂！」

杜摯說的也不無道理。變法如同對一個久病在床的人進行一場大手術，搞不好在手術過程中病人就死了。例如西漢末年的王莽建立新朝後大刀闊斧地進行變法，初衷是好的，可到最後搞得天下大亂，自己也落個死無全屍。所以很多醫生針對重病臥床的人都會選擇保守治療。

商鞅反駁道：「國家應該根據實際情況，順應時代需求來制定法度，就像士兵身上穿的鎧甲和手裡拿的兵器，在設計、製造時都要以方便士兵使用為目的。例如商朝的開國國君成湯、周朝的開國國君周武王，他們稱王於天下，也沒有遵循古代的法度。夏朝與商朝的滅亡，也不是因為他們更改舊的法度而引起的。只要新法能讓秦國變強，那就值得推行。」

商鞅的話剛說完，坐在寶座上的秦孝公就興奮地高喊道：「好！」

從國君嘴裡喊出的「好」字，代表商鞅在辯論賽中大獲全勝。秦孝公的喊叫聲如同滔天巨浪從寶座向四周擴散，撞擊著在場的每個人的內心。

朝堂上的有識之士立刻明白秦孝公要任用商鞅主持變法，於是他們都鼓起掌來。這掌聲不僅是送給商鞅和國君的，更是送給未來的大秦帝國的。

然而，也有很多人不鼓掌。甘龍與杜摯面如死灰，以他倆為首的保守派，在今後的歲月裡，再也不能混吃等死，他們無時無刻不想把商鞅碎屍萬段。但商鞅沒有給保守派任何反擊的機會，他讓所有人知道了變法對秦國的益處。

西元前三五九年，秦孝公正式下詔，封商鞅為客卿，一場以魏國變法為藍本的秦國變法即將轟轟烈烈地開始。

商鞅從一個名不見經傳的小人物，完成了普通人逆襲的壯舉，成功地晉級為秦國的風雲人物，一步登天。

春風得意的商鞅，開始在秦國這片廣闊的天地上，施展自己的驚世才華。

柒

秦國崛起

徙木立信

很多人以為，商鞅在結束與保守派大臣的舌戰後，就會馬上開始變法。可是三年過去了，全國人民等得花兒都謝了，也沒見到新法的頒布。

其實商鞅並沒閒著。他一直在研究調查秦國，好根據秦國的實際情況起草新法。這就像醫生給病人看病，要具體問題具體分析，根據實際病情用藥。

三年後，商鞅在起草好一系列新法文件的同時，被秦孝公提拔為左庶長。秦國有四種庶長，分別是大庶長、左庶長、右庶長、駟車庶長，這四種庶長既是官職也是爵位，算是高級官員。除了左庶長，其他三種庶長必須由王公貴族擔任。

可就在新法即將頒布時，商鞅又覺得有些不妥，因為他發現秦國百姓與魏國百姓是有區別的。

春秋末期，晉國的趙鞅把刑書條文鑄刻在鐵鼎上公示，晉國大夫在自家封地上大搞土地改革。魏國是晉國分裂出來的國家，到了戰國時期又經歷過一次李悝變法，所以魏國老百姓相當於接受了長達百年的法制教育。

然而秦國卻是另一番景象。由於長期處在天下的邊緣地帶，遠離中原文明核心區，秦人長期不與外界交流，外界也不屑與秦人交流，愚昧成為秦人撕不掉的標籤。秦國過去管理國家的終極奧義就是人殉，雖然人殉被廢除了，可是秦人幾乎都是法盲。怎樣才能讓他們相信法律的公信力，從而遵守國家的法律呢？

聰明的商鞅想出了一個好辦法。

商鞅派人在國都的南門立下一根三丈長的大木桿，並當場宣布，凡是能將這根大木桿搬到北門的，就賞十鎰黃金。

大木桿周邊圍了裡三層外三層的人，都是來看熱鬧的。沒有人相信搬一根木桿就能賺十鎰黃金，很多人甚至一輩子都沒見過這麼多錢。老百姓不信任政府，怕其中有詐，沒有一個人願意出來搬大木桿。

商鞅於是說：「我宣布將賞金提高到五十鎰黃金！」

周圍的百姓像開水一樣沸騰了起來，突然一位壯漢從人群裡衝了出來，扛起大木桿大步流星地向北門奔了過去。

商鞅與圍觀的人群跟隨著壯漢的腳步，來到了北門。壯漢到了北門後，將大木桿扔下，顧不及擦汗就氣喘吁吁地向商鞅說了一個字：「錢！」

「給你！」

說完，商鞅給了壯漢五十鎰黃金。壯漢高興得手舞足蹈，跟中了彩券大獎一樣，果然是大力出奇蹟。

這件事在秦國廣泛傳播，為秦國政府贏得了巨大的公信力。商鞅讓百姓明白了只要聽從政府的號令，肯努力幹活，就會得到獎勵。

當政府樹立公信力後，商鞅就要在秦國頒布新法了。

超越時空的法律

很多人以為，商鞅變法就是一下子頒布很多新法，立馬讓秦國脫胎換骨。但從上一章我們可以看出，商鞅是一個很講邏輯的人。他與秦孝公的談話，是按照帝道、王道、霸道的順序，從古至今，給了國君三種選擇方案。不管對方願不願意聽，商鞅都是按照這個邏輯順序講下去。好在秦孝公是一個很有耐心的人，最終還是聽完了。

商鞅在魏國相國公叔痤身邊當了多年祕書，知道強大的魏國是如何運行的。他身上還攜帶著偶像李悝的《法經》，《法經》對於他來說是一本寶書，每天睡前都要看，裡面的內容都深深地印在了他的腦海裡。

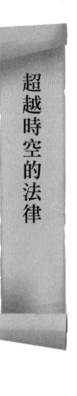

將魏國變法的模式直接套用在秦國，可行嗎？每晚，商鞅在睡前放下《法經》時都要問一下自己。

如果直接套用，是很方便，而且不需要費腦子、花精力。可是變法是對秦國這個重病纏身的病人進行康復治療，治療的過程必須循序漸進，絕不能指望一下子就治好。如果急於求成，搞不好變法就如同虎狼之藥，讓虛弱的病人一命嗚呼。所以，商鞅對魏國變法在秦國的施行進行了優化升級。

首先要明確秦國變法的目的是什麼。秦國變法的目的很簡單，就是要讓自己變強，具有能把對手吃掉的能力。在彪悍的秦人眼中，高尚的理想並不能當飯吃，只有糧食、土地、財富才是實實在在看得見摸得著的。

目的明確後，就要開始著手實施。飯要一口一口吃，路要一步一步走，商鞅前後進行了兩次變法。

西元前三五九年，商鞅頒布了首道法令——《墾草令》。這道法令的核心就是要老百姓多開墾荒地。為了保證糧食產量，全社會都要圍著農業轉。

老百姓只要願意開墾荒地，國家就不會虧待你，不會對你橫徵暴斂，會根據你的實際收成來徵稅；管理農林水利的官員，工作絕不能懈怠，不允許拖延公務，整個政府機構要高效率運轉起來；老百姓禁止隨意搬家，否則人跑了，國家找誰開荒種地，找誰收稅啊？此外，商鞅還要讓老百姓愚昧無知，這樣老百姓心眼少，便於管理與控制；最後一條，就是老生常談的抑制商業。商鞅認為商人只會投機倒把，他們倒賣糧食，控制糧食價格，不利於國家穩定。

穩定農業生產之後，商鞅展開了全國人口普查工作。

人口普查工作在現在看來很常見，每個公民的資料在政府的系統裡都有記錄，只要在電腦上一查，就能知道該地有多少人，男女老少各有多少。可是在古代，想查清全國的人口絕非一件簡單的事，這其實是要用人力收集大數據，工作量極其巨大。

商鞅是一個邏輯性極強的人，他善於推理，知道事物的發展都是一環套一環，這一環沒銜接好，下一環就接不上來。手中沒有秦國人口的大數據，就不能調動整個國家的人力資源。所以，哪怕人口普查工作再苦再累，也得義無反顧地推行下去。

於是秦國基層的官吏帶著滿腔熱情投入到人口普查事業中。他們走家串戶，每走進一戶人家裡，都會仔細登記該戶人口。同時，他們也會嚴肅地向老百姓做起普法教育：五家為一伍，十家為一什，如果一伍里有一家犯罪，其餘四家都要連坐。不想連坐可以向官府打小報告，就算檢舉有功。外地人到家裡借宿必須有憑證，收留沒有憑證的人住宿也要坐牢。

為了減輕官府的工作量，老百姓以「伍」、「什」為單位，從伍里選一位當伍老，再從什里選一位當里典。伍老和里典負責管理老百姓，類似於社區住戶裡的總幹事。

當人口普查完成後，商鞅手裡就掌握了秦國各地人口的大數據。只要知道哪個地方住了幾戶，家裡有幾口人，國家徵兵與徵糧就方便了。

商鞅知道恨他的人數不勝數，可他沒有時間去理睬。他以大無畏的精神，頒布了影響中國的律法——《秦律》！

雖然後來秦朝滅亡了，但是它的律法沒有亡。

漢朝一直批判秦朝是亡於暴政，《秦律》也被潑髒水，被說成是嚴刑峻法，是暴君迫害百姓的利器。然而漢朝一邊罵秦朝，一邊卻繼承了秦朝的衣鉢，將《秦律》換個封面，改了些內容，變成了《漢律》。《秦律》對於漢朝來說，就像是一塊臭豆腐，聞著臭，吃著那可真香啊！

商鞅變法為律，將李悝的《法經》變成了《秦律》，《法經》六篇變成了《秦律》六律，分別是盜律、賊律、囚律、捕律、雜律、具律。商鞅並不是對著李悝的《法經》直接照抄，而是繼承了李悝依法治國的理想，並根據秦國的實際情況做出了修改。

後世很多人以為《秦律》裡面只有六種律法，然而一九七五年湖北省雲夢縣出土、震驚中外的睡虎地竹簡推翻了人們這一認知。這批珍貴的竹簡編寫於秦王嬴政滅六國時期，其中《秦律》的內容涉及農業、庫管、貨幣、貿易、徭役、吏治、爵位等，多達十八種律法。

由此可知，在商鞅死後，後來的繼任者仍在不停地擴充《秦律》，其細緻程度絲毫不亞於現在的法律條文。

《秦律》非常嚴苛，哪怕犯的是輕罪也會被施以重刑。之所以這麼規定，是為了對社會起警示作用。商鞅還專門用一句話來解釋：「行刑，重其輕者，輕者不生，則重者無從至矣，此謂『治之於其治也』。」意思是，執行刑罰，對輕罪也要重罰，這樣就沒有人敢犯輕罪，重罪就更沒有人敢去觸碰了。

在秦國，偷盜牛馬的人會被直接處以死刑。五個人偷竊，贓物達到一定數額，就要被砍去左腳，還要在臉上刺字，送到工地上修四年城牆。把灰倒在馬路上的，臉上也要被刺字。鄰居中有犯罪分子，而自己沒有向政府告發，要被腰斬。

「輕罪重刑」是《秦律》的特色之一，而更讓人毛骨悚然的就是刑罰的種類。現在犯罪分子受到法律的懲處，大多是被判監禁，最慘的就是死刑。而《秦律》裡懲處犯人所用的刑罰，不得不讓人懷疑商鞅是從十八層地獄裡爬出來的，所以他設置的每一種酷刑都像是為惡鬼準備的。什麼絞死、砍腳、割鼻子、臉上刺字，閹割都算輕的。嚴重的比如車裂、腰斬、戮（殺死後陳屍示眾）、梟首（砍掉腦袋示眾）、破腹、囊撲（裝入袋中打死）、烹（下鍋烹了）等，聽著就讓人渾身起雞皮疙瘩，太恐怖了！

《秦律》的頒布讓秦國百姓神經緊張。他們知道只要觸犯法律，哪怕是輕罪，都有可能被商鞅送上西天。因為不想受刑罰，秦國老百姓全都小心謹慎，走在大街上都疑神疑鬼，生怕自己犯法。《秦律》施行之後，秦國國泰民安，路不拾遺，夜不閉戶。

商鞅的《秦律》之所以能大獲成功，不光是酷刑對社會起到了震懾作用，更重要的是商鞅看穿了亂世中的人性。

小孩啟蒙時背的《三字經》，開篇第一句就是「人之初，性本善」。所以性善論從小就牢固地紮根在我們心中。然而有陰就有陽，有性善論就有性惡論。《聖經》故事裡，亞當與夏娃偷吃了禁果，被上帝逐出伊甸園。亞當、夏娃是人類的祖先，所以人類繼承了這一罪惡，被稱為「原罪」。在西方的教堂裡，經常會有人向上帝懺悔自己的罪過。而在東方，戰國後期的荀子也提出了性惡論。

作為法家的代表人物之一，商鞅也發現了人性之中有剔除不了的惡。他用一句話來解釋自己眼中的性惡論：「民之性：饑而求食，勞而求佚，苦則索樂，辱則求榮，此民之情也。民之求利，失禮之法；求名，失性之常。」這段話的意思是，人的本性就是餓了就會找吃的，累了就要休息，痛苦時想尋找快樂，屈辱時想追求榮譽，這是人之常情。人在追尋利益時，會不管禮法；在追求名聲時，會失去人性。

人在追逐利益時，往往會暴露出人性中最陰暗的一面。要想遏制住惡，維護社會的秩序，就必須用嚴酷的刑罰。

嚴刑峻法也不光是為了遏制人們心中的惡，更重要的是方便管理國民，因為秦人可不是安分守己的良民。戰國後期，荀子曾經到過秦國，他是這樣評價自己眼中的秦人：「以秦人從情性，安恣孳，慢於禮義故也。」意思是，秦人的性格縱情任性，肆意妄為，傲慢無禮。

荀子到秦國訪問時，距離商鞅變法已經過了幾十年，而秦人仍然活得很隨意，這樣的人組成的軍隊怎麼能上戰場呢？當年，吳起就是利用秦人缺乏組織性與紀律性的弱點，多次大敗秦軍。

所謂有紅燈的約束才有綠燈的自由。面對生性如此隨意的秦人，商鞅就必須採用嚴刑酷法來管教他們，才能打造一支令人生畏的虎狼之師。

雖然《秦律》甩不掉嚴刑酷法的帽子，但是它的很多核心價值觀卻是超越時空的。對現代人來說，公平與正義的理念是理所當然的，可是在古代，誰提出這一觀念，無異於掀起驚濤駭浪，而《秦律》就是公平與正義的化身，它比李悝的《法經》更進步。

「刑無等級，自卿相將軍以至大夫庶人，有不從王令、犯國禁、亂上制者，罪死不赦。」意思是，在刑罰面前人人平等，無論卿相、將軍、大夫、百姓，凡是有不聽從國君頒布的法令的，一律殺無赦！

這句話等於法家告訴世人，就算天王老子犯了法，也得法辦。商鞅還真的就這麼幹了，他在秦國殺的犯罪的貴族數不勝數，就連太子的老師也難逃商鞅的手掌。

《秦律》還含有罪刑法定這一現代法律的重要原則。

什麼是罪刑法定呢？就是法無明文規定不為罪，法無明文規定不處罰。舉個例子，一個人總喜歡光著膀子在大街上走，假設有一條法律說光著膀子上街違法，那麼這個人將受到制裁；如果沒有這樣一條法律條文，那麼雖然這種行為不文明，但這個人不違法。

一個人是否犯法，要看法律條文裡是否有明文規定。過去，國家的法律都被貴族藏了起來，老百姓是否犯罪全憑貴族一張嘴，他說你有罪你就有罪。老百姓活在恐慌之中，只能順從貴族的意志。

然而《秦律》的公布發揮了普及法律常識的作用，老百姓現在明白自己做的哪些事是合法的，哪些事是非法的，真正學到了法律知識，就不會再受到貴族的要挾。

後世很多君王為了自己的專制統治，經常會違背罪刑法定的原則。南宋時，宋高宗實在找不到岳飛的罪名，就用「莫須有」的罪名來處死他。明代的皇帝看大臣不順眼，直接扒了大臣褲子，廷杖伺候。他們想抓人，也完全可以繞過法律，直接讓錦衣衛把人關在詔獄裡。

《秦律》的確有其先進的一面，不過商鞅在推廣《秦律》的初期還做了一件影響極其惡劣的事，那就是燒書。燒書並不是秦始皇首創，他祖先秦孝公就已經這麼幹了。

燒書不是什麼書都燒，而是燒儒家的經典書籍《書》、《詩》。《書》就是後世常說的《尚書》，裡面講述的都是上古帝王的故事，《詩》主要是戰國前的詩篇。儒家經常會借古言今，這是商鞅不能容忍的。在他看來，儒家學者因循守舊，只會自取滅亡，大膽創新才是正道！

二十級爵位制

不管燒書對不對，《秦律》的頒布讓秦國脫胎換骨，不過在商鞅看來這還不夠。秦國要想在亂世之中活到最後，必須變成一臺永不停歇的戰爭機器。於是商鞅又祭出一項徹底改變秦國並影響至漢朝的重大制度——二十級爵位制。

只要戶籍在秦國，無論你是百姓還是貴族，都必須參加二十級爵位評定。它是一種軍功授爵制度，根據秦人在戰爭中獲得的軍功大小來授予相應的爵位。

商鞅的二十級爵位制，其實是以三晉軍功授爵為藍本，再加以改良。之前，魏國的魏武卒是軍功授爵實施的最佳範本，可惜魏武卒人太少，沒能做到全民普惠的水平。而商鞅的二十級爵位制，真正實現了全民普惠。商鞅把參軍、授爵、福利、待遇捆綁在一起，讓老百姓感到自己與國家心連心、共命運。

商鞅的二十級爵位制是一個非常厲害的激勵制度，很多現代企業都想不出更好的員工激勵制度。這個制度頒布後，秦國上下反應熱烈，尤其是底層老百姓最積極。他們都想透過上戰場立軍功來獲得更多的土地，住更大的房子，帶父母妻兒過上好一點的生活。

同時，影響秦國內部團結穩定的邑鬥現象也不見了蹤影。

所謂邑鬥，就是秦人傳統的打架文化。兩個城邑之間的居民因為利益之爭，經常會抄起傢伙火併。參與鬥毆的人數之多，規模之大，往往連官府都管不了。雖然國家明文禁止邑鬥，可是總不能把整個城邑的老百姓都判刑吧？

二十級爵位制實行後，秦國老百姓就把旺盛的打架精力轉移到了對外擴張上。打死自己國人算不上好漢，有本事上戰場多砍幾個敵人的人頭啊！於是，一到打仗全國上下就跟過年一樣開心。戰場上，秦軍就像從地獄裡爬出來的魔鬼，見到敵人就像看見黃金一樣激動。有的秦軍士兵打到興奮時，甚至直接脫了盔甲，左手拎著人頭，右胳膊夾著一個俘虜，然後繼續拼命往前衝。

二十級爵位制的實施，重新定義了「秦人」的概念。從此以後，已經沒有嚴格意義上的秦人。無論哪國人，只要獲得秦國二十級爵位，就會被當作秦人。這讓外國很多有才華的人也被吸引過來為秦國出力，幫助秦國攻打自己曾經的祖國，而不會有愧疚感。

對於老百姓來說，二十級爵位制既是上升體系，更是福利體系，土地、住房都捆綁到了一起。土地是有限的，老百姓想獲得更好的生活，就必須不停地發動戰爭，獲得更多的土地。秦國百姓既種田又打仗，打起仗來還特別不要命。

在統一天下後，秦國想把二十級爵位制推行到原來的六國故地。可惜當時已經沒仗可打了，這一制度推行的效果極差。處在天下統治地位的仍然是秦人，而六國的貴族、百姓從來沒有享受過二十級爵位制的福利，所以他們必然會發動復辟戰爭。

捌

同門相殺

拯救孫臏計畫

在魏國，商鞅的離開造成了巨大損失。而另一個人的到來，加速了魏國悲慘結局的到來，這人就是龐涓。

龐涓與孫臏都是鬼谷子的學生。鬼谷子是戰國時的「成功學之神」，教出的四個徒弟龐涓、孫臏、張儀、蘇秦，號稱「鬼谷四友」，不是將軍就是相國。龐涓、孫臏靠赫赫戰功聞名四方，張儀、蘇秦則擔任多個諸侯國的相國，憑藉三寸不爛之舌攪動天下格局。

龐涓和孫臏一起學習的時候，關係就跟親兄弟一樣。後來學業結束，龐涓就去魏國找工作了，而孫臏則留在鬼谷子身邊繼續深造。從此，兩人走上不同的命運之路。

魏國如今已沒有了魏文侯時代天下英豪慕名而來的包容開放，但在魏惠王的治理下，魏國依然是天下綜合實力第一的大國。人往高處走，水往低處流，選擇魏國，總是沒錯的。

龐涓被魏國當作重點人才引進，他憑藉自己的才華連續幫助魏國打贏了數次戰爭，從而平步青雲，被魏惠王拜為將軍，統管魏國所有武裝力量。

就在龐涓處在人生巔峰的時候，他開始居安思危了。龐涓所想的並不是自己應該如何低調處世做人，而是懼怕有人來搶他的榮華富貴。

這世間能讓龐涓懼怕的，就是才能比他還強的人。其中一位是他的老師鬼谷子，不過鬼谷子很少在世間露面，所以不會對龐涓造成威脅。另一位就是龐涓的同學孫臏。

當初龐涓離開師父去尋找榮華富貴時，孫臏並沒有與他一起走。打個比方，龐涓是一個急於出社會掙錢的本科生，而孫臏這幾年一直在鬼谷子門下繼續深造，相當於已經讀到博士了。等哪天孫臏博士畢業後也去找工作，自己這個本科畢業生還怎麼與博士生孫臏抗衡呢？

更可怕的是，孫臏的祖上正是大名鼎鼎的孫武，他的《孫子兵法》可是天下第一兵書。孫臏血液裡就有會帶兵打仗的基因，再加上鬼谷子傳授的謀略，可以說天下無敵。

越往後想，龐涓就越吃不下飯，睡不著覺。怎麼辦呢？不如把孫臏騙到魏國控制起來，讓他哪裡也去不了，這樣我不就天下無敵了嘛！

於是龐涓寫了邀請書給孫臏，希望他到魏國來，兄弟倆一起開創宏圖大業。孫臏在師父身邊把該學的都學了，也該出山了，於是懷揣著入職邀請書，滿懷希望地來到魏國，投靠自己的老同學。

可他萬萬沒想到的是，現在的龐涓已不是當年那個親密如兄弟的老同學了。

龐涓熱情地招呼了孫臏，給他好吃好喝，還許諾過段時間就把他推薦給魏惠王。孫臏對龐涓萬分感激，心想：「還是老同學好啊！」

然而孫臏沒有等來高官厚祿，卻等來了一場災禍。龐涓作為魏國的將軍，想隨便安插個罪名陷害孫臏，簡直太容易了。有一天，一群士兵突然闖了進來，把孫臏綁走押入大牢。還沒有等孫臏反應過來，他的膝蓋骨就被挖了下來。這種令人毛骨悚然的刑罰叫臏刑，龐涓特意用這種刑罰對付孫臏，讓他沒辦法再行走。

龐涓不光要讓孫臏身體落下重度殘疾，還要從心理上擊垮他。孫臏臉上被刺了字，讓他感到莫大的羞辱。無論他走到哪裡，大家都會知道，他曾是一個犯人。

孫臏遭受重刑後流落街頭，只能在垃圾堆裡找吃的，過著豬狗般的生活。過去情比金堅的兄弟情，在榮華富貴面前，脆弱得就像一枝塑膠花一樣。

紙畢竟包不住火，鬼谷子的學生慘遭迫害的事還是傳了出去。第一個做出反應的是來訪的齊國大使。

齊國在春秋時曾是四大國之一。齊桓公在位時，齊國號令天下諸侯，尊王攘夷，顯赫一時。到了戰國時，齊國老闆從呂氏換成了田氏，經過這一折騰，齊國變成二流國家，隔三差五被魏國攻打。此時的齊國比任何時期都渴望人才，哪怕是別國不要的人才，齊國都願意用。

聽說鬼谷子的學生孫臏在魏國遭到政治迫害，齊國大使很是心痛。鬼谷子的學生、兵聖孫子的後人，這樣的寶貝竟然被魏國扔到街頭，簡直是暴殄天物！於是齊國大使派人在街頭到處尋找，終於把孫臏從垃圾堆裡撿了出來。

齊人把孫臏帶回駐地，幫他洗淨身體，換了一身乾淨衣服，再讓他狼吞虎嚥地吃了一頓飽飯。接著，齊國大使就與孫臏聊了起來。

交談之間，齊國大使對孫臏驚為天人，他決定無論外交事務完成與否，現在最要緊的事就是趕緊把孫臏帶回齊國。就這樣孫臏被齊國大使「打包裝箱」，偷運出境了。

孫臏在箱子裡細細回想，感覺到了世間險惡。他初入社會就被迫上了一堂慘烈的社會實務課，魏國的這段日子將永遠是他的夢魘。孫臏課後反思的結果，就是自己必須在戰場上打敗龐涓與魏國，才能把自己從那段陰影中解救出來。

隨著「哐哐哐」幾聲敲木板的聲音，裝孫臏的箱子被撬開了，孫臏明白自己已經到了齊國境內。他用力支撐身子坐起，看著眼前的原野。他明白，自己在這裡可以自由地呼吸，再也不用擔驚受怕了。

「龐涓，你等著。我要利用齊國的資源，找你復仇！」

田忌賽馬

孫臏到了齊國後，被送到了將軍田忌家中。田忌與齊國國君是親戚，在國內地位極其顯赫。戰國時，達官貴人喜歡收留有才華的人給自己當門客，孫臏就被田忌當作門客收留，而且是被像神仙一樣供養了起來。孫臏也投桃報李，盡自己的才能幫助田忌，兩人從此成為讓魏國驚悚的黃金搭檔。

當時齊國流行賽馬，王公貴族都喜歡賽馬賭錢。有一次齊威王與大臣田忌賽馬，這就是我們非常熟悉的「田忌賽馬」。需要澄清的是，賽馬不是騎馬，而是人駕著駟馬戰車比賽。《史記》裡〈孫子吳起列傳〉一篇明確寫了孫臏的應對策略「今以君之下駟與彼上駟，取君上駟與彼中駟，取君中駟與彼下駟」，裡面的「駟」指的是駟馬戰車。

很多人以為「田忌賽馬」只是一個歷史故事，其實如果大學的主修是數學，那麼「田忌賽馬」也會等著你。到時候它就不再只是一篇文學作品，而是一種複雜的數學運算，屬於賽局理論的範疇。

我們就來簡單說說，這則故事裡比賽雙方是如何博弈的。

賽馬規則採用三局兩勝制，輸的人要支付千金。比賽雙方會根據馬的速度分成上、中、下三等。齊威王是國家領導人，他的馬可以說是全國最好的。田忌雖然是齊國的大人物，但是他的馬比國君的要差一些。

比賽的時候，第一局，國君的上等馬對田忌的上等馬；第二局，國君的中等馬對田忌的中等馬；第三局，國君的下等馬對田忌的下等馬。這是多麼實在的比賽啊！雙方都那麼實誠，沒有耍心眼。就這樣，連續比了三場，田忌的馬全部敗北，他乖乖支付了千金。

不服輸的田忌打算再比第二場。周邊圍觀比賽的達官貴人紛紛下注，全都押國君贏。陪在田忌身邊的孫臏看出了門道，他向田忌提出了自己的意見：想贏國君很簡單，只需要調換一下馬車的出場順序。反正國君只認識人，不認識馬。

調換後的比賽順序，第一局，國君的上等馬對田忌的下等馬；第二局，國君的中等馬對田忌的上等馬；第三局，國君的下等馬對田忌的中等馬。於是，第二場比賽中，田忌雖然第一局大敗，但是後兩局全都贏了。

田忌把之前輸的錢全部贏了回來，在場押國君贏的人輸了個精光。蒙在鼓裡的齊威王非常納悶，自己的馬是全國最好的，怎麼會輸給田忌呢？

其實這是因為齊威王對田忌臨時調換馬車出場順序的情況一無所知，一直處在訊息不對等的情況下，田忌反而占據主動。這種情況在賽局理論裡被稱為「不完全訊息動態賽局」，如果齊威王知道其中奧妙的話，他也不會輸掉比賽。

齊威王好奇地詢問田忌是如何翻盤的，於是田忌把孫臏引薦給了齊威王，並隆重介紹，說這是鬼谷子的學生、孫子的後人，領兵打仗的技術那是槓槓的。

齊威王看到這麼一個曠世奇才，立刻停止娛樂活動，帶孫臏前往王宮開始面試。

齊威王一連拋出數個問題，孫臏都能完美解答。

齊威王：「兩軍旗鼓相當，雙方都修築了堅固的防禦工事，誰都不願意率先攻擊，應該怎麼辦呢？」

孫臏：「先派少量的偵察兵，做好肉包子打狗——有去無回的心理準備，偵察敵軍部署與實力，找出敵人薄弱環節。」

齊威王：「我強敵弱，這仗該怎麼打？」

孫臏：「可以採用誘敵之計，故意讓我方軍隊散亂，讓敵人輕敵。令放鬆警惕的敵人主動來找我們決戰。」

齊威王：「敵強我弱，又如何應對呢？」

孫臏：「該採用退避戰術，避開敵人的兵鋒，不要硬碰硬。做好殿後掩護工作，讓自己的軍隊能安全撤離。後退時，手持長兵器的士兵在前，手持短兵器的士兵在後，弓箭手隨時應對前來追擊的敵人。」

齊威王：「敵我雙方勢均力敵時，我方該怎麼辦？」

孫臏：「要迷惑敵人，讓他們兵力分散。我軍要抓住戰機，給敵人狠狠一擊。如果敵人沒有分散，我軍要耐心等待對戰時機，不要盲目出擊！」

齊威王根據戰場的不同情況，連續提出了十多個問題，孫臏都能對答如流。齊威王覺得孫臏實在太厲害了，立馬拜他為軍師，這職位相當於軍隊的總參謀長。

孫臏與齊威王的談話被記載在孫臏所著的《孫臏兵法．威王問》一篇中。

先秦之時，稍微有點名氣的人，不著書立說都不好意思出門見人。名人相互見面聊起來，自己要是沒有代表作，也別在學術圈混了。孫臏作為孫子的後代，軍事才能異常突出，不寫本兵書，他老祖宗孫子都不答應。

東漢末年，天下大亂，所有人都在忙著相互廝殺搶地盤，這時候誰還有心思去管理圖書出版業，於是，孫臏寫的《孫臏兵法》絕版了，以至於後世很多人把《孫子兵法》與《孫臏兵法》混為一談，學術界為此經常相互爭論。

一九七二年，山東省臨沂市銀雀山挖出了一個轟動世界的西漢墓。這個墓之所以轟動，並不是因為挖出了什麼奇珍異寶，而是挖出來很多竹簡。這些竹簡跨越了兩千年，帶著它們塵封已久的前世記憶來到了我們面前。

這些竹簡裡有兩本書，一本是《孫子兵法》，另一本是《孫臏兵法》。這一重大考古發現，徹底證明了《孫臏兵法》與《孫子兵法》是兩部兵書，使得《孫臏兵法》得以重見天日。孫子與孫臏相距一百多年，可是兩者的軍事思想卻是一脈相承，具有明顯的師承關係。

孫臏被齊威王拜為軍師後，開始在軍事領域進行改革。針對魏國強大的魏武卒，他建立了具有齊國特色的特種兵——齊技擊。

擒龐涓

就在孫臏在齊國大刀闊斧地改革時，三晉又開始內訌了。

魏惠王時期的大梁，就像現在作為歐亞非三洲交通樞紐的杜拜，隨便設關卡收個過河費都能賺得盆滿缽滿。作為人均GDP排到世界前列的國家，魏國田間到處都是房屋，人口稠密，來往的商旅車馬日夜行駛，好像有三軍經過一樣。

有了巨額的財物，就可以大規模擴軍。魏惠王手上擁有二十萬甲士、二十萬預備役、十萬勤務兵、戰車六百乘、騎兵五千人。重兵在手，天下我有。

腰纏萬貫，手裡還有著大棒，於是在江湖行走多年的魏惠王，也想當一回大哥了。

西元前三五六年，魏惠王召開會盟，讓各諸侯來拜自己當大哥。魯、宋、衛、韓等幾個小國都來拜了碼頭，這場大會讓魏惠王感覺人生到達了高潮，搞不好自己就要成為戰國第一霸主。

可惜的是魏惠王生錯了年代。戰國時，大家已經不玩爭霸遊戲了，召開會盟就跟聚餐一樣，除了吃點好的，沒其他意義。你能開會盟，其他人也能開。

就在魏惠王會盟之後不久，趙成侯也開了會盟，與會嘉賓有齊威王、宋桓侯、燕文公，戰國七雄一下子聚了三雄。魏惠王的臉徹底掛不住了，他心裡知道趙成侯是故意與自己唱對臺戲的，目的就是要向天下諸侯表明趙國與魏國不分上下。

西元前三五四年，趙成侯發兵攻打衛國，迫使衛國臣服於自己。魏惠王知道，魏國比趙國略強一些，但如果讓趙國征服位於中原腹地的衛國，那麼魏趙實力對比將會發生逆轉，後果不堪設想。

更重要的是，魏惠王是一個死要面子的人。他把大梁修建成天子之都，潛意識裡就已經把自己當作天子了。衛國作為自己的屬國，被趙國欺負了，自己不出頭還怎麼在天下混？

於是，魏惠王派大將龐涓率領八萬大軍進攻趙國。龐涓擁有過人的指揮才能，麾下又有精銳的魏武卒，於是很快就殺入趙國境內，並於西元前三五四年圍困趙國首都邯鄲。

齊國收到趙國求救的消息後，齊威王召開廷議，充分發揚民主討論的精神。

鄒忌說：「我反對救趙國，趙魏兩國交戰與我們有什麼關係？」

一位叫段干綸的大臣當場駁斥道：「不救趙國，將會對齊國不利！」

段干綸的這句話戳進了齊威王的心窩裡。齊威王的偶像是齊桓公、晉文公，要想制霸天下，就必須積極介入諸侯的戰事之中並從中謀利。

「你講講為什麼?讓大家都聽聽。」齊威王高興地說道。

段干綸：「魏國實力比齊國強，魏國一旦攻下邯鄲，它就只會更加壯大，齊國在魏國面前只有被碾壓的份！」

齊威王：「那我們直接發兵救援邯鄲！」

段干綸：「不可以！如果我們直接救援邯鄲，面對齊、趙兩國的優勢兵力，魏國會選擇停止攻打邯鄲，保存自己的實力，這樣不利於削弱魏國的實力。最好的方法是讓魏國攻破邯鄲，那時魏國雖勝但無力再戰，趙國則元氣大傷，我們趁機派兵去奪取魏國的襄陵，便可以坐收漁翁之利！」

「講得非常好！就按你說的辦！」齊威王高興地說道。

既然攻打魏國的計畫定了下來，那就該選將了。齊威王看了一眼坐在不遠處的孫臏：「孫先生，你作為此次出征的將領，可好？」

孫臏微微一笑，他向齊威王施禮道：「我受過酷刑，讓我擔任將領有失齊國威嚴，還是讓田忌擔任吧，我還是做我的軍師。」

齊威王：「既然先生推辭，那還是讓田忌作為主將。」

一旁的田忌拜謝齊威王。

齊威王又問：「先生師從鬼谷子，有驚天的良謀，但剛才為何一直閉口不言?對於此次攻打魏國，我想聽聽先生的意見。」

孫臏把心中醞釀已久的計畫說了出來：「我贊成段干綸不救邯鄲、攻打魏國的建議。既然要打，就來場刺激的，直接攻打大梁。」

齊威王心裡一驚，說道：「先生，此話怎講？」

「攻下襄陵，只是占了一塊地，龐涓帶領的魏國主力仍然存在，魏國遲早還會反撲，這解決不了根本問題。」

齊威王點了點頭，表示同意。

孫臏接著說：「想解開繩子的亂結，決不能生拉硬扯；給兩個互毆的人勸架，決不能捲入鬥毆中。如今趙魏兩國交戰，魏國的精銳全部在外，留守國內的全部是老弱病殘。我們圍困大梁城，龐涓必然率領疲憊之師回國救援，我們就可以以逸待勞，與魏軍主力展開決戰。」

孫臏的話剛說完，滿朝文武如同沸水一樣議論了起來。自從戰國大幕拉開那一刻起，齊國逢魏必敗，齊軍的單兵素質遠不如魏軍的情況即便到了戰國後期都沒有改變。荀子見過齊魏兩國的精銳後曾發出這樣的感慨：「齊之技擊不可以遇魏氏之武卒。」齊軍想要打贏魏軍，正常手段行不通。

但是，即便魏武卒號稱「戰國特種兵」，強得和鋼鐵戰士一樣，畢竟也還是人。是人就都有疲勞不堪的時刻，如果得不到充足的休息，終歸逃不過過勞死的結局。

龐涓手下的魏軍攻下邯鄲城後必然死傷慘重，一旦齊軍圍攻大梁，魏軍就必須迅速回援。而魏軍主力都是步兵，只能靠兩條腿以火箭般的速度往大梁跑。這就像剛比完鐵人三項，又來一場五公里越野負重跑，即使沒有猝死，到了終點也要倒地不起。到時候，吃飽喝足的齊軍，只需要迎戰這樣一群連站都站不穩的魏軍就可以了。

「高明，實在是高明！」朝堂上的大臣對孫臏不約而同地發出讚歎。

會後，齊威王告訴趙使：「齊國一定會救援趙國，只不過趙國要堅持一段時間。畢竟要打這場大仗，我們準備糧草、動員軍隊，都需要時間。」

西元前三五三年十月，魏國圍困邯鄲的第二年，龐涓終於攻下邯鄲。孫臏覺得與魏國決戰的時機已成熟，決定派軍直撲大梁，於是我們耳熟能詳的成語「圍魏救趙」誕生了，而為這個成語命名的大戰就是桂陵之戰。

齊威王發兵八萬，田忌作為主將，孫臏作為軍師。孫臏行動不便，就坐在帶帳篷的車裡隨軍出征，不過整個戰役的操盤手都是孫臏。

向魏國進軍途中，田忌來到孫臏的馬車裡，詢問作戰計畫。

孫臏笑了笑，對田忌說出了自己對魏國的判斷：「魏國的精銳全部在邯鄲，大梁城內只留守了老弱病殘。我們避開敵人的強處，攻擊敵人的弱點。」

「依照先生的意思，我們應該直取大梁城？」田忌疑惑地問道。

孫臏：「圍攻大梁城是必須的。可是拿下大梁城對於齊國來說沒有任何意義，因為龐涓所率領的魏軍主力仍在。最好的辦法是派一部分兵力佯攻大梁城，我軍主力則在龐涓趕往大梁的必經之路上迎戰魏軍。」

田忌：「在哪裡迎戰魏軍呢？」

孫臏笑了笑，拿出地圖指了指桂陵（今河南省長垣西北）。

田忌看了一下地圖，桂陵在黃河北岸，與大梁一河之隔，又遠離邯鄲。在桂陵迎戰魏軍，既可以讓魏軍一路長途跋涉消耗體能，又能把魏軍隔在黃河北岸，使其無法與大梁取得聯繫。

「軍師，你選的地方太好了。」田忌佩服地說道。

孫臏一邊收起地圖一邊說：「我和龐涓是同門師兄弟，我對他就像對自己一樣瞭解。他有蓋世的才華，手下的魏軍又天下無雙，任何諸侯國的軍隊與他們正面交鋒都毫無勝算。可惜，魏國的戰略地緣是天下最糟的，容易腹背受敵，這才讓我們有了可乘之機！」

此時，遠在邯鄲城內的龐涓正站在城樓上，看著已經被自己打成廢墟的城池。他身邊躺滿了累得酣睡的士兵，城外的軍營內有無數哀號的傷病戰士，城內還有無數的屍體需要清理。

龐涓並沒有享受到勝利的喜悅，他只是感到後背一陣陣發冷。仗打了這麼久，周邊幾個諸侯國為什麼一點反應都沒有？他們都不是什麼善男信女，趁火打劫的事可都沒少幹。他知道，海面越是平靜，越預示著驚濤駭浪即將到來。

果不其然，龐涓還沒休整好，就收到一封來自大梁的軍令：「齊軍圍困大梁，命你即刻回師。」

魏惠王在大梁城內，感覺就像世界末日將要來臨一樣。他從沒想過齊國會來這一手，此時大梁城內的軍隊都是些老弱殘病，讓他們去守城還不如向上天祈禱。魏國雖然攻下了邯鄲，可要是讓齊國攻下大梁，他魏惠王就完了。

魏惠王無時無刻不在內心期盼著龐涓回來。龐涓不敢怠慢，留下一部分兵力固守邯鄲，自己親率主力，拋棄輜重，一路朝著大梁城方向狂奔。他手下的士兵剛經歷完一場大戰，急需休整，但是魏惠王不允許他這麼做。隨著時間的流逝，大梁危在旦夕。

邯鄲與大梁相距兩百四十公里，由於兩個城市都處在中原，路上地勢平坦，方便快速行軍。這個路程，現在的人開輛汽車，一腳油門，一路高速，三個半小時就到了。然而魏軍的主力是步兵，哪怕魏武卒戰鬥力再強，也只能靠兩條腿行軍。而且魏武卒雖然把輜重丟了，武器裝備卻不能丟，光身上的裝備就讓急行軍的魏武卒感到肩上像是扛著大山。

魏軍就這樣一連跑了三天，終於到達了桂陵。前面不遠就是黃河，只要渡過黃河就能直抵大梁城下。

魏軍眼瞅著要完成鐵人三項，突然發現道路的正前方屹立著一眼望不到頭的軍陣。原來齊國大軍早已在桂陵通往黃河渡口的路上等待多時了，他們以逸待勞，準備與魏軍決一死戰。

龐涓看到此景，內心不得不佩服齊軍將領的謀略，自己從一開始就被人家算計得死死的。為了魏武卒的榮耀，更為了自己的榮華富貴，龐涓揮動戰旗，魏軍開始列陣，桂陵之戰一觸即發。

龐涓在陣前對著魏武卒喊道：「魏武卒自從吳起建立的那一刻起，就沒有人能在戰場上正面擊敗過這支軍隊，過去沒有，將來也不會有！」

話說完，但龐涓沒有等來魏武卒山呼海嘯般的吶喊，因為他們實在太累了，已經沒有力氣喊了。

「完了！」龐涓內心蹦出了這兩個字。

齊軍敲起軍鼓，主動向疲憊不堪的魏軍發起進攻。結果不用猜，魏軍兵敗如山倒，龐涓被活捉。

被俘的龐涓想見見是哪位大神讓他敗得這麼慘，他的願望很快得到了滿足。

龐涓被五花大綁地帶到了田忌與孫臏面前。田忌故意戲弄龐涓，說道：「我是田忌，是齊軍的大將。這位坐在輪椅上的是我的軍師，和你是老熟人，他叫……」

「你不用說了，我知道他是誰。敗在他手裡，我心服口服。」龐涓恨恨地說道，不敢正眼看孫臏。

孫臏：「來人，把他的臉對著我，讓他好好看著我。」

幾個士兵摁著龐涓的臉對著孫臏。

「龐涓啊，龐涓。我就站在你面前，你看我幾分像從前！我的雙腿，我的輪椅，都是拜你所賜。」

「你殺了我吧！」

「我不是和你一樣的禽獸。我不殺你，我要好好養著你。」

孫臏並沒有手刃仇人，而是把龐涓關了起來，將來龐涓會派上大用場。當一個人的理性戰勝了仇恨，那他將所向披靡。極其理性的孫臏把戰勝仇人的痛快埋藏在了心底，更寫進了自己的兵書裡。

讀者打開《孫臏兵法》第一篇時，會感到無厘頭。因為你看到的不是講如何排兵布陣，而是講孫臏在桂陵之戰中是如何運籌帷幄擊敗龐涓的，篇名就叫〈擒龐涓〉。

如果你讀過《孫子兵法》，你會發現裡面的十三篇是層層遞進的關係。前三篇是講打仗前如何計算收益，有沒有打的必要；中間三篇是講必須要打仗時，就要進行戰略規劃；最後七篇，講的是戰術打法。〈擒龐涓〉作為一篇戰爭指揮的教學案例，本應該放在《孫臏兵法》的後面，而孫臏腦洞新奇，偏要把它放在開頭。

為什麼孫臏要這樣做？因為他就是要讓天下人與後世子孫知道，曾經顯赫一時的魏國大將——他的仇人龐涓，是如何一步步敗在自己的謀略之下。復仇未必要將仇人從肉體上消滅，能從精神與思想上擊敗仇人，這才是真正的復仇！

西元前三五一年，桂陵之戰結束後第二年，屈服於現實的魏惠王開始主動尋求和平。畢竟李悝變法給魏國留下了殷實的家底，桂陵之戰打沒了八萬，魏國還能再動員八萬。只要魏國不主動出擊，其他諸侯國也拿它沒辦法。魏惠王以邯鄲城作為籌碼，逼趙成侯與自己結盟。迫於魏國的實力，趙成侯與魏惠王結成了同盟。

擺平趙國後，魏惠王放低身段主動與齊國講和。齊國也就順坡下驢與魏國休戰，還送還了魏惠王的大寶貝龐涓。

臨淄城外，被釋放的龐涓即將坐車回魏國，孫臏前來相送。

龐涓看著面前的孫臏，內心既憤恨，又感到莫大的屈辱。他想不通孫臏為何不殺自己，他明明有一萬個可以殺自己的理由，可是自己卻在齊國吃得好，睡得好，什麼事都沒有。

孫臏：「龐涓，你是一個小人，可我不是。你此次回國後，魏君不會怪你，他清楚你在指揮上是沒有問題的。問題在於，魏國是一個四戰之地，當它集中拳頭去攻擊正面的敵人時，它的後背就毫無保護地裸露在外，這讓齊國有機可乘。」

龐涓怒吼道：「你講的我都懂，如果你我調換角色，你未必做得有我好！你想說什麼就直說，沒必要羞辱我！」

「此次回去，你給我老實點，這次我饒你了的小命，下次齊魏兩國交戰，我就要取你的人頭了！」

龐涓聽完沒有發飆，以他對老同學的瞭解，他知道這句話絕非戲言。齊魏之間的和平只是暫時的，下次的對決將是最強大腦之間的對決。自己可以敗一次，但絕不能敗第二次，否則無法向魏惠王交代。那時，即使孫臏不殺自己，老闆也會弄死自己。

「下一次較量，不是你死，便是我亡。」龐涓在心裡發誓道。

龐涓回到魏國後繼續擔任大將軍，魏惠王也知道龐涓沒有犯大錯，所以就當什麼事都沒有發生過。

魏惠王從一開始就把自己設定為天子的角色，他的夢想是號令天下，他相信桂陵之戰只是失誤，下一場戰爭他不會輸。

魏惠王的賭徒心態即將把魏國帶入萬劫不復的境地。

德國哲學家黑格爾曾說：「歷史給人類的唯一教訓，就是人類從未在歷史中吸取過任何教訓。」

一場堪稱桂陵之戰翻版的戰役正蓄勢待發。

玖

國運之戰

大勝並莒

桂陵之戰後，魏惠王並沒有總結教訓，依然迷之自信。與此同時，魏國的對手秦國也沒有閒著，在商鞅變法的持續推動下，國力大增，首都也搬到了咸陽。

西元前三四四年，魏惠王正式稱王。他穿上了只有天子才能穿的紅色袞（ㄍㄨㄣˇ）衣，把諸侯戴的九旒（ㄌㄧㄡˊ）冕冠換成了十二旒冕冠，並趕製了龍旗。由於魏惠王正式稱王，所以死後才會被稱為魏惠王而不是魏惠公。

自封為王的魏惠王要在全天下諸侯面前炫耀一把。於是他召開了逢澤會盟，結果除了一些小國，只有秦國、趙國來了，連韓國都沒來，魏惠王瞬間感到被無情的現實打臉了。

韓國在收到魏惠王逢澤之會的邀請時，舉行了廷議。

大臣房喜反對韓國參與：「不要聽魏國的話。魏國作為一個大國，它厭惡周天子的存在，想取而代之。韓國作為一個小國，必須在夾縫之間求生存。對於韓國來說，一個大權旁落的周天子，總好過一個權傾天下的魏天子。我們之前在外交上跟隨魏國是有利可圖，但是如果參加逢澤之會，承認魏惠王天子的身分，我們就從盟友變成臣子，這對於韓國來說是喪權辱國。參加逢澤之會的秦、趙兩國不過是各懷鬼胎，它們的實力都比韓國強，隨時可以抽身。」

韓國君臣聽完表示絕不蹚逢澤之會的渾水。而魏惠王對此非常憤怒，於是又一場諸侯之間的混戰即將爆發。

西元前三四二年，魏惠王發兵十萬，向韓國宣戰。為了讓自己的兒子多刷經驗，方便以後統治魏國、號令天下，魏惠王讓年輕的太子申作為上將軍，龐涓作為他的副手。

韓國萬萬沒想到魏國竟和自己撕破臉，自己的實力遠不如魏國，如果一對一作戰，遲早要被魏國打死。危難之中的韓國第一個想到的就是在桂陵之戰中重創魏國的齊國，此刻也只有齊國才能救韓國於水火。

齊威王收到韓國的求救信後內心樂開了花，他發現如今齊國在國際社會上的地位舉足輕重，別的諸侯家裡有難都會上齊國來尋求幫助。

「齊國要鋤強扶弱，重建天下秩序！」齊威王儼然把自己當成了國際警察。

不過，齊國並非鐵板一塊，任何國家在戰前都會進行決策討論。齊國朝堂既有反戰的鴿派，也有主戰的鷹派，最後哪一派贏，就要看決策者傾向哪一派。

作為相國的鄒忌說道：「我反對救援，韓魏相爭，此事與我們何干！」

鄒忌作為相國，只能說精於行政管理，但他缺乏對國家戰略的思考，在這方面遠不如商鞅。

齊威王聽到鄒忌的意見後，很不高興地把頭扭向田忌與孫臏。

田忌：「韓國實力遠不如魏國，如果此時不救援，韓國就有被魏國吞併的危險。我建議立刻發兵救援。」

田忌說完後看著孫臏，希望孫臏能和自己意見一致，結果沒想到孫臏並不完全贊成自己的意見：

「韓、魏兩國剛剛交戰沒多久，兩國實力還沒有被徹底消耗。現在就去救韓國，會讓魏國掉轉槍頭與齊國決戰，到時候韓國得到了喘息，而齊國則引來了魏國的攻擊，這樣不划算！我們不如先答應韓國願意救援，但是又故意推延。當韓國快支撐不住的時候，魏軍的實力也會被韓國大量消耗，那時才是我們出兵的最佳時機！」

齊威王聽完後明白了，這和桂陵之戰的套路一樣，先削弱魏、韓兩國，最後撿便宜。於是齊威王立刻拍板批准了孫臏的作戰計畫，隨即任命田忌為將，孫臏為軍師，田嬰、田盼為副將，全國進行戰前動員。

韓國有了齊國的加持，憑藉著堅忍頑強的意志與魏國進行了五次大戰，全部戰敗，魏國大軍把韓國首都新鄭圍得水洩不通，韓國終於吃不消了。再這樣打下去，國家還沒被魏國吞併，就要破產清算了。韓國忍不住派出使者去催齊國：「你們說話到底算不算數，馬上就要過年了，也沒見到齊國的一兵一卒！」

齊威王：「你放心吧，我們只是動員速度慢。等過完年，大家就來上班啦！」

西元前三四一年，韓國鏖戰得血都快流乾時，齊國終於出兵了。

在大梁城內的魏惠王突然收到邊境傳來的情報：「齊軍越過邊境，兵鋒直指大梁！」他欲哭無淚，本以為定都大梁是給自己選了一塊風水寶地，位於天下中心，坐享人間繁華，沒想到自己在黃金地段蓋的房子竟成了戰區房，動不動就被來個兵臨城下。

龐涓正在新鄭城下累死累活指揮士兵爬城牆，突然，他收到來自大梁十萬火急的軍令：「齊軍直奔大梁，你再不回來，大梁就要被齊軍端了！」龐涓看著手裡的信件，長嘆了一口氣，知道老同學又玩相同的套路。

好在新鄭離大梁也就一百八十公里，急行軍三天就到了，而齊國邊境到大梁比較遠，魏軍可以搶在齊軍前抵達大梁。當龐涓帶著十萬大軍一路趕回大梁後，卻並沒有見到齊軍的影子。

這時，前方探馬來報，齊軍抵達外黃後向東退卻。在龐涓看來，齊軍朝大梁虛晃一槍，是為了讓魏軍回援大梁，從而幫韓國解圍。

只要齊軍主力沒消滅，下次魏國再與哪個諸侯開戰，齊軍還會對空虛的大梁城進行戰略威脅。於是龐涓與太子申聚在一起，商討下一步作戰計畫。

雖然上將軍是太子申，但他毫無作戰指揮經驗，魏軍的真正決策者還是龐涓。

龐涓：「必須徹底消滅齊軍主力，才能一勞永逸地解決魏國的後顧之憂！齊軍向東撤軍，必然經過莒地。」

太子申：「莒地？」

龐涓拿出地圖，手指著莒地說道：「莒地曾是莒國，也是春秋五霸之一的齊桓公流亡的地方。後來莒國被齊國吞併，變成了莒地。莒地位於齊國東南方向，那裡是齊國柔軟的腹部，拿下莒地可以直驅齊都臨淄。我們進攻莒地，齊軍主力必然全部回防，那時便可以將他們一網打盡！」

太子申對龐涓充滿了敬佩：「我明白龐將軍的意思了，拿下莒地，我們就像拿把匕首抵在齊國喉嚨，讓齊國也嘗嘗兵臨城下的感覺。」

於是，太子申下令全軍向東追擊。當魏國追擊齊軍路過外黃時，一位叫徐子的隨軍官員攔住了太子申的馬車。太子申接見了徐子，徐子緊張又嚴肅地說道：「太子，我有些話，不知當講不當講。」

太子申看著徐子緊張的表情，情緒也被他傳染了：「但說無妨！」

徐子：「太子，齊軍的軍師是孫臏，龐涓一心想找孫臏復仇，一雪桂陵之戰的恥辱，復仇的願望讓他喪失了理智！」

太子申：「你的言下之意，是龐涓沒有做出正確的決策？」

徐子：「對。齊軍從外黃撤退後，為何不向北撤？那裡有齊國修建的長城，還有軍事要塞平陰，平陰夾在黃河與泰山之間，一夫當關萬夫莫開。如果孫臏不打算與魏軍決戰，必然是向北撤軍，然而現在齊軍卻向東撤，這是為何？」

太子申有點明白了，追問道：「你的意思是齊軍有詐？」

徐子拿出地圖，並用手指給太子申看：「從外黃到莒地路途遙遠，還要途經險峻的山路，不排除孫臏下套的可能。就算一路平安無事，拿下莒地，也不過是魏國領土擴大了一些而已；如果此戰失利，魏國將陷入萬劫不復的地步。」

太子申聽完徐子的諫言後，開始猶豫了。然而他身邊的人卻說：「將軍還沒打仗就撤軍，這和打了敗仗有什麼區別。」

太子申年輕氣盛，迫切地想獲得戰功，為自己增加政治資本。他寧願相信龐涓的決策是正確的，於是他還是按照龐涓的計畫，在率領全軍抵達外黃後繼續向東追擊齊軍，試圖拿下莒地。

一個可以挽救魏國命運的建議，就這樣被太子申無情地拋棄了。當魏軍越過外黃後，地獄的大門為他們打開了。

馬陵之戰

孫臏作為齊國軍師，大腦無時無刻不在高速運轉。這場戰爭表面上是齊魏兩國交戰，但說穿了就是龐涓與孫臏的智鬥。孫臏必須抓住龐涓的弱點，讓他自己主動往大坑裡跳。

齊軍向東撤，魏軍在後面追。齊軍跑了一天，到了傍晚，該吃頓熱飯了。戰國時，人一天一般只吃兩頓飯，中午要行軍，簡單吃點乾糧就可以了，到了晚上就該生火做飯吃頓正餐了。

此時，孫臏把自己的作戰計畫向田忌全盤托出：「魏軍戰鬥力彪悍，想來會看不起齊國士兵，我覺得應該因勢利導。」

田忌：「我明白你的意思，是要讓他們輕敵。可如何能做到呢？」

孫臏指著不遠處做飯的灶。

「灶？」田忌疑惑不解地摸著頭。

孫臏：「我們齊軍有十萬人，現在營區內就挖了供十萬人吃飯的灶。我很瞭解我的同學龐涓，他是一個極其細心的人。他在追擊我們的時候，一定會仔細檢查我們之前的營區，並根據灶臺的數量估算我軍人數。」

田忌：「依先生的意思，龐涓根據我們之前留下的灶臺數量，能估算出我們有十萬大軍？」

孫臏：「是的。今天我們在營區留下供十萬人吃的灶，明天留下供五萬人吃飯的灶，後天只留下供三萬人吃飯的灶。細心的龐涓根據灶臺數量，會判定齊軍士兵因為懼怕與魏軍決戰，出現了大量逃亡的情況，魏軍上下也會因此掉以輕心。龐涓為了取走我的人頭，必然率輕裝精銳追擊齊軍，從而脫離大部隊。那時，我們就可以設伏殺掉龐涓。群龍無首的魏軍，不足為懼！」

田忌聽完對孫臏佩服得五體投地。他接著問道：「設伏地點在哪裡？」

孫臏指了指地圖上的馬陵山。

馬陵山究竟位於哪裡，從古至今爭論了兩千多年。由於馬陵山爆發過著名的馬陵之戰，很多地方為了提升本地知名度，都會聲稱馬陵山在當地。

那馬陵山到底在哪裡呢？

魏軍的目標是攻占莒地，進而與齊軍主力決戰，這一作戰計畫就是被記載在《史記》裡的「大勝並莒」。莒地位於現在山東省的莒縣，因此馬陵山應該就在莒縣附近。

後來，山東省臨沂市郯城縣的沂蒙山餘脈出土了大量的青銅刀、劍、戈、刺、箭鏃，其中光是箭鏃就有三千多枚。最有說服力的是一把戈，上面刻的銘文是「郤氏左」。郤氏曾是晉國六卿之一，後來被滅族，郤氏的封地也成為魏國的屬地，因此「郤氏左」這把戈被魏軍拿去用了。魏軍要拿下莒

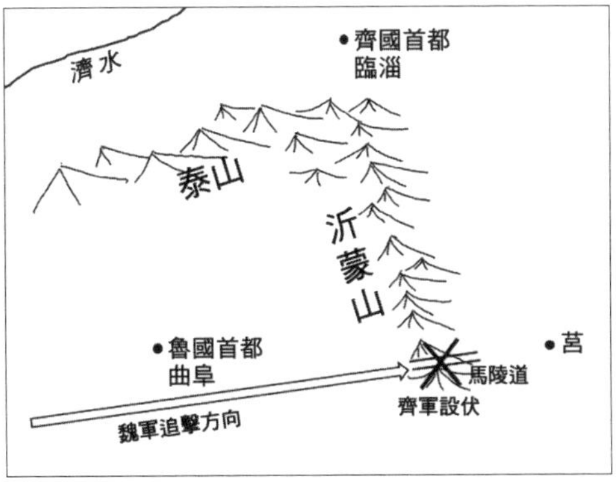

圖2　馬陵之戰

地，必須經過現在的郯城縣的沂蒙山餘脈，郯城縣又靠近莒縣，由此可以推論，馬陵山就在郯城縣的沂蒙山餘脈。

馬陵山北起郯城，南到宿遷，綿亙百里，裡面有條馬陵古道，周邊山崖高聳，樹木茂盛，極其適合打伏擊戰。

孫臏指著馬陵道對田忌說：「就在此設伏圍殲龐涓。」田忌想到了一個問題：「那軍師你呢？」

孫臏笑道：「龐涓為了追擊我們，必然率輕兵突進。而太子申所率領的是魏軍主力，裡面都是魏武卒為主的重裝步兵。你帶一萬名弓弩手埋伏在馬陵道兩邊，剩下的九萬人交給我和田嬰、田盼吧。你打好你的伏擊戰，我打好我的殲滅戰。」

田忌：「就按軍師說的辦！」

田忌說完正準備走時，孫臏一把拉住他：「你幫我做一件事：砍倒一棵樹，剝去樹皮，刻上『龐涓死於此樹下』，然後放在馬陵道中央。」

田忌看著孫臏緊緊抓著自己衣袖的手。他明白，此戰是孫臏的復仇之戰，孫臏不光要讓龐涓肉體消亡，更要用這棵刻了字的樹來告訴龐涓，孫臏的謀略遠比龐涓高明，他連龐涓的葬身之地都算好了。

到了深夜，田忌率領的一萬弓弩手已經部署到馬陵道兩旁的山崖上了。

只聽見山崖下傳來大隊人馬行進的嘈雜聲，由遠及近，徹底打破了夜晚的寧靜。站在山崖上的田忌意識到魏軍已經抵達伏擊圈了。

魏軍的嘈雜聲忽然停止了。田忌望著馬陵道的路中央，那裡放著一棵被剝了皮的樹。只見一個火把被點燃，在火光的照耀下，一群士兵簇擁著一位將領。那位將領探著頭在讀樹上的字。

「那人就是龐涓，傳我命令，開始放箭！」田忌喊道。

只見一支燃燒的箭矢飛上天空，直躥雲霄。埋伏在馬陵道山崖上的齊軍看到後，明白這是放箭的信號。而龐涓抬頭看到那支熊熊燃燒的箭矢時，明白自己的生命算是走到了盡頭。

無數支燃燒的箭矢射向谷底的魏軍，魏軍要麼被箭射死，要麼被箭上的火燒死。魏軍將士的生命被吞噬，一時間，火焰照亮了谷底，無數掙扎的人影在崖壁上晃動。

龐涓看著周邊四散奔逃的士兵，卻並沒有喝止。他只是覺得失敗來得太突然，完全沒有心理準備。縱使心裡有一萬個不服，他也不得不向現實屈服，自己終究敗給了孫臏。

「我的死成就了你！」龐涓苦笑道。說完，他拔出佩劍自刎了。

深入馬陵道的魏軍被殲滅了。

太子申率領的魏軍主力此時正在向馬陵道進發，龐涓的先遣部隊被全殲的事他還被蒙在鼓裡。雖說魏軍輕裝部隊被齊軍在馬陵道殲滅了，可是太子申手裡仍有重裝部隊，那都是身經百戰的重步兵魏武卒啊。

然而，就像拿破崙曾經說過的：「綿羊統率的獅子軍團永遠無法戰勝獅子統率的綿羊軍團！」魏武卒此刻就在一隻綿羊的統領下。史書是這樣描述太子申的：「太子年少，不習於兵」。

向東繼續前進的太子申沒有等到龐涓的消息，反而等到了攔路的齊國大軍。

魏軍始終認為之前桂陵之戰的失敗只是個例，是因為魏軍在戰前瘋狂行動導致體力透支，才吃了敗仗。因此魏軍這次也吸取了桂陵之戰中全軍跑鐵人三項的教訓，快速追擊的只有龐涓率領的輕裝步兵，主力重裝步兵按照正常速度前進。參看齊魏兩國交戰的記錄，野外作戰齊軍根本不是魏軍的對手。

太子申命令魏軍擺好軍陣，準備朝齊軍發起進攻，希望一回合衝垮齊軍。很快，訓練有素的魏軍將行進隊形轉換為作戰軍陣，魏武卒作為中堅力量，擺在了軍陣最中央。

此時，很多等待進攻命令的魏軍老兵開始小聲嘀咕，歷經大仗小仗無數的他們，第一次看見敵人擺出了這麼一個奇葩的軍陣。

「烏龜王八陣？」一個老兵疑惑地說道。

魏軍遠眺齊國軍陣，只見齊軍無數戰車整齊地排列成一排，車上還安裝著盾牌，組成了像矮城牆一樣的防禦工事。齊軍彷彿給自己造了一個烏龜殼，龜縮在裡面。

越是奇怪新穎的軍陣，越可能具備超強的殺傷力，況且齊軍實際的統帥孫臏還是一個理論與實務相結合的超強軍事人才。換作有經驗的將領，遇到這種情況早就撤了，可惜的是，太子申是個軍事小白。

沒經歷過戰爭的人，總以為戰爭充滿浪漫色彩。為了給自己的政治經歷添上濃墨重彩的一筆，太子申開始擊鼓。作為主力的魏武卒開始向齊軍發起衝擊，兩邊騎兵與車兵進行迂迴包抄。

魏武卒是戰國初期戰神吳起打造的恐怖戰爭機器，雖然只是兩條腿的步兵，但是他們憑藉超高的技戰術與精良的裝備，讓無數諸侯國軍隊成為手下敗將。

因為有著十足的自信，魏武卒踩著鼓點，邁著整齊的步伐殺向齊軍。到達弩的射擊範圍後，魏武卒停下了，開始放弩箭。但齊軍的戰車都有盾牌的保護，弩箭對於齊軍來說只是撓癢癢。

弩起不到作用，魏武卒就拿起近戰武器衝向戰車。眼見快衝到戰車跟前了，很多魏武卒卻抱著腳發出慘叫聲，原來他們的腳踩上了蒺藜（ㄐㄧˊ ㄌㄧˊ）。

蒺藜原本指的是一種植物，表面有刺，不光能附在人的衣服上，還能刺出血來，讓人行動不便。而戰場上的蒺藜指的是一種形似蒺藜的釘子，專扎人腳與馬蹄。步兵被紮了腳還能坐下來把釘子拔了，如果馬踩了蒺藜，會疼得栽倒，馬背上的騎兵也會變成空中飛人，進行自由落體。負責包抄的車兵與騎兵還沒衝擊到齊軍陣前就被蒺藜扎成了大型哀號現場。

當魏武卒被蒺藜困住時，一陣箭雨從齊軍車陣後射出。魏武卒畢竟訓練有素，前排士兵雖然死了，後排士兵仍然冒著箭雨繼續衝鋒。

很快，車陣前的蒺藜被屍體覆蓋了，後續的魏武卒踩著同伴的屍體，殺到了齊軍車陣前。魏武卒攀爬戰車時，無數的長兵器從齊軍盾牌後伸了出來，有矛、戈、戟，許多魏武卒被扎得透心涼，成了肉串。僥倖翻過戰車的魏武卒跳入齊軍陣內，準備肉搏，手持短兵器的齊軍早就嚴陣以待，立刻把他們剁成了肉醬。

魏軍不停地向齊軍車陣發起進攻，結果魏武卒死了一批又一批。

仗打到這個份兒上，太子申應該立即停止進攻，因為這是死板的添油戰術。再這樣打下去，魏軍的「油」就要耗光了。然而愣頭青太子申並沒有放棄，還是拼命擊鼓。毫無疑問，魏軍這是在無意義地送死。

孫臏眼見齊魏兩軍陷入膠著狀態，便揮動指揮旗。齊軍車陣的兩邊露出了缺口，田嬰、田朌各率一路人馬從兩邊包抄魏軍。

魏軍本來就已經被車戰耗得半死，現在看見齊軍包抄過來，意志徹底崩潰了。魏軍拼命地向後撤，想逃出生天，可是已經太晚了，所有魏軍都被齊軍包了餃子，太子申被俘虜。

孫臏打完了殲滅戰，田忌打完了伏擊戰。兩人會師時，田忌好奇地詢問孫臏是如何全殲太子申的主力部隊的，孫臏如實地告訴了他，這就有了《孫臏兵法》裡〈陳忌問壘〉的一篇文章。先秦時，「陳」字通「田」，所以陳忌就是田忌。

至今很多人錯誤地認為〈陳忌問壘〉這篇文章講述的是齊軍如何在馬陵道設伏消滅魏軍。然而根據《史記》記述，齊魏兩國各自出兵十萬，龐涓中了孫臏減灶的計策，丟下主力部隊率領輕兵貿然突擊，田忌只率領一萬人馬埋伏在馬陵道旁等待龐涓。那麼魏軍主力就在太子申手上，而齊軍剩下的九萬人則在孫臏手裡。所以馬陵之戰是由兩場位於不同地點的戰役組成的，一場在馬陵道展開，是由田忌指揮的伏擊戰，相當於旨在消滅敵人指揮官的斬首戰；另一場在馬陵道附近的華北平原展開，是由孫臏指揮的殲滅戰，這一場才是真正的主力決戰。

況且〈陳忌問壘〉講的是如何利用戰車布陣，而馬陵道山路狹窄崎嶇，兩邊都是懸崖峭壁，人排的軍陣都施展不開，更別提戰車擺的車陣。古今中外，車陣都是部署在空曠的平原地區。例如歐洲中世紀的胡斯車陣、中國明朝的戚繼光車陣，前者部署在中歐平原上，對陣強大的王國與教會軍隊；後者衝出長城，在蒙古高原上對戰強大的蒙古騎兵。

孫臏知曉，齊軍縱使有精銳的齊技擊，也難正面擊敗魏武卒，所以不如將野外決戰變成防禦攻堅戰，用戰車打造成防禦用的城牆，讓缺乏攻堅設備的魏武卒主動進攻。

由於龐涓死在了馬陵道，因此這場戰役被後世稱為「馬陵之戰」。孫臏的名氣由此打響，他所著的《孫臏兵法》成為當時的暢銷書，是眾多軍事將領的必備讀物。

桂陵之戰，魏軍只是被擊潰，至少還有人跑回了老家。而馬陵之戰，魏軍卻是被全殲，魏國的老本賠個精光，太子申也被殺。此戰讓魏國從一流的大國隕落成三流的國家，昌隆的國運被徹底打斷，國力一直暴跌，直至秦滅六國也未能反彈。

魏惠王收到全軍覆沒與太子戰死的消息時頓感世界末日來臨，因為此時一份從西邊傳來的戰報，讓魏惠王體會到了什麼叫「禍不單行」。

秦國在河西發起了史無前例的大反攻！

拾

危若朝露

二次變法

馬陵之戰結束後沒多久，秦國就收到魏國戰敗的消息。當時的秦國，正在進行第二輪變法。

這輪變法的核心是要徹底打好秦國的經濟基礎。只有經濟基礎打得好，上層建築才能蓋得好。商鞅要想打好秦國的經濟基礎，就要從與農民息息相關的土地制度入手。史書有描述商鞅是如何改革土地制度的：「為田開阡陌封疆。」

歷史老師通常是這樣解釋這短短七個字的：「商鞅廢除了井田制度，把標誌著井田的阡陌封疆去除，並以法律形式承認土地私有，允許土地買賣。」這讓很多人以為，商鞅廢除了井田制，開創了土地私有制，因而導致產生了一批地主，使得土地兼併十分嚴重，老百姓貧困不堪。

其實歷史老師對這七個字的解釋，完全是引用了西漢大儒董仲舒的話。董仲舒說：「(秦)用商鞅之法，改帝王之制，除井田，民得買賣，富者田連阡陌，貧者無立錐之地。」作為漢武帝時期的明星學者、當時學術界的泰斗，又是「罷黜百家、獨尊儒術」的提出者，董仲舒說出的話都是金科玉律，無人敢不聽。

但有一句話說得好，對權威不能迷信與盲從。

董仲舒的解釋，實際上有失偏頗。漢朝為了表明自己的合法與正統，就把秦國描述成暴秦。再加上秦國特別喜歡燒儒家書籍，儒家從骨子裡就恨秦國，也自發參與了抹黑秦國的行動。

董仲舒詆毀秦國，但他說的土地可以買賣、富者田連阡陌、貧者無立錐之地的情況指的是他所處的西漢。西漢初期也是施行授田制，可是開放了土地交易後，很多有錢人開始炒地皮，進行土地兼併。這些大地主就變成大豪族，大豪族偷稅漏稅，壟斷權力，欺壓百姓。西漢、東漢滅亡的罪魁禍首就是豪族。

如果商鞅知道董仲舒這麼誣衊他，一定會從墓裡爬出來活活掐死董仲舒，還會罵：「呸，你睜著眼睛說瞎話，你講的分明是漢朝，關我秦國什麼事！」

現實並非董仲舒描述的那樣，秦國其實從春秋時代就沒實行過井田制。

周平王東遷雒邑，周王室在陝西的故地就撂荒了，遠在西方的秦人趁機搶占了周王朝在陝西的故地。戰亂導致周王朝賴以生存的井田制被破壞殆盡，秦人則搞起了爰田制。秦國老百姓種田時，每隔三年就會換一塊新地去開墾，舊地則休耕。

一轉眼幾百年過去了，到了戰國時代，由於牛耕鐵器的普及，老百姓的生產力提升到一個新階段。在商鞅看來，粗放的爰田制已經施行了幾百年，早已不適合秦國。商鞅是李悝的粉絲，他決定效仿魏國，在秦國實施授田制。

授田制在當時已不是什麼新鮮詞彙，三晉早就玩得爐火純青，也因此徹底解放了生產力。授田制是指國君將土地分給百姓，老百姓在分到的土地上耕種，然後向國家繳納賦稅，國君就成為國家唯一的大地主。但是土地的產權是國君的而不是百姓的，所以不允許土地買賣。

亂世之中，老百姓的要求並不高，能有吃有穿，可以養活一家人就夠了。國家授予老百姓一塊地，老百姓就有了養活自己的本錢，也就有了歸屬感，就會定居在這裡，努力在自家地上種糧食，這樣也有利於國家徵糧與徵兵。

秦國實施授田制有一個巨大的優勢，那就是人少地多。三晉雖然也實施授田制，可是隨著生產力的發展，人口數量直線上升，造成了人多地少的局面。如果你在三晉的戶籍上沒有名字，對不起，國家不會給你授地。你沒有地，要麼成為無業遊民，要麼只能經商。

商鞅抓住這一契機，實施了「秦國夢移民計畫」。秦國政府向外宣傳：「只要來我們秦國，就分給你們土地耕種。」於是無數的三晉百姓拖家帶口，為了實現「秦國夢」，偷渡進入秦國。

面對一窩蜂湧來的移民，秦國極其慷慨。商鞅組織移民登記機構，給三晉來的移民登記戶籍，然後分配土地，每戶都可以分配五百小畝的地。

為了能更好地將土地分配給老百姓，需要官府提前將土地規劃整理好。怎麼將農田劃分好呢？

一九八〇年，四川青川縣出土了一塊「青川木牘」。這塊木牘上面記載著，商鞅死後三十年，秦國吞併蜀國，在那裡大搞土地改革。木牘上面還詳細記載了秦國是如何劃分土地的。

其中有這麼一段話：「田廣一步，袤八則為畛。畝二畛，一百（陌）道；百畝為頃，一千（阡）道，道廣三步。封高四尺，大稱其高。埒高尺，下厚二尺。以秋八月修封、埒，正疆畔，及芟阡陌之大草。九月，大除道及阪險。十月為橋，修波（陂）堤，利津口。」意思是：農田寬一步，長八步，就要修一條小路。每畝修兩條小路，一條東西方向的道路（陌）。一百畝為一頃，要修一條南北方向的道路（阡），道寬三步。田間的矮牆（封）高四尺，大小與高度相當。田間的矮牆（埒）高一尺，基部厚兩尺。在秋天的八月，修築封、埒，劃定田界，去除阡陌上的雜草。九月大規模修路。十月造橋、修堤壩，確保渡口暢通。

透過青川木牘我們可以看出，商鞅「為田開阡陌封疆」不是廢棄阡陌，而是按照授田制重新規劃田地。阡道與陌道就像兩把刀，把土地切成一塊塊面積相等的小蛋糕，每塊土地像長方形的小格子。這樣不僅方便政府將土地分配給老百姓，更方便國家根據土地面積徵稅。每戶按照國家分配的土地面積領取土地。此外，如果你在戰場上獲得戰功，加官晉爵，還可以領取更多的土地。

有句話說得好：「有恆產者有恆心，無恆產者無恆心。」當老百姓分到國家的土地時，就有了自己的財產，才會真正感受到自己與國家同呼吸共命運，成為這個國家的國民。如果國家打仗，這些公民必定在戰場上勇往直前。這就是戰鬥力極強的國民兵，既是兵也是民，這使得國家的養兵成本大幅降低。

而只要允許土地買賣，精明的有錢人就會大肆買地。古代政府不像現在的政府可以頒布各種遏制手段。在當時，沒有地的老百姓要麼當佃農，要麼鋌而走險。這樣的國家想大規模動員老百姓參軍幾乎是不可能的，唯一的辦法就是募兵。募兵是職業兵而不是國民兵，換句話說，他們上班是要拿錢的，誰給他們工錢，他們就認誰當老闆，這無疑給國家增添了很大的財政負擔。

唐代前期施行類似於授田制的均田制，國家可以授予一個青壯年男子一百畝地，所以當時的士兵特別能打，逮誰滅誰，突厥、高句麗這兩個不好惹的都被滅了。可是國家允許土地買賣之後，有錢人開始炒地皮了，大量的土地兼併讓老百姓無立足之地，老百姓當兵就沒了積極性，徵兵也徵不上來。最後唐玄宗實行了募兵制，募兵制的壞處就是花錢雇來的兵只聽命於自己的將領，這為「安史之亂」埋下了禍根。

土地分配的問題解決後，國家怎麼收稅呢？是按每戶的土地面積還是按照人頭呢？

有的朝代是認地不認人，有的則是認人不認地。商鞅在秦國待了這麼多年，發現了一個非常有趣的情況，就是秦人喜歡一家人整整齊齊地在一起。這樣一來，如果哪家有錢，家裡就會產生寄生蟲，那秦國那麼多的空地誰去耕種？

於是商鞅頒布了「初為賦」，也就是秦國徵稅只認人頭。家庭戶口簿上的成年人，只允許有一對夫妻，兒子成年必須分戶，如果不分戶就要加倍收稅。

最後商鞅還在秦國推行郡縣制。縣在春秋時期就有了，是直接歸國君管轄的行政單位，可是其設置沒有規範化。例如楚國的每個縣都是龐然大物，前身都是被吞併的小諸侯國，其地皮與人口是相當可觀的。商鞅在秦國規範了郡縣制，將全國無數的鄉、邑、村合併為縣，共建立了三十一個縣，國君的權力可以一竿子插到底。

秦國被商鞅改造成一架恐怖的國家機器。

出來混是要還的

西元前三四一年，秦國經過商鞅第二次變法的徹底改造，國力已經今非昔比，早已不再畏懼魏國。商鞅也升任為大良造，爵位是十六級。

商鞅抓準大好時機對秦孝公諫言：「秦國與魏國的關係形同水火，不是魏國吞併秦國，就是秦國攻占魏國。魏國位於秦國的東面，獨享崤山的地利，死死地鎖住秦國進軍中原的道路。它強大時，就會向西入侵秦國；它衰落時，又會向東戰略收縮。眼下魏國被齊國擊敗，而秦國在國君的英明領導下，國力正強盛，我們趁此良機攻打魏國，魏國必定難以招架。我們只要占據黃河與崤山的險地，就能打開進軍中原的大門。到那時征服東方諸侯，實現帝王的宏偉大業，將不再是個夢！」

秦孝公立刻拍板同意。當年九月，秦軍向河西地區的魏軍發起大規模反擊。趙國見狀，也從北面攻擊魏國。

馬陵之戰後的魏國，如同躺在加護病房的病人，哪還有什麼力氣再去抵抗秦、趙兩國的攻擊，於是魏國大敗。

西元前三四〇年，秦國再度出兵攻擊魏國。魏惠王派公子卬（ㄤˊ）為將率軍抵禦秦軍，而秦軍的主帥竟然是商鞅。商鞅一直從事行政事務，從來沒有上過戰場，他有必勝的把握嗎？

商鞅之所以敢帶兵出征，是因為魏軍將領公子卬是他的老相識。商鞅在給魏相公叔痤當中庶子的時候，與很多魏國高層都有一些接觸，公子卬就是其中之一。

此時，公子卬作為魏軍主帥，內心十分慌張。自從馬陵之戰後，魏國國力極其虛弱，自己率軍與秦國交戰難有勝算。如果打輸了，要麼死於沙場，要麼被魏王問責。

「真不想打，如果能和平解決兩國軍事衝突，該多好啊！」

就在公子卬祈禱上天出現奇蹟的時候，奇蹟真的發生了。商鞅派人送來一封信：「當年在魏國，我與公子是哥們兒。現在我們各為其主，我也不忍心相互殘殺。不如我倆和談，透過和平方式來解決兩國衝突。好久不見了，我也想和公子好好暢飲一番，敘敘舊。」

公子卬高興得都快哭了，這不正是應了那句「多一個朋友多一條路」的老話嗎？

然而商鞅並不是來幫老朋友的，而是來坑老朋友的。

信以為真的公子卬帶著隨從親自赴會，還與商鞅在平等友好的氣氛中締結了停戰協議。會後，兩國和談人員開始了晚宴。就在雙方把酒言歡之時，商鞅突然摔杯為號，埋伏好的甲士把公子卬與隨從全部綁了起來。

商鞅隨即下令全軍出擊，群龍無首的魏軍一時間潰不成軍。秦軍取得了魏國河西大部分的土地。得勝回朝的商鞅，被秦孝公賜予於、商兩地的十五邑作為封邑。商鞅原叫公孫鞅，由於國君封的封邑裡有商地，因此被人稱為商鞅。

然而，就在商鞅如日中天的時候，危險也向他一步步緊逼。

商鞅作為大良造，相當於秦國的相國，本職工作是處理行政事務，並沒有領兵打仗的職責。然而此次大勝魏軍，商鞅變相地把軍權抓到了手裡。在秦國，除了秦孝公，商鞅就是二號人物。

可是商鞅快樂嗎？他一點都不快樂，而且每天處在擔驚受怕之中，覺得周邊每個人都想害他。為了變法，他把朝廷中能得罪的人全得罪光了，唯一的朋友只有老闆秦孝公。變法雖然讓老百姓受益了，但是商鞅以鐵血手段推行，不服的要麼腦袋沒了，要麼缺胳膊少腿，老百姓心中也有很大的怨言。

商鞅給自己配備的保安級別僅次於國君。他一出門前後簇擁著幾十輛車，車上都是重裝步兵，車子周圍都是持戈操戟的保鏢，身邊還有貼身侍衛。沒有這麼多人保護，商鞅連大門都不敢出。

但最令商鞅害怕的消息還是傳來了：秦孝公病危！

商鞅有種不祥的預感。而秦孝公在臨死前的一個舉動，讓商鞅的死成為必然。

秦孝公已經到了有上氣沒下氣的地步，知道自己快不行了，於是他把商鞅叫了過來。望著眼前的老部下、老戰友，秦孝公勉強支撐起自己，說道：「你是一個曠世奇才，大良造的職位對於你來說太屈才了。我想把國君之位禪讓給你！」

商鞅聽完嚇得魂飛魄散，差點癱倒在地上。千萬別以為這是天上掉餡餅砸到商鞅。要知道，秦國建國好幾百年，宗室子孫成千上萬，國君怎麼可能輪到商鞅來做呢？雖然商鞅的爵位是十六級大良造，但是說穿了他也只是一個打工仔，比春秋時有封地、有私卒的大夫們差遠了。本來商鞅就遭秦國宗室們憎恨了，要是再讓他們聽到國君要禪讓給商鞅，還不得把商鞅的皮都給扒了。

面對秦孝公拋出來的重型炸彈，商鞅又是磕頭又是哭：「國君您不會有事的，千萬別提什麼禪讓的事，我永遠都是您的臣子。」

秦孝公一聲不吭地躺了下去，默默地看著商鞅，空氣似乎凍結了。君臣對視了很久之後，秦孝公把頭轉了過去，商鞅也難過地走了。

一路上，商鞅一直在想，國君為什麼要說把國君之位禪讓給他的話？是試探，還是挖坑？反正不是出自真心的。國君想禪位給大臣，往往只是嘴上說說，以表明自己禮賢下士，始終沒有忘了老部下。

秦孝公充滿了柔性的政治智慧。秦孝公屬柔，商鞅屬剛，他倆剛柔相濟，搭配得非常好。秦國就像一個家庭，秦孝公與商鞅就像一對夫妻，秦國百姓就像孩子。變法中秦孝公唱白臉，商鞅唱紅臉，不管紅臉白臉，本質都是想讓孩子好。可孩子不懂，他只知道唱紅臉的又凶又壞，唱白臉的溫柔體貼，因此商鞅替秦孝公背了無數仇恨。

沒幾天，秦孝公去世了。新繼位的國君是十九歲的青年嬴駟，史稱秦惠文王。

秦惠文王對商鞅很畏懼，因為商鞅差點兒讓自己當不成太子，繼承不了國君之位。

嬴駟在當太子的時候有兩個老師，一位是公子虔，另一位是公孫賈。由於老爹秦孝公天天忙著和商鞅搞變法，教育太子的事就交給了這兩位老師。也許是這兩位老師的德育工作沒有做好，年少的嬴駟犯事了。

年少的嬴駟自以為是太子、未來的國君，從來不知道低調二字怎麼寫。在過去，太子犯事也許就不了了之了，然而現在，商鞅剛頒布過《秦律》，還對秦國上下反覆強調「刑無等級，自卿相將軍以至大夫庶人，有不從王令、犯國禁、亂上制者，罪死不赦」，於是年少無知的嬴駟撞槍口上了。

由於嬴駟歲數小，又是未來的國君，不能受刑。但熊孩子絕對不能慣著，秦國可沒有「兒童少年保護法」。熊孩子背後要麼有熊家長，要麼有熊老師。熊孩子嬴駟的家長是秦孝公，那只能是熊老師受刑了。

按照這個邏輯推論，商鞅把太子嬴駟的兩位老師抓走了。當這兩位老師重新回到太子嬴駟身邊教書時，公子虔的鼻子沒了，公孫賈的臉上被刺字了。看著兩位老師以殘缺的身體在自己面前講課，嬴駟內心受到巨大的震懾。後來身心都受傷的公子虔乾脆不教書了，躲在家裡八年都沒有出過門。

突然有一天，公子虔收到了秦孝公去世的消息。他終於打開了大門，向外邁出了復仇的第一步。

他帶著同樣身心受傷的其他貴族去找剛繼位的秦惠文王：「大臣權勢過重國家就會岌岌可危，國君過於寵幸左右近臣就會危及自己。現在秦國的婦孺都在談論商鞅的新法，沒人提及國君。這樣一來，君臣位置就顛倒了。況且商鞅還是我們的仇人，請國君趕緊除掉他吧！」

年輕的秦惠文王並不傻。他知道貴族的蛋糕被商鞅切走了，所以他們憎恨商鞅，恨不得食其肉、寢其皮。可對於一國之君來說，國外的敵人是諸侯，國內的敵人正是這些貴族。商鞅變法為國君掃除了貴族的威脅，如今國君只要動一動手指，秦國國內任何一個人的腦袋就會立馬搬家。無限的權力掌握在國君的手裡，沒有任何人敢掣肘，多爽啊！

秦惠文王享受商鞅變法帶來的快感，可是他又必須殺了商鞅，因為商鞅觸動了自己的逆鱗。貴族的權力被分割了，可商鞅的權力實在太大了，大到連國君都忌憚。當年商鞅不顧太子的面子懲罰兩位老師的舉動，至今讓秦惠文王心有餘悸。他認為自己是條至高無上的龍，龍有逆鱗，觸之必怒，威嚴、權力就是龍的逆鱗。

秦惠文王下令抓捕商鞅。

商鞅畢竟在秦國混了那麼多年，朝廷內還是有自己眼線的，得知消息後提前逃亡了。

曾經一人之下萬人之上的商鞅，出門都要無數人護衛，如今在逃亡的路上卻如同一條喪家犬，獨自一個人向東方狂奔。

到了晚上，他找到了一家旅館投宿，沒想到旅館老闆卻說：「住店要帶證件。商君說了，如果給沒有證件的人住店，店家是要連坐的！」

商鞅愣住了，這不就是自己實施的法規嗎？沒成想到頭來這條刑罰竟用在了自己身上。無證人員商鞅只能無奈地離開旅館，夜宿野外。看著滿天的繁星，他想到了遠方的故鄉。如果當初他在衛國，做一個默默無聞的人，也許就不會有現在的下場了。

回不去的是家鄉，得不到的是安寧。

商鞅晝伏夜出，偷渡到了魏國。但魏國人無比憎恨商鞅，因為他用卑劣的手段欺騙公子卬，打敗了魏軍。魏國把商鞅遣送出境，無處可去的商鞅只得潛逃回了自己的封邑。

回到自己的地盤後，商鞅召集來自己的死黨，發動當地軍隊造反，結果被秦國大軍擊潰，商鞅自己在亂軍之中被殺死。

秦軍把商鞅的屍體帶回了咸陽，秦惠文王萬萬沒想到商鞅狗急跳牆，竟然起兵造反，於是命人以謀逆的罪名將商鞅五馬分屍，誅滅商鞅全家。

不管後世評價如何，商鞅終歸化成一抔黃土。他來到秦國時，秦國還是一個懼怕魏國的二流國家；當他死去時，秦國一躍成為大國。

不過，駕馭秦國這艘大船的秦惠文王，也不必太驕傲，因為此時各國都已經開始變法。自從魏國在馬陵之戰失敗後，東方的齊國與南方的楚國都對中原大地虎視眈眈。

拾壹

縱橫天下

南天一霸

魏國自魏武侯至魏惠王一直奉行著強硬的擴張政策，但隨著國際局勢的變化，如果魏國再不及時調整外交策略，那離關門打烊就不遠了。

一向傲慢的魏惠王為了國家的生存，決定派使者前往齊國表明願意尊奉齊君為王的意願，向齊國服軟。

齊威王接見魏使後，聽說魏惠王要尊奉自己為王，激動得手都顫抖了。一個諸侯去尊奉另一個諸侯為王，這是史無前例的，這表明齊國才是天下名副其實的老大！

西元前三三四年，魏惠王與齊威王在徐州相會，而且讓齊威王大為驚喜的是韓宣王也來了。韓國前來也是無奈之舉，馬陵之戰前韓國被魏國打得差點滅國，要不是齊國出手相救早就亡國了，這次徐州相會，韓國小弟必須來拜齊國大哥的碼頭。

會盟在和平友好的氣氛中召開。魏惠王沒敢穿天子的衣服，他與韓宣王頭戴布冠，尊奉齊國國君田因齊為王。由於田因齊稱王，因此歷史上稱他為齊威王而不是齊威公。

到達人生頂峰的齊威王也算是帶領田氏家族走向了輝煌。要知道，田氏在春秋時期不過是從陳國流亡過來的貴族，他們從打工的卿大夫逆襲成齊國的老闆，現在又成了全天下的老大，真是了不起！

激動的齊威王也投桃報李，承認了魏國也有稱「王」的合法資格。齊魏兩國相互稱王的歷史事件，史稱「徐州相王」。

魏惠王化解了一位強大的敵人，同時又保留了「王」的稱號。「徐州相王」結束後，魏惠王正式改元，成為與周天子平起平坐的王，後來又活了十六年。

韓國則成為本次會盟第二大贏家，因為它獲得了齊國的庇護。數年之後，韓君也正式稱王。

「徐州相王」就像打開了潘多拉魔盒，此後的天下諸侯都開始稱王。周王室自從東遷雒邑，天子大權旁落，窮酸落魄，可是還有「王」的這塊遮羞布。可是隨著諸侯紛紛稱王，周天子連遮羞布都沒了，相當於要在天下諸侯面前裸奔了。

最早自封為王的楚國此時也蠢蠢欲動，新任的楚王要將楚國推上歷史的巔峰。

就在秦惠文王繼位前一年的西元前三三九年，楚國國君熊商正式繼位，史稱楚威王。

楚威王是戰國時楚國最傑出的國君，他在位的十一年時間裡，楚國走向了歷史巔峰，一度成為最有實力、最有希望統一天下的諸侯國，連虎狼般的秦國都要畏懼楚國三分。

可惜，楚威王生了一個敗家子楚懷王，否則，統一天下的搞不好就是楚國。雖然楚國沒有活到最後，但失之東隅，收之桑榆，最終滅秦的項羽是楚國人，建立漢朝的劉邦也是楚國人，楚國人以另一種方式完成了一統天下。

在吳起變法後，經過三代楚王的苦心經營，傳到楚威王手裡的楚國已是一個富強的大國。有著雄心壯志的楚威王發誓要有一番大作為，恢復楚國應有的大國地位。

楚威王剛繼位沒幾年，越國就來挑事了。西元前三三四年，越王無彊在齊威王的支援下，主動向楚國發動戰爭。

在春秋末年，越國是威震天下的新興諸侯。曾經大破楚國、攻占郢都的吳國，也被越國一舉消滅。越國從那以後一直是東南小霸王，從不把周邊諸侯放在眼裡，蠻橫慣了。

面對越國的侵略，楚威王展開了聲勢浩大的自衛反擊戰，誓以雷霆之力徹底打垮越國。天下的南方只能有一個大國存在，那就是楚國！

西元前三三三年，楚威王舉傾國之力，出動數十萬大軍，以景翠為帥，水路並舉，浩浩蕩蕩地殺向東南。經過吳起變法後的楚軍紀律嚴明，戰鬥力彪悍，早已不是一百七十年前在柏舉之戰中一觸即潰的窩囊樣子。

越王無彊沒有繼承祖先越王勾踐的榮光，而是在如同壓路機的楚軍面前被碾成了麵粉。越軍主力全部報銷，越國曾經侵占的吳國故地也被楚軍全部占領。

越國的殘餘勢力各自為政，開始了自相殘殺。打順手的景翠則沒有就此止住腳步，而是揮師北上，朝著齊國進軍。齊威王在徐州被諸侯尊奉為王，那我們就去徐州讓齊國見識見識，誰才是真正的王。

齊、楚兩國在徐州展開大會戰，齊國慘敗。這一戰讓楚軍威震天下，天下諸侯不得不對楚威王刮目相看。

除了取得徐州之戰的勝利，楚威王在位期間還做了另一件非常有影響力的事，就是將位於四川的

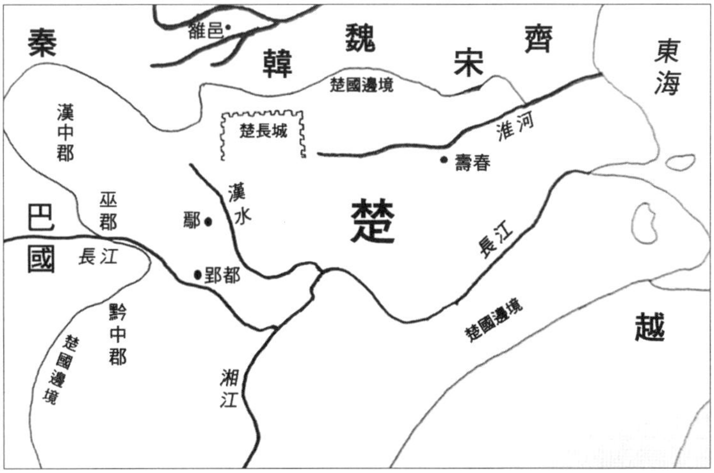

圖3　楚威王全盛時期疆域

巴國鹽池徹底搶了過來，還在巴國的故地上建立了巫郡。

楚國不但擴張了領土，還有了搖錢樹，成了暴發戶。此時，楚國國力到達了巔峰，是名副其實的天下第一超級大國。

從地圖上看，楚國已經占據了天下已知文明區域的一半，國土西起大巴山，東到大海，北至淮河，南抵五嶺。而且境內有鹽泉，楚國就有錢充值擴軍。《戰國策》裡有句話形容楚威王的國力：「地方五千里，帶甲百萬，車千乘，騎萬匹，粟支十年，此霸王之資也！」

活在當時的人，一定會認為未來一統天下的將是楚國，而不會認為是秦國。

楚國拿下鹽池後又占領了三峽，四川盆地已經無險可守。楚國一鼓作氣吞併巴、蜀兩國，簡直易如反掌，然而楚威王此時卻犯了一個戰略性錯誤：他停下進軍的腳步，撤軍回國了。

在楚威王看來，楚國的地皮實在太大了，除了富饒的江漢平原，還有新掠奪來的吳國故地，地已經耕不過來了。楚國與巴國交戰只是為了奪取鹽泉，剩下的巴國與蜀國的土地，楚國根本看不上。巴國與蜀國得以虎口逃生。

楚國這隻老虎剛走，秦國這隻餓狼又忍不住對著四川盆地直流口水。不過秦國也知道這塊肉遲早是自己的，眼下主要的任務是從魏國身上割肉。

秦國認為靠武力對魏國強行動手會導致魏國拼死掙扎，硬攻太費事，不如來軟的。於是，一群會用「屠龍之術」的人登上了歷史舞臺。

張儀對戰公孫衍

戰國時期游士遍地，就像現在求職的大學生一樣。商鞅是游士裡的佼佼者，他在秦國找到了一份高薪工作，一直穩居秦國高層，並毫無保留地為秦國奉獻。結果由於商鞅在權力核心的地位太穩了，被上任的新老闆給宰了。

商鞅的死讓全天下找工作的游士明白了，做得再好，成果也都是老闆的。自己只是個打工仔，找個好老闆，多賺點工資才是正道，沒有必要為了偉大的政治理想把自己的小命搭進去。

於是一群縱橫家就此粉墨登場。

縱橫家既不屬於某一學派，也不是一個政治團體，而是一群利己主義者。看似無原則無底線的縱橫家，為什麼在亂世中不僅能獲得重用，還能左右國家的興衰呢？因為他們靠的就是縱橫術，這是他們引以為傲的「屠龍之術」。

縱橫術是由合縱與連橫兩塊思想組成的。合縱，就是六國為了抵禦秦國，結盟成一道貫穿南北的縱線，堵死秦國向東的出路；連橫，就是以西方的秦國為起點，向東聯合諸侯，形成一道連接東西的橫線，破壞六國聯盟，使秦國入主中原。

戰國時代七國大亂鬥，每個諸侯都想結盟，畢竟單打獨鬥太累。但結盟的情誼很難長久，每個國家都想找能和自己合得來的結盟，可惜每個諸侯國都心懷鬼胎，就算有和自己合得來的也不是什麼好東西。在國際事務上，沒有永恆的朋友，只有永恆的利益。許多諸侯國為了自己的利益，今天合縱，明天連橫。

縱橫術和現在的外交學很類似。我們看外交家在國際社會縱橫捭闔，利用自己的智慧與謀略，既能讓兩個親如兄弟的國家反目成仇，又能讓兩個彼此仇視的國家攜手發展。

然而，戰國時的縱橫家與現在的外交家有一個本質區別：外交家從事外交是為了祖國的利益，而縱橫家搞外交是為了一己之利。縱橫家明確地知道自己只是打工仔，只要國君能給足待遇，去哪國上班都無所謂。一旦待遇下降，縱橫家立刻腳底抹油，帶著核心機密跑去競爭對手那裡上班。

魏國人公孫衍到秦國求職前，在魏國已經混到了高級職務——犀首。因此，公孫衍在魏國又被人尊稱為犀首。自從在馬陵之戰大敗後，魏國從天下首屈一指的大國淪落為三流的小國。對於公孫衍來說，這如同從上市公司的副總一下子跌落成小商店的夥計。

公孫衍為了給自己謀個更好的出路，決定跳槽。他瞄準了新崛起的秦國，這是一家發展勢頭良好的公司，能吸引全天下的人去實現自己的夢想。只要認真努力，無論是底層員工還是高級經理，在秦國都能獲得自己想要的回報。

公孫衍懷揣著秦國夢偷渡到了秦國。他在魏國高層混跡多年，掌握了魏國的核心機密，所以他一到秦國，秦惠文王樂開了花。公孫衍立刻被任命為大良造，成為秦國的二號人物。

為了報答新任老闆，公孫衍決定給老闆來個大驚喜，讓他得到夢寐以求的河西地區。

戰國時代拉開帷幕後，秦魏兩國就在反覆爭奪河西地區，兩國勢力在河西地區犬牙交錯。為了把魏國勢力從河西徹底清除出去，公孫衍決定對魏國發起雷霆一擊。

馬陵之戰後，魏國國力大跳水，在與秦軍的對峙中處於下風。魏惠王只能派大將龍賈在河西地區修長城，其中雕陰是魏軍重點防禦的軍事重鎮。西元前三三〇年，帶路黨公孫衍率領秦軍發動雕陰之戰。

擔任過犀首的公孫衍瞭解魏國長城的弱點，所以戰役進行得很順利。魏軍四萬五千人被全殲，將軍龍賈被俘，河西地區大部分被秦國拿下。打得順手的公孫衍沒有停下腳步，他又帶著秦軍跨過黃河，攻占了河東的大片魏國土地。魏惠王無力對抗秦國的攻勢，割讓十五座城池，並將勢力退至崤山以東。戰略要道崤函道從此落入秦人手裡。

秦國不但占領了大片土地，更打通了秦國東進中原的崤函道，實現了數百年來東進中原的夢想。

不滿足於此的秦人又在崤函道上修建了威武雄壯的函谷關，這成為秦國堅固的大門，將崤山以東的來犯諸侯拒之門外。大勝回朝的公孫衍成為秦國萬眾矚目的焦點，得到無數賞賜。

公孫衍跳槽之後，迎來了職業生涯的輝煌，他的故事影響了無數有夢想的人，其中一位就是魏國人張儀。

論忽悠人的能力，張儀算得上是戰國第一，他以三寸不爛之舌把一個諸侯國騙得連褲頭都不剩。他之所以一張嘴能敵百萬兵，是因為他有一個特別厲害的老師——鬼谷子。鬼谷子是一位半人半仙的隱者，他之前兩位學生龐涓與孫臏的軍事較量改變了天下格局，而張儀比龐涓、孫臏更厲害，他僅憑一張嘴就改變了地緣政治格局。

張儀學成之後下山找工作，他首選的就業地點並不是自己的祖國魏國，而是楚國。當時楚國在楚威王的統治之下成為南天一霸，占據了天下的一半。張儀認為，楚國作為天下排名第一的超級大公司，工資待遇應該是不錯的。

然而，張儀剛離開師父就遭到了社會的毒打。作為一名高級人才，張儀剛到楚國時受到了禮遇。但有一次他參加楚國令尹的飯局，令尹吃完飯後發現身上佩戴的貴重玉珮不見了。一位門客懷疑是張儀偷的，理由很簡單：張儀是個窮鬼。

在沒有任何證據和線索的情況下，令尹竟然相信了這一奇葩理由，於是派人嚴刑拷打張儀。張儀死活不承認，令尹無奈之下也只能把張儀放走了。

被打成血人的張儀爬回家，把他的老婆嚇得半死。張儀的妻子抱著張儀哭訴道：「你要是不讀書，不來楚國，就不會落此下場了。」

張儀望著老婆，張開滿嘴是血的嘴巴，用力地說：「你看我的舌頭還在嗎？」

「在！」

「有舌頭在，這就足夠了。我遲早要他們還回來。」張儀苦笑道。

張儀的妻子緊緊地抱著他：「楚國咱們不待了，等你傷養好了我們就走。」

傷養好後，張儀頭也不回地離開了楚國。若干年之後，當張儀再次回到楚國時，他會把楚國上下玩弄於股掌之中。

西元前三二九年，張儀來到秦國，拜見了秦惠文王。

之前，秦國在公孫衍的率領下，獲得魏國大片領土。然而卻有一座城池像一顆釘子一樣插在秦國的胸口上，這就是位於河西的少梁城。少梁城是秦國在河西唯一沒有拔掉的魏國軍事重鎮，它對於秦軍來說簡直是如鯁在喉。

如果硬取少梁城，秦軍將損失巨大。於是張儀想出了一招：先圍攻魏國兵力較少的蒲陽，拿下蒲陽後再與魏國談判。只要魏國願意把少梁送給秦國，秦國願意送還蒲陽，還附贈一名公子當人質。

魏惠王也很無奈。要是不答應，秦國會繼續發動進攻奪取少梁，答應了至少還能換回蒲陽和一個人質。弱國無外交，魏惠王選擇了屈服。

秦國得到少梁後，等於徹底將河西收入囊中了。秦惠文王覺得張儀是個人才，於是任命張儀為相國。

此時公孫衍坐不住了。他背叛了魏國，幫助秦國開疆拓土，立下這麼大的功勞，憑什麼張儀這小子一來就能一步登天，爬在自己的頭上？

渾身負能量的公孫衍跑回了魏國。從那以後，公孫衍就成為張儀最大的敵人，兩人將用縱橫術展開生死鬥。很多人認為，按照《史記》的記載，張儀的最大對手是蘇秦。但根據現在的出土文獻與專家考證，張儀與蘇秦其實生活在不同時期。

苦心支撐魏國的魏惠王見公孫衍跳槽回來，也沒過多責怪他，而是讓他官復原職。魏惠王不是不想找公孫衍算帳，只是因為魏國現在日漸衰落，天下英才都不願來這裡就業，招一個有履歷的高級經理回來總比招一個沒工作經驗的新人強。

而秦惠文王並沒有對公孫衍的離開表示遺憾。在他眼裡，公孫衍是一個政壇老油條，老奸巨猾，為了利益可以賣主求榮。他可以背叛魏國，就可以背叛秦國，這樣的人放在身邊太危險。一旦有更合適的人來秦國，公孫衍可以立刻換掉。

秦國之所以能統一天下，很大程度上是因為從秦孝公開始到秦始皇之間的七代國君個個慧眼識人。只要是自己看中的人才，不管出身如何，他們一律放心大膽地任用。在秦國沒有熬資歷這一說，只要能力強，一步登天不是沒有可能。

商鞅透過變法讓秦國富強，而張儀靠著三寸不爛之舌讓秦國開疆拓土。

西元前三二五年，秦惠文王在張儀的慫恿下，正式稱王。魏惠王看到隔壁鄰居也學自己自行升級為王，趕緊在公孫衍的幫助下展開了積極的外交結盟。

就在秦君稱王的同一年，魏惠王在巫沙尊韓君為王，還拉上齊國一同商議如何對付秦國。

齊威王想學齊桓公，楚威王想雄霸天下，秦國想東進中原。這三個大國都有自己的小算盤，都願意看到中原小國成為一盤散沙，方便自己發展。

西元前三二三年，張儀施展了連橫策略，秦國在江蘇沛縣與齊、楚兩國結盟。三個大國結盟讓小國們不寒而慄，秦、楚、齊在地圖上形成一道橫線，這是要把小國一鍋端呀！

公孫衍看穿秦國的陰謀，施展了合縱的策略，拉上趙、韓、燕、中山五國一起結盟，互尊對方為王，史稱「五國相王」。五國從南北方向形成一道縱線，共同抵禦大國的威脅。

齊國強烈抗議：你們稱王我不反對，但是巴掌大的中山國也配稱王？楚國反應更激烈，二話不說，直接派兵拿下魏國八座城池！

魏惠王緊張了，這可是八座城池啊！五國相互尊王，就是為了結盟一起對付連橫，結果竟然沒一個來幫忙的！惱羞成怒的魏惠王意識到自己從一開始就被忽悠了，先是被惠施忽悠向齊國尊王，接著又被公孫衍忽悠，來了個「五國相王」。於是魏惠王把公孫衍定性為騙子。

此時的魏惠王已經人近黃昏了。他回想一生，感覺自己這輩子太荒誕了。年輕時自己成了無冕天子，現在居然成為落魄的小諸侯。他不想再折騰，也沒精力再去折騰了，此時他只想安安穩穩地過完餘下的時光。

此時，張儀找上門了。

魏惠王百思不得其解，張儀在秦國事業發展得很好，為什麼來不斷虧損的魏國呢？

縱橫家想將君王玩弄於股掌之中，讓他心甘情願地為智商買單，就要準確地把握住對方的惰性、慾望，然後製造焦慮、恐慌，讓對方覺得，只有你是為他著想的。接著，再為他提供一套精心炮製的解決方案。這樣，對方就會喪失理智，不惜血本去落實你這套方案。

大忽悠張儀對魏惠王說：「大王，我是著名的成功學之神鬼谷子的高徒，秦王曾在我的指導下，讓國家得到飛速發展。我心懷天下，再加上我是魏國人，我的根在這裡，所以我回到魏國，就是來幫助大王脫離困境，救蒼生於水火。」

年邁的魏惠王聽到後眼睛開始發光，思維衰退的他相信了張儀。

「大王，魏國地勢平坦，交通方便，就像車輪輻條都聚集在車軸上，周邊連高山大川都沒有。而魏國周邊都是強國，一旦敵人從四面進攻，那魏國就將四分五裂。之前，魏國就多次遭到敵人的多方向進攻。」

魏惠王聽完長嘆了一口氣：「先生說的沒錯！」

張儀：「之前公孫衍搞五國相王，合縱聯盟聲勢如此浩大，可最後還是慘遭失敗。這並不意外，畢竟親兄弟也會為家產的事發生糾紛。大王不如與秦國結盟，有秦國做靠山，就沒人敢欺負魏國了。只要秦魏結合，大王您就能開啟新的篇章，再次邁向成功的人生。」

魏惠王：「先生說的我也知道，可是秦魏之間一直在交戰，秦王能同意和魏國結盟嗎？」

張儀笑了笑：「秦王不計前嫌，一直希望與魏王攜手共進。那些搞合縱的人只會誇誇其談，他們四處遊說，不過是為自己撈足名利。大王，您吃的虧還少嗎？」

此時的魏國處於風雨飄搖之中，之前走的外交路線全部失敗，如果現在拜秦國當大哥，魏國能獲得庇護，雖然沒面子，但是可以換回安全。

於是魏惠王激動地說：「我之前的決策都是錯誤的，魏國願意與秦國結盟，每年春秋兩季都向秦國進貢。」

同時，魏惠王回饋了張儀一份大禮。「我任命張儀為新任相國！」魏惠王鄭重地說道。

張儀釀造的毒藥，卻被魏惠王當作了蜜糖。魏惠王與秦國結盟，那是把靈魂交給了魔鬼。張儀又當上了相國，公孫衍也因此不得不逃離魏國。

合縱抗秦

年邁的魏惠王已經油盡燈枯了，他陷入和很多老年人一樣的窘境，頭腦不清楚，很容易上當受騙。

張儀作為秦國在魏國的代理人，來到魏國後，就極力忽悠魏惠王。他就像現在賣保健品給老人的騙子一樣，用甜言蜜語把魏惠王哄得暈頭轉向。魏惠王在張儀的忽悠下，趕走了公孫衍，還幫助秦國大殺四方。可是每次軍事行動都是秦國吃肉，魏國喝湯。魏惠王直到死前一年才終於清醒過來，意識到自己被騙了。

魏惠王原本想殺了張儀，可是迫於秦國的淫威，也只能趕走張儀，再次召回公孫衍。當公孫衍回到魏國後沒多久，魏惠王於西元前三一九年去世，他終於解脫了。魏惠王的一生像極了唐玄宗李隆基，前半生輝煌，後半生落寞。

而秦國自從拿下河西地區，又打通通往中原的崤函道，這隻曾被封印數百年的猛獸，終於可以殺入中原了。崤山以東的諸侯大為驚恐，尤其是趙、魏、韓三國怕秦國怕得要死，生怕秦國往東猛衝時油門沒剎住，把哥仨撞成重傷。南方超級大國楚國對秦國的崛起也充滿了警惕，生怕秦國與自己爭老大之位。

於是，戰國七雄中，已有五雄對秦國亮出屠刀。作為天下排名僅次於張儀的縱橫家，公孫衍被重新召回國，前途可謂一片光明。他認定只要他從中串聯，把五國結成合縱同盟，再來個五國伐秦，不但能阻擋秦國東進，更能讓自己號令天下，超越張儀，成為天下第一縱橫家。

連橫與合縱不僅僅是國與國之間的較量，更是公孫衍與張儀的才華對決。

公孫衍依然清晰地記得，不久前自己被病入膏肓的魏惠王召回大梁，在城門口與被趕走的張儀相遇的那一幕。

「哎呀，這不是大名鼎鼎的張儀嗎？你不是在魏國擔任相國嗎？現在你要去哪裡啊？」

面對觸及靈魂的三連擊拷問，張儀面帶微笑地回答道：「公孫兄，在下正是張儀。魏王嫌我才疏學淺，把我趕走了。看來你就是我的繼任者。」

公孫衍：「哈哈哈哈，你也有今天！當初我在秦國費盡心血為秦王開疆拓土，你一個資歷如此淺薄的人竟然當上了秦國相國，爬在我頭上；我辭職回到了魏國，你又跑來魏國忽悠魏惠王，又當上了魏國相國。難道我上輩子是做了對不起你的事，讓你這輩子如同惡鬼一樣，陰魂不散，如影隨形？現在好了，你這個惡鬼，終於被趕走了！」

看見眼前高興得有點癲狂的公孫衍，張儀依然面帶微笑：「我倆都是縱橫家，你搞合縱，我搞連橫，看似針鋒相對，實則相互依賴。如果沒有我，那你還有存在的必要嗎？真正懂你的只有你的敵人，我才是你在世上真正的朋友。」

張儀話音剛落，公孫衍頓時收起笑容。的確，只有競爭對手存在，才能展現自己的價值。

「公孫兄，你覺得合縱會成功嗎？」張儀笑問道。

公孫衍沉默了一會兒。他心裡清楚，合縱的諸侯都是散裝的，不像連橫裡有秦國做主心骨。但是他還是嚴肅地說：「事在人為，沒有什麼是不可能的！」

「祝你好運，願你美夢成真！」張儀笑著說完，朝公孫衍揮揮手，頭也不回地走了。

公孫衍站在原地，他明白自己在這場無形的交鋒中已經徹底輸了，輸在了境界上。

張儀作為天下第一縱橫家，論口才無人能敵，但他在與公孫衍的交鋒中並沒有逞口舌之快，而是點醒了公孫衍。縱與橫看似對立，實則統一，只要縱橫術玩得好，天下諸侯都是縱橫家手中的玩物！

張儀與公孫衍在天下諸侯心中是神一般的存在，孟子的弟子景春是這麼評價他倆的：「公孫衍、張儀豈不誠大丈夫哉？一怒而諸侯懼，安居而天下熄。」意思是：公孫衍與張儀難道不是大丈夫嗎？他倆一旦動怒，天下諸侯都害怕；他倆一旦安居，天下就沒有衝突。

正是張儀與公孫衍的相愛相殺攪動了天下的格局。

公孫衍也明白，諸侯之間的較量其實就是他與張儀的較量。要破張儀的連橫，自己就必須讓諸侯們團結起來，實施合縱，擊垮秦國，從而在天下人面前展現自己的盛世才華。

為了抓緊時間對抗秦國，公孫衍先去了趙、韓兩國。出於對秦國共同的恐懼，兩國國君爽快地表示願意合縱對抗秦國。燕國遠在天邊，也表示重在參與。趙、韓、燕已經被魏國捆綁在戰車上，接下來就要拉一位重量級的國家上車。

公孫衍一路向南，來到全天下最大的諸侯國楚國。只有楚國加盟，才能徹底打垮秦國。然而公孫衍萬萬沒想到的是，楚國的新任國君楚懷王竟是戰國第一大傻瓜，直接把公孫衍害慘了。

熊兒子

楚國最偉大的英主楚威王去世後，他的兒子熊槐繼位，史稱楚懷王。

楚威王在位時，開啟了一扇統一天下的大門。可惜，這扇門卻被他的兒子楚懷王關上了。楚懷王關上大門後不僅上了一把大鎖，還用電焊把大門徹底焊死了。

楚懷王熊槐的一生就是一部熊兒子敗家史，「老子英雄兒好漢」這句話極不適用於楚國王室。如果楚威王在天有靈，一定懷疑兒子是不是親生的，要不然這麼英明神武的爹怎麼生出這麼個蠢兒子？

就在楚懷王繼位的第六年，西方世界的戰爭狂人亞歷山大大帝去世，他建立的橫跨亞非拉的大帝國瞬間分裂。東方的楚國一躍成為當時全世界國土面積最大的國家，楚國人都覺得自己會有一個鵬程萬里的未來。

可是風光背後往往暗藏危機。楚威王在生命的最後幾年就嗅出了來自秦國的威脅，還說過一段耐人尋味的話：「寡人之國西與秦接境，秦有舉巴蜀、并漢中之心。秦，虎狼之國，不可親也。而韓、魏迫於秦患，不可與深謀，與深謀恐反人以入於秦，故謀未發而國已危矣。寡人自料，以楚當秦，未見勝焉；內與群臣謀，不足恃也。寡人臥不安席，食不甘味，心搖搖如懸旌，而無所終薄。」

這段話的意思是：楚國西邊與秦國接壤，秦國有吞併巴蜀、兼併漢中的野心。秦國是虎狼之國，不能與它親近。而韓、魏兩國迫於秦國的淫威，楚國不能和這兩國深交。如果楚國與韓、魏兩國深入地進行戰略策劃，很有可能被他倆出賣給秦國，那麼楚國就危險了。我認為，楚國與秦國對抗，不一定能取勝；與群臣商討對策，可他們又不靠譜。於是我吃不香，睡不著，心就像一面掛在空中的旗子，毫無著落。

楚威王奉行的是獨立自主的外交策略，儘量不參與國與國之間的結盟運動，誰也不得罪，誰也占不了楚國的便宜。可兒子楚懷王是一個腦迴路清奇的人，他奉行的外交策略是只要有便宜就儘量占，有便宜不占的是大傻瓜。

滿懷希望的公孫衍風塵僕僕地來到楚國郢都，隨後受到了楚懷王的隆重招待。

席間，公孫衍對楚懷王說：「秦國欺人太甚，是一個流氓國家！趙、魏、韓、燕四國決定合縱，共同抗秦！」

楚懷王面露笑意：「好！」

公孫衍：「可是四國合縱還是難以對付秦國，我們還需要楚國老大哥的幫助。楚國是天下第一的超級大國，只要楚國加入，我代表四國願尊奉楚王為縱約長！」

楚懷王激動地說：「好！」

公孫衍：「感謝楚王為天下蒼生主持公道！楚王才是全天下諸侯的領袖！」

公孫衍拍完楚懷王的馬屁後，楚懷王拿出相國印章交給公孫衍：「從今天開始，你就是楚國的二把手！」

公孫衍心花怒放，認為這相當於楚國答應加入合縱。公孫衍自以為完成了使命，於是返回了魏國，另四國也都把相國印章授予他。公孫衍身掛五國相印，一時成為全天下最拉風的男人。

然而，相國沒有實權，相印只不過是一枚橡皮圖章。

其實楚懷王也在打自己的小算盤。從春秋時代，楚國與秦國就結成死黨，對付共同的敵人晉國。春秋末年，楚國被吳國打得差點亡國，要不是秦國發揚國際主義精神，義無反顧地幫助楚國擊敗吳國，有沒有後來的楚國都是個問題。

因此，幾百年來，秦楚互為兄弟，有著用鮮血結成的戰鬥友誼，兩國王室之間也一直通婚。秦惠文王娶了一個楚國宗室女子，叫芈八子（楚國王室姓芈氏熊，八子是嬪妃的稱號），她的兒子就是後來著名的秦昭襄王。

楚懷王並不想得罪秦國，可是自己又想號令天下，捨不得拒絕這送上門來的縱約長。那該怎麼辦呢？

答案是：腳踩兩隻船。一隻腳「踩」四國，另一隻腳「踩」秦國。

楚國對四國說自己願意履行縱約長的職責，不過楚國路途遙遠，所以來得慢。如果四國打贏了秦國，楚國就參與對秦作戰，拾取勝利果實；如果四國打輸了，楚國也可以置身事外；而在四國攻打秦國前，楚國又先向秦國通風報信，讓秦國明白楚國與自己是鐵桿盟友。這樣如果秦國贏了，也不會和楚國翻臉。

哪怕是普通人談戀愛，腳踩兩隻船的行為一般都會翻船，更何況楚懷王這是在和幾個國家博弈呢！兩邊下注的做法，只會讓楚國這艘大船翻個底朝天。

而公孫衍對楚懷王背信棄義的操作渾然不知，多國伐秦的準備工作在有條不紊地進行著。

西元前三一八年，函谷關外，黑壓壓的聯軍擠滿了崤函道。公孫衍身掛五國相印，威風凜凜地站在戰車上。一陣風吹過，五顆相印相互撞擊，發出的清脆聲讓公孫衍無比興奮，但眼前高聳入雲的函谷關又讓公孫衍逐漸收起了快意。

這座險隘正是自己造的孽。十幾年前，公孫衍從魏國跳槽去了秦國，還作為帶路黨率領秦國大軍發動雕陰之戰，不光幫秦人奪回了河西之地，順帶把秦人念叨了幾百年的崤函道給奪了過來。

拿下崤函道，秦人就此打開了通往中原花花世界的大門。既然有了通往新世界的大門，那麼就要給這門安上鎖，決不能讓外人隨隨便便進出。於是，秦人開始修建舉世聞名的函谷關。

公孫衍望著眼前的函谷關，此時他的內心無比後悔，悔不該當初帶著秦軍拿下此處天險。古代沒有火炮，聯軍要攻下秦人依靠地形優勢修建的函谷關，難度可謂是史詩級的。

攻堅難度大，只能用人海來填。可是一個嚴肅的問題又擺在公孫衍面前：現在來到函谷關前的聯軍就只有趙、魏、韓三國。

說好的五國伐秦，怎麼只來了三個國家，楚國與燕國去哪兒啦？燕國遠在天邊，實力又不行，來不來無所謂，可是楚國必須要來啊！楚國可是縱約長，主角不來，這出伐秦大戲沒法演呀！

公孫衍沒等來楚軍，卻收到了楚懷王的一封信：「我們楚國軍隊龐大，動員起來需要花很長時間。你們先上，我軍很快就到。」

公孫衍看完差點噴出一口老血。縱橫江湖這麼多年，向來都是自己忽悠各國國君，沒想到這次竟栽在了不靠譜的楚懷王手裡。

伐秦的大戲已經開幕，也只能硬著頭皮演下去了。

於是有趣的一幕上演了：函谷關裡的秦人時刻準備抵擋敵軍的進攻，而關外的趙、魏、韓始終在焦急地等待楚國大軍。

函谷關的秦軍天天對城下聯軍喊：「你們到底攻不攻啊？」

城下的聯軍回答道：「有種你下來！」

這樣的對罵竟成了交戰雙方的娛樂活動，持續了整整一年。

終於有一天，聯軍在叫罵時發現城上沒有人回應，城門卻打開了。數不清的秦軍從函谷關出來了！

面對從函谷關殺出來的秦軍，趙、魏、韓聯軍猝不及防，連軍陣都沒有來得及列，隊伍就被衝垮了。三國聯軍丟盔棄甲，一路向東狂奔，秦軍在後面一路猛追。

此戰，三國聯軍被秦軍斬首八萬兩千人，韓國將領申差被俘。僥倖逃出生天的數萬聯軍將士又累又餓，而四周除了壁立千仞的山石之外什麼都沒有。幾萬殘兵敗將上演了真人版的荒野求生，把逃跑路上的生物全吃光了。

公孫衍在逃跑途中，一邊吃著從路邊石頭縫裡扒出來的黑暗料理，一邊看著腰上的五國相印。他明白自己的職業生涯徹底到頭了：「張儀，我輸了，你小子以後再也沒有對手了……。」

說完，公孫衍把這五枚相印一把拽了下來，扔在荒草之中。

西元前三一七年，著名國際運動組織者、五國名譽相國、縱橫家公孫衍正式退出歷史舞臺。

平心而論，公孫衍首開合縱抗秦模式，無論是五國相王，還是五國抗秦，從組織規模上來說都很成功。可惜，他遇到了一個堪稱奇才的張儀，更遇到了一群堪比豬隊友的諸侯。

如果不以成敗論英雄，公孫衍在亂世之中能借助時勢，運用自己的才華攪動天下格局，單從這方面來說，他算得上英雄。

而讓公孫衍身敗名裂的楚懷王，即將用他堪憂的智商把楚國帶入萬劫不復的深淵。

拾貳

秦國不相信眼淚

驚天騙局

秦惠文王與張儀都覺得，從楚懷王在這幾次國際對抗中的表現看，他就是一個傻瓜。的確，楚懷王一生中的大腦思維始終位於兩個極端，要麼是沒頭腦，要麼是不高興。

可是秦國也不敢輕易對付楚國。秦國自從打服了韓、魏之後，與其結成了新的連橫同盟。楚懷王也並非沒有警覺，他主動與齊國結盟，結成了新的合縱同盟。雖然秦國已經成為第一大國，但是面對齊、楚兩大國的聯手，也絲毫不占優勢。秦惠文王就開始打起了壞主意。

這也是秦惠文王與他老爹秦孝公最大的不同。秦孝公屬於低頭拉車、埋頭苦幹的國君，老老實實地一點一點擴充自己的實力，而秦惠文王不光會低頭拉車，還會抬頭看路，探索新的方向，尋找新的辦法。

很多國家在博弈時會採用「先禮後兵」的正規套路，而秦惠文王摸索出來的則是「先詐後兵」的小人套路。

「先詐後兵」的使用套路很簡單，因為天底下很少有人在巨大利益的誘惑面前不動心。一般來說，只要抓住人性貪婪的弱點，裝出關心他、幫助他的樣子，許諾他未來有巨額報酬，貪婪的人就會心甘情願地上當受騙。等貪婪之人發現上當受騙，要來討還公道時，詐騙分子再用暴力手段打跑受騙者。

秦惠文王作為一國之君，為何會使用「先詐後兵」的小人套路呢？答案是，世道太險惡。各國諸侯都不是省油的燈，在那個沒有信用評鑑的時代，正義是可望而不可即的，充斥在諸侯之間的只有無盡的欺騙。

為了完成此次詐騙計畫，秦惠文王將自己的得力幹將張儀派往楚國。

張儀既是秦國相國，也是馳名天下的縱橫家，但他更願意在各國諸侯面前扮演成功學導師。張儀的套路一般是先找出諸侯們遇到的現實困境，進而忽悠他們走向成功之道，讓他們心甘情願地付費。支付方式是國家利益，收費人則是秦國。魏惠王就是張儀的學員，硬生生地被騙得血本無歸，直到死前才醒悟。

西元前三一三年，張儀領命後前往楚國。在前往楚國的路上，張儀內心充滿波瀾。十幾年前，自己剛從鬼谷子門下畢業，求職去的第一個國家就是楚國，沒想到卻被楚國的老令尹當作小偷，給打成了血人，只剩下半條命。現在老令尹早已不在，而張儀則搖身一變成了大秦國的相國，天下諸侯都被自己玩弄於股掌之中。

「楚王，我來了！聽說你腦子不好使，那就趕緊為你堪憂的智商付出巨額學費吧！」

張儀作為秦國使者，來到闊別多年的郢都後，很快就得到楚懷王極高的禮遇。楚懷王安排張儀住進上等的國賓館，並親自到賓館裡安排他的食宿。

楚國表面與齊國結盟，可是也還沒有與秦國撕破臉，畢竟兩國睦鄰友好了幾百年，相互還通婚。

張儀對楚懷王客氣地行過禮後，直接就說：「秦王托我給楚王您帶句話。」

楚懷王笑道：「客氣什麼，我楚國是個偏僻的地方，先生有話直說。」

張儀：「東方的齊國太囂張，有稱霸天下的野心，秦國想教訓教訓這個小霸王。可是齊、楚兩國有盟約，楚國又和秦國世代友好，就怕秦國攻打齊國時，楚國進退兩難！」

楚懷王聽完面露難色。張儀趕緊又說：「大王，請您不要糾結。我是鬼谷子大師的高徒，更是引領君王實現宏圖霸業的靈魂導師，我關注您很久了。」

聽到這句話後，楚懷王渾身一震。張儀可是位名動天下的高人，他這麼關注自己，莫非是看好自己？

「秦、齊兩國交戰，楚國只能選擇一邊站隊。楚國與秦國結盟，是低風險高回報，畢竟秦國的綜合實力要比齊國強很多！」

楚懷王也點點頭。

張儀又說：「如果大王與齊國斷交，廢除盟約，秦國也不會虧待您。我們願向楚國獻出商於六百里土地，讓秦國的美女做您的妾婢，秦、楚兩國繼續相互通婚，永結兄弟之邦。」

「先生，你剛才說，願獻出哪裡的土地啊？」楚懷王驚訝地問道。

「大王，是商於六百里土地！」張儀笑道。

楚懷王聽到張儀的回答一陣驚訝，緊接著內心又是一陣狂喜。

商於就是從商（今陝西省商洛市）到於（今河南省內鄉縣柒於鎮）之間位於秦嶺的六百里土地的合稱。這塊地物產並不豐富，但裡面有一條重要的古道——商於道。這是秦國通往楚國的重要道路，

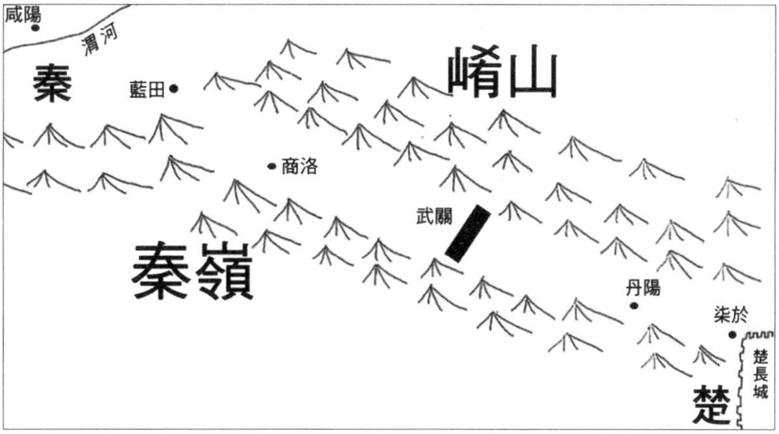

圖4　藍田之戰　商於六百里

連接著秦國富饒的關中平原和楚國的軍事重鎮南陽盆地。這條路中間還有一座極其重要的關隘——武關，誰占據了武關，就能控制商於道，就好比拿把刀抵在了對方的喉嚨處。

楚國歷代先王做夢都想拿下商於之地，但礙於秦楚友好關係，一直不敢動手。沒想到這次秦國主動把這塊大肥肉送到自己面前。被巨額利益沖昏了頭腦的楚懷王立刻答應了張儀的條件。

楚懷王感覺自己好棒。事實上，他就是個棒槌。

張儀在楚國期間不斷與楚懷王促膝長談，談人生、談理想、談霸業。楚懷王發現自己終於找到了人生導師，給自己與楚國指明了前進的方向。楚懷王後悔當初沒能重用張儀，讓這麼好的人才白白流失。為了表明對導師的尊重，楚懷王還給張儀舉行了隆重的拜相儀式，張儀成為楚國的名譽相國。到了張儀回秦國覆命的時候，楚懷王還對張儀依依不捨，給張儀的馬車上塞滿了金銀珠寶。

楚懷王拉著張儀的手：「張先生，楚國的未來就拜託您了！」

張儀爽朗地笑道：「沒問題！大王放一百二十個心！」

在回秦國的路上，張儀還與楚懷王派來負責交割土地的將軍打得火熱，雙方稱兄道弟。一路車馬勞頓，一行人終於到了咸陽。

張儀正要下馬車，突然傳來「哎呀」一聲慘叫。只見張儀一腳踩空，摔倒在馬車下。傷筋動骨一百天，張儀因為摔傷，連續三個月沒能上朝，楚國將軍等不到交割土地，也只能乾著急。

楚懷王收到消息後，心想一定是秦國想要先看楚國的誠意，於是他找來了勇士宋遺。

宋遺在楚國是個大名人，楚軍每次出征都要帶上他。此人因懷有一項特殊技能，從而成為只有一個人的獨立軍種。楚軍只要與敵國交鋒，就會把宋遺放置於陣前，然後他就會自動開啟罵街模式，一張口就能把敵人罵得生不如死。由於宋遺罵的話字字帶刀，敵人即便沒有受到任何物理攻擊，也有不少人倒於馬下，不治身亡。因此，人稱宋遺為「楚國罵街王」。

楚懷王派罵街王宋遺前往齊國，就是要臭罵齊王，好讓齊國與楚國斷交。

宋遺來到齊都臨淄後受到齊宣王的接見，齊宣王卻沒想到這個楚國使者根本不管外交禮儀，一張嘴就咄咄逼人。好在齊宣王正值壯年，不然真被宋遺罵得心肌梗塞。可是宋遺有使者的身分，齊宣王沒法把他砍成碎片。無處撒氣的齊宣王只好把象徵齊楚聯盟的符節掰斷，砸向了宋遺。

齊宣王被徹底激怒了。要知道齊宣王也是一個狠角色，他繼承了老爹齊威王留下的大好河山，不斷開拓進取，將齊國推向戰國的巔峰，連虎狼般的秦國都對他畏懼三分。豬頭楚懷王千不該萬不該招惹齊宣王，在十一年之後，齊國將推倒楚國大門，帶著小弟在楚國境內橫行肆虐。

楚國與齊國剛剛正式斷交，張儀立馬就康復了，還告訴楚國將軍，自己會開始處理割地的事務。一天秦惠文王正式舉行朝會，處理割地一事，楚國將軍也應邀到場。楚國將軍說：「秦王，我是奉楚王之命來接受商於六百里土地的。」

秦惠文王故作驚訝地問張儀：「怎麼會有這事？我們秦國給的不是六里嗎，哪有六百里呀？」

張儀裝模作樣地回覆：「這一定是楚王聽力不好，把六里聽成了六百里。楚國將軍聽好了，我們要給的是六里！」

楚國將軍先是一陣錯愕，接著又是狂怒：「我們楚人從來沒有見過你們這幫厚顏無恥之人！等著瞧吧，你們秦人將會血流成河！」

楚懷王得到消息，終於明白過來，自己當初不但被人騙了，還幫著人數錢。惱羞成怒的他要向秦人討回公道。

在詐騙楚懷王的過程中，戲精張儀還是下足了功夫的。他拿捏住了楚懷王的要害，在那個沒有反詐騙宣導的年代，人們防範意識薄弱，這就給了詐騙分子可乘之機。所以楚懷王心甘情願地跳入張儀挖的大坑中，也不是沒有理由的。

然而楚懷王萬萬沒想到的是，這只是他漫漫受騙之路的開始。日後，他將成為戰國「職業跳坑運動員」，榮獲「戰國第一大傻瓜」的稱號。

西元前三一二年，楚懷王開始了維護權力的行動。既然秦國不願意割讓商於六百里土地，那麼楚國就自己用武力來奪取。豪橫的楚懷王有著強烈的自負，畢竟自從他老爹楚威王征戰四方以來，楚軍還未嘗敗績。

楚軍以屈匄為主帥，率領大軍沿漢水、丹水直撲商於道。秦軍以魏章、樗里疾為主副帥，率領秦軍出武關迎敵。這一仗終結了秦楚三百一十五年的友好歷史，雙方攜手邁入一片鮮紅的血海。

秦楚兩國自西元前六二七年崤之戰共同對抗晉國後結下了兄弟般的友誼。當年吳國滅楚戰爭中，要不是秦國仗義相救，楚國可能就不復存在了。有意思的是，當年救楚的是秦國，後來亡楚的也是秦國。

兩支大軍最終在丹陽（今河南省西峽縣丹水附近）相遇，大戰一場。

沒想到，楚軍有多大臉，就現多大眼。楚軍敗得有多慘呢？我們可以參看秦軍的統計數據。由於秦國有二十級軍功制，所以每次大戰結束後，為了給將士晉陞爵位，秦軍都要認真仔細地核算斬殺敵軍的人頭數。據史料記載，這一仗，秦軍斬殺楚軍甲士的人頭達八萬顆之多，俘虜主將屈匄及列侯、執珪（高級爵位）七十多人。

不服輸的楚懷王又發動藍田之戰，結果也以慘敗收場。

雖然經歷兩次大敗，但智商一直不在線的楚懷王從不檢討自己所犯下的錯誤。他做夢都想把詐騙犯張儀碎屍萬段，萬萬沒想到的是夢想竟然成真了，張儀突然主動送上門來！

藍田之戰結束後沒多久，秦國派來一位使者傳話給楚懷王：「秦國想用商、於的土地換楚國黔中之地（今重慶巫山縣至湖南懷化黔城一帶）。」

楚懷王心裡清楚這又是一次詐騙，氣憤地要把秦使遣送出境。就在秦使灰溜溜地準備退下大殿時，楚懷王又回想之前的慘敗。他按壓不住心中的怒火，手指著離去的秦使：「你們秦人就是一群騙子！有種你們把張儀送過來，我就把黔中給你們！」

此話一出，秦使停住了腳步，立馬轉身對楚懷王說：「楚王所說當真？」

「當真！」

「好嘞！我們一定包您滿意。」

傻乎乎的楚懷王又被秦人抓住了軟肋。秦惠文王一朝君臣早已集體進化成了人精，他們插上毛比猴兒精，拔了毛比人精，只要察覺到敵人露出馬腳，他們就會用高超的計謀玩弄敵人於股掌之中。在秦國君臣眼中，只要能得到黔中之地，別說送張儀了，就是送國君的老婆都可以。

不過，秦惠文王還是把張儀召來，想聽聽這位大縱橫家自己的想法。

張儀：「楚王想得到我，我就親自去一趟，如他所願。」

秦惠文王：「楚王那麼痛恨你，你去了之後不怕他殺了你嗎？」

張儀笑了笑：「當縱橫家，不光要有三寸不爛之舌，更要會察言觀色。以我對楚王的瞭解，此人色厲內荏，表面看似豪橫，內心卻極其虛弱。只要秦強楚弱，他就不敢對我怎麼樣！況且我曾經在楚國待過一段時間，楚王身邊的寵臣靳尚是我的好朋友，靳尚又侍奉楚王愛妃鄭袖。楚王對鄭袖言聽計從，屆時我可以透過靳尚的關係來疏通。」

「路上小心，希望你平安回來！」秦惠文王拉著張儀的手說道。

這對君臣從年輕時結識，十多年來，攜手共進，互相成就了對方，也造就了一個超級大國。這兩人與其說是君臣，更不如說是知己。

秦惠文王對張儀臨走前的囑託也並非客套，而是出自真心。他一繼位就幹掉了權傾朝野的商鞅，接著起用了公孫衍，可見此人絕非善類。他最後終於找到與自己氣味相投的張儀，張儀也成為秦惠文王最稱手的神兵利器。

張儀緊緊地攥著秦王的手。多年的寒窗苦讀，懷才不遇，在楚國被當作小偷遭受的屈辱，都是為了有朝一日能夠遇到慧眼識珠的君王。如今，他終於遇到了能重用自己的君王。士為知己者死，為了眼前的君王，縱使楚國是刀山火海，也得冒死去一趟。

離開王宮後，張儀就收拾行李，再次踏上去楚國詐騙的凶險旅途。經過一路的旅途勞頓，張儀又來到郢都城下。

進城前，張儀讓自己的僕人帶著金銀珠寶和一封信給靳尚，希望靳商從中斡旋。進入郢都後，張儀果然被楚懷王下令押入死牢。此時，靳尚作為他在楚國的內線，開始發揮重要作用。

靳尚作為楚懷王的寵臣，如同懷王肚子裡的蛔蟲一樣，知道這位主子脾氣大，不好說話。如果現在貿然求懷王赦免張儀，搞不好自己也要搭進去。既然搞不定老闆，就從老闆娘下手。於是靳尚求見楚懷王最寵愛的妃子——鄭袖。

鄭袖集楚懷王萬千寵愛於一身，為了鄭袖，懷王可以上九天攬月，下五洋捉鱉。靳尚見到鄭袖後，並沒有直接說請求她幫忙，而是編了個謠言嚇唬鄭袖：「大王抓了張儀，張儀是秦國的重臣，秦王非常愛惜人才，打算用土地和美女換回張儀。聽說秦王送來的美女不是一個，而是一群，個個都是膚白貌美氣質佳的人間尤物。到那時大王被這些美女迷得五迷三道，哪還會想起您啊！」

「啊！」鄭袖聽完非常驚恐。她想想自己的夫君，本來就不是什麼正經本分的人，幸虧自己美若天仙、氣質出眾，才從楚王的後宮中脫穎而出。沒想到，自己好不容易從眾妃子中殺出一條血路，終於獨霸後宮，到頭來還要對付組團來的外籍美女。

鄭袖越想越抓狂，當天晚上她就行動了起來，使用了男人最害怕的必殺技——一哭二鬧三上吊。楚懷王一進寢宮就看見鄭袖哭得梨花帶雨，房梁上還掛著三尺白綾，當即被嚇了一跳：「美人，你被誰羞辱啦？有何想不開的，本大王替你做主！」

鄭袖撲入楚懷王的懷中：「秦人會羞辱我。」

楚懷王滿臉寫滿了問號：「秦人離楚王宮遠著呢，怎麼羞辱你？」

「大王，張儀當年欺詐楚國，只不過是各為其主。現在秦強楚弱，如果大王把張儀殺了，到時候秦國興師問罪，楚國怎麼抵擋？我請求大王讓我們母子二人前往江南，不要讓我們成為秦人刀下的魚肉！」

楚懷王看著鄭袖在自己的懷裡痛哭，不禁開始憐香惜玉。枕邊風被鄭袖鬧成了枕邊龍捲風，被龍捲風思維擾亂的楚懷王，大腦早已停止運轉，啟動了下半身思考模式。

無數的歷史經驗教訓告訴我們，一旦後宮干政，君王做出的決定往往都是無厘頭的。戰國第一大傻瓜楚懷王下令釋放張儀，並以禮相待。

楚懷王召見張儀時臉色略顯尷尬。眼前這位滿嘴跑火車的傢伙把自己騙得好慘，可惜心愛的女人為他求情，否則早就把他碎屍萬段了。而張儀不愧是行走江湖多年的縱橫家，吃了幾天牢飯，結果面對自己曾經欺騙過的楚懷王，竟沒有一絲愧疚。

張儀面上波瀾不驚，而心中其實已經在思忖著如何進行下一輪忽悠：「楚王，您最好與秦國重歸於好。楚軍主力已全軍覆沒，如果秦國再次聯合韓、魏兩國進攻楚國，楚國將危若累卵。秦國備足兵馬糧草，乘船順江而下，不出十日便到楚境。船上裝足夠五十人吃三個月的糧食，一天可行三百里，即使路程再長也不花什麼力氣。如果秦國再引一路兵馬從武關出擊，那麼楚國北部將落入秦國手裡。屆時，楚國只需三個月就會滅亡。大王，我真的是為您擔心啊！」

楚懷王默不作聲，他心裡也慫了。楚國與秦國相比，確實沒有多少可以博弈的資本，況且秦國還可以兵分兩路攻打楚國，就如同兩把利劍時時懸在楚國頭上。事實上，張儀也沒有誇大其詞，後來秦國的鄢郢之戰走的就是這兩條路線。

無奈之下，楚懷王也只能認慫：「張先生，之前是我做得不對。請您回去之後代我向秦王轉達我的修好之意，楚國願與秦國永結兄弟之邦。」

於是，張儀平安地離開了楚國。楚懷王安心了，鄭袖放心了，靳尚舒心了。唯獨一個人揪心了，這就是楚國的三閭大夫屈原。

屈原剛從國外出使回來，他聽說張儀被放走了，差點噴出一口老血。屈原立馬求見楚懷王，要求抓回張儀：「大王，放張儀回去那是放虎歸山。不如將張儀攥在手裡，要挾秦國。」

楚懷王這才如夢初醒，終於找回正常人的思維，下令追回張儀，可惜張儀早就跑回了秦國。

張儀這一趟去楚國雖然沒有騙到任何利益，但是卻探明了楚國的虛實。楚國面對強大的秦國絕不敢輕舉妄動，於是日後秦國攻打他國時可以肆無忌憚，根本不用擔心楚國掣肘。

但百密終有一疏。從未算錯的張儀還是沒有算得過老天爺，當他完成勝利大逃亡，興高采烈地來到武關時，收到了一個晴天霹靂般的噩耗：「國君已經病死，你被開除了！」

餘生很長

哪怕從未懼怕過任何事情，但張儀的身體此刻就像被放空的氣球的一樣，一下子癱倒在地上，一動不動。

在醫療技術極其落後的古代，一個健健康康的人指不定哪天就突然暴斃。張儀萬萬沒想到，四十四歲正值壯盛之年的秦惠文王會突然撒手人寰。自從離開鬼谷子後，張儀自以為憑著蓋世才華，可以成為歷史大浪中影響局勢之人，萬事萬物盡在自己的掌控之中。他的確做到了這一點，可是他卻忽略了秦國君主專制機器的可怕。

這是偉大的商鞅一手打造的機器，新君王如果感覺這臺機器的操縱桿不順手，可以直接換掉，完全不影響使用體驗，就連這臺機器的製造者商鞅本人也被無情地替換掉了。即使是張儀這樣的天縱英才，在秦國專制機器面前也只不過是一個隨時可以被替換的零件而已。張儀最後才明白過來，原來自己也在被歷史無情地左右著。

西元前三一一年，秦國太子嬴蕩繼位，這就是素有「秦國第一健美先生」稱號的秦武王。他繼位後要給自己選一個新相國，於是張儀只能靠邊站。

張儀回到故鄉魏國，並被聘為相國。他就像一頭垂死的大象，孤獨地跑到自己的墓地，等待末日的到來。第二年張儀便去世了，戰國第一縱橫家就此隕落。

在張儀之前，戰國已經有了布衣卿相，但是這些平民出生的人都是給君王打工的。而張儀的出現，卻讓那些高高在上的君王成為被平民戲耍的對象。即使張儀使用的手段不道德，他也是平民挑戰王權的佼佼者。

秦國不相信眼淚，只相信權力。

秦國自從商鞅變法以後，老闆秦君給自己找副總時是有規律可循的，那就是找同類。

這一點看起來非常有趣。中國古代，絕大部分封建王朝的君主在給自己找副總時，必須要一物降一物，生怕自己的副總不聽話，把自己架空了。而秦國雖然是高度的君主專制，但在國君與相國之間的關係卻像是朋友、師生，相對比較平等。

畢竟天下沒有統一，外部市場競爭激烈，主副手必須打好配合，才能應對一場場艱險挑戰。所以秦君歷來都要給自己找一個用得順手的副總，例如秦孝公找了商鞅，秦惠文王找了張儀，秦武王找了甘茂，秦昭襄王找了范雎，秦莊襄王找了呂不韋，秦始皇找了李斯。

秦武王雖然年紀輕輕又肌肉發達，但是想得也很細。他心裡清楚，自己才十九歲，太嫩了，甘茂政治經驗也不足，秦國大事小事還是要依靠智囊樗里疾。可是嬴蕩對樗里疾也時時提防，畢竟樗里疾是自己的叔叔，萬一哪天他大權獨攬，來一場殺侄政變，也不是沒有可能。

怎麼辦呢？秦武王採用了最常用的一條管理法則——分權。大臣手中的權力被削弱了，自然對國君的威脅就減少了。

從此時起，秦國的相國之位分成左丞相與右丞相，右丞相職位略高於左丞相。樗里疾擔任右丞相，甘茂任左丞相。想削權的秦武王高興了，想當相國的甘茂也高興了，還有另一個人也很高興，她就是惠文后。

惠文后熬了多年，終於熬到自己主宰後宮的這一天。秦惠文王活著的時候，惠文后有一個死敵，就是嬪妃羋八子（八子是嬪妃的稱號）。羋八子是楚國的公主，天生麗質，深得秦惠文王的喜愛，更要命的是羋八子還生了一個兒子嬴稷。雖然嬴稷長得沒有嬴蕩壯，但是他比嬴蕩更加聰明。

世間最強大的恨莫過於後宮女人之間的恨，這恨如同毒酒一樣，隨著時間的流逝，毒性一步步增強。

現在，後宮是惠文后說了算。羋八子從先君那裡搶走了太多的寵幸，讓惠文后空虛寂寞冷，現在惠文后也要讓羋八子感受到什麼叫孤獨的煎熬！

於是惠文后找了自己的兒子秦武王，秦武王頓時明白了老媽的心思。

有一天，突然一群人馬來到羋八子與嬴稷面前：「為增強秦燕兩國友誼，大王命公子稷前往燕國做人質！」

母子兩人懵了。燕國是戰國七雄中離秦國最遠的國家，壓根兒不與秦國接壤，幾乎就是天下的邊緣地帶，去燕國就和流放一樣。

此時只有十六歲的嬴稷來不及反應，直接就被送上了馬車，朝燕國駛去了。羋八子什麼也做不了，只能望著兒子隨馬車遠去。她很憤怒，從那一刻起，羋八子暗下決心一定要讓惠文后母子付出代價。

嬴稷這個當了人質的公子和曾經威震天下的縱橫家張儀一樣，遭到了秦國的拋棄，卻也踏上了屬於自己的旅程。

嬴稷到了燕國後，寄人籬下過了三年。這三年的經歷卻成為嬴稷一生的財富，讓他從一個少年迅速成長為一個有志青年。更重要的是，他的餘生真的很長。嬴稷後來成為秦國在位時間最長的國君，長達五十六年。

「擼銅」毀一生

嬴稷之所以能成功逆襲，關鍵還要感謝他那熱愛健身的哥哥嬴蕩。

秦武王嬴蕩打從娘胎裡出來，就食量驚人，而且力大無窮，於是年少的嬴蕩走上了健身這條不歸路。

嬴蕩作為一國之君，在健身方面唯一需要考慮的就是健身器材與教練。

如今健身房裡常見的鐵製器材例如槓鈴等，在缺乏健身器材的戰國時代統統是沒有的。沒鐵可擼的秦武王就把眼光瞄準了當時常見的青銅器，有事沒事就舉個鼎玩。

為了科學健身，秦武王還聘請了三位「私人教練」，分別是任鄙、烏獲、孟說。在三位私教的認真指導下，秦武王突飛猛進。如果秦武王有社群軟體朋友圈的話，一定天天晒自己的健身器材與健碩肌肉。

健身是愛好，治國理政才是君王的正業。秦武王雖然熱愛健身，但是心存遠大志向，一心想入主中原。他的政績也還算馬馬虎虎，即位不久就在甘茂的幫助下平定了蜀地的叛亂，還在西元前三〇七年攻破韓國的宜陽，斬首六萬。

韓國的宜陽是秦國進入中原的必經之路。攻破宜陽後，秦人可以毫無顧忌地出入中原，中原大地也就成了秦人的遊樂場，周王室的雒邑也將成為秦人可以隨時劫掠的對象。

一收到攻破宜陽的消息，興高采烈的秦武王立馬動身前往雒邑，要去親眼見見天子居住的都城。而周天子聽說秦軍攻占宜陽後浩浩蕩蕩地行軍直奔雒邑而來，躲在雒邑城內瑟瑟發抖，感覺世界末日就要到來。

秦武王在動身前，先派右相樗里疾率百乘戰車打頭陣，去雒邑看看周天子是什麼反應，自己隨後再率大部隊跟進。此時的周天子是周赧（ㄋㄢˇ）王，這位仁兄是東周最後一位天子，沒有實權不說，家裡窮得吃了上頓沒下頓。可能是因為貧窮，他吃不上大魚大肉，只能吃綠色食品，這讓他「待機時間」超長，在位時間長達五十九年。

東周自從平王東遷以後，周天子這個天下諸侯的老大就僅僅是個擺設而已，然而周王室就靠著雒邑周邊巴掌大的地皮，居然從春秋活到了戰國。

要問周天子周王室長壽原因的話，他會回答：「那是我們歷代周天子心態好，我們就是歷代王朝裡的阿Q。」當年老家鎬京被犬戎攻破，就當送溫暖，我們搬到雒邑就是；被小霸王鄭莊公欺負，就當是兒子打了老子，自我安慰一下就行了；楚莊王兵臨雒邑，大言不慚地問九鼎重量，就當是朋友在開玩笑；趙、魏、韓想從打工仔變成大老闆，要到我這裡來註冊，一概批准，這是助人為樂；現在秦王想到雒邑裡來參觀，我家大門常打開，歡迎你來參觀。

沒過幾天，周赧王在王宮裡聽到城外傳來雷鳴般的聲音，連腳下的大地都在輕微地晃動。他明白，秦王來了，活了幾百年的周王室將在自己的手裡終結。

是福不是禍，是禍躲不過。「被迫營業」的周赧王只能擠出一絲笑容去面對秦軍。此時的他感覺不到自己作為天子的尊嚴，只覺得自己像一隻待宰的可憐羔羊。

周赧王懷著忐忑心情來到城門口，並且看到了虎背熊腰的秦武王和他身後一眼望不到頭的秦軍。他明白，秦王擁有天下最強大的軍隊，而自己擁有的雒邑城和九鼎相比之下顯得多麼微不足道。

傲慢的秦武王跟隨著導遊周赧王，開始了古都雒邑一日遊。雒邑是七百年前的周成王時期建成的，每一棟建築甚至每一塊磚都是歷史文物。秦武王饒有興致地看著即將屬於自己的雒邑，最後還跟著周赧王來到了周王室的太廟，見到了天下一級文物——九鼎。

傳說九鼎是大禹鑄造的，象徵著天命。只有占有九鼎，才是天命所歸，天下主宰。也正因如此，九鼎曾被多少人惦記，它滲透著人們的慾望與貪婪。

秦武王一邊端詳著九鼎，一邊撫摸青銅鑄造的鼎身。突然間，秦武王腦子抽風了。

作為秦國第一健美先生，青銅器就是秦武王的健身工具。好久沒有健身的秦武王，看見青銅鑄造的九鼎，突然產生了條件反射，手癢了起來。正巧健身教練孟說也在身邊，於是秦武王指著九鼎說：「孟說，我一路上坐在車裡，好久沒有健身了，我們來舉鼎吧！」

君要臣舉鼎，臣不得不舉。孟說很快按照老闆的要求完成了漂亮的挺舉，周圍秦軍將士不停地叫好。

秦武王不甘示弱，走到一只鼎前，要和孟說比賽。

我們看奧運會舉重比賽時，運動員要先稱體重，分公斤級比賽。選手在舉重之前都要做熱身運動，然後舉重的槓鈴逐級增加重量。而秦武王沒有做這些準備，這就為災難埋下了伏筆。

在眾人的注視下，秦武王完成了一連串漂亮的舉鼎動作。然而就在秦武王把鼎舉到空中時，災難發生了！由於秦武王沒有抓牢，只聽「哐當」一聲，鼎砸落在地，秦武王膝蓋以下的部位被砸成了肉醬！

周圍的人趕緊把鼎挪開，並且對秦武王進行急救，然而在醫療條件極端落後的戰國時代，斷肢、大出血就等於被宣判死亡。二十二歲的秦武王在眾人的注視下閉上了眼睛，自己的偉大前程就被自己的健身愛好給徹底毀了。

從此也誕生了「舉鼎絕臏」的成語，意思是能力小、不堪重任。秦武王的死也對後世眾多健身者起到了警示作用，例如力能扛鼎的項羽就絕對不會去舉超過自己舉重極限的鼎。

周赧王在一旁被嚇得昏死過去，好在周圍人又是掐人中，又是潑冷水，終於讓他甦醒過來。他醒來後以閃電般的速度把儀隊換成身穿白衣素服的送葬隊伍，還親自為秦武王披麻戴孝，哭得像淚人似的，比親爹死了都難過。他只求秦國對自己寬大處理，畢竟秦武王是自己作死，和周赧王可沒有關係。周赧王最終躲過了一劫。

遠在咸陽的惠文后與武王后收到噩耗後哭得死去活來，這兩個女人的榮華富貴都拴在了秦武王身上，秦武王的死對她們來說就是晴天霹靂。更讓她倆感到絕望的是，秦武王天天忙著打卡健身，把傳宗接代的大事耽誤了，繼位三年卻沒有生出兒子，空缺出來的王位必將成為諸多公子覬覦的對象。

惠文后與武王后並沒有做錯什麼，但是無論她倆如何歇斯底里地哭泣，依舊換不回來秦武王的性命與自身的榮華富貴。因為秦國不相信眼淚，只相信強者！

拾參 中國第一太后

羋八子

咸陽城內即將颳起一陣腥風血雨。

健身狂人秦武王把自己活活作死後，秦國宮廷雲譎波詭。隱忍多年的羋八子抓住時機，開啟了不同尋常的人生。

羋八子是楚國的公主，後嫁給了秦惠文王，原本她只想做大王心中的小女人，然而在殘酷血腥的宮廷鬥爭中，她硬是把自己活成了比大王還厲害的女人。她幹掉了自己的政敵，把自己的兒子扶上了王位，天下最強大的秦國被她一手主宰。她就是中國歷史上第一位干政的後宮女人——宣太后。

在女獨裁者中，宣太后比歷史上另外兩位干政的女人活得滋潤多了。

女皇帝武則天辛辛苦苦熬到大權獨攬，可惜娘家人武氏全是飯桶，女皇只能完全靠自己。而宣太后的兄弟能文能武，都是能獨當一面的。慈禧太后垂簾聽政雖然威風八面，可是她作為寡婦，獨守空幃數十年，空虛寂寞冷。而宣太后在老公死後依然風流快活，不僅光明正大地給自己找了一個情人，還生了兩個兒子。直到死前，宣太后身邊情人一直不斷。

有的電視劇為了收視率，把宣太后塑造成人見人愛、花見花開的瑪麗蘇女主。可實際上，她是手段殘忍、作風潑辣、令人膽寒的「黑寡婦」人設。

這位「黑寡婦」後來擴大了秦國的勢力範圍，成為山東六國的夢魘。每次山東六國使者前來秦國朝拜，當他們看見大殿中央坐著這位穿著黑色大禮服（秦人尚黑）的寡婦時，內心都充滿了敬畏與恐懼。

此前，羋八子在咸陽城內收到秦武王死訊後，立刻把自己的親戚都叫來。

羋八子嫁到秦國，不是自己一個人來的，她還帶來了同母異父的弟弟魏冉和親屬向壽。這兩位親人雖是楚國人，可是跟隨羋八子來到秦國後加入了秦國軍隊，並且立下戰功，成為秦國的高級將領。尤其是魏冉，逐漸成為秦國軍界冉冉升起的一顆新星。

更重要的是，魏冉和向壽在軍界多年，都與老將樗里疾有交際。俗話說，多一個朋友多一條路，樗里疾和羋八子都與秦武王母子有過節，在秦武王意外死亡之後，此時秦國最有權威的樗里疾和羋八子就成了天然盟友。

此時，咸陽城氣氛異常緊張。城內，羋八子儼然成為實際的主宰；城外，魏冉、向壽、樗里疾各自統率著軍隊向咸陽城集結。他們四人組成復仇者聯盟，要向秦武王遺孀討回原本屬於自己的東西。

惠文后與武王后兩個無依無靠的女人十分清楚，女人一旦狠起來比男人都可怕，只要羋八子的外援到了，自己就要和秦武王會合了。為了活命，這婆媳倆只能逃出咸陽。

沒幾日，咸陽城外數十萬大軍雲集。咸陽城門被緩緩打開，羋八子從城門走出來，隆重地迎接屬於自己的軍隊。將士們都匍匐在先君秦惠文王的遺孀羋八子面前，不管是達官貴人還是平民百姓此刻都明白，秦國如今不姓嬴，改姓羋了。

羋八子在軍隊簇擁下回到了王宮，坐在大殿之上。這時，人們發現了一個巨大的問題：新任國君呢？

楚國外戚

秦國作為一個高度君主專制的國家，所有權力都是集中在國君手中的。羋八子之所以能登上秦國政治巔峰，就是因為她是公子稷的母親，她的權威來自兒子的國君身分。說直白點，她就是狐假虎威。

然而此時，嬴稷尚不知道自己已經成為秦國國君，他還在燕國當人質。老虎不在，狐狸還怎麼逞威風？羋八子趕緊派使者前往燕國，接回自己的寶貝兒子。

燕國當時的國君是燕昭王。燕昭王有個腦迴路異常的老爹，頭可能是被驢踢了，竟然把國君之位禪讓給了相國，造成燕國大亂。齊國趁勢攻打了燕國，經過數年戰亂，燕國被打成拆遷工地。燕昭王這位新任國君家裡被強拆了，自己連個安置房都沒有。

在吃了上頓沒下頓的窘況下，燕昭王沒有等來國際援助，卻等來了個秦國公子稷。燕國跟秦國八竿子打不著，沒有任何利害衝突，秦國卻送來一位公子當人質。對燕國來說，送個人質還不如送頭豬來有用。

嬴稷在這個時候到燕國當人質，也只能受苦了，因為燕國實在太窮。沒辦法，就當是來體驗生活吧。

嬴稷就這樣在蒼茫的燕國大地上開始了苦難的生活。

對於普通人來說，苦難是命運套在脖子上的枷鎖，只會讓人感到絕望與痛苦。可對於有志向的人來說，苦難卻是老天賜給自己磨煉意志的機會，等到痛苦化作鎧甲，苦難成為寶劍，就能乘風破浪，縱橫天下。

窮得只能吃土的燕昭王就像一名丐幫幫主，帶領他那些窮得像乞丐一樣的百姓，重建了一個新國都。在苦難的磨礪下，越發堅韌的嬴稷也從燕昭王身上學到了如何做一名好國君。

嬴稷就這樣在燕國度過了苦難的三年。他本以為自己會在燕國了此殘生，所以當秦國使者匍匐在他身前，口中大喊道「國君」二字時，嬴稷有些恍惚。命裡有時終須有，老天給他的禮物終於到貨了。

燕昭王歡天喜地地送走了吃白食的嬴稷。嬴稷途經趙國，此時在位的趙武靈王是戰國歷史上最特立獨行的君主，更是貴族時尚界最靚的仔，因為他推行了胡服騎射。

在老頑固眼中，趙武靈王穿異域風情的胡服，直接騎在馬上，簡直是大逆不道。而趙武靈王卻不管這些，對他來說，只要打仗時有用，這就是好東西，因此他打造了戰國戰鬥力第一的騎兵軍團。

嬴稷此時內心十分忐忑。三年前他路過趙國時，自己還只是一個被秦國拋棄的人質，如今自己卻是秦國的國君。如果趙武靈王耍花招，把自己抓起來當作肉票來要挾秦國，也不是沒有可能。

可事實證明嬴稷完全是多慮，他進入趙國境內後受到隆重接待，一路暢通無阻地來到邯鄲。在邯鄲城內終於飽食一頓的嬴稷詢問趙國官員：「你們大王去哪裡啦？我怎麼一直沒看到他呀！」

趙國官員笑道：「我們也很少在邯鄲看見國君。他經常待在北方的邊疆，不是和胡人交戰，就是養育戰馬。不過國君已經交代了，如果新任秦王路過趙國，一定要隆重款待，並且派兵護送回國。」

吃飽喝足的嬴稷坐上車，一路向西朝秦國開去，車上裝滿了趙武靈王送的土產。平安到達秦國境內後，護送嬴稷的趙軍就此告別。

不要小看趙武靈王護送嬴稷的這番善舉。趙武靈王這番操作讓嬴稷欠了他一份人情，日後，趙武靈王在位的日子裡，嬴稷始終沒有找趙國的碴，這也為趙國贏得了寶貴的發展時間，甚至發展成秦國統一天下之路上最恐怖的對手。

西元前三〇六年，嬴稷進入咸陽王宮後，舉行了隆重的登基大典。

尷尬的是，這場大典冷清得可憐，會場裡基本上只有裡三層外三層負責安全的士兵，沒有多少與會嘉賓，除了樗里疾以外都是嬴稷母親這邊的親戚。母親身後站著舅舅魏冉和向壽，還有自己的兩個弟弟公子芾（ㄈㄨˊ）與公子悝。其他宗室成員寥寥無幾，與嬴稷同輩的公子連個影都沒有。

人氣不旺，可儀式還是要舉行的，登上王位的嬴稷就是大名鼎鼎的秦昭襄王。他在位期間，發動戰爭頻率之高，殲敵數量之巨，在中國古代戰爭史乃至世界古代戰爭史上都很罕見。在天下諸侯眼中，這位暴打山東六國的秦昭襄王就是冥界的主宰，他麾下秦軍所到之處皆是修羅地獄。

因為兒子當了國君，羋八子就不再適合用「八子」的稱號了，於是她給自己想出了一個霸氣的尊稱——太后。由於她死後諡號為「宣」，所以她又被後世稱為宣太后。「太后」這一稱謂被後世王朝一直沿用，成為守寡的先君大老婆的專有稱呼。

雖然秦昭襄王後來實力逆天，但此時他只有十九歲，毫無政治鬥爭經驗，所以大事小事全由老媽包辦了。成功上位的宣太后要回報樗里疾，在秦武王死後，手握重兵的樗里疾就是秦國地位最高的政治巨人，他的站隊成為決定勝負的關鍵因素。

宣太后任命樗里疾為新任相國，甘茂識相地逃離了秦國。樗里疾終於得到夢寐以求的相國職務，實現了自己的人生目標。得到相國之位後，樗里疾也很識趣，沒有摻和即將到來的宗室內鬥，而是搞起了風水研究，變成著名的神棍。

經歷過多年宮鬥的宣太后修煉得比狐狸還精，在兒子的登基大典上她就覺察到，那些沒來的宗室成員必然有不可告人的祕密。一場腥風血雨即將到來，敵人在暗處，自己在明處，一定要做好萬全之策。

越是宗室內鬥，就越要重視用人。宗室彼此認識，私下關係盤根錯節，所以血緣越近的人越可靠。彼時，樗里疾沉迷於分金定穴、陰陽八卦，宣太后清楚自己指望不上他了。

作為一個遠嫁秦國的楚國人，相比那些土生土長的宗室子弟，宣太后唯一可以相信和依靠的就是娘家人。歷史上，宣太后雖然生活作風不好，但是對家人那真是好得挑不出毛病。

咸陽是秦國的政治中心，宣太后就任命弟弟魏冉為將軍保衛咸陽。同時，為了提防山東六國趁火打劫，宣太后又任命族人向壽駐守宜陽，還把另一個弟弟芈戎從國外招來，協助自己處理政務。

不經意間，宣太后一手組建了中國歷史上第一個外戚集團。

一提到外戚，很多人就會想到「外戚干政」，其臭名程度和宦官干政不相上下。宦官在政治權力角逐中扮演著反面角色不難理解，但外戚可不一樣。

外戚和君王不是一個姓，還會借助太后的勢力為非作歹，架空君王權力。典型的如西漢王朝，被外戚王莽篡位。更誇張的是東漢末年，宦官與外戚輪番禍害朝廷，最後東漢王朝直接倒閉關門。

這麼一看，外戚確實像是一個政治毒瘤，但凡事都有兩面。

君王專制就是要把所有大權集中到君王一人手中，全國上下就只有他一人說了算。高處不勝寒，專制君王是真正的孤家寡人。如果主少國疑，專制君王根基未牢，無法有效地行使手中大權，此時至高無上的王位就會誘惑各路野心家，其中與君王血緣最近的兄弟、叔叔便成為最具威脅的人物。

為了保護年幼的君王，震懾那些覬覦王位的宗室成員，君王母親家的人便當仁不讓地站了出來，成為君王唯一可以信賴並依靠的政治力量。

年輕的秦昭襄王只有十九歲，他所面臨的是遠遠超出他的年紀與能力所能承受的挑戰。

宣太后：「兒子，你放心！誰敢動你的王位，我和舅舅們組成的外戚天團就讓他轉世投胎，重新做人！」

宣太后一手打造的外戚天團成為中國歷史上實力最強的外戚，不但保護了秦昭襄王，更為秦國鯨吞天下立下了汗馬功勞。

毒辣的「黑寡婦」

西元前三〇五年，秦昭襄王繼位的第二年，他成年了。

一天夜裡，一顆碩大而明亮的彗星拖著長長的尾巴劃破秦國上空，就像一把掃帚一樣。全國都目睹了這次天文奇觀。可是在那個迷信成災的年代，彗星的出現絕不是一個好兆頭，人們都相信這預示著將有災難發生。

宣太后仰望著夜空中不祥的彗星，內心有些忐忑。可她早已習慣了如履薄冰，早就想好了萬全之策。

要鞏固自己的地位，光靠身邊的娘家人還不夠，還要給自己尋求外援以擴充自己的實力。自己的兒子還是光棍，可以娶一個外國公主來與外國結盟。

雖是九五之尊的君王家，但除了不愁吃穿，家長裡短與尋常百姓無異。宣太后考慮到將來可能存在的婆媳矛盾，聰明的她借鑑了死對頭惠文后的做法，讓兒子娶娘家的閨女。兒媳婦是自家的親人，親上加親，婆媳矛盾不就解決了嗎？

於是宣太后向楚懷王拋出了橄欖枝，向楚國提出了婚約。

楚懷王震驚了。楚國在戰爭中被秦國反覆暴擊，如今相當於重病在床，沒想到老羋家的閨女竟然成為秦國的實際主宰，把秦國變成楚人開的分店了，再想想自己的未來女婿將是秦國國君，楚懷王做夢都要笑醒。

宣太后讓兒子娶了楚國公主，這位新王后史稱葉陽后。秦楚為了各自利益，化干戈為玉帛，再次走到了一起。

宣太后原本只想規避婆媳矛盾，卻意外地製造出了一個有趣的現象：此後秦國後宮的歷代最高權力者一直是楚國公主。秦昭襄王的兒子秦孝文王後來也娶了一位楚國公主，就是後來的華陽太后。就連鞭笞天下、威震四海的秦始皇，見到華陽太后也要恭恭敬敬地說聲：「奶奶好！」

這時，彗星預示的災難就要發生了，秦惠文王的另一個兒子公子壯造反了！

公子壯是庶子，母親只是父王的小老婆，也沒有外戚的支持。本來與王位無緣的他，卻在秦武王死後意外地走上了歷史舞臺，因為他手握重兵。

公子壯在地方擔任庶長，領兵打仗經驗豐富。可造反畢竟是一件風險極高的創業項目，要麼成功登基，要麼失敗殺頭，手裡有兵只是初步具備造反的資格。要想成功，必須有人支持，更要站在道義的制高點。而在這兩點上，公子壯做得很成功。

公子壯不是一個人在作戰，他身邊聚集了除樗里疾以外的秦國宗室子弟，這些宗室子弟都痛恨以宣太后為首的奪走嬴姓江山的羋姓外戚集團。之前人間蒸發的惠文后與武王后此時也出現在公子壯的陣營裡，惠文后作為秦惠文王的大老婆，她指定公子壯當國君，具有極強的合法性。

絕不允許外戚變更秦國的產權，秦國只姓嬴，不姓羋！一場嬴姓宗室對羋姓外戚的自衛反擊戰正式打響，造反大軍浩浩蕩蕩地殺向咸陽。

宣太后作為楚人，充分發揚了楚人骨子裡的蠻霸精神。她讓魏冉在咸陽做好了防備，結果不費吹灰之力就把造反大軍圍剿了。公子壯戰死，被俘的秦國宗室子弟不計其數。

當魏冉問姊姊如何處置這些宗室子弟時，宣太后做了一個殺頭的動作。

渭水河畔，一大群被俘的秦國宗室子弟跪在河邊，裡面有大人、小孩，還有一位貴婦人，正是惠文后。站在河岸邊的魏冉一聲令下，劊子手將他們的人頭砍下，屍首拋入河中，渭水一時被鮮血染成紅色。

從這場對秦國宗室的大屠殺，可以看出宣太后手段之殘忍，下手之狠毒，實在是名副其實的「黑寡婦」。

在秦國宗室子弟被集體毀滅後，國內再也沒有人能對宣太后母子構成威脅。唯一一條漏網之魚武王后逃到了娘家魏國，從此銷聲匿跡。

西元前三〇四年，宣太后在蕩平秦國內部敵對勢力的第二年，為兒子舉行了盛大的加冠禮。

精明的宣太后明白，搞定了內部敵對勢力之後，她還需要一個和平的外部環境，方便自己的外戚天團像樹根一樣深深地紮在秦國的土地裡。

作為一個外嫁的姑娘，需要尋求幫助的時候，第一個想到的自然是遠在老家的親人，於是宣太后派使者要求與楚國結盟。

楚懷王感覺自己轉運了，之前遇到秦國總是厄運連連，現在不但秦王成了自己的女婿，秦國還要主動結盟，他二話沒說立馬答應：「都是自家人，跟我客氣什麼？會盟的主會場就設在楚國的黃棘，這裡靠近秦國，方便秦王與太后出門。我楚王肯定百分之百盡好地主之誼。」

於是宣太后帶著秦昭襄王像小弟拜碼頭一樣，來到了黃棘。黃棘會盟由楚懷王與宣太后共同主持，雙方在和平友好的氣氛中，就如何加強秦楚兩國同盟深入交換了意見，同時也回顧了秦楚十八代的同盟合作關係，並表示將繼續保持加深友誼的通婚關係。雙方都對之前慘絕人寰的丹陽之戰、藍田之戰絕口不提。

秦楚兩大巨人再次攜手，天下將沒有任何人敢在他們面前造次。宣太后回國後也忠實履行了黃棘會盟的條款。

有一次楚國攻打韓國，韓國派使者來向秦國求救。使者向秦昭襄王與宣太后闡述唇亡齒寒的道理，說如果韓國被楚國削弱，將出現一個強大的楚國，對秦國是不利的。

由於秦楚關係不斷升溫，再加上楚國是自己的娘家，宣太后不想出兵救援韓國，於是她講了一個黃段子來回絕韓國使者。

黃段子一般是無聊的男子私下聊天解悶用的，難登大雅之堂。然而宣太后作為一個貴族婦女，不但在神聖的朝堂上堂而皇之地說了，更讓人錯愕的是，這個黃段子的女主角就是她自己。

宣太后露出壞壞的笑容：「昔日我侍奉先王時，先王一條腿壓在我身上，我感覺到很沉、很不舒服；但等到先王整個身子壓在我身上，我就不覺得沉重了，這是為什麼呢？因為這對我有好處，能讓我感覺到舒服。我們秦國勞民傷財出兵幫韓國對付楚國，這對我們沒有任何好處！」

在場的人全都驚呆了，誰也沒想到宣太后作為國君的母親竟然毫不顧及場合，講這麼低俗的段子。而且講就講吧，代入感還那麼強，說得那麼生動，自己還扮演女主角⋯⋯。

蠻橫的宣太后就是這樣的人，什麼綱常禮法、顏面道德那都是狗屁！老娘就是活得率真，活得瀟灑！

接著，宣太后做了一件更讓秦國上下乃至天下諸侯都直呼毀三觀的事——再婚。

事情是這樣的：有一天，義渠再次進犯秦國，這讓秦昭襄王與大臣很是頭疼。領頭的義渠王從秦惠文王時期就是秦國的「老朋友」，隔三差五帶著人到秦國邊境騷擾，放把火、打個劫之類的。即使秦國把他打跑了，沒隔多久他又回來了。義渠王就像是附著在秦國身上的牛皮癬一樣，讓秦國又疼又癢，卻又無可奈何。

就在秦昭襄王與大臣沒日沒夜商量如何針對打擊義渠王制訂軍事計畫時，宣太后來了：「你們這些男人，腦子裡只有打打殺殺，一點兒都不靈活！看我怎麼用美色征服義渠王！」

秦昭襄王和大臣的下巴都驚掉了，要知道宣太后此時已不是黃花大閨女，而是連兒子都加冠成年了。在人均壽命極短的先秦時代，宣太后已經可以歸為老年婦女了。

然而宣太后就是這麼不走尋常路，她派了使者向義渠王求婚。

義渠王也一把年紀了，從秦惠文王一直打到秦昭襄王，一輩子都與秦國交戰。當他聽說秦國使者前來求見時，還以為秦國是被騷擾煩了，派人來和談，於是接見了使者。

使者：「我們太后說，先王去世後她很寂寞，想和大王在一起！」

站在一旁的義渠將領怒斥道：「那個老女人癩蛤蟆想吃天鵝肉！她孩子都成年了，竟然還想占我們大王的便宜！」

義渠王卻站了起來，指著將領生氣地說：「休得無禮！秦國太后是我的夢中情人，我要和她相愛到永遠！」

使者：「太后想請大王去咸陽，共享人間繁華。」

義渠王：「沒問題，我馬上收拾行李，跟你走！」

是什麼驅使義渠王畫風轉變如此之快，難道真是為了愛情嗎？那肯定不是，畢竟義渠王連宣太后長什麼樣都沒見過。其實，還是因為義渠王太窮。

義渠如此偏僻，屬於鳥不生蛋的蠻荒之地，主要收益模式就是打劫秦人，誰知道哪天就會被秦人殺掉，再也回不來了。誰願意天天過這種刀尖舔血的生活呢？義渠王雖是義渠的領袖，可是跟戰國七雄一比，他就是一個窮小子。在這個窮小子看來，當一個坐擁廣袤國土與數不盡財富的富婆主動追求自己時，什麼年齡、容貌、身材，那都是浮雲，攀上富婆脫貧致富才是正道。

秦國群臣與全國百姓都在宣太后背後指指點點，但她絲毫不在乎。為了自己的兒子，為了完全掌控秦國，自己犧牲一下色相，沒關係。

愛一個人需要勇氣，來面對流言蜚語。

從此義渠王與宣太后在咸陽城過上了同居生活，儘管沒登記也沒辦儀式，宣太后還為義渠王生了兩個兒子。

義渠王在咸陽過著花天酒地的生活。從沒有領教過宣太后毒辣手段的他，以為宣太后嫁給自己，秦國就是陪嫁的嫁妝，從此義渠與秦國就都是自己的了。然而，宣太后也在想同樣的事情。

宣太后借義渠王情人的身分，一點點地向義渠滲透秦國勢力。很多年過去後，因為義渠一直由宣太后打理，義渠王都忘記老家長什麼樣了。

對宣太后來說，義渠王只是自己養的一頭豬，養肥了就該殺了。有一天，宣太后騙義渠王到甘泉玩，甘泉靠近義渠，義渠王也很想回家看看。

到了甘泉後，宣太后笑著對義渠王說：「我們倆在一起這麼多年，有時候我真想錘死你！」

義渠王以為這是情人之間的打情罵俏：「親愛的，難道你想用小拳拳捶我胸口嗎？」

宣太后臉色一變：「不是！」

宣太后話音剛落，義渠王身後的秦兵就揮動戰錘砸了下來，將義渠王的頭擊得粉碎。只見腦漿四濺，鮮血也像噴泉一樣濺到了宣太后身上。

看著昔日情人血肉模糊的身軀，宣太后略微有點悵然。或許自己曾愛過眼前這個男人，但相較之下，她還是更愛權力。

宣太后沒有繼續思索，她下令秦軍開赴近在眼前的義渠，秦國不費吹灰之力就占領了義渠，將其變為新的疆土。從此秦國可以專心征戰山東六國，再無後顧之憂。

平心而論，宣太后是一個彪悍的女性，她建立起的以自己為核心的羋姓外戚集團掌控了整個秦國的權力。但她愛權卻不專權，身為「黑寡婦」，只對敵人下黑手，對自己的兒子嬴稷則是付出了全部。

當兒子嫌老媽和舅舅們煩的時候，宣太后和外戚集團就乖乖地消失了，在此期間沒有出現任何政治動亂，彷彿這個集團從不曾出現過一樣。而後來的武則天，為了攥緊自己手中的權力，將兩個親生兒子都殺了。

拾肆

逍遙遊

漆園吏

天下紛爭之際，在宋國有一位哲人正在上演傳奇的一生，他就是莊子。

莊子原名莊周，他的名氣實在太大了，中國古代思想史上有個四大名人組合，就叫孔孟老莊。如果把中國古代思想比作一棟大樓的話，這四個人就是這棟大樓的地基。

雖然莊子排在四個人的末尾，但是他的文學造詣卻是四人裡最高的。如果要給戰國文壇弄一個排行榜，詩歌第一是屈原，散文第一就是莊子。

莊子的散文，瑰麗詭譎，汪洋捭闔，儀態萬方，意出塵外，擔得起任何華麗的讚詞。莊子學術主攻方向是哲學，他的散文很多都是富含哲學思想的寓言故事。普通人很難理解哲學思想中的奧義，而莊子卻能用文辭優美的寓言故事把哲學思想講得通俗易懂。因此他也有多個頭銜：文學家、哲學家、思想家、寓言大王、段子手、抬槓運動員……。

如果莊子在天有靈，知道後世對他有如此高的評價，一定會不屑地說道：「我就隨便寫寫散文玩，搞得我像得道升仙似的。」天才的莊子對什麼都看得很淡，甚至不屑。對於看不順眼的人，他就會挖苦與譏諷，堪稱戰國第一毒舌，這樣的人注定難以合群。

但是，由於莊子的才學實在太高了，他的毒舌、不合群也阻止不了大家對他的喜愛，以至於人們在莊子死後讓他成仙了。莊子在道家裡被尊奉為「南華真人」，他寫的《莊子》被道家尊奉為《南華真經》。

作為戰國時的文壇翹楚，莊子在歷史上卻沒有留下詳細的身分訊息，連生卒年都無從知曉。中國教育家馬敘倫曾進行考證，推測莊子生活在西元前三六九年至前二八六年的範圍內。

雖然生卒年不詳，但莊子的家庭住址與職業卻很明確。他住在宋國蒙城，年輕時是一名管理國營漆園的小吏。這個工作非常好，在當時是能獲暴利的國有企業，很多人擠破頭都想進。

漆園的利潤之所以這麼大，是因為漆園裡有能產漆的漆樹。漆器在當時屬於奢侈品，工藝複雜，製作時間長。通常，要先把木頭做成想要的形狀，俗稱「胎」，然後在上面刷漆，乾了之後就再刷一層，就算是做普通的漆器也要幾十道工序。

一般種植普通水果的果園，國家只會徵收「二十而一」的稅，但對於種植漆樹的漆園，國家會徵收「二十而五」的重稅。

莊子從一開始就在比較穩定、待遇又好的單位上班，也娶了老婆。換作普通人，也許就渾渾噩噩地過一輩子了。然而天天和樹打交道的莊子，竟然從樹中悟出了哲理。

莊子在自己的文章裡寫下這麼一句話：「桂可食，故伐之；漆可用，故割之。人皆知有用之用，而莫知無用之用也。」意思是：桂樹皮可以吃，於是桂樹被人砍伐；漆樹可以產漆，於是漆樹被人割開樹皮。世人只知道有用的好處，卻不知道無用的好處。

看似無用的東西，往往免遭迫害，反而能在這殘酷的世間活下去。在這亂世之中，如果不願被汙穢沾染，不如保全自己，做一個看似無用卻又充滿智慧的人。有句話說得好：「木秀於林，風必摧之！」無用之用，方為大用！

《莊子》裡有一篇文章叫〈人間（ㄐㄧㄢˋ）世〉，標題的意思是人處在世間，內容講的則是如何應對紛繁複雜的人際關係。根據這篇文章，真正能在亂世之中保全自己的方法，就是「無用之用，方為大用」。

放到現在，對職場運行規則諳熟於心的莊子完全可以當一名培訓師，給新員工做入職培訓，教他們如何快速無縫地融入職場。

然而，本可以在職場爬得很高的莊子，現實生活中卻很痛苦。因為他已把人世間看得很透，卻又生活在體制之內，被各種條條框框束縛著。他想要的不是功名利祿，自由自在的生活才是他的心之所向。最終，宋國內部爆發的亂局，讓莊子義無反顧地砸了鐵飯碗。

追求精神自由

莊子剛工作沒幾年，宋國就發生了一場內亂。公子偃把做國君的哥哥趕走了，自己篡位成功，他就是宋國末代國君宋康王。

史書這樣描述宋康王：「面有神光，力能屈伸鐵鉤。」意思是他臉上有神光，力氣又很大，能把鐵鉤掰直了。這樣一個更適合做健身教練的人，偏偏當上了國家領導人。

宋康王精神實在不正常，他給人的印象是有妄想症。如果用兩個字來形容他的執政風格，那就是「找死」。哪個國家厲害，他就打哪個，覺得這樣才能彰顯自己的實力。

宋康王還是一個阿Q式的人物，精神勝利法玩得爐火純青，整天幻想巴掌大的宋國可以雄霸天下。天下諸侯看不起宋國？沒關係，宋康王把諸侯的國君塑成像，在他們頭上拉屎撒尿。就連老天爺在宋康王眼中也什麼都不是。他命人將皮袋子裝滿血掛在高處，然後用箭射穿皮袋子。看著血從皮袋子飛濺出來，宋康王就開心地高喊道：「我射天啦！」

齊魏兩國在徐州相互稱王後，宋康王也急不可耐地自己稱王了。然而天下諸侯不承認他的身分，還給他取了一個綽號叫「桀宋」。桀是夏朝末代的暴君，桀宋就是說他是宋國的暴君。不過，在暴君裡，宋康王算是待機時間極長的一位，在位竟長達五十二年，宋國最後也是被周邊諸侯聯合起來才瓜分掉的。

這麼一個該接受治療的人管理著宋國，可想而知，宋國的國情也好不到哪裡去。莊子每天都能看到魔幻般的政治鬧劇在國內上演，最終，性格孤傲的他毅然辭去了穩定的工作。

才華橫溢的莊子在辭職後並沒有去找工作，確切地說，他成了一名社會閒散人士。他居住在陋巷之中，靠編草鞋為生，靠釣魚補貼家用。他也收學生，但是收的學生就幾個，根本不可能靠學費來養活自己。更要命的是，莊子還特別愛遊玩。

莊子厭惡骯髒的政治，他不願意被世俗所累，只想追尋靈魂的逍遙。自從砸了鐵飯碗之後，莊子安貧樂道，過自己逍遙自在的日子。他和底層百姓交起了朋友，船伕、工匠、屠夫、農民都願意與莊子來往。

莊子雖然不願意當官，可是他的名氣實在太大了，成了新時代道家思想的風雲人物，楚威王聽說他的大名後都請他去楚國做官。

戰國時，道家思想在楚國成了主流文化，楚國從上到下都對道家文化推崇備至。一直被中原文化視為蠻夷的楚國，在接觸老子的道家思想後，就邁入了一個全新的精神世界。

老子去世百年之後，莊子成為道家新時代的領軍人物。他如果到了楚國，一定會颳起一場新的學術風潮。

楚威王派了兩位大夫，駕著馬車從郢都出發，足足走了六百多公里，終於到達睢陽城下。兩位大夫多方打聽，才在貧民窟裡找到了莊子的家，結果莊子不在家。鄰居說莊周可能是去濮水邊上釣魚了，於是兩位大夫又駕著車來到濮水邊，好不容易找到了正在釣魚的莊子。

兩位大夫顧不得旅途勞頓，直奔主題說：「大王想請先生去楚國，把國家大事都交給您來辦，您以後就是楚國的二把手！」

高官厚祿主動送到面前來，凡人都會欣喜若狂。可莊子不為所動，依舊拿著魚竿，連頭都沒回一下，反而又開始說寓言故事了：「我聽說楚國有一隻神龜，活了三千多歲。神龜死的時候，楚國用錦緞把牠包裹好，供奉在楚國太廟裡。如果你去問這隻神龜的話，牠是願意自己的屍骸被供奉在廟堂上，還是寧願活在爛泥裡拖著尾巴爬行呢？」

楚國大夫回答：「那當然是拖著尾巴爬行自在呀！」

於是莊子說：「你們倆回去吧，我也寧願在爛泥裡拖著尾巴，自由自在地生活。」

兩位楚國大夫連莊子的正臉都還沒有看到，就打道回府了。

錯過一次位極人臣的機會，莊子卻連眼皮都不抬一下，依然沉浸在自己宏大的思想世界裡。人活在世間有太多的困苦與無奈，莊子知道如何去應付，可在他看來，與其把精力用在應付塵世間瑣碎的事情上，還不如去追求自己的精神自由。

鯤鵬之志

雖然莊子的精神很自由，可是他的肉體卻不自由，因為他肚子餓。

秦瓊賣馬，楊志賣刀，英雄好漢也有周轉不靈的時候，而莊子是一直周轉不靈。砸鐵飯碗是一時爽，可沒有穩定收入就是一直慘。哪怕莊子嘴巴再毒再硬，也不得不放下身段出去找吃的了。

莊子辭官後認識的都是平民老百姓，他們的飯連自己都不夠吃，哪還有餘糧借給莊子。莊子無奈之下，想起了住在附近的一位監河侯，他有國君賞賜的封地，可以享受封地上的賦稅。找他借米，與許能給點。

沒想到，監河侯看到莊子前來，卻是一臉嫌棄。監河侯知道「救急不救窮，幫困不幫懶」的道理，莊子空有蓋世的學問，把公務員的工作辭了卻又不去做官，還不肯找份正經工作。這樣又窮又懶的人，絕對不能借米給他；即使借了他也還不了。

於是監河侯用嘲弄的口氣說：「莊周，你可是位大才子。借米給大才子那是虧待你了，我要借給你黃金！」

莊子不相信監河侯會如此豪爽。果然，監河侯接下來又說：「不過你要等一等，等我收到封地的賦稅後，我就給你三百金！」

從來都是莊子嘲弄別人，哪有人能嘲弄莊子的。毒舌的莊子立刻開啟了嘲諷模式：「我在來的路上聽見了求救聲，我下車一看，原來車轍裡有一條鯉魚。這鯉魚竟然成精了，會發出求救聲。我去問鯉魚：『魚兒，你從哪裡來？』鯉魚說：『我是東海龍王的大臣，我現在沒有水，快死了，趕緊給我弄點水！』我說：『沒問題！等我去找吳王和越王，讓他倆掘開江水來救你。』沒想到鯉魚急了：『我失去水馬上將會死！我明明只需要不多的水就能活下去，你還去找什麼吳王、越王，不想救就不救，講什麼屁話呀！』」

話說完，莊子就拂袖而去。監河侯面帶冷笑，自己在官場混跡這麼多年，什麼人沒見過？你莊周要嘲諷就嘲諷吧，你也就只能過過嘴癮了。我依然富有，你始終貧困，等著餓死吧！

回到家，莊子伸出空空的兩手，莊子的老婆徹底爆發了：「嫁漢嫁漢，穿衣吃飯！我當年真是瞎了眼，嫁給你這個窮光蛋！你把漆園吏辭了就算了，楚王請你去當大官，你又推辭了。全天下就你清高，就你牛，牛得讓一家都沒飯吃！」

天才與瘋子往往只有一線之隔，在外人眼裡莊子是個天才，可在家人眼裡莊子是個瘋子。天才心氣再高，最後也會敗給生活。

難得向現實低頭的莊子只得去找工作，問題是，去哪裡呢？在宋國找？算了吧，自己本來就是把宋國的工作辭了，現在又回去實在丟不起這人。去楚國？也算了吧，之前楚王主動派人上門來請自己都沒去，現在也就沒臉再去。

想來想去，莊子決定去魏國，因為那裡有自己的鐵哥們兒惠施。聽說惠施在魏國已經混成高官，現在如日中天。莊子相信這位曾經的同學與摯友會幫自己一把。莊子打好行囊，準備奔赴魏國。

「清高的莊周要去魏國找工作啦！」這個大家眼中不食人間煙火的孤傲天才，竟然會為了世俗的功名去魏國。這一爆炸性新聞在天下傳開了，而且跑得比人腿都快。莊子還沒有到達魏國，他來魏國找工作的消息就先到達了大梁。

惠施收到莊子要來的消息，頓時慌亂了。他十分清楚，這位老朋友雖然看上去不著調，但是他的智商才學遠在自己之上。萬一莊周來到大梁後，受到國君的賞識，說不定就把自己取而代之了。

惠施越想越怕，趕緊命人在交通要道與旅館查找莊子的蹤跡，一旦碰到莊子就把他抓起來。但是莊子一路上避開了搜捕，直奔大梁城惠施的府邸。

「大門口有位叫莊周的人，說是您的好朋友，想見您！」僕人對惠施說。惠施滿臉黑線，但也只能勉強擠出一絲微笑：「趕緊讓莊周進來，他是我的鐵哥們兒！」

見到多年不見的老友，惠施故作熱情，擺出一桌好酒好菜。

莊子現場編了一個寓言故事說給惠施聽：「南方有隻鳳凰，從南海飛向北海，非梧桐樹不棲息，非竹子果實不吃，非甘泉不飲。這時，一隻貓頭鷹正在野地裡啃食死老鼠。牠抬頭看見鳳凰從頭頂飛過，以為鳳凰要來和牠搶死老鼠，於是立馬發出淒厲的叫聲，想嚇唬鳳凰。」

講到這裡，惠施面露尷尬，他聽得出莊子的言外之意是不想與自己爭奪名利。惠施畢竟不是像龐涓一樣的狠毒之人，此刻良心發現，決定將莊子推薦給魏惠王。

惠施在魏惠王面前大肆稱讚莊子的才能，魏惠王聽得心動不已：「世間竟有如此奇才，趕緊給我招來。」

但是當莊子出現在魏惠王面前時，魏惠王驚訝得眼珠子都快掉了。只見莊子穿著打滿補丁的破衣爛衫，腳蹬一雙破草鞋，如果再給他一根打狗棒，活脫脫一位丐幫幫主。

魏惠王笑道：「先生，我看你的打扮，像是在外風餐露宿久了，一副疲憊不堪的樣子。」

莊子回答：「是窮，不是疲憊不堪！有識之士的道德理想沒有得到推行，這才是疲憊。衣服鞋子壞了，不過是貧窮而已，不是疲憊，這對於有才華的人來說是生不逢時。」

魏惠王聽完後心中有些不快，因為莊子這是連自己也一起懟了。

「既然先生覺得生不逢時，那又為何來我魏國？坊間有一些關於先生的傳聞，說您恃才傲物。我認為，縱使先生有蓋世的才華，也得學有所用，不然白白辜負了自己。」

「唉……」莊子仰天長嘆了一聲，隨即就向魏惠王告辭。

莊子也明白魏惠王的一番好意，得到權勢，既能滿足家人的期望，又能擺脫貧困的生活。可是莊子還是猶豫了，因為世間萬物都遵循著等價交換的原則，魏惠王給他榮華富貴，他就得受制於魏惠王，就像一隻被魏惠王囚在籠中的小鳥一樣。為了自己的自由，莊子最終放棄了唾手可得的功名。

離開大梁後，莊子就近去趙國邯鄲窮遊了一趟。

莊子在邯鄲看到邯鄲人走路特別好看，就像模特兒走伸展臺一樣。此時一個燕國的少年引起了莊子的注意。這位少年四肢健全，可他不用兩條走路，卻靠四肢在地面上爬行著，嚇得周圍人都跑開了。

莊子與這位爬行的少年攀談了起來。少年說，自己來自燕國，看見邯鄲人走路特別好看，於是就照著學，結果不但沒學好，連自己原來是怎麼走路的都忘記了。

聽完後，莊子哈哈大笑了起來。多少人在追逐名利的過程中，丟棄了自己的本心。

離開趙國後，莊子又來到了儒學的大本營魯國。儒家思想是魯國的官方思想，孔子更是魯國人心目中的文化明星。當時儒道兩家還能夠和諧共處，友好往來。畢竟相傳儒道兩家的開山老祖孔子與老子是好朋友，並且孔子非常崇拜老子。

然而莊子來到魯國後，卻把儒家的場子給砸了。

莊子作為當時的文化明星，剛到魯國的首都曲阜就受到魯國國君的熱情接待。可是魯君以前沒與莊子接觸過，根本不知道在莊子面前千萬不能得意忘形。

魯君一臉驕傲地說道：「孔子是我國人，全天下儒學屬魯國最正宗，魯國遍地都是儒士。先生您遠道而來，是來學習儒學的嗎？」

莊子聽完冷笑了一下，正式開啟了毒舌模式：「我來的路上，感覺魯國街頭都是假冒偽劣的儒士，沒有看到多少儒士呀！」

魯君臉拉得老長了：「你看我們魯國人，喜歡穿儒服，談論儒學，怎麼說我們國家缺儒士呢？」

莊子冷笑道：「穿儒服、談儒學的，未必就是真儒士。我們不妨來做個試驗！」

魯君好奇地問：「什麼試驗？」

「請您發布一道命令，規定國內只有精通儒學的人才能穿儒服，否則一律處死！」

不服氣的魯君發布了這道命令。結果，全魯國穿儒服的人為了自己的小命，都以閃電般的速度回家換了身衣服。他們紛紛表明，自己之前只是一名膚淺的儒學愛好者，根本不瞭解博大精深的儒學思想。即使真正熟讀儒家經典的儒士也換了衣服，生怕萬一國君考自己，自己有答不上來的地方，搞不好就人頭落地。

數日之後，魯國街上沒有一個穿儒服的人了。就在魯君深感難堪的時候，終於有一位穿儒服的儒士，為了捍衛儒家信仰，冒著生命危險敲開了魯國宮殿的大門。

魯君當著莊子的面召見了這位儒士，向他提問了數個儒學問題，這位儒士都能娓娓道來。在一旁的莊子笑道：「我說的吧，魯國真正的儒士很少，目前只有這一個！」說完，莊子就起身告別了魯君，返回宋國。

魏惠王與魯君都是尊貴的一國之君，卻都被莊子無情地嘲諷。放到現在的企業招聘面試裡，莊子絕對是面試官第一個淘汰的人。

莊子沒有見過大海，可是他卻十分喜歡大海，因為莊子曾經讀過一本叫《齊諧》的神怪書籍。書裡說，大海裡有鯤鵬，可以自由自在地翱翔於宇宙之中！

傳說，北海有一條叫作「鯤」的大魚。這條鯤實在是太大了，不知道有幾千里。牠還會變化成名叫「鵬」的鳥，鵬的背也不知道有幾千里。奮而起飛時，鵬展開的翅膀就像天上的雲朵。這隻鳥在海裡翻騰時，可以借勢飛翔到南海。

大鵬向南遷徙時，拍打翅膀能將水擊打至三千里遠的地方，然後扶搖而上可達九萬里的高空，順著六月的大風而去。

地上有兩隻小動物，分別是蜩（ㄊㄧㄠˊ，蟬）與學鳩（小鳥），牠倆看見大鵬飛向遠方的場景，開始嘲笑大鵬：「我們如果想高飛，有時候連樹梢都飛不到。既然飛不到，落到地面便是了。何必飛到九萬里的高空，又飛向南海呢？」

莊子覺得這兩隻小動物既可愛又可笑，小動物怎麼能理解鯤鵬的志向呢？這就像小智慧不能理解大智慧、壽命短的不能理解壽命長的一樣。

塵世中的人在莊子眼中，就像蜩與學鳩一樣，無法理解莊子這樣的鯤鵬。莊子雖然過得苦，但是他一直在構造自己龐大而自由的精神世界。在這個世界裡，他在追尋自己的「道」，並且在過程中享受著逍遙。

在回宋國的路上，莊子回想起這一路上的所見所聞，更加堅定了自己的志向。

想得透徹的莊子越走越輕快。他忽然想到了列子，列子生於老子之後、莊子之前，雖然沒有老莊的名氣大，按輩分也算得上道家長老之一。列子可不得了，傳說他能以違反空氣動力學原理的方式御風而行。在不加油的情況下，他可以持續飛十五天，堪比無限巡航的核動力。

然而，列子的特異功能在莊子看來簡直是弱爆了，因為列子飛行靠的是空氣。而莊子則認為，一個凡人只要忘卻自我和功名，將品德修煉到最高境界，然後順應萬物，掌握六氣（風、寒、暑、濕、燥、火）的變化，就可以衝破大氣層，擺脫地心引力，遨遊在宇宙之間。

能達到這種境界的人，往往會被冠以至人、神人、聖人的稱呼。其實這三種人都一樣，他們遇到森林大火時不會被燒傷，遇到江河凍結時不會感到寒冷，遇到電閃雷鳴、地動山搖時不會受到傷害，大海的巨浪也不能讓他們驚恐。他們可以駕著雲氣，乘著日月，遨遊四海之外！

如何修煉到這一高深的境界？莊子總結了一句：「至人無己，神人無功，聖人無名。」當一個人做到無己、無功、無名，他就能像鯤鵬一樣，翱翔在自己宏大的精神世界裡。

每當悟到如此玄妙的奧義，莊子都會寫下來，這在當時是一個非常好的習慣。先秦時，很多著名思想家都「述而不著」，也就是說，他們給學生上課時全憑口述，卻不寫成文字，全靠學生自己把課堂上記的筆記收集起來變成著作。最典型的就是儒家開山老祖孔子。孔子修訂了《詩》、《書》、《禮》、《樂》、《易》、《春秋》六本經書作為儒家教科書。然而門下有三千弟子的孔子竟然從未編寫過一本教材，於是孔子的學生們就把課堂筆記編成了著名的《論語》。

莊子也收徒弟，雖然徒弟不多，不足以靠學費維持自己的生活開銷，但是他還是認認真真地寫了教材。在莊子死後，他的弟子也對教材進行增補。莊子和弟子共同創作的傳世作品《莊子》文辭非常優美，讀起來蕩氣迴腸。

老子的《道德經》像是一名老教師在對學生諄諄教導，而《莊子》則像朋友間的促膝長談。《莊子》原版有五十二篇，內容多達十餘萬字。先秦時，大家都是在竹簡上書寫，一支竹簡長二十多公分，可以寫二十個字左右，十餘萬字的書就需要寫五千多支竹簡，所以一本《莊子》得好幾輛車才能拉。後來晉代的郭象刪除了其中的十九篇，我們現在看到的《莊子》就是郭象刪完後的版本。

現在，我們會把一本教材分成幾個單元，郭象也做了類似的事。他把《莊子》分成三個單元，分別是內篇、外篇、雜篇。內篇有七篇文章，都是莊子自己創作的。外篇有十五篇，雜篇有十一篇，有的可能是莊子寫的，有的可能是莊子的弟子寫的。

從國外回來後，莊子一邊寫書，一邊靠編草鞋、釣魚維持生計。直到惠施前來，才改變了莊子的生活模式。

子非魚

張儀從秦國回到魏國後，被魏惠王任命為相，惠施就此下野。下野後，惠施首先想到的就是去找莊子好好聊聊學術。

惠施直奔莊子家，結果一進門，看到莊子坐在地上，一邊敲盆一邊即興歡唱，氣氛搞得十分活躍。

惠施以為莊子家裡有什麼大喜事，好奇地問道：「莊周，我的好兄弟啊，好久不見！今天你看起來很開心嘛，家裡有什麼大喜事呀？」

莊子滿臉笑容回答道：「我老婆死了。」

惠施無語。莊子的老婆是一個偉大的女性，對這個看似瘋子般的天才，一生都不離不棄。換作任何一個正常人，對妻子的離去，應該都會發出痛徹心扉的哭號。

可莊子不是凡人，他對老婆的離去表現得興高采烈，還開起了個人演唱會。莊子的老婆要是泉下有知，一定會氣得活過來。

惠施氣憤地說道：「莊周啊，年輕的時候輕狂也就算了，可是你都人至中年了，怎麼還是這麼不著調呀！你的妻子跟你過了一輩子苦日子，什麼福都沒享到。現在她死了，你不哭，還唱起歌，簡直是畜生啊！」

莊子長嘆一聲：「老婆死的時候，我是非常傷心的。可是我想了一下，在她出生之前，這個世界上本來是沒有她的；她死後，一切又恢復到原來的狀態。人活著是因為氣聚，人死了是因為氣散。生死是一種自然現象，沒必要糾結。」

惠施聽完後，半天說不出一句話。我和你談生死，你和我談哲學，雙方的境界完全不一樣呀！

古希臘哲學家蘇格拉底說過：「哲學就是預習死亡。」而莊子作為一個哲學家，不但早預習了死亡，還直接參透了生死。

事後，惠施與莊子又一起愉快地玩耍起來。

能入莊子法眼的人不多，惠施就是其中一個。惠施是戰國時名家學派的代表人物，邏輯思維極其嚴謹，兩人經常互為對手展開激烈辯論。這世上最懂你的人往往就是你的對手，對手與你相愛相殺，共同成長，他瞭解你的所有長處，也瞭解你的所有短處。才學高如莊子，在與惠施辯論時也占不到半點便宜，只能靠詭辯取勝。

這哥兒倆最有名的一次辯論，史稱「濠梁之辯」。有一天，莊子與惠施兩人在濠水的橋梁上遊玩，兩人看見橋下河裡的魚很多。莊子於是說：「鯈魚出遊從容，是魚之樂也。」

聽到這句話，惠施立馬抓住了莊子的邏輯漏洞，問道：「子非魚，安知魚之樂？」

莊子聽完微微一笑。他也來了興致，說道：「子非我，安知我不知魚之樂？」

惠施聽完後皺了皺眉頭：「我非子，固不知子矣；子固非魚也，子之不知魚之樂，全矣。」

莊子哈哈大笑道：「請循其本。子曰『汝安知魚樂』云者，既已知吾知之而問我，我知之濠上也。」意思是，這又回到你開始提的問題，你問我為什麼知道魚的快樂，說明你已經明白，我知道魚的快樂，你只不過是問我在哪裡知道的而已。我就是在濠水的橋上知道了魚的快樂。

講到這裡，聰明的惠施無話可說了。

按照惠施的理解，人與人之間都無法知道對方在想什麼，更何況人與魚這兩個截然不同的物種，所以一個人是不可能瞭解魚的想法的。可莊子才不管什麼邏輯，在莊子的世界中，他可以變成各種生物，有時是大鵬，有時是巨鯤。濠水橋下的魚就是莊子，莊子就是魚，同為一體。

於是聰明的惠施不再與莊子糾纏了。他明白，莊子早已脫離了物質的世界，在莊子自己營造的精神世界裡，任何生靈都是彼此相通的，毫無隔閡。

看著眼前嬉笑得像個孩子的莊子，惠施說道：「辯論可以明辨是非，一決高下，其結果必然有勝負。莊周，你卻用看似不符合邏輯的詭辯，瓦解了我的世界觀！」

莊子笑道：「惠施呀，你們這些名家，非要辯論出個對錯、成敗，就像你我比身高一樣，比出個誰高誰低，有意義嗎？秋天動物毛髮的末端是無比渺小的，和它相比，泰山無比巨大；可是泰山與天地相比，又會顯得無比渺小。夭折的嬰兒是短命的，和他相比，活了幾百歲的彭祖無比長壽。可是彭祖的歲數在宇宙中也只是一瞬間。天地與我同時存在，萬物與我渾然一體。」

惠施聽完也笑了。

可是快樂的時光總是短暫的。惠施只與莊子相處了短短幾年，一封從魏國大梁寄來的信件就把惠施叫走了。臨行前，惠施一臉興奮地對莊子說：「魏王把張儀趕走了，召我和公孫衍回國，商議如何對付秦國。」

望著惠施遠去的背影，莊子再次陷入孤寂之中。你是一個入世的人，我是一個出世的人，相濡以沫，不如相忘於江湖。

然而，莊子下一次見到惠施時，已是陰陽兩隔。

夢蝶

莊子晚年雖然很窮，但是活得很愜意。每天就寫寫書，教教學生。

有一天，一位叫東郭子的人前來拜訪莊子。見有人前來嘮嗑，莊子也很高興地接待了。然而東郭子一坐下來，就問了一個終極問題：「所謂的『道』，它到底在哪裡？」

莊子聽後，沉思了片刻。

世人都知道，老子對於「道」的解釋太玄乎，他說：「道可道，非常道。」意思是，「道」如果能用語言說出來，那就不是「道」。老子的「道」，給人的感覺是看不見摸不著，很空靈。

而莊子作為當時的道家明星，很多人想從他這裡聽到新的解釋。

莊子認真地說：「無處不在！」

東郭子：「能更具體點嗎？『道』到底在哪裡？」

莊子：「在螻蟻之中。」

東郭子愣住了：「『道』這麼玄妙的東西，怎麼會在螻蟻這種低賤的動物中呢？」

莊子又說：「『道』在雜草之中。」

東郭子無語了。

莊子看著東郭子一臉驚駭的表情，接著說：「『道』在磚瓦之中。」

東郭子更加無語。

莊子：「『道』在屎尿之中。」

聽到這句後，東郭子徹底氣憤了：「先生，你這是在玩我啊！我大老遠過來求教，你卻拿我開玩笑！」

看到東郭子如此生氣，莊子連連擺擺手，示意讓他不要激動：「哎呀，是你問的問題沒有問到根上。就像管理市場的監市，如果他要檢查豬的肥瘦，會摸豬的脊背、看肚子、抓後腿，往下看才能切中要害。『道』存在於自然萬物之中！」

老子的「道」是先天地生的玄妙之物，超出於自然之外，而莊子的「道」則融於自然萬物之中，看上去不怎麼高大上，卻非常地接地氣。而莊子繼承了「道」，又發展了「道」。

人近黃昏，莊子身邊的人也一個個離他而去。惠施死了，遺體運回了宋國，莊子去哀悼了自己的老友。

莊子本來是一個看穿生死、脫離物質世界的人。在他看來，人的生死是自然規律，沒有什麼值得悲傷的。然而，站在惠施墳前，莊子突然難過了起來。

在自己的精神世界裡，莊子是逍遙自在的。可在現實生活中，莊子卻是無比孤獨的，唯一懂他的人只有惠施。惠施死後，他再也找不到對手了。

告別了老友，生活還得繼續。

這一天晚上，莊子做了一個有趣的夢。在夢裡，莊子化成蝴蝶翩翩起舞，感覺自己快樂極了，甚至忘記自己是莊周了。直到莊子忽然醒來，他才意識到自己是莊周。於是莊子想到一個問題：究竟是蝴蝶做夢變成莊周，還是莊周做夢變成蝴蝶。

其實誰變成誰都不重要，蝴蝶就是莊周，莊周就是蝴蝶。

然而，再美的蝴蝶也有消逝的一天。終於有一天，老年的莊子也走到了生命的盡頭。

莊子的弟子打算把老師厚葬。莊子卻問：「為什麼要把我埋入土裡，為什麼要厚葬我？」

弟子們很迷惑：「老師，您的意思是？」

「我死後，就把我的屍首扔到野外。讓天地做我的棺槨，日月做雙璧，星辰大海做珠璣，世間萬物都是我的陪葬品。」莊子用力地說道。

「老師，您的遺體在野外，會被老鷹、烏鴉吃的呀！」

莊子看著弟子，笑了一下：「在地上有老鷹與烏鴉吃，在地下也有螻蟻吃，這有什麼區別呀？何必厚此薄彼呢？」

說完沒多久，莊子就死了。

但是莊子死的只是肉體，他的靈魂化成了大鵬，化成了巨鯤，化成了蝴蝶，化成了世間萬物。

起初莊子修道只為求得心靈的解脫，想擺脫塵世的束縛，可是最終莊子達到了無己的境界，他自己的肉體與精神幻化成萬事萬物，正所謂「方生方死，方死方生」。一個生命在誕生的同時，也在逐漸走向死亡；而一個生命在死亡的同時，另一個生命也就此誕生。

拾伍

強拆隊長齊宣王

奇葩的禪讓

此時，戰國時代已經走了一半。

秦昭襄王即將在母親羋八子的支持下，對東方諸侯開啟屠殺模式，秦國也即將獲得新的稱號——諸侯粉碎機。

戰國時期，諸侯通常都無法應對兩個諸侯國的聯手攻擊。然而，恐怖的秦國卻不在此列。對秦國來說，敵軍來一個我揍一個，來一對我揍一雙，來一群我就讓你團滅。不把你打得滿臉血，你都不知道花兒為什麼這樣紅！

在戰國的後半段時光裡，秦國踏上了吞併六國的輝煌之路。

西元前三二〇年，齊威王去世了。他曾一手開啟轟轟烈烈的齊國變法運動，並任用軍師孫臏，於馬陵之戰中一舉殲滅魏國大軍，終結了魏國的霸權。

齊威王死了，兒子田辟疆繼位，他就是齊宣王。齊宣王就是《濫竽充數》故事裡愛聽人吹竽的君王，因為這個故事，很多人以為齊宣王是一個不務正業的音樂發燒友，可實際上他的能力甚至遠超他老爹。

齊宣王在位期間，齊國吞併了燕國。要知道，在秦始皇統一六國前，唯一一個能滅掉七雄級別國家的君主就是齊宣王了。

有人會說這是因為燕國實力弱小，被齊國滅掉很正常，但這樣想就大錯特錯了。齊國雖是大國，可國力與超級大國秦國、楚國相比，根本不是一個量級的。但是齊宣王偏偏能找超級大國練手，秦、楚兩個超級大國都曾是齊宣王的手下敗將。

齊宣王的老婆鍾無豔奇醜無比，是中國古代「四大醜女」之一。據說她身體健壯，皮膚黑，脖子又粗又有喉結，額頭還凹下去一塊，活脫脫一個「金剛芭比」。鍾無豔雖然長得很醜，但是溫柔賢慧，還經常在政事上勸諫齊宣王。

西元前三一五年，齊宣王正在想怎麼搶地盤擴充實力，北面的燕國給他送來了千載難逢的好機會。這一年，燕國發生了內戰。

燕國從春秋到戰國一直是一個存在感極低的國家，史書記載的篇幅也不多。這是為什麼呢？還不是因為燕國位置偏。燕國位於冀北、遼東一帶，建都於薊，就是現在的北京市。不過那時薊可不是一線城市，在先秦時代，那裡就是天下的盡頭、文明的邊緣，是地地道道的蠻荒之地。

所以無論燕國如何發展，它都是七雄裡最弱的。《戰國策》裡就有這麼一句話：「凡天下之戰國七，而燕國處弱焉。」燕國遠離中原文明核心區，始終屬於「老少邊窮」，就連附近的中山國都看不起它。它能從春秋活到戰國，實屬不易。

要是戰國其他六雄知道，後世竟將燕國與自己並列，一定會指著燕國國君的鼻子罵：「我呸，就你燕國這矬樣，還能和我們並列？你就是七雄之恥！」

這麼個積貧積弱的國家，還偏偏出了一個腦子不正常的國君，他就是燕王噲。如果說同時代的楚懷王是戰國第一大傻瓜，那燕王噲就是戰國第一瘋子。

細心的人會發現，「燕王噲」三字中的「燕王」表明他是燕國的君王，「噲」則是他的名，那他的謚號呢？君王死後都會有謚號，即使是昏君、暴君，死後也會有惡謚。例如把西周王朝搞破產的周幽王，死後就被追封了惡謚「幽」。而燕王噲竟然連個惡謚都沒有，可見他在昏君中也是極品了。

一般來說，昏君都是沉迷於酒色、不理朝政的，而燕王噲在昏君界是一股清流。韓非子曾這樣描述燕王噲：「不安子女之樂，不聽鐘石之聲，內不堙汙池臺榭，外不罼弋田獵，又親操耒耨以修畎畝。子噲之苦身以憂民如此其甚也，雖古之所謂聖王明君者，其勤身而憂世不甚於此矣。」意思是，燕王噲不沉迷於女色，不愛好音樂，不在宮內建高臺，不在野外打獵，又自己帶頭種地，即使古代的聖明君王，他們勤政的程度也比不上燕王噲。

這樣勤勉的君王，是怎麼變成導致國破家亡的昏君的呢？

答案是變法。

變法是讓國家增加收入從而提高綜合實力的捷徑。戰國時，每個諸侯國都開展了如火如荼的變法運動，瘋狂搶占市場，誰不變法誰就可能會被淘汰出局。一時間，諸侯國紛紛成為上市大公司。

燕國作為位於天下邊緣的國家，一向後知後覺。等別人都完成變法，成為「課金玩家」了，燕國才反應過來。面對自燕國建國七百年未有之大變局，燕王噲也決定走上變法的道路。

歷史的經驗教訓告訴我們，一旦開展改革運動，必有一群反動勢力跳出來阻礙歷史的進程。面對反動勢力的阻撓，燕王噲很是頭疼。此時的他已是位老人，唯一可以信賴的人就是相國子之。

子之在變法運動中，一直勇往直前，能力突出。按理說，這應該是一對賢相與明君的完美組合，然而事實上，子之是一個老奸巨猾的政治騙子，燕王噲又是一個傻乎乎的君王，所以這是一對大灰狼和小綿羊的組合。

狼是一種智商極高的野獸，牠會透過集體合作，一步步將獵物逼入自己的口中。子之這隻大灰狼，和他的同夥聯手給小綿羊燕王噲挖了一個大坑，讓燕王噲傻傻地往裡跳。

這個大坑就是禪讓。

禪讓是指君王活著的時候主動把王位讓給別人。最著名的禪讓要數上古時代的堯、舜、禹三王，傳說這三位都是大公無私的君主，把國家領導人的位置像擊鼓傳花一樣禪讓出去，堯禪讓給舜，舜禪讓給禹。

子之和其黨羽輪番不停歇地向燕王噲灌輸禪讓的好處，把燕王噲騙得一愣一愣的：「國君，你不是在變法中遇到阻力了嗎？相國子之是變法的急先鋒，不如將國君之位禪讓給相國子之，讓他以國君的身分操盤燕國變法，看誰還敢阻攔！」

年邁的燕王噲思考了很久。燕國是一個偏遠落後的諸侯國，要讓愚昧無知的國民接受新生事物，其阻力之大可想而知。讓子之擔任國君，他就可以憑藉國君的身分推行變法，而自己高居太上王的位置，遙控指揮，何樂而不為呢？

於是，西元前三一八年，一場轟動天下的政治鬧劇上演了。燕王噲舉行了盛大的禪讓儀式，將國君之位禪讓給了相國子之。相國子之將三百石以上的官位全部收回，任命忠於自己的人。

燕王噲高興了，他覺得自己這一番神操作，肯定能將燕國變法推向成功；子之也高興了，他終於兵不血刃，以零成本登上了國君之位。唯獨一個人有了世界末日來臨的感覺，他就是燕王噲的兒子、後來燕昭王的哥哥——太子平。

太子平無法接受父王的禪讓行為。自己作為燕國未來的國君，本該屬於自己的江山，為什麼被父親拱手送人？憤恨、嫉妒如同烈火一樣在太子平心中熊熊燃燒。

於是，太子平與將軍市被悄悄謀劃了三年，最終於西元前三一五年正式起兵造反。燕國這場內戰持續了數月，太子平與將軍市被戰死，手段老辣的子之最後贏得了勝利。

內亂雖然平息了，但是燕國卻被打成了廢墟，死者數萬。有人認為，戰國戰亂頻發，死個幾萬人並不稀奇。不過，這裡的「死者數萬」沒有包括在內戰中遭殃的老百姓，全都是燕國的軍人。

一九六六年，燕國首都原址河北易縣附近發現了數座戰國古墓。裡面沒有奇珍異寶，只有數不盡的人頭。這些人頭有的下巴沒了，有的枕骨沒了，還有的頭上插著箭鏃，讓人看得毛骨悚然。這些人頭至少有三萬顆，而且都是青壯年男子的人頭。經過考古學家推測，這些頭骨就是子之與太子平交戰中戰死的將士。

燕國是一個小國，更是一個弱國，精銳軍人都戰死了，哪還有什麼國防力量去抵禦外敵？

螳螂捕蟬，黃雀在後，齊宣王對大亂之後的燕國伸出了魔掌。

齊國滅燕

齊宣王吞併燕國前，經過了一番心理鬥爭。畢竟他想吞併的不是城邦小國，燕國再弱，地盤好歹也有兩千餘里。如果一口吞下去，可能消化不良，弄不好最後還得吐出來。

為了慎重起見，齊宣王先見了兩個重量級人物。

第一位就是將領匡章。別看他名氣不大，在戰國時卻是神一般的存在。論軍事才能，匡章與戰神吳起不相上下，僅次於「殺神」白起。

匡章的最強技能就是攻堅。再強的防禦工事，在他面前都是紙糊的。他的威力比拆房子用的定向爆破都厲害，堪稱行走的炸藥包。在沒有火炮的冷兵器時代，匡章就是個神人。

楚人的方城築成數百年，從未被人從正面攻破過，就連當年兵聖孫武率領吳軍伐楚時都是翻越大別山，繞開方城的。而擅長攻堅的匡章竟能直接攻破方城，殺入楚國境內。

秦人自從拿下崤函道後，修建了世紀工程函谷關，合縱聯軍多少次來到函谷關前只能鎩羽而歸。而擅長攻堅的匡章竟能直接攻破函谷關，讓秦人大為驚悚。

匡章不光擅長攻堅，還是一位性情中人。匡章的父母不和，父親殺了母親，將母親埋在馬廄下面，匡章不滿父親的所作所為，一直仇恨父親。當時人們不曉真相，都覺得匡章仇視父親，是一個不孝子。而匡章毫不介意別人對他的誤解，該怎麼過日子就怎麼過。

齊宣王問：「你覺得有機會拿下燕國嗎？」

匡章：「燕國內亂空虛，齊國作為一個萬乘之國，五十天就能征服燕國！」

齊宣王聽完極其高興。不過，占領燕國容易，要讓燕國百姓歸順齊國，卻不是光靠武力就能解決的。關於如何統治燕國，齊宣王諮詢了孟子。

孟子作為儒家門派的二號領軍人物，素有「亞聖」之稱。他現在正在齊國的稷下學宮教書，匡章就是孟子的弟子。孟子作為齊國高薪引進的學術巨擘、國家戰略諮詢顧問，齊宣王想聽聽他的意見。

齊宣王問：「我想吞併燕國，想聽聽先生的意見。」

孟子回答：「燕國現在處於內亂之中，如果齊國吞併燕國後能救燕國百姓於水火之中，那就可以吞併。只要能讓老百姓逃脫苦海，他們一定簞食壺漿以迎王師！假使吞併燕國後，不施行仁政，燕國百姓必然反抗，那吞併燕國就沒有任何意義了。」

兩次諮詢都讓齊宣王得到了自己想要的答案，匡章解決了獲勝機率的問題，孟子解決了統治合法性的問題。

就在燕國內亂平息的同一年，齊宣王命匡章率領大軍伐燕，同時聯合中山國，讓其從側翼襲擊燕國。

悍將匡章所向披靡，攻打燕國彷彿武裝散步一般輕鬆。齊軍攻到燕國城池下，城門根本不上鎖，因為戍守的士兵全部逃亡了。即使偶爾野戰，燕軍也是一觸即潰。

就這樣，齊軍僅用五十天就毫無懸念地占領了燕國全境。燕王噲這個大腦被驢踢了的國君和子之這個充滿野心的相國都被齊軍處死了。這倆人自編自導了一出禪讓鬧劇，不僅害死了自己，更禍害了無數燕國百姓。子之的屍體被齊軍進行了二次加工，用刀剁成肉醬。

戰事如此順利，連齊宣王自己都驚呆了，心想燕國你好歹頑強抵抗一下啊，早知道滅燕這麼輕鬆，就不用拉上中山國了。

可是戰爭結束後，齊宣王沒有扮演好解放者的角色。他沒有把孟子的勸誡記在心裡，反而變成了一個施暴者。

燕國人之前之所以不抵抗，是因為他們厭倦了內亂，希望齊軍能結束燕國的亂像，還他們以和平。但是齊宣王卻命令匡章竭盡所能地從燕國掠奪財富。匡章作為燕國占領軍的總司令，正因為沒有在戰爭中大打一場而手癢呢，正好藉此機會搞起強拆工作。

齊軍在所到之處大肆燒殺搶掠，不但搬走了許多奇珍異寶，還拆毀了燕國的太廟。燕國百姓怨聲載道，於是掀起了轟轟烈烈的反抗運動。他們組建游擊隊，隔三差五摸個哨、放把火，齊軍就此陷入燕國人民戰爭的汪洋大海之中。齊國占領燕國三年，稅沒收上來不說，光是占領軍的軍費開支就快讓齊國破產了。

齊國在為占領燕國大放血，而趙、魏、韓、秦、楚五國則分外眼紅。在他們看來，齊國一口吃掉了燕國，領土迅速擴張，儼然從一個地區性強國進化成威震天下的超級大國，這是他們絕不允許的。於是趙、魏、韓、秦、楚五國先後派使者前往齊都臨淄，發出最後通牒：「如果齊國不撤出燕國，五國聯軍將出兵伐齊！」

齊宣王失眠了。在沒有安眠藥的時代，失眠讓齊宣王痛不欲生。放棄燕國吧，自己之前出的血都白費了；繼續占領燕國吧，齊國又扛不住五國群毆。沒辦法，齊宣王又召見了孟子。

齊宣王見到孟子後，誠心地問道：「一群諸侯要打我，怎麼辦？」

孟子笑道：「大王您應該立即下令，釋放被抓的燕國百姓，停止掠奪燕國的財寶，與燕國百姓商議重新推立新君，最後體面地撤離燕國！」

讓齊國撤軍，如同在齊宣王破裂的心臟上又插一把尖刀。齊宣王在撤軍問題上一直猶豫不決，直到有一天，從國外傳來一條重磅消息：趙武靈王從韓國接走了做人質的燕國公子職，公子職在趙軍的保護下正前往燕國繼位。

燕國百姓聽說公子職即將回國，反抗運動更加激烈了。齊軍將士經常會莫名其妙地失蹤，以至於最後只能龜縮在城內，大門不出二門不邁。匡章還一個勁兒地向齊宣王寫信，要兵要糧。事情發展到這一步，明眼人都知道，齊宣王這次兼併燕國的計畫是徹底失敗了。

齊宣王無奈下令，齊軍全部撤回國。

公子職在趙軍的護送下來到燕國易都。他沿途看到城鎮都化為瓦礫廢墟，無數百姓暴屍街頭，無人收殮。在一片破壁殘垣中，公子職即位，成為燕國歷史上唯一的傑出君主——燕昭王。

燕昭王坐在破爛的王座上，面向南方下定決心，將用自己的一生去換取齊國的毀滅！

封君的生存法則

齊國並不知道燕國的目標，此時的齊宣王正在謀劃如何伐楚揍秦。只有把這兩個超級大國揍趴在地上，讓自己成為戰國最霸氣的君王，才能挽回自己的顏面。

齊國雖然也是一個大國，但離超級大國還差了「超級」兩個字，這是一道始終邁不過去的坎。齊宣王做夢都想讓齊國吃得更胖，在戰國亂世中擁有傲視群雄的資本。

可惜，齊國一口吞了燕國之後，卻由於消化不良，最後連本帶利全部吐了出來。

齊宣王一直處在重度抑鬱中。而原本就急需心理疏導的他，又在西元前三〇六年的一天收到了一則讓他想去跳樓的爆炸性消息：楚國吞併越國，設置江東郡，越王無疆戰死。

楚威王給兒子楚懷王留了一個空前強大的國家，雖然楚懷王打了不少敗仗，但是基本盤仍在。而春秋末期稱霸天下的越國，一進入戰國，國力就像坐雲霄飛車一樣，從頂峰一路墜入低谷。打不過秦國，我還打不過越國嗎？楚懷王發兵輕輕鬆鬆地就把越國給滅了，也過了一把吞併諸侯國的癮。

齊宣王如鯁在喉。楚國滅了東面的越國，以後從側翼包抄齊國就完全沒有後顧之憂了。更要命的是，齊國南面無險可守，相當於大門敞開，歡迎楚國大軍常來做客。

吞併越國後，楚懷王混得風生水起。老芈家的人把持了秦國朝政，秦王又是自己的女婿，自己又在黃棘之盟上當起了老大哥。楚懷王雖然傻，但是他把天下霸主的氣質拿捏得死死的。

齊宣王一想到楚懷王就無比氣憤。當年這個大傻瓜上了張儀的當，派個罵街高手到齊國把自己臭罵一頓，現在又把刀刃抵在自己的脖子上。不好好教訓一下這個傻瓜，他還真把自己當成天下第一霸主了！

就在齊宣王咬牙切齒想找楚國復仇時，大傻瓜楚懷王的兒子卻幹了一件驚天動地的傻事，給齊宣王送來了求之不得的痛打楚國的機會。

這個幹傻事的正是楚國的太子，叫熊橫，一聽這名子就知道這熊孩子有多橫。黃棘之盟後，秦楚兩國像熱戀的小情侶一樣，感情迅速升溫。戀人之間要交換定情信物，熊橫作為太子，就被楚國當作定情信物送到秦國當人質去了。

背井離鄉的熊橫在秦國極其不安分。西元前三〇二年，當了一年人質的熊橫與一位秦國大夫發生了爭執，失手把這位大夫給打死了。熊橫殺了人之後生怕遭到秦國懲罰，於是逃跑了。

原以為要喬裝易容、晝伏夜出才能躲避搜查，沒想到熊橫在逃亡路上竟然暢通無阻，就連投宿客棧都沒被要求出示秦國政府開具的憑證。熊橫到了武關，負責邊檢的官兵也沒有檢查，直接放行。

事出反常必有妖！

要知道，秦國自從商鞅變法後，社會監管體系異常發達，秦國群眾個個都是舉報小能手。只要犯了事，就算是隻蒼蠅都飛不出秦國。

其實秦國高層早就知道熊橫逃跑的事，他一路上的所作所為也都被全程監控。只不過秦國高層生怕熊橫逃不出秦國，一路上給他大開方便之門。

宣太后作為秦國實際的掌權者，雖然身體裡流的是楚國王室的血，可楚國這個故鄉她永遠也回不去了，如今，秦國才是她和秦國外戚集團賴以生存的家園。之前，自己和兒子在秦國根基未穩，需要楚國娘家幫一把。現在宣太后在秦國掃光了一切障礙，再也不需要別人幫忙，楚國反而成了秦國一統天下路上最大的敵人。

為了自己，為了兒子，更為了隨自己來到秦國的娘家人，秦國必須打垮楚國。

開戰是需要理由的，熊橫在秦國殺人，然後逃回楚國，不正是秦國最合理的藉口嗎？熊橫逃回楚國後，秦、楚兩國交惡，楚國在國際社會被徹底孤立。

西元前三〇一年，齊宣王開始了緊鑼密鼓的伐楚準備。

雖然楚國是孤家寡人，但也並不意味著好打。打架這事當然是人越多越好，不管打得過打不過，得先從人數與氣勢上壓倒對方。齊宣王首先瞄準了中原腹地的兩個冤大頭——韓、魏兩國。

韓、魏兩國夾在秦、楚兩個超級大國中間，生存得異常艱難，整天不是被秦國揍，就是被楚國打。即使他們想與秦、楚做好朋友，也要麼被秦國騙，要麼被楚國放鴿子。這對被超級大國各種坑蒙拐騙的難兄難弟，很容易產生聯手討回公道的維權意識。這兩國實力雖然弱，可總比沒有強。

齊宣王打算派人去拉攏韓、魏兩國，於是他把相國田文找來。田文的名字大家可能不熟悉，但他的稱號，很多人都如雷貫耳。田文就是孟嘗君。

孟嘗君是光耀戰國的四公子之一，這四位公子分別是齊國孟嘗君、魏國信陵君、趙國平原君、楚國春申君。這四位公子各有各的優點，信陵君講義氣、平原君長得帥、春申君能力強，而孟嘗君則是四公子裡人緣最好的。

這四位公子不光家裡有無數不動產，還都當過各自國家的相國。而孟嘗君雖是一人之下萬人之上的相國，可他更看重的是封君的身分。

戰國時代的封君，只有封地的使用權，在自己的封地上還必須奉行國君的法令，徵兵的權力也被國君收走了。等到封君一死，如果子孫人品不好的話，封地也很有可能被收走。

不過，封君雖然享受的權力並不多，可是福利卻是很好的。封君可以享受封地上的賦稅，可以經商，還可以從事暴利的高利貸。而孟嘗君不光是一名外交奇才，更是一位厲害的封君，他把自己的封地經營得風生水起，成為戰國封君學習的楷模，封君裡的經營奇才。

對於封地的經營理念，孟嘗君總結了三點：人緣、養士、放貸。

孟嘗君行走江湖多年，深知多一個朋友多一條出路的道理。越是站在權力的高峰，生命安全係數就越低，廣結善緣就是在權力場角逐中謀求生存的根本。

每當有賓客來孟嘗君的府上做客，孟嘗君就會在屏風後面安排一位記錄員，負責記錄賓客的住址、喜好。當賓客離去回到住地後，孟嘗君就安排人將賓客喜好的東西送到住處。吃人家的嘴短，拿人家的手軟，與孟嘗君交往過的人都把他當自己的哥們兒。

作為一名富有的封君，產業那麼多，需要有人打理；公務那麼多，需要有人參謀；錢那麼多，需要有人看家護院，這都需要人手。放在春秋時代，卿大夫把部分土地分給士，士拿到土地後就給卿大夫打工。可是到了戰國時代，就不行了，封君只有手中土地的使用權，而兵權、行政權都在國君手裡攥著。封君想要人，只能公開招聘。

所以戰國的士混得比春秋的士要慘，春秋的士手裡還有土地，戰國的士只能拿工資，唯一的好處就是人身自由，想跳槽就跳槽。因此戰國的士又被稱為「游士」。

孟嘗君收編了三千多游士，收編的游士就被稱為「門客」。孟嘗君的門客裡既有高素質人才，也不乏雞鳴狗盜之徒。門客那麼多，孟嘗君為了方便管理，就將他們分成上客、中客、下客三個等級。每個等級的待遇也不同，上客每頓都有肉吃，中客每頓可以吃魚，下客每頓只能吃蔬菜。

招呼賓客、養三千門客，這都需要大筆的花銷，於是孟嘗君在自己的封地搞起了高利貸業務。

孟嘗君放貸規模很龐大，一次得到的利息就有十萬。而且孟嘗君在發放高利貸方面也很有創意。他把借貸合約寫在竹板上，然後一分為二，借貸人拿左券，孟嘗君派人上門合法討債就拿右券。一不留神，孟嘗君成為全球最早玩金融的大鱷，熟練地玩著錢生錢的遊戲。

齊宣王召見了在國內混得風生水起的孟嘗君，要派他前往韓、魏兩國，好憑藉孟嘗君的影響力，將韓、魏綁上齊國的戰車，一起攻打楚國。

孟嘗君到達韓、魏後，憑藉自己良好的人脈對兩國施加影響。加上韓、魏兩國本來就一直對楚國懷恨在心，於是同意與齊國結盟痛打楚國。

秦國聽說齊、韓、魏三國結盟後並沒有表態，老奸巨猾的宣太后要在諸侯混戰的時候挑選最佳時機，為自己謀得最大利益。

由齊宣王編織的巨型絞索已經套在了楚懷王的脖子上。

垂沙之戰

西元前三〇一年，齊宣王正式向楚國宣戰，誓要強拆楚國。齊宣王化身強拆大隊大隊長，孟嘗君扮演聯絡人，匡章是強拆用的炸藥包，韓、魏兩國都是強拆隊員。

匡章作為主將，魏將公孫喜、韓將暴鳶作為副手，齊、魏、韓三國聯軍直逼楚國方城。三國聯軍的總指揮匡章看著身後數十萬大軍，內心並沒有太過得意，因為他深知，自己接下來的任務其完成難度是史詩級的。

方城作為楚國通往中原的重要門戶，其戰略地位等同於秦國的函谷關。要知道，方城是從春秋時的楚成王時代開始修建的，方城修完後，楚國還圍繞它修建了一套龐大的防禦系統，這就是楚長城。歷代楚王化身基建狂魔，以方城為起點，圍著南陽盆地修建了一圈長城。

無論誰想攻入楚國腹地，從大門方城硬闖都只能撞得頭破血流。想繞開方城，周邊又都是延綿不絕的楚長城。可以說，想拿下固若金湯的方城絕非易事。

有人不禁會問：「難道沒有辦法攻入楚國腹地了嗎？」

兩百年前的兵聖孫武就回答過這個問題。當時，孫武作為吳國主將，率領吳軍發動滅楚之戰。面對鐵桶一般的楚國防禦系統，孫武選擇繞開楚長城，翻越大別山，來了一場讓楚國措手不及的奇襲。但是對於匡章來說，想繞開楚長城攻入楚國腹地，可能性幾乎為零。所謂的奇襲戰術只能使用一次，想再打第二次就不可能了，因為敵人早有防備。

既然繞不過去，就只能尋找楚長城最弱的點作突破口。

匡章反覆看地圖，最後決定將楚長城東南段作為突破口。這段是楚長城與大別山的結合處，遠離重兵把守的方城。如果把楚長城比作皮糙肉厚的鱷魚，那麼這個地段就是鱷魚最柔軟的腹部。

三國聯軍朝著方城虛晃一槍，隨即直奔楚長城東南段。匡章不愧為行走的炸藥，成功率領三國聯軍強拆了楚長城東南段，殺入楚國腹地。

楚國舉國震驚！

楚長城作為楚人引以為傲的曠世傑作，竟然被匡章給攻破了。匡章如同一頭凶猛的巨獸，在平坦的南陽盆地裡橫衝直撞，走到哪兒拆到哪兒。驚慌失措的楚懷王急令將軍唐昧率軍迎戰。

此時的楚軍已不是當年讓天下諸侯聞之色變的擎天巨人。十一年前的藍田之戰，楚軍精銳全部戰死，整整一代年輕人全都葬送在關中沃野。從那之後，楚國一直沒有恢復過來，再也無力參與天下大事。楚國空有超級大國的體格，元氣早已消失殆盡。

唐昧率領的楚軍，很多士兵都是臨時徵召來的少年。看著眼前這些稚嫩的臉龐，唐昧心裡很忐忑，帶著這樣一群毫無作戰經驗的娃娃兵上戰場，能有多少勝算呢？

既然打不過，就只能利用主場優勢慢慢消耗了。面對士氣正旺的三國聯軍，理性的唐眛選擇了在泚（ㄘˇ）水（今河南省泌陽一帶）與敵軍隔河對峙。

洶湧的河水擋住了聯軍的去路，匡章只能命令部隊就地駐紮，這一對峙就長達六個月之久。最先撐不住的不是前線交戰的軍隊，而是後方吃緊的齊宣王。打仗是要燒錢的，每天的軍費開支都是天文數字。再這樣無休止地耗下去，齊國就要破產了。齊宣王熬不住了，派使者催促匡章速戰速決。

面對齊王派來催戰的使者，匡章硬氣地回答道：「殺了我，免了我，滅我全家，這都是國君一句話的事。然而戰機不成熟，貿然出戰只會一敗塗地。無論大王如何命令，我都要斷然拒絕！」使者只能灰頭土臉地回去了。

前線局勢瞬息萬變，一個傑出的將領絕不能指望千里之外的上級做出最正確的決定。畢竟上級不瞭解局勢，往往只看重眼前的結果，而交戰中任何一個指令都會影響戰爭最終走勢，牽一髮而動全身。優秀的將領要做的就是保持冷靜的頭腦，發出最正確的指令。

在與楚軍對耗的六個月裡，匡章並沒有閒著，而是當上了水文專家。他一直在對泚水進行水文監測，以便觀察哪裡河水最淺，最適合軍隊過河。可惜，每次齊軍剛要進行水深測量，對岸的楚軍就開弓放箭，讓齊軍沒有測量的機會。

不過，在重金懸賞下，還是有一位樵夫告訴了齊軍泚水的祕密：「河水最深的地方，防守的楚軍最少；河水最淺的地方，防守的楚軍最多。」

夜晚，匡章找準楚軍防禦兵力最多的地方，集中兵力進行了突襲。因為六個月沒有交戰，楚軍放鬆了警惕，結果一觸即潰。

唐眛收攏了潰逃的楚軍，並在垂沙與三國聯軍決戰，垂沙之戰正式打響。結果楚軍全軍覆沒，唐眛戰死。

戰後，匡章望著不遠處的南方。楚國郢都與富庶的江漢平原擺在自己眼前，只要率領大軍繼續殺過去，郢都唾手可得。自己可以建立不世功勛，更可以與兵聖孫武並列，名垂青史。

所有齊軍將士都等待匡章下令攻打郢都，沒想到匡章卻說了一句讓所有人大跌眼鏡的話：「班師回國！」

齊軍上下沸騰得如同一鍋開水，將士們剛打出了氣勢，結果卻要撤軍，這是為什麼？

其實道理很簡單，攻滅楚國，撿便宜的是挨著楚國家門口的魏、韓兩國。把魏、韓兩國餵肥了，害的是齊國自己。齊國打垮楚國的目的已經達到，沒必要再糾纏下去。

韓、魏兩軍眼見帶頭大哥匡章帶著齊軍回國了，自己也就見好就收，把楚國南陽盆地北部的領土瓜分掉也就算了。楚國消耗數代君王的心血、用無數將士性命換來的南陽盆地，就此成為他國領土。

連年戰敗，楚國青壯年都戰死沙場。為了躲避徵兵徵糧，百姓紛紛逃亡，楚國民不聊生。一個名叫莊蹻（ㄑㄧㄠ）的楚人揭竿而起，楚國百姓紛紛響應，起義的大火燒遍了楚國各地，造成楚國疆域四分五裂。

楚懷王家裡正在起火時，秦國大軍又來了。

秦昭襄王明知老丈人家裡遭災，不但沒有送來人道主義援助，反而奉行「一方有難八方捅刀」的作風落井下石。

西元前三〇〇年，秦國攻打楚國，斬首兩萬，搶占新城（今河南省襄城縣）。

西元前二九九年，秦國再次出兵伐楚，奪取八座城池。

楚國現在烽火連天，國內到處都是暴走的農民起義軍，國外又都是強取豪奪的諸侯。楚懷王接二連三地遭受重創，精神處在崩潰的邊緣。

這時，他又收到了一封讓自己焦躁不安的信。寫信的不是別人，正是專坑老丈人的秦昭襄王。信上是這麼寫的：「當初秦、楚兩國在黃棘結為兄弟之國，楚國太子到秦國做人質，兩國關係十分融洽。然而楚國太子殺了我國重臣，沒有道歉就跑了，我很生氣，所以派兵侵占了您的土地。現在我聽說，您竟然把太子送到齊國當人質，與齊國修好。秦楚兩國接壤，相互通婚，睦鄰友好，已經數百年歷史了。可惜現在兩國關係惡化，無法一起號令天下諸侯。我希望與您在武關會盟，重修友好！」

楚懷王把這封信給身邊的人看。有人說，去了就回不來了，應該加強邊境防禦。也有人說，如果不去，秦國會有理由出兵攻打楚國。

楚懷王凝視著眼前這封信。與其說它是信，不如說是命令。一個深不可測的大坑擺在面前，稍微有點理智的人都不會跳。楚懷王也不想跳，可是他如果不跳，秦國打來怎麼辦？楚國已經處在四分五裂的邊緣，到哪裡去找軍隊防禦秦國？

向前一步是深淵，向後一步是火海。已經是知天命之年的楚懷王，似乎已經知道自己的命運，也只能閉著眼跳入女婿挖的大坑裡。

楚懷王率領外交團隊來到武關城下。此時武關大門敞開，楚懷王透過城門洞看到了裡面君王打扮的人，心想那應該就是自己的女婿秦王。

但是楚懷王剛一進入武關，大門突然關閉，假扮秦王的人脫去衣服露出鎧甲。他一聲令下，無數秦軍從角落裡湧出，將楚懷王與隨行的大臣團團圍住，全部押送到咸陽。

楚懷王到達咸陽後，秦昭襄王命令他以藩臣的禮節來朝見自己，還要讓他簽署割讓巫郡與黔中郡給秦國的協議。楚懷王在自己人生快要結尾的時候，終於硬氣了一把：「老子就是不簽字！」

「不簽是吧！不簽就別想回國！」

「那我就賴在秦國了，反正你們也得養我！」

於是楚懷王被扣押在秦國，成了一個高級肉票。這個大傻瓜後來還成功越獄，可惜沒能逃出生天，又被秦國抓了回來，最後死在了秦國。

回顧楚懷王的一生，實在是生得豪橫，死得窩囊。

楚懷王被抓後，太子橫繼位，也就是楚頃襄王。無論秦國如何蠶食楚國，楚國畢竟是百足之蟲，死而不僵。

直到年輕的秦昭襄王與齊國展開外交聯盟，釀成了一場驚天災禍。

攻破函谷關

秦國與齊國，一個在最西邊，一個在最東邊，相互不接壤，本來毫無瓜葛。可是諸侯為了各自的利益，縱使彼此遠隔千山萬水，也會一起組隊，玩君王版「權力遊戲」。

垂沙之戰之後，秦昭襄王著實被齊國驚人的戰鬥力嚇到了，於是決定與齊國結為戰略合作夥伴。他把自己的弟弟涇陽君公子芾送到齊國當人質，同時邀請齊相孟嘗君來到秦國，指導秦國工作。

戰國時，經常會出現某人同時兼任好幾國相國的現象，這種身兼數職的奇特現象也只有在戰國亂世中才能看到。

去他國擔任相國，既是他國對本國的信任，同時，相國本人在他國也能扮演本國駐外大使與聯絡人的角色。

秦昭襄王之所以點名孟嘗君來秦國，就是看中這傢伙的人脈資源。孟嘗君在東方諸侯心中，那就是人見人愛花見花開的香餑餑，秦國將孟嘗君拉入自己的陣營，就能大搞連橫戰略，滅亡楚國。正好，此時樗里疾剛去世不久，秦國的相國之位空缺。

齊宣王同意派孟嘗君前往秦國當相國。西元前二九九年，孟嘗君帶著自己的門客，浩浩蕩蕩啟程前往咸陽。

齊秦結盟，最惴惴不安的不是楚頃襄王，而是趙武靈王。

趙武靈王作為戰國時期趙國最偉大的君主，一手推動了趙國史無前例的軍事改革——胡服騎射。趙國急匆匆地推動軍事改革，就是為了吞併中山國。但中山國是齊國的小弟，齊國又與秦國結盟，打中山國就等於向秦、齊兩國宣戰。趙國再怎麼搞軍事改革，也無法抵禦齊秦聯盟的進攻。

於是趙武靈王想出了一條離間計。

孟嘗君能在諸侯之間八面玲瓏，而趙武靈王其實人緣也相當不錯，他也與眾多諸侯國廣結善緣。趙武靈王派使者求見秦昭襄王，提議趙國大臣樓緩和仇郝分別到秦國和宋國做相國，組建秦、趙、宋聯盟，讓秦國當大哥。

秦昭襄王細想，這是一件好事啊。再說趙王當年一路護送自己回秦國繼位很仗義，於是就答應與趙結盟了。

在秦國認真工作的孟嘗君，突然有一天就被帶出了辦公室，圈禁在府邸。

要我來秦國上班的是你，開除我的還是你。孟嘗君知道，按照秦國一貫喜歡坑蒙拐騙的特性，自己這樣一個具有國際影響力的人，想平安離開秦國是不可能的，搞不好就要被撕票。

孟嘗君立刻開始準備逃跑計畫。

孟嘗君跟誰都處得來，甚至還認識秦王身邊的寵妃。於是他派人向寵妃求助，希望寵妃能對秦王吹吹枕邊風，讓秦王放了自己。寵妃願意幫助孟嘗君出逃，條件是孟嘗君用白色狐皮裘來交換。

若在平時，別說一件白狐皮裘，就是一百件，對於財大氣粗的孟嘗君來說也不是事。可是，孟嘗君剛來秦國時已經把白狐皮裘獻給了秦王，身邊再也沒有了。

孟嘗君正在為此事發愁，一個身形奇特的門客站了出來：「不要緊，我可以去偷出來。」眼前這位不起眼的門客善於偷盜，孟嘗君此前一直沒看得起他，沒想到他竟然會在此時派上用場。

夜黑風高時，這位門客喬裝成狗潛入秦國國庫，成功盜取了白狐皮裘。孟嘗君立刻將其獻給了秦王寵妃，於是，寵妃每晚都會在睡前給秦昭襄王吹吹枕邊風。

秦昭襄王經歷了數天枕邊風的洗禮，最後也覺得扣押孟嘗君只會讓齊、秦交惡。既然現在還沒有到兩國翻臉的時候，那就釋放孟嘗君吧。

孟嘗君拿到出境文件後，以火箭般的速度向函谷關奔去。過了幾天秦昭襄王才反應過來，自己把外交奇才孟嘗君放走，搞不好他回到齊國後就會組織一個聲勢浩大的合縱聯盟來攻打秦國。不能讓孟嘗君離開秦國！

孟嘗君一行人正星夜兼程，此時剛到函谷關腳下。秦國規定，只有清晨雞叫的時候才能打開函谷關，讓人通行。可是如果等到天亮，追兵可能就追上來了。

十萬火急之際，一位下等門客站了出來。他惟妙惟肖地學起了雞叫，函谷關的守軍聽見公雞打鳴，就打開城門核驗出境文件，放孟嘗君出關了。

勝利大逃亡的孟嘗君感慨良多。曾經給予眾多優厚待遇的上等門客，在危難之際根本沒什麼用，反而是自己平時看不起的雞鳴狗盜之徒在關鍵時候救下了自己。

孟嘗君在途經韓、魏兩國時進行了一番政治串聯，再次組建了合縱聯盟。西元前二九八年，也就是孟嘗君逃離秦國的第二年，齊、魏、韓三國再次組織了聲勢浩大的強拆大隊，「行走的炸藥包」匡章再次擔任統帥。這次強拆的目標就是天下第一超級大國——秦國。

強拆大隊經過三年苦戰，於西元前二九六年殺到函谷關腳下。

函谷關可是秦國的曠世傑作，是為百年一遇的大仗預備的。只要有重兵設防，任何人想從函谷關正面突破都無異於以卵擊石。在秦昭襄王看來，三國聯軍敢打函谷關，真是狂妄囂張，不自量力。

秦昭襄王本以為三國聯軍會在函谷關鎩羽而歸，沒想到一則十萬火急的軍情傳到咸陽：「函谷關破，聯軍直奔咸陽而來！」

函谷關竟然被強拆了！秦昭襄王頓時感覺天都塌了，只能無奈地割地求和。

打不贏秦國不是新聞，打贏了才是新聞，曾經只進不出的秦國竟然同時向三國割地求和，匡章從此登上了人生頂峰。匡章見打擊秦國的戰略目的已經達到，就班師回國了，韓國得到了武遂，魏國得到了封陵。

秦昭襄王吃了一次大虧，開始進行復盤。他認為，這都怪當初聽信了趙武靈王結盟的鬼話。在關鍵時刻，趙國眼看著秦國被揍，卻連個屁都不放，這是什麼聯盟！

的確，趙武靈王一直奉行著不摻和六國事務、悶聲發大財的金科玉律。當幾個大國打成血葫蘆時，趙國在趙武靈王的統治下完成了完美逆襲，一度成為秦國統一天下征途上最恐怖的角色。

拾陸

中國第一雄主

少年英主

西元前三二六年，趙肅侯死了，兒子趙雍繼位，也就是赫赫有名的趙武靈王。

老爹趙肅侯留給趙雍的家底並不殷實。此時趙國的境況已是風雨飄搖，搖搖欲墜。西有虎狼一般的秦國，東有強悍的齊國，更要命的是「戰國第八雄」中山國嵌入自己的腹地。中山國只要一鬧騰，趙國就得跟著鬧肚子。

這種爛攤子，還被諸侯覬覦。就在趙國辦喪事的時候，秦、楚、齊、燕、魏各國都派人前來弔唁，他們不光帶著慰問品，還帶來了軍隊。十五歲的趙雍才剛剛束髮，離成年加冠都還有五年，在這些諸侯眼中，這樣一個乳臭未乾的小子，有何畏懼？

趙國此時處於主少國疑的危險境地，然而趙雍顯露出了超越年齡的成熟與穩重。朝堂之上，一身素服的趙雍下令全國戒嚴，邊境進入戰備狀態，隨後調集精銳保衛邯鄲。

五國大軍來到趙國邊境，看到邊關守備森嚴，儼然一副打仗的架勢。接著，五國使者收到趙雍的命令，只准使者進入趙國，如有軍隊進入即為宣戰。五國看到趙國早有準備，占不到任何便宜，也只能讓使者前往邯鄲弔唁了事。

越是危機，越是能看出一個人的能力。這個十五歲的少年英主，讓趙國上下看到了新的希望。

趙武靈王即位後，任命陽文君趙豹為相國輔佐自己。趙豹能擔任相國，只因為他是王室成員，資歷較老，而真正對趙武靈王起到關鍵幫扶作用的人是肥義。肥義是趙肅侯時的重臣，也是趙武靈王最信賴的人，此人忠肝義膽、眼界開闊，每逢大事，趙武靈王都會把肥義叫來商量。

戰國時代，各國都展開了轟轟烈烈的變法，趙武靈王不甘人後，也要對趙國開展變革。任何改革都需要有穩定的環境，而趙武靈王很會做人，把外交環境穩定得很好。

趙武靈王娶了韓國公主做老婆，扶持了燕昭王繼位，又在秦昭襄王回國繼位的路上保駕護航，讓這位戰國時期破壞力最強的秦王也欠了自己一個大人情。趙武靈王在位期間，秦國始終未對趙國下手。一番操作下來，各諸侯都不再為難趙國。

外部安定了，就要對內部進行改革，變大變強是其終極目標。

胡服推廣運動

西元前三〇七年，趙武靈王在舉行完朝會後，就離開了首都邯鄲，沿著趙國邊境線展開研究調查。研究調查的結果讓趙武靈王非常不滿意。趙國擁有漫長的邊境線，可是守備力量非常薄弱。如果有強敵從一處突破，趙國的整個防線都會被撕開一個大口子。

趙國必須要有一支強大的機動部隊！

什麼是強大的機動部隊呢？就是騎兵，像胡人那樣，來無影去無蹤的騎兵！

要組建騎兵就要脫去有礙騎馬射箭的寬袍大袖，穿上短衣窄袖的胡服。於是，西元前三〇六年，一場轟轟烈烈的胡服推廣運動在趙國拉開序幕。

穿著什麼樣的衣服，就表示認同什麼樣的文明。在中原人的眼中，胡服就是野蠻的象徵和死亡的代名詞。想要打破人們心中根深蒂固的華夷之辯，比登天還難。

中原文明圈的人一般都穿上衣下裳的寬袍大袖，雖然費布料，但是看起來很美，有氣場。一個人要換掉平時穿習慣的衣服，肯定很難適應。例如以前中原人下半裳裡面穿的是無襠褲，現在趙國人為了騎馬方便，就要穿有襠褲了。

最讓中原人晦氣的是，胡服是左衽！為了方便開弓射箭，胡服的衣襟都是左掩的，因為如果身著右衽，射箭時手肘容易鉤住衣衽。而在中原文化中，只有死人穿的壽衣才是左衽。讓趙國人改穿原本只有死人才穿的左衽壽衣，換誰也無法接受。

做事風風火火的趙武靈王立刻把大臣樓緩與肥義招來議事：「趙國北面有燕國，東面有東胡，西面有樓煩、林胡、秦國、韓國，還有個中山國在趙國腹心。如果沒有強大的機動部隊，趙軍無法四處馳援，敵人一旦進攻，趙國就危險了。只有騎兵才能救趙國，為了國家，我願意穿起胡服！」

樓緩很贊同趙武靈王的提議。

趙武靈王看了看旁邊默不作聲的肥義，又問他的意見：「想要建立功勛，就要學習胡人的長處。但是如今我要背棄傳統習俗，穿起胡服叫百姓騎射，必遭世人唾罵，我該怎麼辦呢？」

肥義：「做事猶豫就不會成功，行動猶豫就不會成名。既然您願承受世俗的責難，那就大膽地去實現自己的理想。」

看到身邊的重臣都同意了，趙武靈王也就下定了決心。

他首先把目標鎖定在自己身邊的王族身上。王族都穿起胡服，不就便於推廣了嗎？趙武靈王打起了叔叔公子成的主意，公子成是趙國王室裡資歷最老的人，只要他穿起胡服，王室就沒有敢不穿的了。

一天，趙武靈王派人將胡服送到公子成的府上，請他在上朝的時候穿。

已經上歲數的公子成收到國君送來的新衣服，非常高興。然而，當公子成興沖沖地打開衣服時，臉色「唰」地就變白了：「國君為什麼讓我穿壽衣？難道他覺得我這把老骨頭還會威脅他的王位，想讓我早點死嗎？」

使者趕緊解釋：「國君為了方便趙人騎馬作戰，打算推行胡服。國君希望公子能起帶頭作用。」

公子成長舒了一口氣，這才緩過神來：「大王拋棄原來的服裝，改穿胡服，這違背傳統，偏離人性，希望大王慎重對待此事！」言下之意，我公子成就是不穿！

趙武靈王只得親自登門請叔叔為胡服代言：「我們四周強敵環繞，如果不練習騎馬射箭，怎麼能守得住我們的國土呢？如果家都沒了，穿什麼衣服還重要嗎？所以我們必須改穿胡服，學習騎射，才能抵禦強敵！」

經過一番軟磨硬泡，公子成終於答應改穿胡服。

第二天一上朝，趙武靈王與公子成身著胡服現身，像超模伸展臺走秀一樣，在群臣面前來回展示。朝堂的大臣直呼辣眼睛，開啟了瘋狂吐槽模式，朝堂變成吐槽大會。

被濺得一身口水的趙武靈王怒斥道：「以書為御者，不盡於馬之情。以古制今者，不達於事之變。」意思是，照書本上的教條駕車，不能掌握馬的情況。墨守陳舊的制度，就無法適應當今的天下。眼看國君發火了，趙國的貴族也就都不情願地穿起了胡服。不過這些人也不會虧待自己，每個人的胡服都是貂皮做的。

服裝好改，要建立騎兵部隊卻不是一件易事。

先秦時，人要翻身上馬開弓射箭，無異於玩高難度雜技。現在拍影視劇，需要演員提前苦練騎馬技術，騎得不好的可能直接摔下馬來。其實，這些演員已經很幸福了，如果讓他們看看先秦時的馬具，估計他們會立刻罷演。

如果去參觀秦陵兵馬俑坑，在看到騎兵俑時，你肯定有巨大的疑問：怎麼沒有馬鐙與馬鞍呀？馬鐙方便了騎手上下馬，而且騎馬的時候也有支撐點；馬鞍則可以讓人固定在馬背上，不容易摔下來。

先秦時，馬鐙和馬鞍還沒有發明。騎兵俑的馬背上安裝了一個所謂的軟馬鞍，其實就是一塊軟墊子。所以先秦的騎手那是在用生命騎馬，不但上下馬困難，而且很難坐穩。如果奔跑的馬兒突然停下腳步，騎手就得飛出去。

因此，先秦在選拔騎手時非常嚴格，必須是身體靈活的青壯年，身高要在一百七十公分以上。沒有馬鐙與馬鞍的輔助，騎手就要靠兩條腿夾持馬肚子。只有透過長期練習，才能夾得穩，直到兩條腿變成了O型腿，才說明你騎馬技能已練到家了。

學會基本的騎乘技術後，你還要學會在騎馬顛簸的過程中開弓放箭。

古代的弓可不是現在弓道館裡輕輕鬆鬆就能拉開的弓，古代的弓對臂力有一定的要求，而且光有力量還不夠，張開弓後你還得能瞄準。

有人會問，射箭只能進行遠程火力輸出，萬一敵人近身了怎麼辦？不要怕，騎兵是有佩劍的，敵人近身後，他們可以用劍來劈砍敵人。

騎馬的難度已是常人難以企及的了，而騎兵在飛馳的馬背上，既要能開弓射箭，又要能近身使劍，可以說，最後能練出來的騎兵都是精銳的特種兵。

為了培養這些馬背上的特種兵，趙武靈王可謂操碎了心。他要解決人和馬的兩大來源問題。不是每個趙國百姓都適合騎馬射箭，農民長時間種地，使糞叉特別熟練，當步兵還行，但是讓他翻身上馬他鐵定不適應，吃的飯都能顛吐了。

所以，趙國的騎兵有兩大來源：第一個來源是胡人。他們本身就會騎馬射箭，不需要培訓就可以直接上崗。而且胡人來趙國上班，都是自備馬匹與弓箭，趙國連買裝備的錢都省了。第二個來源是趙國的邊民。胡人畢竟是拿錢上班的外援，萬一哪天效益不好人家說走就走，能依靠的還是自己的子民。邊民顧名思義就是在北部邊疆生活的居民。由於居住地靠近邊疆，隔三差五就有胡人越境打劫，治安環境極差。邊民為了自身安全，個個習武練劍，民風彪悍。當敵人闖入自己家園時，他們扔下碗筷，抄起傢伙立刻就能開打。

解決了騎兵兵源問題，就要解決馬匹來源問題。

騎兵騎的馬與拉駟馬戰車的馬完全是兩個品種。駟馬戰車的馬是輓馬，專門用來輓駕馱載，單匹馬力不足，可以增加拉車馬匹的數量。而騎兵所用的馬是乘用馬，馬力不能疊加，所以對乘用馬的性能要求非常高，不光要跑得快，要能跳躍溝壕，還要能長途跋涉。相比之下，輓馬像一個老實本分的孩子，而乘用馬則像一個野性十足的漢子。

一方水土養育一方人，同樣，一方水土養育一方馬。在農業密集的中原地區，沒有新鮮的嫩草，也沒有供乘用馬馳騁的開闊地帶，北方一望無際的大草原才是孕育騎兵戰馬的最佳地，只有這樣水草豐美的地方纔能用於騎兵訓練。

趙國決定在北疆代地建立牧馬場，同時再向胡人大量購買馬匹。

兵源與馬源的問題都解決了，就要開始戰術訓練了。

戰術訓練是根據兵種的自身屬性來的，趙武靈王訓練出來的騎兵都是輕騎兵。可以說，不光是趙國，整個先秦時代，全中國的騎兵都是輕騎兵。

我們在影視劇裡看到的那種身著重甲手持長槍的騎兵都是重騎兵，重騎兵組成密集陣型後可以像坦克一樣撕開地方軍陣的缺口，碾壓步兵。而輕騎兵裝備輕便，功能以襲擾、追擊為主，戰術就是一邊放箭一邊游擊，就喜歡看著你追不上我又幹不掉我的樣子。不到萬不得已，輕騎兵絕不近身作戰。

輕重騎兵的地位沒有高低之分，只要指揮者使用得當，輕騎兵也可以取得不遜色於重騎兵的戰術。橫跨歐亞的蒙古帝國就是靠著輕騎兵一路殺到歐洲，將歐洲裝備齊全的貴族重騎兵射死於馬下。

趙武靈王選擇原陽（今內蒙古自治區呼和浩特市）作為輕騎兵的訓練基地。在這裡訓練的騎士，不光要能在馬背上熟練地開弓射箭，還要能前後左右應戰自如，進退嫻熟。要能越過溝壑，翻過山丘，衝過險阻，橫渡河水，追逐敵人，打亂敵人部署。

看著眼前這些生龍活虎的輕騎兵，趙武靈王決定將他們集中管理與使用。趙國的生存環境不同於中原諸侯，趙國北方有綿長的邊境線，那裡有旋風般的草原騎兵，兩條腿的步兵根本追不上，駟馬戰車的機動性也遠不如騎兵。只有將騎兵統一編排使用，才能爆發出強大的作戰能量。

戰國兵書《六韜》曾這樣描述騎兵的威力：在適合騎兵機動的平原地帶，一個騎兵的戰鬥力抵得上八個步兵；即使是在不適合騎兵的險要地帶，一個騎兵的戰鬥力也抵得上四個步兵。

可惜其他諸侯當時並未重視騎兵。騎兵早在春秋時代就出現了，身為牧馬小能手的秦人早就有了騎兵部隊，可是當時誰也沒有重視。到了戰國時代，中原戰場都是步兵為王，車兵、騎兵都屬於輔助兵種。

雖然我們不知道趙武靈王具體如何使用騎兵，但是可以從其他案例中大致瞭解到。戰國末期的趙國名將李牧在爆錘匈奴時，一次出動了一萬三千名騎兵；而作為對比，秦國在傾國而出打長平之戰時也只集中動用了五千名騎兵。

經過這一連串的折騰，趙國的騎兵軍團頗具規模，建立起威震戰國歷史的「趙邊騎」。趙邊騎的出現讓天下諸侯看得直流口水，紛紛跟著學了起來。

手握有當時天下機動性最強的騎兵軍團，趙武靈王想不搞些大事都不行！

腦洞大開的突襲構想

西元前三〇五年，也就是趙武靈王推廣胡服騎射的第二年，趙國傾全國之力攻打中山國。面對趙國的進攻，中山國也是有底氣的，中山國的底氣來自鐵製裝備。

中山國有冶金工業，可以製造出鐵甲與鐵兵器。要知道，當時鐵器主要用於農耕。後來統一天下的秦國，大部分士兵身上穿的還是皮甲，手裡攥著的也還是青銅兵器。

鐵甲的防護要比皮甲好，鐵兵器也要比銅兵器堅硬，所以有鐵製裝備的中山國士兵，防護力與攻擊力要超出趙國士兵一個時代。

面對這麼一個小而強的敵人，趙國也使出了吃奶的勁兒。據史書記載：「趙氏攻中山，中山之人多力者曰吾丘鴥（ㄩˋ）。衣鐵甲、操鐵杖以戰，而所擊無不碎，所衝無不陷，以車投車，以人投人也。幾至將所而後死。」意思是，趙國攻打中山國，中山國軍隊裡面有好多力大無窮的戰士，其中一個叫吾丘鴥。他身著鐵甲，手拿鐵杖進行戰鬥。鐵杖所到之處，敵人的身軀都被擊碎，敵人的軍陣都被攻陷。他打到興頭上，可以直接把敵人的戰車和士兵舉起來扔回去。他直到最後才壯烈戰死。

中山國這些力大無窮的勇士身著鐵甲，手拿鐵器，簡直就是戰國版的鋼鐵人，給趙軍造成極大的精神壓力。誰知道如果自己遇到這些人，會不會被他們當成鉛球一樣扔飛出去。

趙國一口吃不下中山國，只能慢慢吃。這一吃，就足足吃了九年時間。從西元前三〇五年到西元前二九六年，趙國持續不斷地向中山國發動大規模戰役。中山國雖然強，但是畢竟規模小，禁不住趙國這麼無限次的瘋狂進攻，最後終於滅亡。

得勝回國後，趙武靈王論功行賞，大赦全國，全國上下連續舉行五天五夜的大聚餐。然而對趙武靈王自己來說，吞併中山國只是為了增強實力，這位像烈馬一樣放蕩不羈的男子，他的心始終在北疆的草原上馳騁。

就在中山國戰事結束之後，趙武靈王又開始醞釀一場驚天的軍事計畫。

趙武靈王在攻打中山國的同時，在北面聯合樓煩、林胡向胡人發動了大規模戰爭，大片牧場落入趙國人手裡。為了守住這些新得的國土，趙武靈王在北疆發起了巨型防禦工程——趙長城。

一提到長城，在很多人印象中，這是個勞民傷財的工程，搞不好就得來個農民起義。然而趙武靈王在修建長城的同時還在進行著燒錢的對外戰爭，國內卻沒有反對之聲。不得不說，趙武靈王不光軍事素質過硬，統治能力也相當高明。

趙長城是沿著陰山山脈修建的，從東邊的代地一直向西修建到高闕，全長達一千三百多里。趙長城修建完畢後，趙武靈王沿著趙長城設置了四個邊郡和一座要塞，分別是雲中郡、雁門郡、五原郡、九原郡和高闕要塞。這四個邊郡不光在戰國時期戰略地位極高，到了秦漢時期也是邊關重鎮。尤其是高闕要塞，正是漢代霍去病北卻匈奴的出發點。

趙武靈王平時不是在中山國前線就是在北疆四郡巡視，由於兩頭跑太累，趙武靈王就把王位傳給了小兒子王子何，讓大臣肥義輔佐。這樣，自己就可以騰出手來專注一項宏大的戰略計畫。

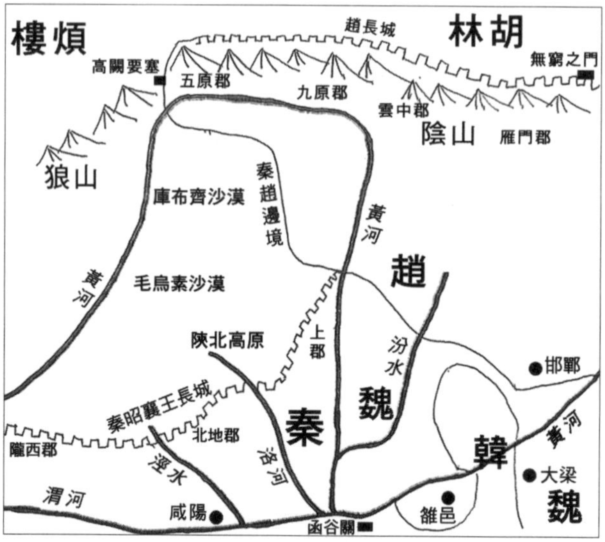

圖5　趙長城

縱觀天下格局，趙武靈王敏銳地發現秦國已經成為天下無人能撼動的巨無霸。雖然秦昭襄王欠了趙武靈王的情，但不代表未來兩國不會兵戎相見。

秦趙兩國必有一戰！

這是趙武靈王對未來局勢的正確判斷。如果任由秦國做大做強，將來趙國在強秦面前將毫無還手之力。為了避免這一災難出現，趙武靈王決定先發制人，搶先給秦國致命一擊。

打開地圖，可以發現趙國北部長城西段有三個郡，從西向東依次是五原郡、九原郡、雲中郡。這三個郡北靠陰山，南臨黃河，形成一個狹長地帶，不光水草豐美適合養馬，也適合農業耕種。而這三郡的正南方正是秦國的心臟——關中平原！

講到這裡，讀者可能猜到趙武靈王的意圖了。沒錯，趙武靈王就是要從正北方給秦國雷霆一擊！

要想攻入秦國本土，常規路線要經過讓人聞之色變的函谷關。要想攻下固若金湯的函谷關，光憑一個諸侯國實力是遠遠不夠的。即使能攻破函谷關，秦國也能從各地調集兵馬回援咸陽。唯一的辦法就是兵行險招，出奇制勝。

秦國關中平原的北方是一望無際的陝北高原，再往北走，直至陰山腳下，這一片是廣袤的鄂爾多斯高原，沒有崇山峻嶺。雖然秦國在陝北高原上修築了要塞，但是防備的主要是義渠人。由於宣太后與義渠王打得火熱，秦國北方的戰略威脅減輕，秦國所有主力都部署到了東方前線。整個秦國北部赤裸裸地暴露在外。

只要從北部突襲秦國，就能殺入秦國心臟，一刀斃命！

不過，我們看地圖就會發現，趙國如果要突襲秦國，有兩個巨大挑戰擺在面前。

第一個挑戰就是距離。趙國離秦國最近的邊郡是雲中郡與九原郡，但即使從這兩個最近的邊境出發，到咸陽的路程也長達一千六百多里。這對趙國的後勤負擔是巨大的考驗。

第二個挑戰就是駐守函谷關的秦軍。秦國的主要軍事力量皆部署於東方邊境，尤其函谷關是重鎮，而函谷關到咸陽的距離僅有短短的四百六十多里。就算趙軍成功襲擊咸陽，一旦秦軍主力從函谷關回師，趙軍就要面對主場作戰的虎狼秦軍，勝算微乎其微。

換作別人，從北方突襲秦國無異於痴人說夢，可是趙武靈王卻有實力去實現這一偉大的戰略構想，因為他手裡有戰國第一輕騎兵軍團。輕騎兵最大的特點就是速度快，所以突防能力很強。漢代的霍去病率領騎兵重創匈奴時曾六天疾馳兩千多里，蒙古騎兵橫掃歐洲時曾日行一百八十里。

趙武靈王作為馬背上的國君，軍事思想在當時已是遙遙領先。在他看來，兩條腿、速度慢、補給消耗巨大的步兵，哪能和騎兵相比？騎兵不光跑得快，而且後勤負擔小，一個騎兵可以帶上好幾匹馬換著騎，一路上可以透過劫掠獲得補給。馬餓了還可以就地吃草，連糧食都省了。

現在我們來對趙武靈王突襲秦國的計畫做一個推演。

當趙國發動對秦國的突襲時，趙國騎兵將從雲中、九原兩郡集結出發。這兩郡是趙武靈王苦心經營的軍事重鎮，那裡有充足的馬匹與補給，而且靠近秦國。趙國騎兵將在趙武靈王率領下，經過三天的飛馳，抵達秦國邊境上郡。

如果運氣好的話，趙軍當天就能突破秦軍防線，接著可以再用六天時間急速抵達咸陽城下。

而秦國高層對這一切還渾然不知，在趙國騎兵抵達城下前一兩天，他們才會收到突襲警報。這時，咸陽才會立刻派快馬向函谷關駐軍發出回師救援的急件。

快馬將在兩天時間內到達函谷關。當函谷關守軍收到消息，準備出發救援咸陽時，趙國騎兵很有可能已經包圍了咸陽城。

函谷關守軍是步、騎、車混編的部隊，其中以步兵為主。步兵以最快的急行軍速度到達咸陽城，也要花費五天時間。即使騎兵、車兵脫離步兵率先趕往咸陽，也要花費兩天。而且，當秦國的騎兵與車兵到達咸陽城後，將面對趙國恐怖的騎兵軍團。騎兵與車兵在秦軍中只能算是輔助兵種，他們在裝備精良、訓練有素的趙國騎兵面前只有被吊打的份。

消滅完了秦國機動力量後，趙武靈王會一直包圍咸陽城嗎？顯然是不會的。他知道，不光函谷關秦軍在朝咸陽一路狂奔，各地駐紮的秦軍也會急速回援咸陽。只要趙武靈王的數學不是很差，就會知道面對秦軍數十萬兵力的優勢，自己毫無勝算。

秦軍留給他圍攻咸陽城的時間只有五天，如果五天內攻不下咸陽，自己的騎兵就要被回援的秦軍反包圍。而趙軍都是清一色的輕騎兵，在沒有重型攻堅設備的情況下，想要五天之內攻下咸陽城無異於痴人說夢。

趙武靈王辛辛苦苦培養出來的騎兵軍團可不是來千里送人頭的，他才不會傻到一直硬攻咸陽，讓自己被秦軍包餃子。

輕騎兵最大的優點就是機動性強，趙武靈王會利用輕騎兵的機動性，在關中平原進行大規模的破壞與劫掠。趙國龐大的騎兵軍團將會像漫山遍野的蝗蟲一樣，來到一地就將其夷為平地，然後又以閃電般的速度飛向另一個地方。而追擊趙軍的秦國步兵將會連趙軍的影子都看不見。

當趙國騎兵軍團把關中沃野變成一片廢墟之後，趙武靈王又可以在秦國北部漫長的邊境線上任意選擇一個突破口，從秦國全身而退。

所以我們可以推測出，趙武靈王突襲秦國，不是想畢其功於一役。他沒法靠一場戰役來滅掉秦國，所以這次突襲也不是以拿下咸陽為目的，而是想破壞秦國的經濟，讓其慢慢失血，最後失去發動對外戰爭的實力。

如果戰術能夠成功，趙武靈王就會多次實施這樣的突襲計畫，直到秦國的血徹底流乾。

歷史上，這種繞開敵人重兵設防的關隘，在薄弱防線尋找突破口，深入敵人腹地，大肆掃蕩的戰術，用得最好的就是後金的皇太極。明朝末年，皇太極率領騎兵部隊繞開重兵設防的山海關，五次從明朝北方長城突破，深入明朝腹地，包圍北京，劫掠山東、河北。這種打了就跑的戰術讓崇禎皇帝苦不堪言，卻又無可奈何。

為了實現這一腦洞大開的突襲構想，趙武靈王也是拼了。作為一國之君，他竟然幹起了間諜勾當。有一天，秦昭襄王在咸陽收到了趙國大使前來友好訪問的消息。可是這次趙國大使走的來訪路線卻和往常不一樣，以前趙國大使都是從東邊的函谷關進入秦國，這次大使卻是從北方的上郡而來。要知道，趙國首都在邯鄲，沒必要從北方繞一大圈到咸陽呀？

雖然一肚子疑問，秦昭襄王還是熱情地接待了趙國大使。可是在接待過程中，秦昭襄王卻發現這位大使氣度不凡，怎麼看都不像是一個當臣子的，反而更像是一位君王。

趙武靈王覺察出了秦王的懷疑。外交訪問一結束，他趕緊騎馬一溜煙兒地逃出了秦國。一直處在疑問之中的秦昭襄王派人多方打聽，最終才得知來訪的大使不是別人，正是趙國國君趙武靈王。

秦昭襄王心裡一驚，自己當年回國繼位時得到了趙武靈王的幫助，但是一直沒有見到他本人，沒想到兩人竟然會以這種方式見面！趙君果然不是凡人，竟然親自前來刺探軍情。

秦昭襄王讓人呈上地圖，結果被驚出一身冷汗。趙武靈王入秦的路線，分明就是趙國從北入侵秦國的預演！

望著秦國北方漫長的邊境線，秦昭襄王陷入了恐懼。他聽說過趙國騎兵軍團厲害，如果趙國騎兵集中兵力於一點突破，秦國關中沃野就要陷入一片戰火之中。

然而秦國的主角光環實在是太強，遇到任何危機都能平安化解。趙武靈王雖然想出了偉大的滅秦戰略，但是由於他沒有處理好家務事，結果提前在歷史舞臺下線了。

沙丘之變

大家是否注意到，趙武靈王這麼一個不世出的英主，他的諡號卻很奇怪。「武」字是稱讚明君的美諡，意思是克定禍亂；但「靈」字又是形容昏君的惡諡，意思是亂而不損。

這麼奇葩而又分裂的諡號組合，的確高度概括了趙武靈王的一生。他是一個治國奇才，可惜在處理家務事方面，他又是個曠世蠢材。他不顧嫡長子繼承制，擅自廢立太子，結果釀成了驚天政變。

趙武靈王繼位第四年時迎娶了韓國公主，生了長子趙章。太子章作為趙國未來的國君，一直被趙武靈王精心栽培。然而，趙武靈王又因為一場荒誕的夢，最後毀了太子章的前途。

趙武靈王有一次外出遊玩，夢見一個美女鼓琴而歌：「美人熒熒兮，顏若苕之榮。命乎命乎，曾無我嬴。」意思是：美人長得光彩熒熒，容顏向苕花一樣好看。命啊，命啊，竟然無人知道我嬴娃。

第二天，趙武靈王和大臣聚餐時提起了這個夢。席間一位叫吳廣的大臣立刻拍馬屁說：「我有個女兒孟姚長得和大王夢裡女子相似。」

趙武靈王一聽便來了興致，讓吳廣趕緊把女兒送過來。孟姚來了，趙武靈王一看，姑娘長得真漂亮，便把她立為王后，即惠后。

惠后深受趙武靈王的喜愛，還給他生了一個小兒子趙何。不幸的是惠后紅顏薄命，生下兒子後沒幾年就去世了。

痛失愛人後，趙武靈王把對惠后所有的愛都寄託到了小兒子趙何身上。於是，在西元前二九九年，他做了一件轟動全天下的事——傳位。四十一歲正值壯年的趙武靈王將國君之位傳給了十歲的幼子趙何，自稱「主父」。趙何就是歷史上的趙惠文王。

由於趙惠文王年紀太小，趙武靈王又忙於對外戰爭，國家大事就都交給了大臣肥義。

而二十二歲的趙章被廢除太子之位，分封於代地，成為安陽君。

年輕的趙章想不明白，父親為何要如此對待自己？他在當太子的時候是很勤勉的，也很有人氣。在十六歲的時候，他就擔任中軍將出征中山國，並且屢立戰功。如今遭到父親的不公正待遇，趙章越想越氣，心想：「既然父親廢了我的太子之位，那我就廢了父親與弟弟！」

就在此時，趙武靈王又給趙章送來了一位幫手，他就是田不禮。

田不禮被安排擔任趙章封地的國相，這人生性殘忍，而且極不安分。當田不禮與趙章接觸後，兩人天雷勾地火，手拉手地走上了造反的道路。

此時一個叫李兌的大臣跳了出來。這個人心憂趙國安危，他斷定趙章與田不禮遲早要造反，於是一個人搞起了串聯。他在重臣肥義和公子成那裡大肆宣揚趙章即將造反的可能性，希望所有人聯合起來，對趙章的造反陰謀早預防、早發現、早消滅。

李兌這邊忙著串聯，趙武靈王那邊又開始大腦抽風。有一次，趙武靈王讓趙惠文王朝見群臣，自己躲在幕後觀察小兒子的表現。這時，有一幕讓他動了惻隱之心：長子趙章北面稱臣，垂頭喪氣地向弟弟行禮。

趙武靈王看見趙章的臉，頓時覺得有些對不起他，畢竟是自己從長子手中奪走了原本屬於他的一切，況且長子沒有做錯任何事情。趙武靈王越想越覺得對不起長子，於是想出了一個自以為兩全其美的辦法——讓長子趙章在代地稱王，幼子趙何在邯鄲稱王，一人一半。

趙武靈王把這個奇葩的想法跟大臣一說，群臣都覺得國君瘋了。國家從來只有開疆拓土，哪有自個兒分裂一說？這又不是老百姓家裡分家產，每個子女都有份兒。

趙武靈王被群臣噴得滿身口水，也只能收回自己的想法。這樣一來，趙章最後當王的機會也沒有了，要想當王只能靠他自己了。

機會很快就來了。

西元前二九五年，趙武靈王與趙惠文王一起去邯鄲外的沙丘遊玩。

趙章終於盼來了老爹和弟弟一起離開重兵護衛的邯鄲城的機會，於是與田不禮率領造反大軍向沙丘撲來。

田不禮是一個非常狡猾的人，他主張派人去往趙惠文王的行宮，詐稱趙武靈王要見趙惠文王，等趙惠文王離開行宮的時候趁機將其幹掉。

夜深時分，趙惠文王下榻的行宮門外，傳來一陣急促的敲門聲。衛戍的士兵打開門，一個自稱使者的人喊道：「主父請國君去他那裡一趟！」

收到消息後，趙惠文王準備穿衣前往時，輔政大臣肥義一把攔住他：「國君要小心！此時已是深夜，主父突然召見您，您不覺得反常嗎？趙章與田不禮密謀造反，您的身邊危機四伏，主父既然把您託付給我，我就要對您的安全負責到底。讓我先去，如果我平安回來，您再去不遲。」

說完，肥義義無反顧地隨使者離去，消失在茫茫黑夜之中。

趙章與田不禮沒有騙來趙惠文王，反而騙來了肥義。二人惱羞成怒，立馬宰了肥義，隨即率兵攻打趙惠文王的行宮。好在趙惠文王帶的護衛將士人數眾多，拼死抵抗之下，叛軍始終無法攻入行宮內，戰鬥呈現膠著狀態。

李兌與公子成聞訊立刻從邯鄲調集重兵，同時發動沙丘周邊的駐軍圍剿趙章與田不禮。

趙章望著四周源源不斷的救援軍隊，明白自己大勢已去。人在危急關頭總會迸發出強烈的求生慾望，趙章突然想到可以去老爹那裡，或許他能看在父子情面上饒自己一命。

想到這裡，趙章丟下了田不禮與軍隊，快速逃往趙武靈王的行宮。

趙武靈王在行宮內已經收到趙章造反的消息，但他只能無可奈何地看著骨肉相殘，誰都幫不了。

一切禍亂的根源都怪自己廢長立幼。

就在趙武靈王自責的時候，行宮的大門響起了震耳欲聾的敲門聲。衛戍將士打開宮門，發現門外站著的是已成血人的趙章。將士不敢私自放趙章進來，決定向趙武靈王稟報。

趙武靈王得知長子還沒死，不禁欣喜若狂，趕緊讓趙章進門：「孩子，都是爹不好！讓我跟你弟弟說說，讓他不要追殺你了，你們兄弟倆摒棄前嫌，重歸於好！」

可是趙武靈王想錯了。君王的家庭糾紛，可不像老百姓家裡那麼簡單。君王家裡一旦骨肉相殘，往往只有一方能存活，這是亙古不變的道理。

很快，李兌與公子成率領大軍包圍了趙武靈王居住的行宮。殺紅了眼的李兌毫不顧及趙武靈王的尊嚴，下令全軍闖入趙武靈王的行宮，擊殺趙章。

趙武靈王對著闖入宮內的士兵喊道：「我是主父，所有人給我住手！」可是無論趙武靈王如何咆哮，都沒人理睬他。很快，趙章被搜了出來，當場被砍了人頭。

趙武靈王沒想到小兒子的軍隊會下此狠手，看著長子身首分離，這個鐵骨錚錚的漢子徹底崩潰了，號啕大哭起來。

行宮外的李兌看到士兵呈上來趙章的首級後滿意地笑了，接著，他又做了一件震驚全國的事。

李兌轉過臉對身旁的公子成說道：「我們率軍闖入主父行宮，殺死趙章，如此大罪，等我們撤軍回去，必定被主父滿門抄斬。」

公子成聽完汗珠子都下來了，他萬萬沒想到自己竟然莫名其妙地走上了謀逆的道路。

「那你說我們該怎麼辦？」公子成焦急地說道。

李兌陰沉著臉：「包圍行宮，讓除主父外所有人出來，讓主父自己餓死在裡面，免去我們弒君的罪名。」

公子成為了自己能活命，也只能無奈地點頭了。

趙武靈王一直守在趙章的屍體旁。他看著身邊的人一個個離他而去，心裡明白自己也將難逃一死。困在行宮裡的趙武靈王就像孤魂野鬼，他在宮內四處尋找食物，能吃的都吃完後，就只能爬樹捕捉幼鳥吃。

最後，實在找不到食物的趙武靈王艱難地爬到了床上。他躺在床上回憶起了自己往昔的光輝歲月。自己本是馬背上的英雄，沒想到竟會死得像喪家之犬一般。

趙武靈王漸漸地閉上了眼睛，靈魂飛向了北方的遼闊草原。西元前二九五年，熬了三個月，四十五歲的趙武靈王餓死了。

李兌急忙向趙惠文王彙報趙武靈王的死訊。趙惠文王正式發喪，向全天下諸侯發布趙武靈王的死訊。

李兌作為一名大臣，竟然闖入趙武靈王的行宮斬殺公子趙章，還冒天下之大不韙圍困死趙武靈王，如果沒有幕後老闆的支持，借他十個膽子他也不敢。而他幕後的大老闆正是趙惠文王。

別看趙惠文王此時只有十五歲，可他已經具有殺伐決斷的魄力，可惜全用在了自己的父親與哥哥身上。而李兌事後也擔任了趙國相國，權傾朝野。

趙武靈王死了，但他留給趙國一支空前強大的軍隊，成為秦國一統天下征途上最可怕的敵人。

遠在千里之外咸陽城內的秦昭襄王長舒了一口氣，這樣一位強大的競爭對手死了，自己也就少了幾分壓力。

拾柒 「亞聖」孟子

人之初，性本善

就在天下諸侯忙於發展與鬥爭的時候，一位儒家重量級人物正在慢慢崛起，遊走於諸侯之間，傳播自己的思想。

西元前三七二年，鄒國（今山東省鄒城市）的一戶人家生下了一個男孩，這個孩子叫孟軻，正是大名鼎鼎的孟子。孟子在儒家的地位極高，僅次於孔子，被後世封為「亞聖」。

孟軻三歲的時候，他老爹死了。孟軻雖然失去了父親，但是他的母親在家庭教育上卻絲毫不鬆懈。

孟母可以說是中國「虎媽」的始祖。作為「虎媽」的孟母，遇到的第一個挑戰就是「學區房」。

話說孟軻慢慢長大了，也到了該讀書的年紀。可是孟軻家住在郊區，離墓地不遠，是「墳地房」。由於挨著墓地，孟軻經常會看到別人辦葬禮。小孩的模仿能力是極強的，孟軻經常和鄰居家的孩子跪在墓前，學著哭泣、磕頭。

孟母一看，孩子這是要往殯葬業發展，這哪行啊，趕緊換房子！於是孟母把家搬到了市區。

搬到市區後，由於房子靠近街上的店鋪，孟軻又學起了做買賣。孟母一看，這也不行啊，孩子以後是要做大事的人，怎麼能做小買賣呢？再換！於是孟母又把家搬到了學宮旁。

搬到學宮旁，孟軻看到很多認真學習的人，自己也就模仿人家，學習禮節。孟母覺得這才是適合孩子成長的地方，於是在此定居，給孟軻報名上學。換房子是要錢的，孟母前後換了兩次房子，說明孟母家裡還是有點底子的。不過孟母自己也沒想到，自己的兒子將會在諸子百家紛爭的戰國時代，憑一己之力扛起儒家的大旗，笑傲天下！

孟軻在母親的成功教育下，品格高尚，在學習方面突飛猛進，迅速成為老師和長輩眼中的優等生。孟軻所學的是儒學正宗，孟軻所拜的老師是子思的學生，孟軻也稱自己為孔子的私淑弟子。

子思自己是孔子的孫子，老師也是孔子的高徒曾子。曾子、子思師徒二人不光繼承了孔子的儒家思想，還將其發揚光大。曾子寫了一本《大學》、子思寫了一本《中庸》，在未來，孟軻會續上第四本《孟子》，加上孔子弟子編纂的《論語》，就構成了儒家「四書」。

學成之後，孟軻開始了收徒講學的生涯。孔子招學生是有教無類，乞丐來了也收，而孟子的招生條件卻異常苛刻。凡是認為自己地位高貴的，認為自己賢能的，認為自己歲數大的，認為自己有功勞的，認為自己有交情的，對不起，這五類人不要到我這裡來求學，我不會收的。

這樣狂妄的招生標準，竟然擋不住人們來孟軻門下求學的熱情。

由於名氣大，孟軻被鄒國的國君鄒穆公看中了，請他出來做官。

鄒穆公是一個勤勉節儉的國君，深受老百姓愛戴，鄒國在他的治理下，路不拾遺，夜不閉戶。在兼併成風的戰國時代，鄒國這樣一個巴掌大的小國，受到了大國國君的尊重，從未遭到戰火的荼毒。

可是孟軻感覺鄒國實在太小了，不適合自己傳播儒家的仁愛思想，他需要更大的舞臺來施展自己的蓋世才華。此時的齊國處於齊威王統治之下，百姓富庶，文化昌明。靠家近，出行又方便的齊國成為孟軻實現人生抱負的首選地。

讓孟軻沒想到的是，自己這一走，竟開始了一場堪比孔子周遊列國的生涯。

如果說孟軻四十歲以前的人生是順風順水，那麼四十歲之後，孟軻就是在為自己的理想而抗爭。不惑之年的孟軻，將被現實打擊得困惑無比。

理想很豐滿，現實很骨感。孟軻像無數找工作的人一樣，碰壁了。

齊王聽說鄒國的大名人孟軻來了，想請孟軻到王宮裡來聊一聊。換作一般人，肯定會梳洗打扮一番，準備去見國家領導人。結果孟軻見到齊王派來的使者後，乾脆拒絕前去。

弟子萬章急了，忙問老師：「老師，您不去見齊王是什麼意思啊？」

孟軻嚴肅地回答道：「在城裡的叫市井之臣，在郊野的叫草莽之臣，都被稱為庶人。庶人沒有經過官方授予的職位，是沒有資格去見君王的。」

齊威王好歹也是一代英主，看到孟軻擺這麼大的譜，不見也罷。孟軻也就被晾在了一邊。

不過齊威王看著孟軻在臨淄城內瞎晃，覺得也不是個事，畢竟人家在鄒國是個厲害的人。既然孟軻覺得自己厲害，那麼是騾子是馬，拉出去遛一遛就知道了。

於是齊威王給孟軻寫了一封介紹信，讓手下人交到孟軻手裡。孟軻按照介紹信的地址，來到了傳說中藏龍臥虎的稷下學宮。

當孟軻帶著介紹信來到稷下學宮的那一刻起，他的思想已經脫胎換骨，迎來質的飛躍。

戰國時，讀書人最喜愛的是三個職業：公務員、軍官、教師，其他職業在他們眼中就是不務正業。

孟軻在齊國沒有官職，自己一介書生又不會帶兵打仗，去稷下學宮當教師也算是不錯的選擇。

戰國是中國古代歷史上群星閃耀的時代，而這些星辰都無法抗拒稷下學宮的引力。稷下學宮是齊國的公辦學校，因為位於臨淄的稷門附近而得名。在一百五十多年的時間裡，稷下學宮是全天下的學術中心，聚集了諸子百家的精英人才，最高峰時師生人數達到數千人，堪稱中國古代的綜合性大學。

在稷下學宮教書的老師被稱為稷下先生，待遇參照政府官員。如果你學術水準高超，甚至可以拿到與上大夫差不多的豐厚待遇，還能分配豪宅。稷下先生還可以直接面見齊王，對國家建設建言獻策。

稷下學宮裡面有無數學術大老，他們開班教學，宣揚自己學派的思想，天天都開百家講壇。各學派為了一較高下，隔三差五舉行辯論大賽，輸了的人不用學宮開除，自己就捲鋪蓋走人了。

孟軻來到稷下學宮後，見到的第一個大咖就是齊國學術泰斗——淳于髡（ㄎㄨㄣ）。

淳于髡原本是個贅婿，也就是倒插門的女婿，這樣的人在古代是沒有地位的，可是淳于髡憑自己深厚的學術功底，成為稷下學宮裡資歷最老的先生。孟軻見到淳于髡之後，也得恭恭敬敬地向他行禮。

淳于髡：「聽說你很有學問，想在稷下學宮立足，必須要過我這一關。過幾天，稷下學宮會舉行期會，屆時你要與我辯論。」

隔了幾天後，稷下學宮舉行了期會，也就是讓稷下先生演講辯論的大型真人秀。孟軻與淳于髡登場，會場周邊坐滿了人。

淳于髡率先提問：「男女授受不親，這是禮嗎？」

孟軻：「是禮。」

淳于髡：「那嫂嫂落入水中，要伸手救援嗎？」

孟軻：「嫂嫂落入水中不去救援，這是豺狼的行為。男女之間不親手傳遞東西，這是禮。嫂嫂落入水中去救援，這是變通。」

淳于髡：「現在天下諸侯紛爭，如同落入水中。先生不去救援，這是為什麼呢？」

孟軻：「救天下需要『道』，嫂嫂落入水中需要用手，難道我要用手去救援天下嗎？」

這是一場精采的辯論，淳于髡先是讓孟軻承認男女授受不親是儒家的禮，然後再用嫂嫂落水這一特殊情況來攻擊儒家的禮。孟軻卻用在特殊情況下人要學會變通的說法來化解淳于髡的攻擊。

接著淳于髡將辯論焦點上升到政治高度：現在天下大亂，孟軻為何不去憑藉自己的蓋世才華平定天下呢？

孟軻則提出了一個宏大的政治解決方案，那就是「道」。孟軻眼中的「道」不是老子玄而又玄的「道」，而是先王之道，簡稱王道！如果統治者能學習堯舜這些賢明的古代先王，對老百姓施行仁政，那麼自然會天下太平。

辯論結束後，淳于髡臉上露出了滿意的微笑，決定讓孟軻進入稷下學宮上班。

然而孟軻進入稷下學宮後，才真正感受到什麼叫壓力，因為他面臨的就是無休止的辯論。每位稷下先生都是「抬槓」運動員，只要他們發現你的論點有問題，就會咬住不放，窮追猛打。

有一次，孟軻的學生公都子問他：「外人皆稱夫子好辯，敢問何也？」意思是別人都說老師愛辯論，這是為什麼？

孟軻無奈地說道：「予豈好辯哉？予不得已也！」意思是自己並不是真的喜好辯論，而是不得已。

稷下學宮就像一個大型的學術市場，孟軻到來時，這裡已是一片紅海，裡面是各路神仙在打架。在長期的辯論中，孟軻發現對手為了贏得辯論，經常會利用言辭進行詭辯。孟軻將這些言辭進行了總結：偏頗的言辭講得很片面；浮誇的言辭講得很失實；邪惡的言辭偏離正道；搪塞的言辭說明對方已經理屈詞窮。

在稷下學宮當先生這幾年，孟軻憑藉著善於雄辯的能力，傲視稷下學宮。可是有人的地方就有江湖，江湖少不了刀光劍影，學術圈也不例外。

孟軻發現在稷下學宮乃至民間都流行著楊朱與墨子的思想。

楊朱是戰國中期炙手可熱的思想家，他的招牌思想就是「貴己」，主要思想是人的一生很短暫，來也匆匆，去也匆匆，不要活得那麼累，要多以自我為中心。他有一句名言：「古之人損一毫利天下，不與也；悉天下奉一身，不取也。人人不損一毫，人人不利天下：天下治矣。」意思是，古代的大人物不會拔下一根毛而利天下，而讓天下所有人都侍奉他，他也同樣不願意。人人為自己，而不侵犯他人，天下就太平了！

如果說楊朱的思想是為了個人，那麼墨子的思想就是為了普天下的百姓，追求大愛，人人平等，反對一切不義戰爭。

在戰亂頻發的戰國時代，楊朱與墨子的思想，無疑是治療百姓痛苦的良藥。可在孟軻看來，這些堪稱解放人性的思想卻與儒家嚴格的等級觀念相違背。儒家講究君君、臣臣、父父、子子，要求每個人要扮演好自己的角色，決不能踰越，否則會天下大亂。

因此孟軻怒斥楊朱與墨子的學說：「聖王不作，諸侯放恣，處士橫議，楊朱、墨翟之言盈天下。天下之言不歸楊，則歸墨。楊氏為我，是無君也；墨氏兼愛，是無父也，無父無君是禽獸也。」意思是，聖王不出現，諸侯們肆無忌憚，人們橫加議論，楊朱與墨子的思想在天下流行。世間的言論不是楊朱這一派就是墨子這一派。楊朱主張一切為自己，是無視君王；墨子主張兼愛天下人，這是無視自己的父母。不愛自己父母與國君的人就是禽獸。

孟軻認為，人與禽獸之間唯一的區別就在於人是有人性的。孟軻想要批駁楊朱、墨子的理論，於是試圖回答關於人性本質的問題。但是，當他在儒家經典裡尋找真相時，卻發現了一個問題：孔子作為儒家創始人，竟然沒說過人性是好還是壞！

孔子只說了一句：「性相近也，習相遠也。」那麼，人最初的天性是善還是惡呢？孔子沒有說。這就導致了後世儒家思想的分流。

孟軻選擇了性善論，而戰國末期儒家的另一位大咖荀子選擇了性惡論。

孟軻選擇性善論後，迎來了第一場論戰，這次的對手是告子。告子是集儒、道、墨三家思想於一身的複合型人才，極其善於辯論。

在一次期會上告子率先發難：「人性就像杞柳，仁義就像木頭做的杯盤。人性本來是沒有仁義，無所謂善惡的，讓人變得有仁義，這需要對人性有一個塑造的過程，就像把杞柳的木頭製造成杯盤一樣。」

告子認為最初的人心本無善惡，而善惡只是由外部環境塑造而成的。

孟軻反駁道：「你是順著杞柳的天性製作杯盤，還是損毀杞柳的天性製作杯盤？如果是後者，那不就相當於損壞人的天性變得仁義嗎？讓天下人禍害仁義的，就是你這種學說！」

孟軻抓住了告子的漏洞。他認為人的天性不應該被外力塑造，而應讓其自由發展。如果強行塑造，那就是對人天性的破壞。所以，人的天性是善良的，仁義也是人性自然發展的結果。

告子接著反駁道：「人的本性如同急而縈迴的湍水，東面有缺口就往東流，西面有缺口就往西流。人性本沒有善與不善，就像水沒有東西流向的區別。」

孟軻：「水的確沒有東西流向的區別，可是它有上下流向的區別。人性本善，猶如水往下流一樣。如果水受到拍打而飛濺起來，能使它高過額頭，這難道是水的本性嗎？這是情勢所迫。人性天生向善，而有的人不善，也是受到外力的逼迫。」

從此，孟軻的性善論一炮打響，後來也就有了《三字經》的開頭：「人之初，性本善。性相近，習相遠。」

人性既然是善的，那如何應對戰國亂世呢？

孟軻給出了一個看似完美的解決方案——施仁政，行王道。

孟軻認為，上古的先王，例如堯舜，都生性善良，對百姓充滿了仁愛之心，頒布的都是對百姓有利的好政策。所以一個君王要想治理好國家，就要學習上古先王的治國之道，對百姓實施惠民的好政策。

在稷下「瘋人院」裡，學術辯論的壓力竟然在無形之中打通了孟軻的任督二脈。孟軻親手打造的性善論成為他與其他學派較量的神兵利器。此後，孟軻對性善論不斷完善發展，逐漸開啟儒家思想的新紀元，他也當之無愧地擁有了「子」的尊稱。

就在孟子在稷下學宮用性善論與楊朱、墨子思想廝殺之際，他的母親去世了。作為儒家弟子，不管在外面混得怎麼樣，父母死了，都必須回家守孝三年，孟子只能回鄒國處理母親後事。孟子祖上是孟孫氏，孟孫氏的祖墳又在魯國。於是孟子把母親棺槨送往魯國安葬，並在那裡守孝三年。

不過，孟子在母親的葬禮上還是風光了一把。雖然他沒有做官，但是他在稷下學宮的待遇可以參照上大夫。在母親的葬禮上，孟子用了五個鼎來祭祀。

儘管如此，但哪怕是火透半邊天的明星，一兩年不露面就會過氣，學術市場也是這樣的。等孟軻守孝三年，再次回到齊國時，他感覺自己已經不再屬於那裡。四十多歲的他，雖然可以繼續在稷下學宮混，可自己在那裡已經無法實現治國平天下的理想。

跳槽吧！

孟子想走的消息傳到了齊威王的耳中。齊威王雖然不喜歡孟子對君主的狂妄，但他畢竟也是一個愛才之人，於是特意派人給孟子送去黃金。沒想到孟子對黃金看都不看，拍拍屁股周遊列國去了。

寡人之於國也

孟子和弟子們走在前往大梁的路上。雖然已經到了知天命的年紀，可孟子依然覺得自己的命運有無數種可能，也還有實現推行仁政的理想的可能。

孟子遊歷各國的隊伍規模遠勝於孔子。孔子周遊列國時，那是風餐露宿，食不果腹，如同喪家犬一樣。而孟子的隊伍則浩浩蕩蕩，弟子彭更還問了孟子一個非常可愛的問題：「幾十輛大車跟著您，幾百號人追隨您。咱們從一個諸侯國吃完，再到另一個諸侯國去吃。這樣不太好吧？」

在弟子眼中，孟子師徒成了一群走到哪吃到哪的吃貨大軍。

孟子哈哈笑道：「如果這樣做不好的話，那諸侯給的飯，我們連一籃都不應該接受。其實這樣做是符合道理的，你看舜不就是從堯手中接過了天下，這過分嗎？不過分呀！」

西元前三二〇年，孟子來到了大梁城，與魏惠王相見，此時年邁的魏惠王已經如同風中殘燭。要知道，在他年輕時，魏國可是天下小霸王，而今在馬陵之戰中，魏國主力被全殲，太子戰死，西邊的河西郡又被秦國搶奪，南邊的楚國還在趁火打劫。一落千丈的魏國再也無法找回昔日的榮光。

魏惠王：「先生不遠千里而來，可以給我們國家帶來什麼利益嗎？」

孟子：「大王不要講利益，有仁義就足夠啦！如果大王只考慮如何有利於國家，大臣也會考慮如何有利於自己的封邑，士和百姓也會考慮如何有利於自身。上下爭奪利益，那國家就危險了。一個擁有萬乘之國的國君被弒殺，那一定是擁有千乘戰車的大夫所為；一個擁有千乘之國的國君被弒殺，那一定是擁有百乘戰車的大夫所為。如果輕義重利，人就會不知足。有的人會丟棄自己的父母，有的人會不顧自己的君主。大王要講仁義，千萬不要談利啊！」

史書上雖然沒有寫到魏惠王的反應，但是我們可以猜到，他一定在心想：「難道你是從幾百年前穿越過來的？」

自從天下諸侯紛紛邁入戰國時代，時代的主旋律就是變法圖強、中央集權，而且魏國就是第一個帶頭變法的。在戰國時代，大臣都是只拿工資沒有股份的打工仔，即使有封邑，也沒有兵權與行政權。哪怕你位極人臣，國君要你死你就不得不死，所以戰國時期國君的非正常死亡率斷崖式下跌。春秋時的臣弒君現象對於戰國時期的國君來說，那只是遙遠的傳說。

年邁的魏惠王明白，自己遇見了一位可愛的理想主義者。這樣的人倒是沒有壞心眼，可以留在身邊聊聊學術。

年邁的魏惠王回顧自己的一生，覺得自己執政也算勤勤懇懇，為什麼到了晚年，魏國會不復當年的輝煌呢？於是他又把孟子拉過來嘮嗑，就有了我們中學課文裡背的一篇課文《寡人之於國也》。

魏惠王問：「寡人治理國家，已經很盡心了。河內發生大饑荒，寡人就把受災群眾遷移到河東，把河東的糧食運到河內去。當河內發生饑荒時，寡人也是這樣做的。而別國國君再沒有這樣盡心盡力的。可是鄰國百姓沒有投奔我，我國的民眾也不見增多，這是怎麼回事啊？」

孟子：「大王曾經喜歡打仗，那我就用戰爭來做比喻。戰鼓一旦敲響，戰鬥就打響了，士兵貪生怕死，丟盔棄甲，拖著武器逃跑，有的跑了一百步，有的跑了五十步。然後，跑了五十步的人嘲笑跑了一百步的人。大王，你說這樣對嗎？」

魏惠王：「不對，他只不過沒有跑到一百步，其實還是逃跑。」

孟子笑道：「大王如果明白這個道理，就可以讓本國的百姓比鄰國多。不違背農時，老百姓種的糧食就吃不完；網孔小的漁網不入池沼，魚鱉就吃不完；按照樹木的生長季節進入森林砍伐，木材就用不完。老百姓生活富足，他們的生死也就沒有遺憾了，這是王道的開端。五畝宅田周邊種上桑樹，五十多歲的人可以穿上絲綢；雞豬狗鴨養殖不失時節，就可以讓七十多歲的老者吃上肉；一百畝的農田按照時節耕種，數口之家就不會挨餓。注重鄉村學校的教育，強調尊敬長輩的道理，當鬚髮斑白的人在道路上負重時就會有人幫忙。如果能把上述所講的全部做到，必然在天下稱王！」

這就是孟子理想中的王道政治。

所謂王道，就是像堯舜那樣的先王的統治之道，就是推行仁政。可是這些明君都是上古的人，他們是怎麼實施仁政的，誰都沒有見過。為此，孟子就解釋了一番，要讓老百姓過上小康日子，還要對老百姓進行道德教化。

魏惠王聽完後覺得有道理，於是謙虛地說：「我願誠心誠意地接受先生的指教。」

孟子：「殺一個人，用木棒和用刀劍，有何區別？」

魏惠王：「沒有區別。」

孟子：「同理，用政治手段和刀劍殺人有何區別？」

魏惠王：「沒有區別。」

孟子：「廚房裡有肉，馬廄裡的馬吃得膘肥體壯，而百姓卻面帶飢色，野外有餓死的人，這如同是放任野獸去吃人。野獸吃人尚且令人憎恨，國君作為百姓的父母，自己治理下的百姓處於生死邊緣，國君的意義何在？」

稍微有點理智的人都能聽明白，孟子是在炮轟魏惠王。如果孟子是在魏惠王年輕的時候這麼說，早就被推出去砍了。可現在的魏惠王是一位晚節不保的垂暮國君，如今只想在臨死前給自己一次救贖，救救這個千瘡百孔的魏國。所以魏惠王聽後只是長嘆了一口氣。

魏惠王說：「魏國曾是天下最強大的國家，到了我這一代，東面被齊國打敗，太子戰死；西面被秦國侵吞了七百里疆土；南面還被楚國羞辱。我很愧疚，我想替死去的將士洗刷屈辱！」

孟子：「如果大王能施行仁政，輕徭薄賦，減輕刑罰，重視農耕，讓青壯年能學習孝悌忠信，在家孝敬父兄，在外侍奉長者。那麼魏國人即使手裡拿著木棒，也能打擊秦、楚兩國的重裝步兵。有的國家壓迫百姓，讓百姓家人受苦受難，大王可以去討伐他們，必然沒人敢對抗您！所以『仁者無敵』，希望大王不要猶豫！」

魏惠王聽完後如醍醐灌頂，原來這世界上還有不需要打仗就能讓國家富強的方法啊！

雖然魏國衰落，但好歹是七雄之一，瘦死的駱駝比馬大。孟子彷彿看到了自己推行仁政的希望。可惜，就在第二年，魏惠王死了。

魏惠王死後，魏襄王繼位。孟子見到魏襄王後，感覺眼前的這位大王一點君王氣質都沒有，一看就是靠不住的人。

新繼位的魏襄王跟他父親一樣，對魏國的局勢憂心忡忡。他一見到孟子就拋出了一個宏大的問題：「天下能安定嗎？」

孟子回答道：「統一就能安定！」

魏襄王感到驚愕。現在的魏國不被他國揍就已經謝天謝地了，孟子竟然還提什麼統一天下，難道他手裡有讓魏國逆襲的方法嗎？

「誰能一統天下？」魏襄王急忙問道。

孟子：「不嗜殺的人就能一統天下！」

一統天下，對於戰國諸侯來說就是個遙不可及的夢，敢做這個夢的也只有秦、楚、齊三個重量級大國。孟子認為，在亂世之中，百姓慘遭屠戮，所以都渴望施仁政的國君，如果這樣的國君出現，必然民心歸順，實現天下一統。

現實總是讓理想主義者被啪啪打臉。孟子說完這句話的一百年後，最終是虎狼般的秦國滅了六國，一統天下。

不過，從表面上看秦國使用武力實現統一，是孟子錯了，可秦帝國只存在了短短十餘年便灰飛煙滅。而漢代才子賈誼這樣解釋秦帝國滅亡的原因：「仁義不施而攻守之勢異也！」

在現實社會中，理想主義者看似做的是以卵擊石的傻事，可是在漫長的歷史長河裡，他們最終會成為勝利者，其思想化為亙古不變的真理。

孟子是一位清高的人，他看不上的人，一刻也不願與之多交談。很快孟子和弟子的車隊浩浩蕩蕩地離開了大梁城。

大梁城位於中原腹地，曾經是魏惠王造的天子之都，但經歷多次戰火，如今大梁城已經變成「戰區房」。中原是一個肥美之地，而在諸侯眼中，更是適合打仗的戰場。孟子一路上經常看見戰火紛飛的戰場遺址，多少城市已經殘破凋敝，多少白骨兵器裸露在蔓草之中。

爭地以戰，殺人盈野；爭城以戰，殺人盈城。多亂的世道呀！

孟子發出了對時代的怒吼：「天子不仁，不保四海；諸侯不仁，不保社稷；卿大夫不仁，不保宗廟；士庶人不仁，不保四體。今惡死亡而樂不仁，是猶惡醉而強酒！」意思是，天子不仁不能保全四海；諸侯不仁不能保有國家；卿大夫不仁不能保有宗廟；士人與庶民不仁不能保有自身性命。如今人們憎惡死亡卻喜歡做著不仁的事，如同厭惡酗酒卻偏要喝酒。

天下必須靠仁義才能一統。孟子想來想去，符合條件的也只剩齊國了。

秦國如同豺狼虎豹一樣，楚國又崇尚道家，而齊國開放包容，國力昌盛，正是自己思想最好的試驗田。如今，和孟子不對盤的齊威王已死，現任齊宣王是一位雄心勃勃的國君，也禮賢下士，那就回齊國吧！

齊宣王是一個比他老爹更有作為的國君，聽說孟子回到齊國，立刻封孟子為客卿。可是齊宣王只是把孟子當作一個裝點門面的擺設。被齊宣王當成擺設的孟子很無奈，只好再次來到自己曾經戰鬥與成長過的稷下學宮。

在自己離開齊國的這段時間，稷下學宮有故人離去，也有新人進來。孟子將要在這裡繼續完善自己的學說「性善論」。

孔子看重「禮」與「仁」，他說過：「克己復禮為仁。」子思則給儒家思想加上了「義」字，他在自己的著作《中庸》裡寫道：「仁者，人也，親親為大；義者，宜也，尊賢為大。親親之殺，尊賢之等，禮所生也。」意思是，心中有仁愛的人才是人，愛護自己的親人是最大的仁；義就是做事得當，尊重賢能的人是最大的義。愛親人要分親疏遠近，尊重賢人要有貴賤等級，以上兩者都源自禮。

而孟子作為新時代的儒家旗手，將要把仁、義、禮的來龍去脈解釋得清楚，還要再加上自己的原創，最終為我所用。

於是孟子在仁、義、禮後加上了一個「智」。

仁、義、禮、智是人從一出生就具有的善心。為了解釋仁、義、禮、智，孟子創設了一個思想實驗：人們突然見到小孩將要掉入深井裡，都會有驚懼同情之心，想要上前拉一把。這個舉動並非要與孩子父母拉關係，並非為了在鄰里親友之間沽名釣譽，也並非因為厭惡孩子的哭泣聲，所以說，惻隱之心是人固有的。

沒有惻隱之心的人，沒有羞恥之心的人，沒有謙讓之心的人，沒有是非之心的人，根本就不是人！

惻隱之心是仁的端倪，羞恥之心是義的端倪，謙讓之心是禮的端倪，是非之心是智的端倪。因此仁、義、禮、智又被稱為「四端」，成為性善論的四大基石。

君王如果將「四端」發揚光大，就可以稱王天下；假如丟棄「四端」，連父母都難以保全。

孟子在齊國待了很久，就是不受國君重視，自己也只不過是個裝裱門面的稷下先生。如果受到國君重視，那臨淄就是他施展自己蓋世才華的大舞臺，可如今，臨淄僅僅是一座平常的城市。孟子最終決定離開臨淄。

走著走著，孟子來到了一個叫晝的地方，這裡離臨淄城不遠，他選擇在這裡暫時歇腳，而這一歇就是三天。

孟子為什麼不走呢？因為他在等一個人——齊宣王。

齊宣王第一時間就收到了孟子不辭而別的消息。他本想派使者挽留孟子，可是自己主動挽留孟子，無異於向臣子承認自己之前不重用孟子的錯誤，那太沒面子了。

孟子在晝停留了三天，就是給齊宣王一個臺階下，可惜齊宣王卻無動於衷。等了三天，還是沒有使者來，孟子就收拾行李準備走人了。

孟子很難過，要說對齊國沒有感情，那是不可能的。齊國是他遊歷生涯中居住時間最長的國家，可以說是孟子的第二故鄉。他正是在臨淄歷經了學術大碰撞，才建構了自己的思想聖殿。

弟子充虞看見老師一路上表情沮喪，問道：「老師，您看起來很不高興。您曾經教導過我們，君子不能怨天尤人呀！」

孟子沒想到弟子看出了自己的內心，不禁愣住了。他停下馬車，把眾弟子叫到面前，開始了現場教學：「此一時，彼一時。歷史是一個輪迴，每隔五百年將有一個王者興起，同時還會出現聖賢人物。從周代開始，已經過了七百多年，從年數上來說，也應該出現聖賢了。」

弟子懷著恭敬的心情看著眼前情緒激動的老師。

孟子對著上天喊道：「夫天未欲平治天下也，如欲平治天下，當今之世，捨我其誰也？」

話音剛落，孟子又長嘆了一口氣。看著周圍和他一樣憤憤不平的弟子，他沉下聲音說道：「回鄒國，我們著書立說，哪裡也不去了！」

西元前三一二年，耳順之年的孟子回到闊別已久的家鄉鄒國，他在這裡一住就是二十餘年，直到生命的盡頭。

孟子生平最崇拜的就是孔子，《論語》是他的枕邊讀物，一有空就會翻翻看看。所以，他回到鄒國後就效仿《論語》，與弟子公孫丑、萬章一起編書，後世將這本書稱為《孟子》。

我們都知道《孟子》是儒家「四書」裡的一本，而其文學性也是「四書」裡最高的，用四個字來形容，那就是磅礴大氣。

相比於都是片言隻語的《論語》，《孟子》裡經常出現大篇幅的散文，更有邏輯嚴謹的辯論文章。在先秦散文大家中，能與孟子一較高下的也只有莊子。可惜的是，孟子一生遊歷列國，不光要宣傳自己的學說，還要教學，更要與人論戰，忙得不可開交，所以閒雲野鶴般的莊子才能在文學造詣上壓孟子一頭。

孟子放下執念後一邊寫書，一邊授徒，過上了屬於自己的閒散日子。

據考證，孟子活了八十四歲，這在當時絕對是超級壽星！很多人會向老壽星請教長壽祕訣。孟子也沒有告訴人家他吃什麼保健品，做什麼健身項目，而是說了一句玄而又玄的話：「我善養浩然之氣！」

孟子的弟子公孫丑不理解，向老師求教。孟子回答：「這個有點難解釋。浩然之氣既宏大又剛強，如果用正義來培養它，就可以讓它在天地之間無處不在！浩然之氣必須與『義』和『道』相結合，沒有它們，浩然之氣就沒有戰鬥力。浩然之氣是正義在人的內心長期積累而成的，不是從外界獲得的。如果做了虧心事，浩然之氣就會消失。」

打個比方，每個人的心中都有浩然之氣的種子，這顆種子必須以正義為土壤，用「道」做肥料來滋養。浩然之氣茁壯成長後，就充滿了正能量，讓人無所畏懼，敢於與邪惡勢力作鬥爭。正所謂「浩然之氣，至大至剛」！

浩然之氣成為無數文人修煉內心的終極目標，更成為現在無數民間養生機構的一大賣點。唐代大詩人孟浩然的名字就取自「浩然之氣」。

孟子晚年一邊養生一邊著書，他與弟子合著的《孟子》成為流傳千古的著作。這本書也成了儒家經典裡最光芒萬丈的一本，因為這本書中有讓專制君王畏懼的「民本」思想，為底層百姓發出了吶喊。

孟子說過這麼一句話：「民為貴，社稷次之，君為輕。是故得乎丘民而為天子，得乎天子為諸侯，得乎諸侯為大夫。諸侯危社稷，則變置。」

意思是，老百姓是最重要的，其次是土地神與穀神，而國君的地位最輕。想要名正言順地當天子，必須贏得萬民的擁護；想要成為諸侯，就得獲得天子的承認；想要當大夫，就得獲得諸侯的承認。諸侯不好好治理國家，就得換人來做。

這話不光是在戰國，在整個中國歷史上都讓歷代君主聽得渾身不舒服。作為國家的統治者，怎麼地位還不如老百姓了？

如果說「民為貴」只是讓統治者聽得不舒服的話，那麼下面一句直接讓統治者炸雷了：「君之視臣如手足，則臣視君如腹心；君之視臣如犬馬，則臣視君如國人；君之視臣如土芥，則臣視君如寇仇。」

意思是，如果國君把臣子當作自己的手足，那麼臣子則把國君當作自己的腹心；如果國君把臣子當作犬馬，那麼臣子就會把國君當作不相識的路人；如果國君把臣子當作糞土草芥，那麼臣子就會把國君當作不共戴天的仇人。

這句話如同一道劃破暗夜的閃電，把歷代統治者驚出一身冷汗。在孟子看來，君臣之間，沒有絕對的服從義務，你對我好，我就對你好；你對我不好，也別怪我對你不客氣！我是否服從你，完全看你對我好不好。

受到驚嚇最大的是明太祖朱元璋。朱元璋當過乞丐，做過和尚，文化程度不高，一邊造反一邊學習。朱元璋最害怕的就是別人威脅自己的帝位，他要的就是臣民的絕對臣服。我讓你死你就得死，你生是我老朱家的人，死也是我老朱家的鬼，就算化成灰也得拿到田裡當肥料。

當了天子後的朱元璋，靠著自己那點文化水平翻閱《孟子》一書。他一看到：「君之視臣如手足」這段話，馬上開啟了狂怒模式：「這是要教壞臣子謀反啊！《孟子》分明是一本謀反教科書呀！」

彼時，孟子已經死了一千多年，而朱元璋依舊沒有放過孟子。他要禁了《孟子》，罷免孟子在孔廟中的配享！

這消息一出，朝中大臣譁然。文臣都是考科舉步入仕途的，哪個不是熟讀《孟子》？這些官員為了維護偶像，抱著必死的決心炮轟朱元璋。

明朝皇帝極為專制，經常把大臣的褲子脫了打板子，將他們打死打殘都不是新聞，但這反而造就了明朝大臣極強的抗擊打能力。朱元璋害怕了，他實在沒想到，一個死了一千多年的人，竟然可以讓滿朝手無縛雞之力的文臣冒著生命危險去挑戰至高無上的皇權。

孟子死後數十年，秦帝國靠武力統一天下，又以驚人的速度崩塌。血淋淋的教訓告訴世人，倚靠暴政，把人們當牛馬的政權，只會死得很難看。一個政權乃至於一個文明的長久，靠的就是「仁」。百姓要有仁義之心，統治者要施以仁政，對外要懷柔遠人。只有仁者才能無敵於天下，永恆於世界！

宋朝知識分子從孟子的思想裡發展出了程朱理學。在當時，孔子只是儒家的精神領袖，而孟子在儒家的地位已經超越了孔子，成為實際主宰。到了元朝，來自蒙古高原的統治者追封孟子為「亞聖」。

孟子的思想看似是一碗政治雞湯，不能讓戰國統治者填飽肚子，但雞湯畢竟營養豐富，遠非一碗米飯所能媲美。

孟子生前很失意，可他的思想卻滲透到中國人的骨髓裡，影響了中國人的世界觀。活著的時候不得志，死後卻影響數千年，改變了人世間，這才是聖人。任何名垂青史的君王，在聖人面前都顯得那麼微不足道。如果把歷史的層次拉長，最後的勝利者往往都是孟子這樣的理想主義者。

拾捌

被穿越的蘇秦

頭懸梁，錐刺股

齊宣王死後，齊湣王繼位。新繼位的齊湣王，手裡有點本錢就開始生事。殊不知，他會將齊國推向深淵。

而推波助瀾的人，正是大名鼎鼎的蘇秦。

如果有讀者讀過《史記》，會感到好奇：「蘇秦怎麼現在才出場，他不是和張儀是同時期的死對頭嗎？」

的確，《史記》裡的蘇秦是一個勵志傳奇。他努力奮鬥，最終成了與張儀齊名的縱橫家。

然而，在真實的歷史中，蘇秦與張儀並不是同一時期的人物。蘇秦生於張儀之後，是戰國乃至中國古代「第一坑神」，更是王牌間諜，他透過一己之力毀滅了一個數百年歷史的老牌強國。

在講真實的蘇秦故事前，我們要先回顧一下《史記》，才能找出一些破綻。

在《史記》的記載裡，蘇秦正是「頭懸梁錐刺股」故事的主角。而且他不光認真學習，更是一位成功學大師。現在的成功學大師，經常會吹噓自己年紀輕輕就出任CEO，管理上萬人的公司，帶領團隊創造數百億的產值。而蘇秦的故事是任何成功學大師想都不敢想的。《史記》裡記載，蘇秦最後身佩六國相印，擔任六國相國，震懾強秦，號令天下，儼然是一個典型的普通人逆襲的故事。

蘇秦出生於東周雒邑，祖上曾是輔佐周王室的高官。到了蘇秦這一輩，家道中落，蘇秦一家只能靠種田為生。不想過面朝黃土背朝天生活的蘇秦，選擇了出去求學。

在蘇秦看來，要想成名快，必須找一個厲害的老師。蘇秦瞅準了名震天下的鬼谷子，拜入其門下。

蘇秦學成之後，沒有急著找工作，而是先選擇了外出遊歷。在行萬里路的過程中，他不但瞭解了風土民情，更瞭解了每個諸侯國的國情。可是遊歷是要花錢的，沒有收入來源的蘇秦只能窮遊。漫長的窮遊結束後，蘇秦回家看了看。

讓蘇秦萬萬沒想到的是，別人回家都是親人盛情款待，而他回家卻碰了一鼻子灰。由於多年的風餐露宿，蘇秦如今像個乞丐。當蘇秦推開家門時，等來的不是殷切的問候，而是親人錯愕的表情。他們原本以為蘇秦出去數年一定已經飛黃騰達，位極人臣，沒想到怎麼反而成了個乞丐？甚至連蘇秦的老婆都不肯正眼看他，而是擺出一副冷戰的姿態。

親人說：「我們住在雒邑的人，都會置辦自己的產業，努力經營工商，追求豐厚的利潤。而你卻選擇耍嘴皮的事，窮成這樣，完全是活該！」

蘇秦沒有去辯駁。他體會到了什麼叫人情冷暖，沒錢沒勢的人在所謂的親人面前，只不過是有血緣關係而已，哪有什麼親情可言？蘇秦決定關起門來好好讀書，讀出個名堂！

讀書是件苦差事，為了時刻認真學習，蘇秦打起了疲勞戰。他完全不顧自己是否會掉髮，把自己的頭髮繫在房梁上。為了避免瞌睡，他還用錐子扎自己的大腿。透過這種自殘式的學習方法，蘇秦達到了滿意的學習效果。

經過一年閉關學習，蘇秦已經脫胎換骨，對天下的認知也已經上升到了一個全新的境界。打開房門後，對於親人投來的鄙視眼神，蘇秦並沒有生氣，因為他的志向是要操縱天下。

蘇秦背起行囊，頭也不回地朝西方秦國奔去。

此時，秦惠文王剛即位。蘇秦對秦惠文王說道：「秦國是四塞之地，東有關河，西有漢中，南有巴蜀，北有代馬，這裡是個豐饒的府庫。秦國憑藉眾多的人口，訓練有素的士兵，足以建立帝業，一統天下。」

可惜蘇秦的運氣不好，秦惠文王繼位的第一件事就是處死商鞅，可見他對外來的人才很感冒，所以並沒有重用蘇秦。

找工作嘛，不是一次就能成功的，一次不行就兩次，蘇秦又跑到了趙國求職。此時趙國在位的是趙肅侯，他的弟弟趙成擔任相國。趙成看不上蘇秦，蘇秦面試再次失敗。

事不過三！

蘇秦又跑到了燕國求職。在燕國等了一年，他終於收到了總裁的面試邀請。

此時在位的是燕文侯，終於見到大老闆的蘇秦憑藉三寸不爛之舌，開始拍了一頓馬屁：「燕國東有朝鮮、遼東，北有林胡、樓煩，西有雲中、九原，南有滹（ㄏㄨ）沱（ㄊㄨㄛˊ）、易水，國土地域兩千多里，兵力雄厚、糧食充足。這是天然的府庫啊！」

燕文侯聽後感覺很高興。蘇秦又接著說：「大王您是否知道，百姓為何能夠安居樂業，國家為何能遠離戰火呢？」

燕文侯：「願聞其詳。」

蘇秦：「燕國之所以太平無事，是因為趙國替燕國擋了槍。秦國向趙國發動數次戰爭，秦、趙兩國互有死傷，這就是燕國不受侵略的原因。秦國如果攻打燕國，要長途跋涉上千里，即使打下來也未必能守得住。而趙國攻打燕國，只需跨越百里，不出四五天就能兵臨城下。大王應該與趙國結盟，這樣既能讓趙國替燕國抵擋秦國，也能減少趙國對燕國的戰略威脅。」

燕文侯：「先生說得很有道理，為了燕國的安全，我願傾國相從。」

蘇秦收到了燕文侯的巨額贊助。從此他不再是之前那個遭人嫌棄的窮小子了，搖身一變成為燕國大使及主導天下諸侯合縱的策劃者。

蘇秦代表燕國出使趙國，這時曾經看不上他的相國趙成死了。蘇秦趁機向趙肅侯諫言：「趙國幅員遼闊，兵多將廣，國力強盛。臨近的燕國是一個弱小的國家，不值得畏懼，所以趙國最大的敵人是秦國。秦國在攻打趙國時，最顧忌身後的韓、魏兩國，所以韓、魏兩國是趙國的天然屏障。秦國攻打韓、魏兩國，會像蠶吃桑葉一樣慢慢蠶食，等秦國蠶食完韓、魏兩國，下一個遭殃的就是趙國。」

趙肅侯聽完後，也表示同意。

蘇秦又說：「天下之中，諸侯的土地五倍於秦，兵力五倍於秦。如果六國同心協力攻打秦國，秦國就一定會被打敗。」

趙肅侯：「我很年輕，這還是第一次聽到能使國家長治久安的對策。為了能使趙國太平，我願傾國相從。」說完，趙肅侯贈送蘇秦馬車一百乘、黃金一千鎰、白璧一百雙、綢緞一千匹。

蘇秦來到韓國，又開始向韓宣王遊說自己的合縱策略：「韓國有堅固的要塞，地域九百多里，出產全天下最好的弩、甲、劍。韓國士兵穿著堅固的鎧甲，手持強弩，身佩寶劍，打起仗來，以一當百。大王有這麼強大的軍力，卻要向秦國俯首稱臣，這是讓國家蒙羞，被天下人恥笑呀！」

韓宣王邊聽邊慚愧地低下了頭。

蘇秦趁機說：「大王向秦國屈服，秦國只會貪得無厭，不停地向韓國索要土地。土地是有限的，可是秦國的貪慾是無限的。『寧為雞口，不做牛後』，現在韓國臣服於秦國，就等於是當牛的屁股！」

韓宣王聽完義憤填膺地按著寶劍，說道：「是寡人沒出息，以後韓國決不會再臣服於秦國。我願將國家託付於先生，聽從您的安排！」

隨後，蘇秦又來遊說魏襄王：「大王的國土雖然狹小，但是人口稠密，交通發達，來往的人絡繹不絕。魏國是如此強盛的國家，竟然有人建議大王與秦國連橫結盟。秦國是虎狼之國，魏國一旦遭受秦國的侵害，天下沒有一個諸侯國肯施以援手。魏國是一個強大的國家，大王是一個賢明的國君，現在卻向秦國屈服，自稱秦國的屬國，我真為大王感到羞恥啊！大王應該聽從我的建議，採取六國合縱的策略，團結起來對付秦國！」

魏襄王：「是寡人沒出息。我從來沒有聽過如此高見，我願將國家託付給先生。」

把魏國拉上船後，蘇秦又馬不停蹄地奔向齊國，遊說齊宣王：「齊國南有泰山，東有琅琊山，西有清河，北有渤海，地理條件優越，又兵多將廣，糧食堆積得如同山一樣。齊國大軍進攻起來如同鋒利的刀刃，打起仗來如同雷霆一般，撤退時如同煙雨一般消散。臨淄的居民有七萬戶，每戶不少於三個壯丁，齊國都不用徵調其他地方的兵源，光靠臨淄就可以徵兵二十一萬。臨淄是一個繁華的大都市，主幹道上經常會出現交通擁堵，人們摩肩接踵，揮汗如雨。大王擁有如此強盛的國家，卻向秦國妥協，我私下都替大王感到羞愧！」

齊宣王越往下聽，表情越發凝重。

蘇秦接著說：「秦國之所不敢攻打齊國，就是害怕自己攻打齊國時身後的韓、魏兩國偷襲自己。大王不如採用合縱的策略，與諸侯聯合起來共同對抗秦國。」

齊宣王聽完後立刻表示：「寡人不是一個聰明人，居住在靠近大海的偏僻地方，從未聽過如此高深的見解。我願與全國百姓聽從先生的安排。」

說服了齊國，蘇秦就奔向最後一站楚國，《史記》裡記載當時在位的是楚威王。

蘇秦對楚威王說：「楚國是天下的超級大國，西有黔中、巫郡，東有夏州、海陽，南有洞庭、蒼梧，北有陘塞、郇（ㄒㄩㄣˊ）陽，地域五千多里，帶甲百萬，庫存的糧食可供十年，這是建立霸業的資本。秦國是楚國爭霸路上最強勁的敵人，秦、楚兩國是零和博弈，只有一個勝者。只要大王採用合縱的策略，反秦諸侯一定聽從大王的號令。」

楚威王聽完後樂開了花：「先生說得很有道理！秦國是虎狼之國，秦國對楚國的威脅經常讓我睡不著、吃不香、精神恍惚。先生現在有團結諸侯、對抗強秦的策略，我願恭恭敬敬地將國家託付給您！」

蘇秦利用六國對秦國的恐懼，空手套白狼，將六國結成合縱同盟，自己還擔任縱約長，身佩六國相印。

蘇秦北上回覆使命時，路過老家雒邑。

曾經，自己失魂落魄地離開雒邑，而今隨行的車隊浩浩蕩蕩，身邊跟隨著諸侯的使者，氣場比周天子都要強。周顯王聽說蘇秦要回雒邑，立馬下令清掃馬路，派使者大老遠迎接。

蘇秦在雒邑受到周天子的隆重接待。回到家時，蘇秦的兄弟、妻子、嫂子都匍匐在地上，不敢正眼看他。蘇秦要吃飯，家裡人都恭敬地伺候他。

蘇秦問嫂子：「以前你對我那麼傲慢，現在為什麼如此恭順？」

嫂子很實在地回答：「現在您地位高，又有錢！」

蘇秦感嘆道：「這個世界太現實了，富貴時，親人就敬畏我；貧賤時，親人就嫌棄我。」

蘇秦回到趙國後，被趙肅侯封為武安君。

為了震懾秦國，蘇秦派人把合縱盟約書送到秦國，嚇得秦國十五年不敢東進。接著，發生了一個戲劇性的故事——張儀來找蘇秦了。

張儀原本和蘇秦是同學，蘇秦出道早，混得好，張儀混得比較慘。他聽說蘇秦身佩六國相印，風光無比，決定找老同學幫幫忙。

但張儀來到趙國後吃了閉門羹，他求見蘇秦，可蘇秦連續好多天都沒有見他。

終於有一天，蘇秦接見了張儀，但蘇秦請張儀吃的都是粗茶淡飯。

隨後，蘇秦又對張儀說：「老同學，你可是有經天緯地之才，怎麼混得如此落魄？看來你根本就不值得推薦。」

張儀深感受辱，不禁怒火中燒，頭也不回地走了。

蘇秦身邊的親信不明白他為什麼對老同學如此刻薄寡恩，蘇秦意味深長地回答道：「張儀有曠世之才，才能遠在我之上。他出身貧窮，我怕給了他小小的恩惠他就會滿足。如今我故意羞辱他，就是想激發他的上進心。我現在是六國縱約長，他只能投奔秦國。張儀投奔秦國，會讓秦國如虎添翼，實力暴增。六國懼怕虎狼秦國，就會越發團結，我縱約長的地位就會更加穩固！」

負氣出走的張儀在奔往秦國的路上遇到了一個熱心腸的好人。他想張儀之所想，急張儀之所急，要錢給錢，要車給車。後來張儀被秦國聘任為相國，想感謝這個好心人，這個好心人卻說：「不要感謝我，要感謝蘇秦，是蘇秦安排我來幫助你的！」

張儀這才恍然大悟。後來，張儀不負蘇秦期望，大搞連橫戰略。兩人一橫一縱，天下諸侯盡在他倆的操縱之下。

燕文侯死後，燕易王繼位。齊宣王趁燕國發喪之際，攻占燕國十座城池。剛繼位的燕易王連忙把蘇秦找來，畢竟蘇秦曾是六國縱約長，在六國中還是有著不少的人氣。

燕國是蘇秦的第一個天使投資人，看著自己的老東家被齊國欺負，蘇秦也很不好意思，於是答應幫助燕國奪回失地。

到達齊國後，蘇秦對齊宣王諫言：「燕國雖然弱小，但是燕易王娶了秦王的女兒為妻，有秦國作為後盾。齊國侵占燕國十座城池，秦國遲早會報復大王！」

遇。

齊宣王驚恐起來，忙問：「該如何應對？」

蘇秦：「把侵占燕國的土地還給燕國！」

齊國立刻把侵占的土地退還給了燕國。蘇秦憑藉三寸不爛之舌搞定齊國，回到燕國，受到隆重禮遇。

沒多久，蘇秦竟然與燕易王的寡母私通了起來。蘇秦再怎麼厲害，終究是個打工的，與老闆的媽廝混在了一起，這成何體統！天下沒有密不透風的牆，蘇秦與燕王母親私通的消息很快傳了出去。蘇秦生怕被燕易王報復，選擇逃亡齊國。

蘇秦逃到齊國後，齊宣王去世，齊湣王繼位。蘇秦由於曾經是縱約長，在齊國威望極高，深得齊湣王寵幸，而很多大臣卻受到齊湣王的冷落。所謂嫉妒是魔鬼，這些受冷落的大臣建立了刺殺同盟，派殺手刺殺蘇秦。

蘇秦身負重傷，只剩下一口氣。齊湣王派人去捉拿刺客，可是刺客早已逃之夭夭。蘇秦臨死前，想出了一個能找出仇人的法子：「大王，等我死後，請在鬧市將我的屍體五馬分屍，就說我是燕國的間諜，禍亂齊國，大王要獎賞刺殺蘇秦的人！」

齊湣王照著蘇秦的法子做了，果然，凶手主動站出來要求獎勵，結果被齊湣王繩之以法。

後來，蘇秦的弟弟蘇代、蘇厲相繼登場。他們效仿哥哥，大力施展縱橫術。尤其是蘇代，後來投靠了燕昭王，又潛伏到齊國，一邊竊取情報，一邊規劃錯誤的戰略，活生生地把齊國推向萬丈深淵。

《史記》版的蘇秦故事講完了。在這一版的故事中，蘇秦完美地實現了人生逆襲。六國國君看起來全都不諳世事，不曉利害關係，蘇秦僅靠一張嘴就為六國國君指點迷津、撥雲見日。而六國國君對蘇秦也表現出相見恨晚的樣子，只恨自己當初面對強秦不夠勇敢，紛紛要把國家交給蘇秦打理。

但是，蘇秦是人不是神，他再怎麼偽裝也逃脫不了凡人的屬性，終究會露出破綻。

時空穿越者

《史記》裡，蘇秦比張儀出道時間早，他的主要活躍期也有明確的時間記載，開始於秦惠文王剛繼位，結束於齊宣王去世，即西元前三三七年至西元前三二〇年。請讀者一定要注意這個時間段，這是蘇秦最輝煌的時期。

我們回憶一下之前講秦惠文王的故事章節。

據《史記》記載，蘇秦是於秦惠文王剛繼位時來到秦國，在遊說秦惠文王時就說秦國「南有巴蜀」。

破綻來了。在真實歷史中，秦惠文王繼位是西元前三三七年，而秦國發動吞併巴蜀的戰爭是西元前三一六年，也就是說，秦國發動吞併巴蜀的戰爭，是秦惠文王繼位二十一年後的事。蘇秦怎麼會在秦惠文王剛繼位的西元前三三七年，就說秦國擁有巴蜀呢？

說完了秦國的問題，我們再來說燕國的問題。

據《史記》記載，蘇秦對燕文侯說「燕國擁有雲中郡與九原郡」，但請讀者翻看前文講趙武靈王的章節。在真實的歷史中，雲中郡與九原郡是趙武靈王後期設置的，在西元前三〇〇年至前二九五年之間。而蘇秦遊說燕文侯是在秦惠文王繼位後不久，也即西元前三三七年後不久。那麼這個玩笑就開大了：蘇秦不光把雲中與九原兩郡的設置時間提前了三十多年，還張冠李戴地把趙國的土地送給了燕國。

下面再來說說趙國。據《史記》記載，蘇秦第二次遊說趙國時，曾經看不上他的相國趙成死了，蘇秦才趁機向趙肅侯諫言。而在真實的歷史中，相國趙成並沒有死於趙肅侯在位期間，反而一直活到了趙武靈王時期，還參與沙丘之變，害死了自己的侄子趙武靈王。

最後就是蘇秦的功績問題。據《史記》記載，為了震懾秦國，蘇秦派人把合縱盟約書送到秦國，嚇得秦國十五年不敢東進。而蘇秦是離開秦國後去的燕國，又等了一年才見到燕王，隨後開始搞六國合縱，那麼，最後結成盟書的時間最快也是西元前三三五年。

然而，在真實的歷史中，西元前三三五年以後的十五年，秦國不僅沒有像《史記》記載的那樣不敢東進，反而是在拼命向東擴張。正如前文所說，秦惠文王向魏國瘋狂進攻，占領了魏國黃河以西全部土地。

現在，我們從《史記》的蘇秦故事裡跳出來，去看另外兩本書，一本是《孟子》，一本是《竹書紀年》。

孟子遊歷過很多諸侯國，與很多國君見過面，其中，他在齊國待的時間最長，在齊威王時期擔任稷下先生，在齊宣王時期擔任客卿。孟子在歷史上活躍的時間與《史記》裡的蘇秦大致相同。奇怪的是，在齊國交際面極廣的孟子，竟然從未在自己的《孟子》一書裡提及蘇秦這個人。這難道不詭異嗎？

根據《史記》記載，蘇秦可是兼任齊國相國，深得齊宣王寵信。如果蘇秦在齊國與孟子是同事關係，這麼重要的人物，孟子是不會不記載的。

更詭異的是，孟子不提蘇秦，卻提到了另外兩個重量級的縱橫家——張儀、公孫衍。

有一次，孟子的弟子景春說：「公孫衍、張儀豈不誠大丈夫哉？一怒而諸侯懼，安居而天下熄。」根據《史記》的記載，蘇秦與張儀是同時期合縱派與連橫派的傑出代表，他倆將天下諸侯操縱於掌心，兩人既是敵人，又是朋友。然而，孟子的弟子景春沒有提到蘇秦，卻把公孫衍與張儀並列在一起。

在之前的章節裡我們講過，公孫衍原是魏國犀首，後來跳槽去了秦國，接著被張儀擠走，就又回歸魏國，倡導合縱，搞出了五國伐秦的大戲。從景春的話中我們可以發現，在當時的人們眼中，公孫衍與張儀才是同時期的死對頭。蘇秦的名字，從來沒有人聽說過。

最讓人感到驚愕的是，《竹書紀年》裡也沒有關於蘇秦的記載。

《竹書紀年》對戰國歷史的記載也很詳細，尤其是在記載魏國本國方面，是非常權威的。但奇怪的是，在《竹書紀年》裡，魏惠王到魏襄王時期的部分中壓根兒找不到關於蘇秦的記載。

這讓人不禁疑惑：歷史上到底有沒有蘇秦這號人物？

這一千古謎團，直到一九七三年長沙馬王堆漢墓出土了一批西漢初期的帛書才得以解開。這批帛書中，有一部分是戰國縱橫家們的書信，被考古學家命名為《戰國縱橫家書》，這是連司馬遷都沒有見過的珍貴史料。

根據《戰國縱橫家書》的內容，我們可以得出結論：歷史上的確是有蘇秦這個人，只不過被司馬遷老先生寫穿越了。

死間

齊宣王在位時期曾占領燕國，後來因為消化不良，又全部吐了出來。

新繼位的燕昭王看著被齊國蹂躪後破敗不堪的燕國國土，內心燃起了熊熊的復仇烈火！雖然燕國很弱小，但是只要一息尚存，就要重整山河！

滿懷家國仇恨的燕昭王向全天下發布求賢令。西元前二九五年，蘇秦在雒邑聽說燕國招人，立馬懷揣簡歷，背上行囊踏上找工作的旅途。

此時燕國已經被齊國打回了石器時代，燕昭王實在沒想到，就在燕國百姓過著原始人般的生活、大臣連工資都領不到的情況下，竟然真的有人主動找上門來。

燕昭王親切地接見了上門求職的蘇秦。國家窮成這樣，還有人主動上門，這讓他非常感動，所以他對蘇秦也很真誠，自己有什麼吃的穿的都與蘇秦分享。

雖然燕國能給的待遇不怎麼樣，可是蘇秦卻被燕昭王感動了。士為知己者死，蘇秦決定用自己的生命去報答燕昭王。於是蘇秦與燕昭王謀劃了一場滅齊的大戲。

燕昭王：「先生，請你談談，如何幫助本國渡過難關，並且發展壯大，幹掉強大的競爭對手齊國。」

蘇秦：「齊國之前攻破楚國方城，殺入秦國函谷關，一時間風頭正勁。燕國與齊國實力相差懸殊，根本無法獨自對抗齊國。」

燕昭王：「這個我知道，不然我也不會到處發招聘小廣告。」

蘇秦：「我給大王三條良策：第一，向齊國假裝屈服，結成聯盟，讓齊國放鬆對燕國的戒備；第二，因勢利導，慫恿齊國去吞併宋國，惹怒天下諸侯；第三，祕密派使者前往對齊國不滿的諸侯國，將他們串聯起來一起對付齊國。齊國再強大，也抵抗不住多國的進攻！」

燕昭王問：「可是燕、齊兩國剛經歷一場大戰，怎麼才能讓齊國相信我們呢？」

蘇秦認真地說：「讓我去吧！」

燕昭王：「先生可知，如果計畫洩露，您在齊國將會死無葬身之地！」

蘇秦：「大王與我赤誠相見，我願『信如尾生』，至死履行滅齊的計畫。」

「信如尾生」其實是一個淒美又有些傻乎乎的愛情故事。說有一個男子叫尾生，他與女朋友約好相會。可是他倆選什麼地方見面不好，偏要選在橋下面。結果女朋友約會遲到了，恰巧河裡發大水，一根筋的尾生因為信守承諾，抱著橋柱子不肯走，最後被河水淹死了。

燕昭王被眼前的蘇秦感動了。沒想到蘇秦為了諾言，竟然有不顧生死的勇氣。明知可能送死，蘇秦卻還願去敵國擔任間諜，這就是「死間」。《孫子兵法》裡的〈用間篇〉提到了五種間諜，死間就是其中一種，就是指以自己的生命為代價換取敵國的信任，對敵國實施欺詐。當間諜，本來應該隱蔽自己的真實身分，越低調越好，等到時機成熟時再行動。可是蘇秦偏偏不低調，在獲得燕昭王賜予的武安君稱號後，帶著一百五十乘馬車，浩浩蕩蕩地奔向齊國。

此時的齊國國君是齊湣王。齊國經過齊湣王的祖、父兩代人的經營，已然成為東方強國，取代了春秋時代「千年老二」楚國的地位。

齊湣王一上位就藉機剷除了眼中釘孟嘗君。孟嘗君是齊威王留給兒子的重臣，可是齊湣王對孟嘗君很感冒，借題發揮誣陷孟嘗君造反。孟嘗君為了活命，只能流亡魏國。

孟嘗君離去後，齊國相國的位子空了出來。蘇秦在來齊國的路上就不停地給齊湣王寫信，把齊王比作齊桓公，把自己比作管仲，說不光燕王要拜齊王為大哥，自己也願意幫助齊國稱霸天下。

凡事太順利往往不是件好事，可惜齊湣王不知道縱橫家的嘴是騙人的鬼。從未上當受騙過的齊湣王毫無防備地接納了蘇秦，讓他接任齊國相國。

在戰國時代，身為一流的縱橫家要是不把一個諸侯國坑慘，都不好意思跟人打招呼。之前張儀把楚懷王坑得那麼慘，可是沒有多少人吸取教訓，接下來，蘇秦就會把齊湣王坑慘的。

被坑騙的傻瓜，一開始總覺得自己很幸運。西元前二八八年，一塊大餡餅從天而降砸到了齊湣王的頭上。秦國二把手魏冉來到齊國，希望齊、秦兩國一起稱帝。

能稱帝的都是傳說中上古時代五位半人半仙的君主，分別是黃帝、顓頊、帝嚳、堯、舜。「帝」的稱號叫起來比天子都霸氣。可是，別以為稱帝是件簡單的事。齊國想要和秦國一起稱帝，就必須付出一定的代價——幫秦國幹掉趙國。

自從趙武靈王潛入秦國搞非法測繪，秦昭襄王就對趙國有了巨大的心理陰影。萬一哪天趙國騎兵軍團揮師南下，關中沃野將成為趙國騎兵撒歡的跑馬場。秦昭襄王希望與齊國一起稱帝，從東西兩個方向攻滅趙國。

得到「帝」的稱號，齊湣王感覺自己到達了人生的頂峰。在齊國擔任相國的蘇秦卻覺察到了巨大的危機，一旦秦、齊聯手攻滅趙國，齊國坐大，必然會對燕國造成更大的威脅。絕不能讓齊、秦兩國結盟！

蘇秦火速向齊湣王陳述自己的意見：「兩國稱帝，齊國看上去賺取了名望，可是要消滅趙國，就幫秦國翦除了家門口的強勁對手。名都是虛的，而利才是實的。」

齊湣王：「先生說得在理，那該怎麼辦？」

蘇秦趁機說：「廢除帝號，這樣就能贏得諸侯的愛戴。再領導諸侯攻打秦國，趁機攻滅宋國。宋國位於中原腹地，交通便利，國家富庶，吞併宋國會讓齊國實力大增。」

西元前二八八年十二月，齊湣王廢除帝號，號召韓、趙、魏、燕，五國共同伐秦。

燕昭王興奮地派遣兩萬軍隊自備乾糧隨同齊軍作戰，而秦昭襄王心態崩了。十年前，齊國名將匡章就曾率領齊、韓、魏三國聯軍攻破函谷關，現在齊國又率領五國聯軍前來！

不過，五國聯軍人雖多，但是心不齊。五國大軍直奔秦國之時，趙、魏兩國覺察到了齊國的小動作。齊國向宋國方向增兵，明顯是想讓其他諸侯國往前衝，自己躲在後面獨吞宋國。

趙、魏兩國發現齊國原來這麼陰險，立即失去了作戰的慾望。秦昭襄王主動放棄帝號，割讓之前侵占諸侯的土地，聯軍也就失去了伐秦的藉口。趙、魏兩國與齊國的梁子也從此結下來了。蘇秦不費一刀一槍，就讓趙、魏兩國與齊國產生了嫌隙。

西元前二八六年，宋國發生大亂，此時在位的正是莊子討厭的宋康王。宋康王是一個殘暴的君主，他窮兵黷武，硬是在宋國拼湊出了擁有五千乘戰車的軍隊。

此時，宋康王已到晚年，精力不行，控制力也就下降了。相國唐鞅奪權，趕走了太子，後來又被宋康王幹掉了。宋國本來就是小國，經過這一番折騰，就更是奄奄一息了。

齊湣王瞅準時機出兵吞併了宋國，這一場兼併讓齊國舉國狂歡。

宋國雖是小國，卻是具有八百年歷史的公爵級國家，又位於中原核心區，工商業發達，交通便利。宋國之所以能在周邊列強環伺的險境中活下來，就是靠著列強之間的相互制衡。誰都想一口吞下它，可是誰先吞了，必然被其他強國群起而攻之。

趙、魏兩國看到齊國不和自己打招呼就獨吞了宋國，非常氣憤。此時，流亡魏國的孟嘗君站了出來，以一己之力攪動了時局。

孟嘗君原本是齊國相國，可是齊湣王看他不順眼，誣陷他是田甲謀反的核心成員。為了活命，孟嘗君只能背井離鄉，所以他對齊湣王充滿了仇恨，每天都遙望東方齊國，一心想手刃仇人。

孟嘗君在諸侯中擁有良好的人脈資源，他開始在諸侯之間奔走，密謀策劃攻打齊國。

當趙、魏、韓看到齊國把觸角伸到了中原腹地與自己搶肉吃，三晉破天荒地團結在一起。

孟嘗君又邀請燕昭王一同對抗齊國，燕昭王也欣然同意。燕國費那麼大的勁讓蘇秦給齊國挖坑，不就是等著痛毆齊國嗎？

接著，秦國也主動參與進來。十餘年前是齊國的匡章攻破了函谷關，數年前又是齊國組織五國伐秦，秦昭襄王早就想置齊國於死地。秦昭襄王不僅做起了帶頭大哥，還對天下諸侯宣稱：「有齊無秦，無齊有秦，必伐之，必亡之。」

蘇秦不愧是高明的縱橫家，他為齊國設計了一套自我毀滅程序，然後安裝在傻乎乎的齊湣王身上，讓其自行運轉。所有的反齊諸侯行動計畫，早就被寫入了程序裡，齊國的毀滅正在按照程序有條不紊地運轉。

破鼓眾人捶，牆倒眾人推。五國結盟，以滅齊、瓜分土地為目的，浩浩蕩蕩地殺向齊國。因為燕國之前給齊國當小弟，又長期駐紮在齊國做僕從軍，對齊國布防極其熟悉，所以聯軍主帥選了燕國將領樂毅。

樂毅的祖上正是魏國攻滅中山國的將領樂羊。燕昭王當年滿天下貼招聘小廣告，不光招來了蘇秦，也招來了樂毅。樂毅因為是將門之後，被燕昭王拜為將軍。樂毅繼承了祖先樂羊能征善戰的優良傳統，率領聯軍連克數城，兵鋒直逼臨淄。

齊湣王命令全國緊急動員，並委任觸子為將軍。他此時心急如焚，如同熱鍋上的螞蟻，而人在急躁的狀態下很容易做錯事。在觸子出征前，齊湣王對觸子說：「如果不能取勝，就殺你全家，挖你祖墳！」

聽到齊湣王如此失態的言論，我們只能驚嘆於他的智商欠費。之前他盲目信任蘇秦，就已經交了不菲的智商稅。現在，觸子率領大軍出征，這是他唯一的救命稻草。而齊湣王作為君王，非但沒說什麼祝大將凱旋之類的激勵之辭，反而還威脅、恐嚇大將，實在是腦子短路了。

講什麼樣的話是要看人的。如果是之前的戰神匡章，只會把這樣的話當成放屁，可惜觸子卻是心理抗壓能力極差的一個人。當他率領齊軍與聯軍對峙時，看到對方聯軍的人數遠遠超過自己，心態立即崩潰了。兩軍剛一交手，齊軍一觸即潰，主帥觸子逃得無影無蹤，齊軍主力被殲。

首都臨淄陷落是遲早的事兒，準備跑路的齊湣王在臨走之前要殺掉蘇秦。蘇秦知道自己的騙局遲早要敗露，但在劫難逃的他對於死亡沒有絲毫的恐懼：「我位極人臣，縱橫於諸侯之間，卻始終恪守與燕王『信如尾生』的約定，用畢生的才華，親手毀滅了一個數百年的老牌大國。我死而無憾！」

當齊國王公貴族逃離臨淄之時，蘇秦也在大街上被五馬分屍。

蘇秦死了，齊國馬上也亡了。齊湣王幾經輾轉逃到了莒，迎來了楚國的「援軍」。其實，楚軍哪是來幫助齊國的呀，分明是想透過齊湣王建立傀儡政府，從而控制齊國。齊湣王雖然傻，但是氣節還是有的，堅決不願意當傀儡，最後被楚軍殺死了。

西元前二八四年，樂毅率領聯軍攻入臨淄，將齊國留下來的數百年的財富瓜分乾淨。取得大勝後，樂毅並沒有停下進攻的腳步。他在齊國待了五年，進行了瘋狂的掃蕩行動，先後攻下七十多座城池，除了即墨與莒兩座城池還在堅守外，齊國已全部落入燕國手中。

齊國吞併的宋國領土被秦、魏兩國瓜分。宋國最富庶的陶邑成為秦國二把手魏冉的封邑，剩下的土地被魏國占領。曾經被秦國打得損失慘重的魏國終於也有回本的時候了。

在《戰國縱橫家書》裡，我們讀到了一名間諜用生命顛覆一個國家政權的故事。在這裡，沒有縱橫家指點江山、揮斥方遒的快意，只有縱橫家蘇秦血腥的死法，以及諸侯間的相互傾軋。

現在，我們的蘇秦故事有了兩個版本。《史記》版是漢代中期的司馬遷寫的，他認為蘇秦活躍於西元前三三七年至西元前三二〇年，蘇秦出道比張儀早，兩個人是同一時期的人；《戰國縱橫家書》版出自漢代初期的帛書，這版認為蘇秦活躍於西元前二九五年至西元前二八四年，張儀出道比蘇秦早，兩個人沒有時空上的交集。我們認為這一版更接近真相。

那麼，既然《史記》裡的蘇秦故事漏洞百出，難道司馬遷不知道嗎？

其實司馬遷自己也知道，所以他在《史記．蘇秦列傳》裡無奈地寫了這麼一句話：「然世言蘇秦多異，異時事有類之者皆附之蘇秦。」意思是市面上流傳蘇秦各種各樣的傳說，即便在不同時期發生的故事，只要和蘇秦類似，人們全都說是蘇秦做的。

如果有人問司馬遷：「既然你知道有問題，為什麼還要寫啊？」司馬遷會搖搖頭、擺擺手說：

「我太難了，這都要怪一個愛玩火的男人。」

無奈的司馬遷

如果問「史聖」司馬遷，倘若能穿越他最想做什麼，司馬遷絕不會回答說要與某位心儀的著名歷史人物見面聊天，他肯定會抄上傢伙，去秦朝痛揍秦始皇。

不光司馬遷這樣，在所有研究戰國史的歷史學家眼中，秦始皇都是「火雲邪神」般的存在，因為他做了一件對先秦文化毀天滅地的大事——焚書坑儒。

「坑儒」其實坑的是江湖術士。術士做的都是騙人的勾當，秦始皇挖坑把騙子埋了，也算是為社會除去一害。但是，秦始皇統一天下後為了統一思想，又開始了大規模的焚書運動。

司馬遷在《史記》裡痛心地寫道：「秦既得意，燒天下《詩》、《書》，諸侯史記尤甚，為其有所刺譏也。《詩》、《書》所以復見者，多藏人家，而史記獨藏周室，以故滅。惜哉，惜哉！獨有《秦記》，又不載日月，其文略不具。」

意思是：秦國統一天下後，焚燒《詩》、《書》和各個諸侯國的史書，就是因為裡面有諷刺秦國的內容。《詩》、《書》等儒家典籍之所以能重見天日，是因為很多藏於老百姓家裡，而諸侯記載的史書因為藏在官府，全部被焚燬。可惜啊！可惜啊！現在只有秦國自己的史書《秦記》保留了下來，可是裡面的歷史事件不標註年、月、日，內容簡略又不詳細。

先秦時有三本著名的史書，分別是魯國的《春秋》、楚國的《檮杌》（ㄊㄠˊ ㄨˋ）和晉國的《乘》。由於《春秋》被孔子修訂過，這本官方史書變成了儒家學生的教材，民間流傳極廣。而楚國的《檮杌》和晉國的《乘》等諸侯史書，都沒有逃脫秦始皇的「三昧真火」。

牛頓說過：「如果說我比別人看得更遠，那是因為我站在巨人的肩膀上。」司馬遷也想看得更遠，可是他沒有可踩的肩膀，因為前代史書都被秦始皇給燒了。那該怎麼辦呢？

別忘了，司馬遷不僅是史官，他還有另外一個身分——西漢皇家圖書館館長。

西漢是一個非常重視文化建設的朝代。秦朝末年，劉邦先項羽一步攻入關中咸陽，他的重臣蕭何做的第一件事就是搶救秦朝的律令與書籍。在劉邦集團看來，文化典籍才是一個國家的命脈所在。

秦始皇造的孽，西漢一直在替他救贖。西漢建立後，開展了大規模的書籍拯救運動。大量本以為失傳的書籍得以重見天日，並收入皇家圖書館得以妥善保存。

西漢建立一百年之後，身為史官與皇家圖書館館長的司馬遷擁有了大量的文獻資料。但是，他眼前的書籍都是雜亂無章地堆放到了一起。當時的書都是在竹簡或者絹帛上用手抄寫的，裡面既沒有標題，也不分章節，還錯別字連篇。光是整理一本書，就要傷害無數腦細胞，掉不少頭髮，非常辛苦。

由於《春秋》流傳於民間，再加上魯國史官左丘明根據《春秋》擴充成了《春秋左氏傳》，司馬遷寫《史記》時，寫春秋內容是有權威參考文獻的。可是在寫戰國的內容時，司馬遷就極其抓狂了。

西漢接收了秦朝的圖書，所以司馬遷手裡有《秦記》。可是秦人只注重耕戰，不注重精神文明建設，記載歷史時本著節省墨水的精神，能省一點是一點，《秦記》的內容實在太簡略了。對於司馬遷來說，戰國史就是一團毛線，很難理清。

司馬遷在堆積如山的書堆中找出了縱橫家所著的小冊子，這些是戰國時期縱橫家遊說君王的書信與談話內容，是縱橫家用來學習與揣摩的教材。這些小冊子就是司馬遷手上除《秦記》以外最珍貴的戰國史料。有總比沒有好，司馬遷就將這些內容寫到了自己的《史記》裡。

所以在《史記》裡，司馬遷採用史料時說了這麼一句話：「然戰國之權變亦有可頗采者，何必上古。」意思是，雖然秦國為了進行思想控制，燒燬了很多典籍，但戰國時那些靈活運用的對策也是可以採用的，何必一定要用上古的呢？這句話裡的「權變」指的就是縱橫家如何合縱連橫、靈活應對的故事。

到了西漢晚期，著名的大文豪劉向出現了，我們所熟知的《山海經》就是他編輯整理的。劉向雖是漢室宗親，卻沒有整日吃喝玩樂混日子。他是一個愛讀書的人，經常光顧皇家圖書館，由於圖書館裡的藏書太亂了，嗜書如命的他就把書分門別類地整理了，還順帶把之前司馬遷看的那些縱橫家所著的小冊子編輯成了一本赫赫有名的暢銷書——《戰國策》。

由於司馬遷與劉向都採用了相同的材料，所以《史記》與《戰國策》很多內容是基本相同的，例如都認為蘇秦與張儀是同時期的。

有了「史聖」司馬遷與大文豪劉向的加持，很多人都認為戰國史就是他倆所寫的那樣。

時光就這樣過了上千年，史學界也沒什麼好爭論的。在此期間雖然有《竹書紀年》出土，但也只是顛覆了上古歷史。直到一九七三年，長沙馬王堆漢墓出土了《戰國縱橫家書》，於是司馬遷與劉向兩千多年的棺材板要蓋不住了。

馬王堆漢墓是西漢初年長沙國丞相利蒼的家族墓地。《戰國縱橫家書》是利蒼兒子的陪葬品，總計二十七篇文章，有一萬多字，裡面百分之六十的內容是此前從未有人見過的，其餘的內容則與《史記》、《戰國策》記載基本一致。

《戰國縱橫家書》隨利蒼兒子埋入土中後就失傳了，所以那百分之六十的內容是西漢中期的司馬遷與西漢末期的劉向都沒有看過的珍貴史料。

《戰國縱橫家書》裡的絕大部分文章主人公都是蘇秦，並且書中明確地記載了蘇秦活躍的時間是從燕昭王至齊湣王時期。那麼，為什麼在司馬遷看到的縱橫家的著作裡，蘇秦穿越了呢？

我們來推理一下。

縱橫家所著故事的最初版本，也就是歷史的真相，我們稱作一．〇版本。在西漢初期，一．〇版本裡關於蘇秦記載的那一部分被埋入馬王堆，從此失傳，所以一．〇版本變得殘缺了。

縱橫家是靠著嘴上功夫遊走於諸侯之間的，天下越亂，縱橫家的市場才越大。可是到了西漢，天下已經統一，沒有諸侯相爭，縱橫家唯一的市場就是劉姓的諸侯國。

於是縱橫家們對殘缺的一．〇版本進行藝術加工。為了增加縱橫家故事的戲劇性與衝突性，他們讓蘇秦穿越，把張儀的對手公孫衍換成他。而蘇秦替燕國當間諜搞垮齊國的事，被放到了他弟弟身上，這就有了縱橫家故事二·〇版本。

舉個例子，在一·〇版本的故事裡，蘇秦第一次出場是在西元前三一二年齊、宋攻魏時，出自《戰國縱橫家故事》中〈蘇秦謂陳軫章〉一篇。而二·〇版本把故事裡的蘇秦換成了弟弟蘇厲，把蘇秦第一次出場時間提前到西元前三三七年，秦惠文王剛繼位的時候。司馬遷不清楚這背後的來龍去脈，於是原封不動地把這篇換角的文章放進了《史記·田敬仲完世家》。

二·〇版本的縱橫家故事在西漢被收入皇家圖書館，這些故事雖然頗具戲劇性，但也有一定的史學價值。司馬遷與劉向本來也沒有看過一·〇版本，就只有把這些材料當作第一手資料來記錄了。所以，我們看到《史記》與《戰國策》裡的縱橫家個個都是逆襲的楷模，他們隨便說幾句話，諸侯就大徹大悟，心甘情願地把國家交給縱橫家打理。

總之，在蘇秦的手下，齊國這個建立了數百年的老牌大國把自己玩崩了。而與此同時，楚國在楚懷王統治時期也江河日下，早已無力與秦國抗衡。戰國時的老牌三大國，只剩下秦國一家獨大。

秦昭襄王迎來了大好時機，他所處的時代再也沒有一個強勁的對手。

拾玖　將才白起

伊闕之戰

趙武靈王死後，對秦昭襄王來說，天下形勢一片大好。

就在他摩拳擦掌、躍躍欲試之際，舅舅魏冉給他舉薦了一個不世出的將才，這人叫白起。

白起如同從地獄裡爬出來的「魔鬼」，走起路來都自帶《亡靈序曲》的背景音樂。如果說殺人要償命，那白起死一百多萬次都不夠，因為與他對陣的敵人都難逃一死，不是死於陣前，便是被埋於萬人坑中，所以他也被冠以「人屠」的恐怖稱號。梁啟超曾做過一個估算，戰國時一共有兩百萬人戰死，其中有一半都是白起所殺。

白起是秦國郿（ㄇㄟˊ）地人，據史書記載，他「小頭而面銳」，意思就是頭小臉尖。能名垂青史的名將很多都是身材壯碩，力大無窮，像白起這樣平平無奇的長相，扔人堆裡估計都找不出來。長相是天生的，戰績則是後天殺出來的！

白起出生在秦國。變法的商鞅雖然死了，但是所有秦人都活在商鞅制定的二十級軍功授爵制度下。過得好不好，全取決於能在戰場上砍下多少人頭，既公平又合理，完全不用走後門、托關係。

剛開始，白起只是一個小兵。隨著自己斬下的人頭越來越多，白起的爵位也逐步提高，最後引起了掌控秦國兵權的魏冉的注意。魏冉發現白起不光殺敵厲害，還有自己的想法。他有時為了勝利，會不顧上級的命令，雖然有點不聽話，但是展現出了難得的將才。

西元前二九六年，魏襄王和韓襄王相繼去世，兩國遭遇大喪。別人家的喪事對於秦國來說就是喜事，秦昭襄王覬覦中原腹地的韓、魏兩國已有多年，兩國新君初立，根基未穩，正是秦國鯨吞中原的大好時機。

此時，秦昭襄王已經繼位十餘年，手上的秦國已經比上一代更加強大，天下沒有一個諸侯國具有單挑秦國的實力。要是不趁此時拿下兩國，秦昭襄王都對不起列祖列宗付出的辛勤汗水。

西元前二九四年，秦昭襄王發兵攻打韓國，想要奪取三川郡。只要拿下三川郡，秦國就能將周天子的雒邑攬入懷中，到那時，天子就成了自己的提線木偶。

由於魏冉的拼命舉薦，白起擔任了秦軍統帥，並被授予左庶長一職。白起率領十二萬秦軍出函谷關，殺向韓國，奪取武始、新城。獲得勝利後，白起的爵位被提升為左更。

韓國每次遭受秦國的攻擊時都有末日到來的恐懼感，畢竟自己的地盤在七雄中是最小的，萬一哪天秦國嘴張得太大，一口吞了韓國都是有可能的。韓釐王天天活在恐懼與焦慮之中，心想與其坐以待斃，不如魚死網破，竟然主動進攻秦國。

不過，韓釐王並沒有喪失理智，他明白自己與秦國根本不是同一個等級的，重量級的秦國可能不用出招，一屁股就能把輕量級的韓國坐扁了。不想給秦國送人頭，就得拉上一位小夥伴。

韓釐王找來找去也只能找魏國。魏國長期被秦國暴揍，也喪失了大片國土，與韓國唇亡齒寒，魏昭王與韓釐王同病相憐。

韓釐王：「兄弟來幫我一把！」

魏昭王：「好的，沒問題！」

西元前二九三年，韓、魏兩國砸鍋賣鐵湊了三十萬大軍，浩浩蕩蕩地直奔白起的營地。

秦國收到韓、魏兩國聯合反撲的情報後，決定進行反制，雙方在伊闕遭遇。

伊闕這個名字取得很有詩意，「伊」是伊水的意思，「闕」是門的意思。伊水兩邊各有一座山，分別叫龍門山與香山，這兩座山把伊水夾在中間，就像門一樣，所以這裡被稱為伊闕。北魏時建成的國家級風景區龍門石窟就位於伊闕的龍門山。

雙方的戰場是伊水西側狹長的小路，這條小路左邊是龍門山，右邊是伊水。白起的進軍路線早就被韓、魏聯軍的統帥計算在內。在這種狹窄的區域，秦軍就像一位施展不開手腳的大俠，只能和敵軍硬碰硬。由於韓、魏聯軍兵力超過秦軍一倍，戰爭勝利的天平開始向韓、魏聯軍傾斜。

這兩位老謀深算的統帥正是韓國名將暴鳶與魏國名將公孫喜。這兩位名將曾經與齊國戰將匡章一起入楚長城、破函谷，都是見過世面的。史詩級的關隘都被自己強拆過，區區十二萬秦軍，他們根本不放在眼裡。韓、魏兩國是主場作戰，而秦軍的補給要通過漫長的崤函道，只要耗下去，秦軍後勤供應不足，韓、魏兩軍就可以憑藉遠超秦軍的兵力，獲得戰爭的勝利。

可是這兩位老將萬萬沒有想到，對面的秦軍將領根本不能用常理來推測。這位將領即將把這兩位老將踩在腳下，開啟屬於自己的時代。

與敵軍對峙期間，白起並沒有閒著，而是一直在偵察戰場。韓國十多萬大軍阻塞在伊闕的小路上，秦軍正面出擊幾乎沒有勝算，不如繞到敵人背後。白起繞著龍門山轉了一圈，終於繞到了敵人背後，可是又發現這裡駐守著十多萬魏國大軍。

不愧是兩位功勛老將，無論是防線正面還是背面，都防備得完美無缺。換作一般人，面對敵人的優勢兵力，為了保險起見，會選擇等待援軍。等到兵力與敵人差不多時，才與敵軍決戰。然而白起不是一般人，他的第一大潛質就是善於找出敵人的弱點，敢於以劣勢兵力打出讓常人難以想像的逆天戰績。

白起在前線觀察的過程中，發現了一個有趣的現象：韓、魏兩國聯軍擋在秦軍面前，卻從來沒有進行過試探性的進攻，完全是一種龜縮的防禦姿態。看來韓、魏兩軍將領一定相互推諉，配合不夠默契。

白起做出的判斷非常正確。當年韓、魏之所以能攻入楚國長城、秦國函谷關，是因為有帶頭大哥齊國，更有匡章打頭陣。現在沒有帶頭大哥，韓、魏兩軍誰都不願當出頭鳥。

克勞塞維茲在《戰爭論》中說：「最好的防禦就是進攻。」白起雖然沒讀到過《戰爭論》，但他也知道變守為攻的道理。與其客場作戰被韓、魏聯軍耗死，不如主動出擊。

沒錯，白起就是這麼「不自量力」，敢以十二萬人去鯨吞敵方三十萬大軍。

打仗講究虛實結合，先虛張聲勢迷惑敵人，再用自己的實力來攻擊敵人的命門。在一個伸手不見五指的深夜，白起留下一小部分秦軍作為疑兵迷惑敵人，自己則率領秦軍主力繞著龍門山，按照事先偵察好的路線，繞到了敵人後方。

到了清晨，天空還微微泛著星光。經過一夜急行軍，秦軍已經迂迴到魏軍背後。過了一會兒，太陽升起來了，陽光照亮了世間萬物，也照亮了韓、魏兩軍的不歸路。

留在伊闕與韓軍對峙的少量秦軍對韓軍發動佯攻。秦軍士兵能扛旗的都扛上了旗，一時間秦軍陣中旌旗招展。韓軍看見對面陣中如密林一般的大旗，第一反應是秦軍發動總攻了。

暴鳶組織韓軍做好防禦的準備，並向公孫喜發出求援信號。公孫喜喜出望外，秦軍向韓軍發動進攻，韓軍成為肉盾，自己只需要打助攻。於是公孫喜召集大軍，開始向堵在伊闕的韓軍增援。

躲在不遠處的白起瞅準時機，向正在整隊行進的魏軍發動襲擊。魏軍絲毫沒有防備，連陣勢都沒有拉開，就被秦軍沖得七零八落。除了一小部分人成功突圍外，絕大部分魏軍被秦軍朝伊闕方向壓縮。

韓軍此時正在伊闕與秦國疑兵交戰，身後卻突然出現了十幾萬潰散的魏軍。恐懼如同瘟疫一樣，迅速在聯軍中間蔓延開來。潰散的魏軍與韓軍攪混在一起，聯軍變成無腦的巨人，在狹窄的伊闕到處亂撞。

秦軍將伊闕的南北兩頭堵死，慢慢地向中間擠壓，無數魏、韓將士死於亂箭之中，還有不少人被擠落水中。

隨著時間一點一點流逝，戰死者的鮮血如同瀑布一樣，流向旁邊的伊水。伊水變成滾滾血河，奔流向黃河。被擠在伊闕的韓、魏聯軍已經放棄了生的希望，不做無意義的抵抗了。

到了傍晚，血紅的太陽緩緩落下，伊闕的韓、魏聯軍絕大部分主力已被殲滅，魏軍主帥暴鳶戰死，韓軍主帥公孫喜被俘，南北秦軍實現了勝利會師。

鏖戰一天的秦軍並沒有休息，他們不顧勞累，興奮地割下敵軍的人頭。夕陽映照下，萬物身上彷

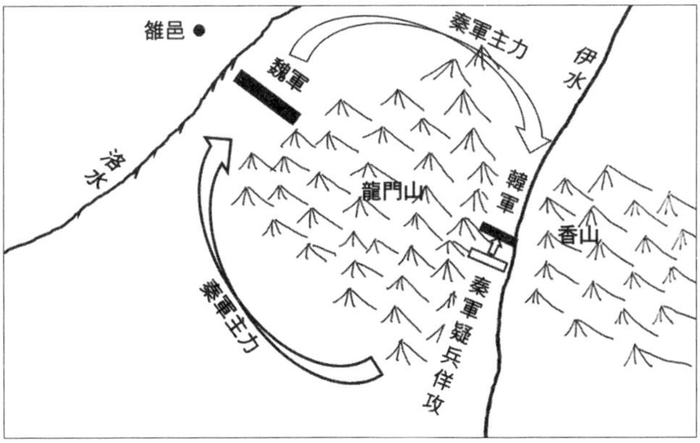

圖6　伊闕之戰

佛都是血的顏色，活著的人身上是血色，死人和伊水裡也都是血色，讓人完全分不清到底哪是夕陽，哪是鮮血。白起製造了一座人間煉獄。

第二天，秦軍稍作休整就開始了記功統計工作。十多萬秦軍井然有序地排好隊，手裡拿著敵人的人頭，開始登記自己的軍功。有的戰鬥英雄殺敵太多，手裡已經拿不下，就將多餘的人頭掛在腰帶上。

經過周密嚴格的統計，秦軍共斬殺了二十四萬敵軍，白起也憑藉此軍功晉升為國尉。韓、魏兩國拼了血本湊出來的大軍幾乎全被白起送上西天，從此以後兩國再也無力對抗秦國，只能苟延殘喘。兩條曾經馳騁中原、參與天下角逐的巨龍，硬生生地被屠龍勇士白起放乾了鮮血。

此後兩年，白起不斷地率軍進攻毫無招架之力的韓、魏兩國。迫於秦軍的兵威，韓國割讓武遂（今河北省保定市徐水區）附近二百里土地，魏國割讓河東（今山西省西南）四百里土地。而白起並沒有就此罷休，他接著又率軍攻取魏國河內（黃河以北）六十一座城池，大有一舉吞併魏國之勢。

然而，天下局勢的發展超出了秦昭襄王的想像。

狠人藺相如

秦國想要統一天下，只有兩條路可走：一條是東出函谷關，進而奪取中原；另一條是從蜀地出發攻占楚國，消除側翼威脅，迂迴攻占中原。

中原是全天下最繁華的地方，是華夏文明核心中的核心。韓國首都新鄭，魏國首都大梁，趙國首都邯鄲都集中在中原腹地，中原的好位置都被這三晉占了。要想奪取中原，就必須除掉三晉。

秦昭襄王面臨的形勢一片大好：楚國自藍田之戰、垂沙之戰後已經跌落成二流大國；伊闕之戰後，韓、魏兩國被秦國打成了高位截癱；齊國遭遇五國團戰，慘遭滅國。秦國已經成為全天下唯一的超級大國，大有一統天下之勢！

可是，表面看來，秦國已經天下無敵，其實已經觸發了鯰魚效應。鯰魚效應指的是漁民打魚回來，船上的沙丁魚容易在途中窒息而死。為了提高沙丁魚的存活率，漁民往往會放一條鯰魚在沙丁魚中間。鯰魚生性好動，來到沙丁魚群後不停地游來游去，激起了沙丁魚的求生意識，導致沙丁魚四處躲避，加速游動，這就解決了缺氧的問題，船裡的沙丁魚就可以活到漁港了。

秦國就像一條鯰魚，諸侯國就像一群沙丁魚。諸侯國因為秦國的攪動而充滿了求生欲，趙、魏、韓、燕四國也因此緊緊團結在一起。擊其尾，其首救；擊其首，其尾救；擊其中身，首尾皆救。

經過胡服騎射改革的趙國成為四國抗擊秦國的領頭羊。秦國每次進軍中原，趙國就會率領聯軍抗擊，氣得秦昭襄王牙癢癢。既然東進中原這條路暫時受挫，那就南下攻打楚國吧。

秦國在進攻楚國之前，先要與趙國建立好關係，避免腹背受敵。西元前二七九年，一場心懷鬼胎的國際會議正式拉開帷幕，會議地點選在了澠池。

澠池原是韓國的領土，秦武王奪取宜陽後，就將澠池收入秦國囊中。秦國的會議地址安排在澠池，也是經過深思熟慮的。

開會地點如果選在咸陽，相當於要趙王當小弟來拜見大哥秦王，搞不好趙王就不來了；如果選邯鄲作為開會地點，那秦王又要給趙王當小弟，太沒面子；在第三方國家開會，又實在不安全。

只有澠池最合適。它位於秦國的東方邊境，而又靠近趙國，秦王、趙王都要車馬勞頓趕過去，就沒有誰拜見誰這一說。另一方面，澠池位於秦國境內，秦王作為主辦方，地位要稍稍高於趙王。

此時趙國國君正是餓死自己父親的趙惠文王。雖然他逼死了老爹，但是趙國在他手上人才輩出，國力持續增強，成為全天下唯一一個能與秦國一較高下的國家。

趙惠文王收到秦國的邀請函，有點為難。去吧，萬一被綁票，像楚懷王一樣客死秦國怎麼辦？不去吧，又是不給秦國面子，秦國想揍自己都不用找理由。

就在趙惠文王無比糾結的時候，我們熟知的廉頗、藺相如出場了。他倆都勸趙惠文王前往秦國，說如果不去就顯得趙國懼怕秦國，會陷入政治被動。

廉頗率大軍護送趙惠文王到達趙國邊境，內心無比忐忑的趙惠文王問道：「萬一我被秦王扣押，回不來怎麼辦？」

廉頗嚴肅地說道：「大王，您放心地去吧！我都想好了，您此去澠池，來回路程加上開會時間，應該不超過三十天。如果超過三十天您還沒有回來，我們就立太子為王，斬斷秦國的妄想！」

趙惠文王聽完氣得差點把血噴在廉頗臉上。這場會議本來就風險很大，你們非得讓我來開不可，結果做的應急備案不是如何解救我，而是把我當作贈品送給秦國。

可是既然已經到了邊境，秦王也快到澠池了，趙惠文王也不好中途反悔。趙惠文王覺得自己身邊的大臣真是個個堪比猴精，自己完全是被他們架著往前走的。

趙惠文王告別了廉頗。馬車駛出了趙國邊境，前途生死未卜，唯一可以依靠的只有身邊一同出訪的文臣藺相如。而藺相如此時坐在車內，一副氣定神閒的樣子。

藺相如是一個社會人士，行走江湖多年，什麼手段都會使，什麼陣仗都見過。很多自以為了不起的人，遇到藺相如都要被他狠狠教訓一番。被藺相如教訓得最慘的就是秦昭襄王。兩人再次相逢，簡直是冤家路窄！

多年之前，趙惠文王突然收到臣子進獻的和氏璧，這可是讓歷代君王魂牽夢縈的稀世珍寶啊！

春秋時期，有一個楚國人卞和，在砍柴時發現了一塊璞玉，也就是包裹在石頭中尚未雕琢的玉。卞和打算將這塊璞玉獻給楚王以獲得獎賞，於是他就成為中國歷史上的「賭石」第一人。

玉藏在石頭裡，你不知道好壞，只有切開後才能知道品質。如果切開發現是塊好玉，可能就一夜暴富。只不過普通人是拿財富在賭石，卞和則是拿生命在賭石。

卞和把璞玉獻給當時的楚厲王，楚厲王一看，這明明是塊破石頭，於是砍掉了卞和的左腳。卞和賭石失敗，變成了殘疾人。但他不甘心，等到楚武王繼位又去獻給楚武王。楚武王一看，這就是塊破石頭嘛，於是又砍去卞和的右腳。

兩隻腳都沒了，卞和仍是不死心，天天抱著璞玉哭。楚文王繼位後，由於卞和已經哭成了名人，楚文王很好奇，就派人來鑑石。結果一剝開石頭，果然看到裡面是塊稀世寶玉。這塊寶玉就被叫作和氏璧。

經過歲月流轉，和氏璧到了趙惠文王手裡。此消息一出，秦昭襄王立刻修書一封給趙王，說願意割讓十五座城池以換取和氏璧。

得不到和氏璧的秦昭襄王內心躁動不安，而得到了和氏璧的趙惠文王內心一點都高興不起來。秦國是全天下著名的詐騙之鄉，把和氏璧給秦國基本上是肉包子打狗有去無回。可要是不給吧，秦國因此攻打趙國怎麼辦？

此時，宦官令繆賢將自己的門客藺相如推薦給了趙王，藺相如被委以重任，作為趙國大使出使秦國。

秦昭襄王接過藺相如呈上來的和氏璧，大喜過望，興奮地把和氏璧傳給周圍人看。眼瞅著秦王把和氏璧從嬪妃傳給侍衛，明顯有拿了不還的意思，藺相如冷笑了一聲，心說今天就讓秦王見識見識什麼叫無賴中的無賴。

藺相如靈機一動，對秦昭襄王說：「大王，和氏璧上有一個小瑕疵，讓我指給您看。」於是秦昭襄王把和氏璧交給了藺相如。藺相如拿到和氏璧後突然臉色一變，立刻抱著和氏璧跑到最近的柱子旁。

藺相如大義凜然地說：「我作為趙國使節來到秦國，但是秦王態度極其傲慢，將稀世珍寶傳給姬妾看，我看秦王是沒有給趙國十五座城池的打算，所以和氏璧也不能給秦王。如果秦王硬搶，我的頭將與和氏璧一同撞碎在柱子上。」

秦昭襄王傻了，耍無賴耍習慣了的他，還是第一次看到有人在自己面前耍無賴：「有話好好說，千萬別弄碎了寶玉！我馬上把十五座城池劃給你。」

藺相如：「這還不夠，和氏璧是稀世珍寶，趙王送和氏璧來之前齋戒了五日，秦王也應該齋戒五日，舉行大典，我才能將和氏璧交給秦王！」

秦王為了得到和氏璧，只能一口答應。

藺相如猜到秦王絕不會真心割讓十五座城池，等回到住處後，他就讓人走小路，偷偷把和氏璧送回趙國。

秦昭襄王齋戒五日後，喜出望外地想要把和氏璧拿到手。可是在典禮上，藺相如並沒有把和氏璧帶來。

氣急敗壞的秦昭襄王動了殺意。

藺相如看著滿臉怒火的秦王，淡定地說：「秦國信用極差，我怕大王不履行承諾，所以讓人把和氏璧送回了趙國。秦王不如先割讓十五座城池給趙國，秦國比趙國強大，趙國拿到城池後不敢不把和氏璧獻給秦王。如果我敢欺騙大王，就讓我下油鍋。」

普天之下，能治秦昭襄王的除了宣太后，恐怕也只有這個藺相如了。秦昭襄王雖然是無賴，但也只是圖利。現在就算殺了藺相如，也只會讓秦、趙結下梁子，無利可圖，那還是保持臉面吧。無可奈何的秦昭襄王只能放藺相如回去，這就是完璧歸趙的故事。

言歸正傳。趙惠文王一行到達澠池之後，受到了秦昭襄王的隆重接待。不過秦昭襄王看到趙王身邊的藺相如後，臉色頓時陰沉了下來，心裡的陰影面積在以光速擴展。

有藺相如在，秦昭襄王一直對趙王客客氣氣。雙方在平等友好的氣氛中進行了數天的外交磋商，達成了廣泛共識，並簽署了兩國和平友好條約。

會議結束後就該聚餐了，結果記吃不記打的秦昭襄王在宴席上又被藺相如狠狠治了一番。

宴席上，秦昭襄王喝大了，又想逞大國威風。他開始戲謔趙王：「寡人聽說趙王是個音樂發燒友，請趙王彈琴為大家助助興！」

本來，宴席上搞個小節目活躍活躍氣氛挺好的，可是秦昭襄王做了一件出格的事。趙惠文王彈完琴，秦國的史官在旁邊記了下來：「某年某月某日，秦王與趙王一起聚會，趙王為秦王彈琴！」

此話一出，趙國君臣都愣住了。本來雙方是平等的地位，怎麼一下子趙王就矮了秦王一級！

就在趙國君臣不知該如何應對之時，社會人藺相如再次出馬。

秦王你敢在我面前豪橫，我就跟你玩命！藺相如徑直走到秦王跟前，秦昭襄王一看是老冤家來了，酒立馬醒了一半。

「趙王也聽說秦王喜愛音樂，今天也想聽秦王演奏。」說完藺相如遞給了秦王一個缶。

秦王自認為老子天下第一，怎麼能讓別人命令自己呢？看到秦王憤怒的表情，藺相如按著身上的佩劍說道：「秦王如果不彈奏，五步之內，我藺相如脖子上的鮮血將飛濺到大王身上。」

俗話說，愣的怕橫的，橫的怕不要命的。秦王不想讓宴會變成命案現場，只好無奈地舉起了缶，象徵性地敲了一下。

藺相如吩咐趙國史官記下：「某年某月某日，秦王為趙王擊缶。」

秦昭襄王兩次被藺相如治得服服貼貼，再也不敢對趙國動什麼壞心思。此後一直到趙惠文王去世，秦昭襄王都沒有對趙國發動大規模進攻。

澠池之會後，藺相如被趙王封為上卿，一時如日中天，職位比廉頗還要高。廉頗知曉後，大為惱火。他認為自己為趙國立下汗馬功勞，而藺相如只靠嘴上功夫就爬到他的頭上，他不能忍受。

廉頗決定，以後遇見藺相如一次就要羞辱他一次。藺相如聽說後故意躲著廉頗，外出的時候看見廉頗的車子，就讓車伕主動避開。

一位門客看不下去了，他對藺相如說：「我來追隨您，是因為您有高尚的氣節。您比廉頗級別更高，廉頗惡語傷人，而您卻總是避讓他，您怕得太過分了吧！我打算就此告辭。」

藺相如聽完笑了笑，說道：「廉頗與秦王相比，誰更厲害？」

門客：「當然是秦王厲害。」

藺相如：「我在澠池之會上敢於呵斥秦王，既然我連秦王都不怕，還怕廉頗嗎？秦國之所以不敢對趙國用兵，就是因為趙國有我和廉頗在。如果將相失和，趙國就會處於危險之中。為了趙國的安危，個人榮辱又算得了什麼呢？」

藺相如這番發自肺腑的感言讓門客大為感動，後來這番話又傳到了廉頗耳中。廉頗深感自責，主動上門負荊請罪。將相和，趙國安。

而秦昭襄王這邊，雖然在澠池會上丟了面子，但是也與趙國達成了和平協議，確保了中原四國暫時不會與秦國為敵。秦國也就可以從中原抽出身來，屠戮楚國這條南方的巨龍。

鄢郢之戰

一個單位，新領導在上任後往往會推翻上一任的決策。因為如果延續上一任的決策，做出來的成績算誰的呢？

可是秦國卻不一樣。從秦孝公到秦昭襄王，歷經四代君王，一直堅定不移地施行商鞅制定的法令，國家GDP快速增長。

西元前二七九年，澠池之會剛結束不久，白起率領數十萬大軍殺向楚國。

此時，楚國領導人是楚頃襄王。他老爹楚懷王是戰國第一大傻瓜，他也繼承了老爹的「優秀」基因，智力低下到了極致。這樣的混帳領導者手下自然少不了混帳員工。楚頃襄王的手下都是酒囊飯袋，朝堂上都被惡勢力完全把控，少有的正常人屈原被逐出了政壇，只能搞藝文創作了。

以楚國的現狀，秦國想不滅楚國都不行啊。

數十萬秦軍懷揣著砍人頭升爵位的夢想，來到了建造數百年的楚長城腳下。沒多久，秦軍就攻破楚長城，深入南陽盆地。

闖入南陽盆地的秦軍如同一頭不受控制的巨獸，爆發出驚人的破壞力。白起下令秦軍搶掠楚地的糧食財富來作為補給，南陽盆地如同人間地獄一般，無數生靈慘遭塗炭。

南陽盆地是楚武王、楚文王兩代國君花了畢生心血才拿下的，結果在楚頃襄王手上，一眨眼就被秦人毫不費力地奪走了。如果他倆在天有靈，一定會從墓裡面爬出來用陪葬品砸死楚頃襄王。

秦軍在南陽盆地肆虐完，兵鋒直指楚國核心區江漢平原。大軍迅速挺進到江漢平原的門戶——鄢城（今湖北省宜城市）。鄢城是楚國必保之地，新徵調來的數十萬楚軍已經在此擺好陣勢，就等著秦軍進攻。

白起看到全副武裝的鄢城以及周邊數不清的防禦工事，下令全軍就地安營紮寨，與楚軍對耗了起來。

打仗是要計算成本的，最划算的莫過於以最小的代價獲得最大的勝利。秦軍客場作戰，如果和楚軍硬碰硬，即使贏了，也只能是殺敵一千自損八百的慘勝，搞不好就是兩敗俱傷。不到萬不得已，白起不會貿然與楚軍決戰。

楚軍背靠富庶的江漢平原，擁有充足的補給。他們有理由相信，隨著時間的流逝，勝利的天平會傾向於楚國。這樣慢慢地耗下去，到最後秦軍必然不戰自潰。

可是楚軍低估了白起。白起不光打仗打得好，還是一個優秀的水利工程師。

在對峙期間，白起自己不停地偵察地形，最後發現鄢城旁邊寬闊的漢水可以當作消滅楚軍的神兵利器。

隨著白起一聲令下，數十萬秦軍化身為基礎建設的工人，開始修建水壩。但白起做的可不是什麼功在當代、利在千秋的事，他是要把楚國軍民全部送往冥界。

堤壩修好了，水也蓄滿了。漢水即將變成冥河，白起即將化身冥河擺渡者。

一天夜晚，白起下令毀堤。堤壩被秦軍掘開口子，洶湧澎湃的江水將勢能轉化為動能，衝向鄢城。躲在防線後的楚軍聽到北方傳來的震天巨響，還以為是打雷了。直到巨響從營地近處傳來，楚軍才看清，這是海嘯般的驚濤駭浪！

這時，一切都晚了。

鄢城被水淹沒了，數十萬楚國軍民的屍體黑壓壓地漂浮在水面，屍體的惡臭籠罩四周。他們順著水流進入漢水，漂向下游。楚國上下都被漢水上游飄來的屍體震驚了。

白起沒有停下來，而是掉轉槍頭向西攻打夷陵，切斷郢都與巫郡的聯繫，進而打通秦軍從三峽進攻楚國的路線。

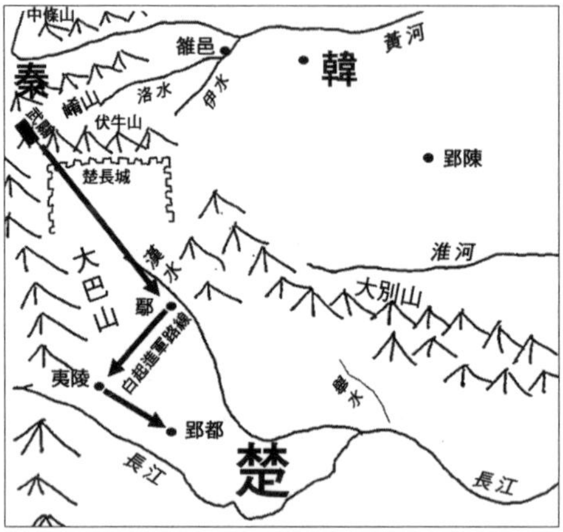

圖7　鄢郢之戰

西元前二七八年，秦軍攻下夷陵，白起面前只剩下郢都了。

楚國君臣被白起打出了恐懼症，早已跑路。楚國畢竟曾經家大業大，這次被秦軍大肆劫掠，東部還有一半國土。楚頃襄王帶著大臣逃到了陳，在那裡建都，也稱為郢陳。

秦軍順利地攻占郢都。白起下令焚燬楚國歷代先王的陵墓。鄢郢之戰，白起完勝！

白起回到秦國後，成為秦人心中不可取代的戰神，秦昭襄王封白起為武安君。

不過，以武功治世、威信安邦的武安君，聽起來好聽，可是這個稱號是被詛咒的。戰國時，有三位仁兄先後獲得過武安君的稱號，分別是蘇秦、白起、李牧。這三人能力超群，卻沒一個善終。

秦人狂歡之際，楚人卻正在哀傷，因為就在這時，一位詩人在汨羅江投江自盡了。

貳拾　詩人死了

生於國兮，長於原野

汨羅江邊，有一位披散著頭髮的老者。衣著破舊卻整潔的他，抱著一塊大石頭，跳入了洶湧的江水中。他，就是大詩人屈原。

屈原死了，戰國的詩壇也死了。

如果說莊子是戰國第一散文家，那麼屈原就是戰國第一詩人。戰國散文家裡除了莊子，還有很多大咖，例如排名第二的是孟子。而在屈原面前，沒有人敢自稱詩人，因為屈原獨霸戰國詩壇，堪稱「詩霸」。屈原死後，戰國時代還有人在寫詩，但都是在對屈原的作品進行模仿。

西元前三四〇年夏曆正月初七寅庚，楚國郢都一個屈氏貴族家裡，一個小寶寶出生了。這個小寶寶出生的時間可是大吉大利。這年正月，木星與太陽交會，所以這一年被稱為「攝提格」，就是正年的意思。木星在夜空中的亮度僅次於金星，在楚國人眼中木星就是尊貴天神的化身，所以他們把木星稱為歲星。

在父親看來，這個出生於正年正月的小寶寶必定是大富大貴之命，於是他給孩子取名為「平」，就是「正」的意思，史書上也就稱他為「屈平」。後來屈平長大後，又以「原」為字，所以後世也叫他屈原。

屈原的父親叫伯庸，是一個落魄貴族，雖然家境不怎麼樣，但是老屈家祖上和楚王是親戚，都姓芈。從春秋到戰國，老屈家擔任楚國要職的人不計其數。屈氏也是當時楚國政壇的三巨頭之一，與景、昭兩個大氏族共同把持了楚國朝堂。

雖然家裡窮，但由於出身高貴，再加上老屈家在楚國有盤根錯節的關係網，年少時的屈原被保送到貴族學校，接受了國內超一流的教育。

屈原上學時，詩是楚國貴族的必修課。楚國人對「詩」的痴迷已經達到了走火入魔的程度，在楚國，一個不會背詩的貴族絕對不是好貴族！

為什麼會這樣？

還不是因為自卑！

楚人從西周時期就被中原人視為蠻夷，沒文化、野蠻、落後成為他們身上怎麼撕都撕不掉的標籤。

如果只是一時的誤解，心理承受能力強的人忍忍就過去了。楚人被中原人這麼黑了幾百年，哪怕再心如磐石，也要被黑出心理陰影。

楚國人說話有濃重的南方口音，被中原人譏笑是南蠻鴃（ㄐㄩㄝˊ）舌之音，意思是南方口音就像鳥語一樣。為了改變自己的口音，獲得中原人的認同，楚國人也是拼了。當時齊國口音最優美動聽，楚國貴族就從齊國請老師來教孩子學「中原音」，學不好就用棍子打，一定要練就一口標準流利的「中原音」。

光改變口音不行，還得提升自己的文化修養。楚人家裡也不差錢，就拼命加大教育投入，想在文化領域奮起直追。

如何讓中原人認為自己有文化呢？

讀詩！

腹有詩書氣自華，讀詩不光能陶冶情操、提高文化修養，懂詩的人，遇到良辰美景也能吟詩一首，展現自己的格調。楚國學校的課堂上，老師會對學生說：「你們不好好背詩，就會被中原人看不起，被叫作南蠻。」

於是在《左傳》、《國語》裡出現了有趣的一幕：楚人走到哪都會大發詩興，隨即賦詩一首，生怕別人不知道自己有文化。據統計，《左傳》裡楚人賦詩的場景多達二十二次。

學詩就要有教材，但市面上的教材太雜太亂，良莠不齊。直到孔子整理了一本標準教材——《詩經》，楚人如獲至寶，立馬引進國內。

《詩經》是儒家的教材，屈原學習《詩經》後，也被深深地打上了儒家的烙印。不過屈原雖然受儒家思想影響，但是他並不循規蹈矩，內心如同一匹桀驁不馴的烈馬。屈原，乃至於所有楚人，都是放蕩不羈熱愛自由的。玄而又玄的道家思想在楚國異常流行，屈原也一直在追尋那種超然物外的境界，想要擺脫時空的束縛。

西漢大文人東方朔說：「平生於國兮，長於原野。」「平」是屈原的名，意思是說屈原生於國都，而又在原野中成長。

屈原雖然出生在郢都，受到了良好的教育，但他上完課後不用上補習班，也不用寫作業，屬於放養的狀態。放養的小孩容易養成無拘無束的天性和親近大自然的美好品德，不像現在有些孩子，讀到大學還是五穀不分。

郢都城外是廣袤的江漢平原，更有煙波浩渺的雲夢澤，所以屈原小朋友家門口就是一個巨型植物園，他可以在裡面快樂地遊玩。小屈原也慢慢變成了一個植物學家，認識了蘭花、蕙花、申椒、菌桂、江離、辟芷、木蘭、杜若。

這些植物不光長得美好，還可以用來祭祀神明。郢都城外有一座祭祀天帝的東皇太一廟。有時候，小屈原在外玩耍時還能看見楚王主持祭祀活動。每逢重要節日，就有一群巫師施展巫術，男女齊聲高歌迎送各路神仙。這在當時不是什麼封建迷信，而是極其莊重的宗教儀式，更是楚人與神靈交流的活動。

忠君的儒家、玄幻的道家、神祕的巫術構成了屈原精神世界的三原色。懵懂少年屈原對自己的未來一無所知，他正享受著人生中最無憂無慮的時光。

很快，屈原到了加冠成人的年紀。屈原創作了中國第一首詠物言志詩——〈橘頌〉，作為獻給自己的成年禮。橘樹只能生長在南方，如果生長在北方就成了枳，結的果子不好吃，所以屈原讚美南方的橘樹。

這首詩的格調還是很輕快的，寄託著一個年輕人對未來的美好暢想：

后皇嘉樹，橘徠服兮。

受命不遷，生南國兮。

……

嗟爾幼志，有以異兮。

獨立不遷，豈不可喜兮？

……

意思是，天地之間有一棵好樹，它叫橘樹。橘樹的天性不外遷，它只生長在南方。它的志向，從小就與眾不同。這樣性格獨立、品德卓絕，怎麼不叫人佩服？

青年的屈原無意間開創了一種偉大的文體——楚辭。楚辭就是楚人的文辭，屈原和其他楚國詩人的作品都收納在《楚辭》中。

就此，先秦詩歌分成南北兩大派別。

北派的鎮派之寶是《詩經》。相傳，《詩經》收錄了從西周初年到春秋中期長達六百多年的詩歌精華，作者不計其數。《詩經》後經儒家開山老祖孔子重新修訂後，學術地位大增，是天下讀書人提升文學修養的必備祕籍。其文風和諧含蓄，有道是「天下詩歌出中原，中原《詩經》數第一」。

南派的鎮派之寶便是《楚辭》。屈原吸收了《詩經》之精華，從此打通了任督二脈，開創楚辭文體。《楚辭》文風奇崛鋪張、絢麗浪漫，可以說屈原是以一人之力對抗《詩經》無數作者，堪稱「詩界萬人敵」。

如果把《詩經》比作一位端莊賢淑的大家閨秀，那麼《楚辭》則像一個熱情奔放的浪漫少女。此時的屈原才華橫溢，未來可期。

洞庭波兮木葉下

由於成績好，老屈家在朝中又有影響力，成年後的屈原很快被推薦為三閭大夫。三閭大夫是掌管宗廟祭祀與貴族子弟教育的清閒職務，算是文化教育體系的工作。屈原在這個崗位上正好發揮自己的文學才能。

祭祀時是要有巫師唱歌的，而唱歌的歌詞一定不能差。如果唱得不好聽，神靈就會怪罪楚人。於是一組氣勢恢宏的祭祀詩歌橫空出世，這就是《九歌》。

《九歌》裡的「九」到底是什麼意思，這個問題爭議了很多年。有的人認為九是實數，表示有九章；也有人認為九是虛數，表示有很多篇；更有人認為「九」是「九天之歌」的意思。

《九歌》有十一篇，依次是〈東皇太一〉、〈雲中君〉、〈湘君〉、〈湘夫人〉、〈大司命〉、〈少司命〉、〈東君〉、〈河伯〉、〈山鬼〉、〈國殤〉、〈禮魂〉。除了〈國殤〉是屈原停職期間創作的以外，其他十篇因為節奏極其歡快、色調豔麗，被郭沫若認為是屈原在早年春風得意時創作的。

在《九歌》裡，神仙也和普通人一樣有七情六慾，個個都是戀愛高手，甚至還很不正經。在屈原的眼中，神就是人，人就是神。

到了國家舉行祭祀大典的時候，屈原創作的《九歌》正式上演。詩歌由專業的男巫、女巫吟唱出來，宛如天籟之音，讓楚人的精神世界與上天成功對接。

祭祀圓滿結束後，楚懷王作為重要嘉賓，親切接見了創作人員。楚懷王對詩歌創作者尤其青睞有加，經過交談，更是被眼前這位年輕人的蓋世才華所折服。屈原因此一炮而紅，仕途崛起。

純良、正直的屈原嚮往的是《九歌》裡「洞庭波兮木葉下」的生活，在他看來，自己只是一個文藝青年。可惜，這種生活只存在於美好的詩歌裡，而對於喜歡捉弄人的命運之神來說，一個普普通通的文藝青年實在是太無趣了。它更想聆聽驚豔世間的詩歌，這就需要一位百年難遇的詩人來創作。只有讓詩人的肉體經歷沉重的磨難，心靈被反覆摧殘，才能寫出驚世傑作。

命運之神想讓內心純淨如孩童般的屈原遭受現實的打擊，經歷苦難的洗禮。

想成就一個人，就讓他去從政，他可能位極人臣，光宗耀祖；想毀滅一個人，也讓他去從政，他可能被削職貶謫，慘遭迫害。

詩壇翹楚屈原逐漸在政壇崛起。但他不會知道，命運之神是如此的冷酷無情，它早已在暗處給他安排好了崎嶇坎坷的人生，同時還要奪走他的幸福與快樂，讓痛苦、抑鬱、憤怒伴隨他一生。

路漫漫其修遠兮

楚懷王看中了年輕的屈原，任命他為左徒。左徒的地位可不得了。楚國最高的官職是令尹，相當於現在的行政院院長。而左徒是令尹的副職，相當於現在的行政院副院長。

落魄貴族出身的屈原萬萬沒想到自己竟然一步登天，他對楚懷王感激不盡。可是吃虧要趁早，年輕人一帆風順可不是好事，因為後面肯定有大坑在等著。屈原順得像是開了掛似的，而前方也有一個隕石坑正在等著他。

年輕的屈原不負楚懷王的期望，表現出了卓越的政治才能。起草文件，接待外賓，制定政策，他樣樣做得出色。

當屈原在自己的職位上做得風生水起的時候，楚國也走到了歷史的十字路口。當時的楚國，可以說有天下最大的地盤，國富民強，帶甲百萬。然而，西邊的秦國如同坐了火箭一般快速崛起，成為楚國最大的威脅。

要想救楚國，只能變法。

當年，吳起在楚國變法，讓楚國國力大振。可是數十年過去，楚國已歷經四代楚王，原先制定的法令早已廢弛。必須實施第二次變法，讓楚國再次走向輝煌。

屈原向楚懷王請求變法。大傻瓜楚懷王既沒有同意，也沒有反對，而是說：「你先起草變法的法令，寫好之後給我看看。」

得到國君的同意後，屈原開始認真起草法令，而這也成為他悲劇人生的開端。

「屈原要變法啦！」

這一消息迅速傳遍了楚國大街小巷。貴族老爺聽說後，年輕的血壓升高，年老的直接腦溢血！數十年前，從魏國來的狠人吳起到楚國推行變法，颳起了腥風血雨，貴族手中的乳酪被他搶走，還被發配到偏遠地區去開荒種田。

好不容易吳起死了，結果七十多個大家族也跟著陪葬。能活到楚懷王一朝的貴族都是僥倖活下來的，要是再來一次屈原變法，貴族恐怕就要絕種了。

決不能讓屈原再推行變法！貴族老爺要開始反擊。

第一個冒頭的是上官大夫。上官大夫是與屈原平級的官員，他對屈原說：「都是同事，你起草的法令讓我看看，我來幫你修改修改，減少你的工作量，怎麼樣？」

沒想到屈原具有極強的保密意識，怒斥道：「法令是讓楚國富強的利器，在經過大王確認前，這是國家機密，不能給別人看！」

上官大夫：「你給不給？」

屈原：「不給！」

上官大夫：「不給我就搶了啊！」

屈原：「有本事你就搶啊！」

話音剛落，上官大夫就如一頭餓虎般猛地撲向屈原。

屈原抱著文件跑，上官大夫在後面追。上官大夫長期伏案工作，年輕的屈原體力要比他好得多，沒讓他追上。

上官大夫累得上氣不接下氣，指著屈原怒吼道：「你給我等著！看我們怎麼整死你！」

不死心的反對派貴族天天在楚懷王面前詆毀屈原。他們人多勢眾，輪番勸說楚懷王，楚懷王實在架不住。楚懷王本就是一個傻瓜而不是一位英主，他只想快點消停，還自己一個清淨的世界。

終於，被反對派搞得神經衰弱的楚懷王下令「疏屈平」。「疏」不是疏遠的意思，而是將官員免職，但仍然保留原有職務的待遇。

屈原現在無事可做，卻又不用為薪資發愁。他滿腔怨恨無處發洩，只好在郢都四處轉悠，寫詩成為他唯一排遣鬱悶的方法。於是一部曠世傑作誕生，這就是〈離騷〉。

司馬遷認為「離騷」的意思是離愁。〈離騷〉有三百七十三句，兩千四百七十七個字，是中國文學史上第一首長詩。

這首長詩給人的感覺就像是看了一部仙俠劇。愛恨情仇，爾虞我詐，仙人神獸，奇幻幽深，仙俠劇該有的元素，〈離騷〉裡應有盡有，故事情節更是跌宕起伏，一波三折。

按照故事情節，〈離騷〉可以分成上下兩篇。

上篇講的是主角在凡間歷劫。在仙俠小說裡，主角雖然是凡人，但是可以透過修煉得到法力。

屈原作為詩裡的主角，其出身就不得了。他祖上是古帝高陽氏，高陽正是五帝之一顓頊（ㄓㄨㄢ ㄒㄩˋ）的稱號。主角的名字一定也是仙氣飄飄，所以他以「正則」為名，以「靈均」為字。

作為半人半仙的主角，穿著也不能普普通通的。他身披江離和白芷，又編織秋蘭作為配飾，一出場就驚豔四座。主角生活同樣不落俗套，春天他去攀折山上的木蘭，冬天則去收攬水邊的青藻。日月交替不停，春秋往復更新。看到草木凋零，恐怕美人也要漸漸老去。而主角不願就此落寞，他願乘上駿馬，在凡間為眾人引路。

如此完美的主角，本應該是楚國的救世主，可是，他卻在楚國政壇被撞得鼻青臉腫。楚國政壇上那些壞人結成黨羽，導致國家前途晦暗不明。可惜君王受到奸臣蠱惑，反而聽信讒言，遷怒於主角。主角知道正直就會遭惡人報復，可是他寧可忍受悲慘的命運，也不願放棄原則。

主角為了提高情操，早上飲木蘭花上的清露，秋天吃菊花瓣上的紅霜。因為這樣做能擺脫庸俗，所以哪怕為此餓瘦了，主角也不在意。

主角的內心如此痛苦，所以一邊嘆息，一邊哭泣，悲嘆凡間生活竟然如此悲慘！

凡間混不下去了，但主角是半人半仙，下凡只是來歷劫，最終還得回到天上去。

主角在凡間歷經了悲傷，而對於一個青年男子來說，最好的解決悲傷的方法就是談戀愛。一段不行，就來三段。〈離騷〉的下篇就是講主角天界求愛的故事。

主角不想在汙濁的凡間待下去，決定返回天界。於是他召喚出神龍，駕著鳳車，擺脫地心引力飛向了天界。前方的路程又長又遠，但主角將在天上地下尋找自己的理想。

經過長途跋涉，主角終於在早上渡過白水。他把白龍繫在閬山山巔，向四周眺望，卻發現這天界之中竟然沒有美女可以追求。

為了追逐美好的愛情，主角又召喚雷神豐隆，替他駕著彩雲，去拜訪洛水女神宓（ㄈㄨˊ）妃。可是宓妃自恃長得漂亮，非常孤傲，一天到晚賣弄風騷。既然這位仙女對凡人沒有禮數，那麼主角不如去另尋適合自己的愛情。

可惜對象實在不好找，主角在四海八荒周遊了一圈，最後從天而降。他看到遠處的平地上聳立著百尺瓊樓，有娀氏的美女簡狄就在那裡。

看到美麗動人的簡狄後，主角心臟撲通撲通直跳。他想當面向簡狄求愛，又怕不合禮數，於是派鳳凰去送聘禮。沒想到高辛氏搶先一步追到了簡狄。

主角又看到虞國君主有兩位女兒還沒有嫁人。她倆原本是許給夏朝國君少康的，由於少康還年少，主角就有了追求的計畫。可是他派去說媒的人口才不行，沒有說成這門親事。

三次找對象都沒有成功，主角也就不找了。他打算趁自己的玉珮還壯美之時到天地之間遊玩。

在皇天的光耀中升騰的時候，主角低頭看到凡間的故鄉。國內沒有人能理解自己，他又何必留戀故鄉呢？自己偉大的政治理念，也沒有人能和他一起推行。主角想起商代有位叫彭咸的賢臣，因為昏君不聽他的諫言，他就投水自盡以明志。主角心想，如果自己死了，就去尋找彭咸的住處。

這就是〈離騷〉的主要故事。故事裡的主人公就是屈原自己的化身，他打扮華美，生活不落俗套，就是為了表明自己不願與世俗同流合汙。故事裡的主角追求完美的愛情，其實就是屈原本人在追求真理。

〈離騷〉的最後一句，屈原說自己要追隨投湖自盡的忠臣彭咸，後來也一語成讖。

〈離騷〉恢宏大氣，文辭華麗。由於〈離騷〉寫得太好了，所以這個「騷」字在後來不僅可以代表楚辭，甚至直接成為詩的代稱，詩人也因此被稱為「騷人」。

不過，〈離騷〉雖是震古爍今的好詩，但是它對現代人不夠友好，因為現代人讀起來不夠朗朗上口，也不容易背誦。其實這也不能怪屈原，屈原寫作的時候使用的是楚國口音，不僅詩句押韻，還能吟唱。而我們現在說的話與古音有很大差別，所以，今天我們吟誦〈離騷〉才會有困難。

屈原領著薪資從事了一段時間的文藝創作，楚王終於將他官復原職。

眾人皆醉我獨醒

西元前三一二年，秦楚之間爆發了兩場史詩級大戰，分別是丹陽之戰和藍田之戰。兩場戰役都以楚國完敗告終，屈原聽說楚軍慘敗的消息後，寫下了一首蕩氣迴腸的〈國殤〉。

被「疏」沒兩年的屈原被楚懷王火速召回來。屈原之前負責過外交事務，所以楚懷王委任他為大使出訪齊國，去修復齊、楚兩國的關係，共同對抗秦國。

就在屈原出使時，詐騙犯張儀來到了楚國，對楚懷王一陣忽悠，隨後還大搖大擺地走了。大騙子前腳剛走，屈原後腳就回國了。得知楚懷王被忽悠的事後，屈原趕緊勸楚懷王殺了張儀。可惜張儀還是跑得太快，楚懷王派的追兵沒有追上。

楚懷王畢竟是個大傻瓜，即使有屈原輔佐，也免不了被騙的下場。

西元前三〇六年，秦昭襄王嬴稷繼位，他的老媽宣太后正是楚國的公主。

宣太后：「都是楚國人，肥水不流外人田。秦楚聯姻多好呀！」

楚懷王：「好呀好呀！」

於是狼與羊走到了一塊兒，秦昭襄王迎娶了楚國公主，又在西元前三〇四年與楚懷王舉行了黃棘之盟。秦楚關係再度升溫，整個楚國沉浸在和平的氛圍之中。

唯獨屈原頭腦依然冷靜。屈原判斷秦國這只是緩兵之計，秦國新君初立，政局不穩，宣太后急需穩定國外環境，好集中精力剿滅反對派。等宣太后的外戚集團在秦國站穩腳跟，下一個目標必然是自己的娘家。

屈原不停地在朝堂上宣傳秦國威脅論，可是楚懷王和群臣只想過太平日子，他們被屈原說得煩了，最後決定放屈原於漢北！

屈原震驚了，之前自己只是被免職，仍保留原有級別待遇，而這次竟然是被「放」了。「放」是下調到地方當官的意思，類似於後世的貶官，這就比較嚴重了。

無奈的屈原背起行囊，沿著漢水來到了漢北。如果把先秦的學術名人拍成電影，經常周遊列國的孔子、孟子，他們的人生會是公路片，而被趕到野外的屈原，他的人生會是自然風光片。

在流放的路上，屈原創作了一首〈抽思〉。

「抽」是抒寫，「思」是思緒，意思是把心裡的思緒抒寫出來。在詩裡，屈原把自己比作一隻從南方來的小鳥，雖然在漢水以北落腳，但無時無刻不在思唸著南方的郢都。

當詩人在漢北孤獨地徘徊時，規模宏大的垂沙之戰爆發了。楚國被齊、韓、魏三國聯軍痛扁一頓，「行走的炸藥」匡章突破了堅固的楚長城，殺入楚國腹地。接著，秦國趁火打劫，搶占楚國城池。楚懷王痛定思痛，再次把屈原召了回來。

屈原在漢北待了兩三年，這裡的生活雖然苦，但有益於養生。然而，生性正直純良的屈原還是再次回到渾噩汙濁的朝堂，而他面對的挑戰只會更加嚴峻。

西元前二九九年，秦國詐騙集團的頭目秦昭襄王為了把業績再提高一個層級，決定來一個「殺熟」的騙局。

秦昭襄王作為楚懷王的女婿，請老丈人來秦國做客。聽說此消息後，屈原立刻勸楚懷王，千萬不能再上當受騙。但和如今許多遭受詐騙的老人一樣，無論旁邊人怎麼勸說，楚懷王就是執意要給騙子匯款。果不其然，楚懷王一到秦國就被綁票了。

秦國拿著楚懷王這張大肉票要挾楚國，楚國人也不吃這一套，直接擁護楚懷王的兒子楚頃襄王繼位。對楚國人來說，三條腿的蛤蟆不好找，兩條腿的國君還不好找嗎？

平心而論，楚懷王雖然是個大傻瓜，但是對屈原還是不錯的，雖然沒有重用，但也沒有像有的君王那樣，直接把臣子弄死。而且，正是楚懷王提拔了屈原，才給了屈原登上政治舞臺的機會。如今，沒有楚懷王的庇護，屈原即將遭受敵人群攻。

老爹楚懷王不靠譜，兒子楚頃襄王想正常也難。昏君身邊自然會簇擁一群奸臣，偌大的楚國就這樣被這些蛀蟲使勁地啃噬。

楚頃襄王一繼位，就任命自己的弟弟子蘭擔任令尹。子蘭曾極力勸說老爹楚懷王前往秦國詐騙聚點。屈原對這位導致前任老闆陷入詐騙窩點不能脫身的令尹非常憤恨，一心想把楚懷王迎回來。而子蘭清楚地知道，前任老闆一旦回來，自己連同現任老闆就都該下課了。

於是子蘭向楚頃襄王告屈原的狀：「決不能讓老爹回來，老爹的死黨也要趕走！」

楚頃襄王：「遷屈原於江南！」

「遷」的性質就嚴重了，這是開除公職，流放外地。別人的官是越做越大，而屈原是直接沒了編制。更要命的是，屈原要去的江南那可不是我們印象中的魚米之鄉。屈原要去的楚國江南在現在的湘西，當時屬於楚國的黔中郡，偏僻荒涼不說，還有彪悍的蠻夷，盤踞在秦國蜀郡的秦軍也對黔中郡一直虎視眈眈。與其說屈原是被流放，不如說他是去開荒打野，隨時有丟命的危險。

流放的路上，屈原渡過江水，途經漵浦山。望著四周國家級原始叢林，他寫下了一首〈涉江〉，感慨前路迷茫。

幾年之後的西元前二九六年，屈原聽說了楚懷王客死秦國的消息。楚懷王對屈原有知遇之恩，屈原也把自己的一生託付給了楚懷王。君王死了，按照傳統就要舉行招魂儀式。屈原寫了〈招魂〉算是緬懷自己曾經的老闆。

韓國古裝劇裡，國王一死，太監就要爬上屋頂，拿著死去國王的衣服，大喊「上位復」。這就是一種招魂儀式，而且是從中國學來的。

人斷了氣，不一定是真死了，古人為了讓人活過來，就會進行招魂儀式。在古人眼中，人是由魂與魄組成的。魂是精氣，魄是肉體，魂一旦離開人，人就只剩下軀殼，所以一定要把魂給召喚回來。

招魂的時候需要專用工具，俗稱「招具」。招魂的招具是竹子做的小箱子「篋（ㄑㄧㄝˋ）」。巫師把死者的衣服裝在篋裡，然後把招來的魂附在衣服上，再把衣服蓋在死者身上。如果死者還沒有復活，那就說明是真的死了。

屈原在楚國南方邊境荒野求生十餘年，這種生活是對人毅力的極大考驗，創作偉大的詩歌成了屈原活下去的動力。

西元前二七八年，郢都被秦國攻陷，六十二歲的屈原徹底被擊垮了。

郢都是他的故鄉，更是他的精神家園。他在那裡學習、成長，獲得創作的靈感。他所創作的楚辭是楚人文化的瑰寶，而楚人文化的根基則深深紮根於擁有數百年歷史的郢都。郢都沒了，楚人的根就沒了；沒有根的楚人，就成了四處漂泊的流浪漢。

悲痛至極的屈原寫了〈哀郢〉，其中有一句「鳥飛反故鄉兮，狐死必首丘」，意思是鳥兒最後還是會飛回自己的故鄉，狐狸死的時候會把頭朝向自己的故鄉。屈原以這種方式表達了自己對故土的懷念之情。

郢都被攻破後，楚國君臣搬家到了陳，楚國西部一半的國土陷落。而原本被流放的屈原，也就沒有人管了。

沒人管的屈原開始漫無目的地漂流，走到哪裡是哪裡。他離開湘西，來到了長沙，再往北走，又來到了汨羅江。

江邊一位漁夫看到了一位邊走邊吟唱的怪人。漁夫仔細看了看這個披頭散髮、形容枯槁的怪人，突然驚呼：「這不是三閭大夫嗎，怎麼到這裡來了？」

屈原看到有人認出了自己，說了一句千古名言：「舉世皆濁我獨清，眾人皆醉我獨醒，是以見放。」

漁夫：「你為何不隨波逐流，非要落得如此下場呢？」

屈原憤憤地說道：「我寧願跳入江水，葬身於此，也不願精神被汙染！」

屈原接著孤獨地走下去。效忠的君王死了，夢裡的故鄉沒了，屈原看著滔滔江水，突然意識到，這個骯髒的世界已經沒有值得自己留戀的東西了。

屈原寫了一篇〈懷沙〉，意思是懷裡抱著沙石。五月五日，詩人抱著石頭，跳入汨羅江中。

詩人死了，戰國的詩壇也落幕了。他用自己的詩歌給殘酷的戰國時代增添了一抹絢爛的色彩。他一走，戰國又回到血色之中。

但屈原不會想到，在後世，汨羅江會成為一些朝聖者心目中的聖地。

在一百多年後的西漢時代，汨羅江邊會有一位後生，滿含深情地誦讀著自己寫的〈弔屈原賦〉。讀完後，他會將文章拋入江中。

這位後生就是漢賦大家賈誼，也就是〈過秦論〉的作者。賈誼作為屈原的狂熱粉絲，滿腦子都是屈原的作品，他創作的漢賦作品深受楚辭影響。

又過了數十年，又有另一位屈原的狂熱粉絲來到汨羅江邊，望著滔滔江水潸然淚下，他就是「史聖」司馬遷。

後來司馬遷慘遭宮刑，精神與肉體受到了極大摧殘。可是有著偉大追求的司馬遷強忍著痛苦和恥辱，創作出了「究天人之際，通古今之變，成一家之言」的皇皇巨著《史記》。而司馬遷能完成這一巨作，其精神支柱正是來自屈原。

屈原在遭受打擊時，始終不忘自己的志向，完成了眾多偉大的詩歌。有了屈原的精神感召，司馬遷哪怕經歷再大的磨難，也要完成《史記》。

詩人死了，但是他的精神永垂不朽！

屈原原本嚮往《九歌》般的生活，但醜惡的政壇讓他「離騷」，悲慘的命運讓他最終「懷沙」。

木心先生說過一個怪現象：詩人一般壽命短，哲學家大多很長壽。

隨著孩子慢慢長大，他們純潔的內心開始沾染世間的塵埃，最後變得世俗與功利。而詩人的內心卻始終如孩童一般純潔，他們是一群沒人呵護又長不大的孩子。當現實充滿功利與慾望時，詩人那顆如水晶一般的心就會被現實敲碎，撒落一地。古往今來，好多詩人難逃這一魔咒，例如中國詩人海子、顧城等，都是如此。

願死亡如春風般溫柔，能讓詩人們在另一個世界找到屬於自己的精神家園，不再受世俗的困擾。

貳拾壹

激流湧動

田單復國

西元前二七九年，天下風雲變幻。

秦國向楚國開戰，鄢郢之戰取得輝煌戰績。楚國西部領土全部落入秦人手中，楚國這條巨龍幾乎被腰斬。只剩半條命的楚人只能在東部國土苟延殘喘。

同一年，一代英主燕昭王死了，兒子燕惠王繼位。一朝天子一朝臣，燕惠王一上任，就把燕國駐齊國占領軍總司令樂毅換成了自己的心腹騎劫。

雖然齊國主力已亡，但是戰國時代，想要徹底滅亡一個國家是很難的。遺老遺少時不時就會來一場轟轟烈烈的復國運動，占領軍不經過幾番折騰，休想徹底統治被占領國。

此時的齊國仍有兩座城池在負隅頑抗，一座是莒，另一座是即墨。即墨的反抗軍頭領叫田單，是齊國宗室。

田單這個人很有頭腦。之前燕軍攻打臨淄城，城內達官貴人爭先恐後往城外跑。田單預料到，這麼多馬車擠在城門口必然會造成交通大堵塞，於是田單開始了改裝馬車的工作。為了提高馬車的抗撞擊性能，他把車軸過長的部分截掉，並用鐵皮包裹車軸。果然，到了城門口，很多馬車撞擊在一起，唯獨田單的馬車順利通過了。

田單逃到即墨扛起了反燕大旗。名將樂毅攻破齊國七十多座城池，愣是沒有把即墨攻下，只能改為圍困。

就在即墨軍民被燕軍圍到絕望的時候，死對頭樂毅竟然被燕惠王調走了。田單由衷地感謝燕惠王，樂毅前腳剛走，他後腳就順利展開了復國大業。

一天，田單派人向城外燕軍遞交降表，表示願意第二天出城受降。燕軍為了慶祝勝利，全軍當晚開懷暢飲，喝得爛醉如泥。

而田單收集了上千頭牛，在牛角上綁著利刃，在牛尾上綁著塗滿油脂的葦束。晚上，齊國軍民點燃葦束，上千頭熊熊燃燒的火牛組成了一道火線，朝燕國軍營撲來。

重度燒傷的火牛發了瘋似的在燕國軍營狂奔，無數燕軍死於牛蹄之下。齊國軍民緊隨其後，跟著火牛衝入燕國軍營，展開了復仇。燕國將領騎劫戰死，田單反抗軍大勝。

田單乘勝追擊，齊國百姓受到田單的感召，掀起了如火如荼的復國浪潮。在短短的時間內，齊國復國成功。

戰國七雄再次湊齊了。不過現在的齊國只能說是勉強活著，再也無法回到昔日的大國地位了。

狹路相逢勇者勝

鄢郢之戰後，秦國接著把矛頭指向中原，圍攻魏國大梁。天下震動，魏國只得割地求和。

秦國順手又向北方的趙國發動試探性進攻。

西元前二七〇年，秦昭襄王任命胡陽為將，率軍越過太岳山，攻打趙國閼與（今山西和順縣）。閼與一旦得手，秦軍就可以毫無顧忌地越過太行山，進攻無險可守的邯鄲城。

趙惠文王面對來勢洶洶的秦軍著急上火，連忙召開御前會議：「秦軍進攻閼與，我們是否派軍前去救援？」

廉頗：「不能！」

「何出此言？」趙惠文王生氣地問道。

廉頗：「閼與距離邯鄲路程遙遠，當地都是崇山峻嶺，道路又險又窄，大軍團很難展開作戰！」

趙惠文王聽完後無奈地低下了頭。的確，沒有一個諸侯國敢單挑秦國，況且閼與地形複雜，勝算不大。

這時，突然有人說：「大王，我願帶兵去迎戰秦軍！雖然那裡道路又險又窄，但這就好比兩隻老鼠在狹窄的洞裡相遇，狹路相逢，勇者勝！」

趙惠文王定睛一看，主動請戰的正是趙國著名的狠人——趙奢。

一提到趙奢，趙國肆意妄為的權貴就渾身直打哆嗦。趙奢是掌管徵收租稅的官員，他執法嚴格，專治各種權貴不服。權貴們一看見趙奢，就立刻收斂氣焰，表示自己是奉公守法的好公民。

有一次，趙奢在趙王弟弟平原君的封地上收租稅。平原君的家僕仗著平原君的顯赫身分，就是不向國家交租稅。於是趙奢按照律法，當場斬殺了九個抗稅的家僕。

平原君聽說自己的家僕被趙奢斬殺，氣得帶人抄起傢伙，殺氣騰騰地奔向趙奢的官邸。趙奢看到平原君前來，從容地說：「您貴為趙國的公子，如果您不奉公守法，縱容自己的家僕不交稅，就是在削弱趙國的律法。趙國的律法被削弱，趙國就會被削弱，秦國就會趁機攻打趙國。趙國如果沒了，您的家財也就沒有了。如果公子奉公守法，做好表率，趙國就會井然有序，自然就不會遭到別人的欺負。」

平原君聽完覺得趙奢是個人才，就將他推薦給趙王。

這麼一個敢在太歲頭上動土的人，自然也敢跟秦軍硬碰硬。趙惠文王立刻委任趙奢率軍對抗來犯秦軍。

趙奢率領著趙軍，剛出邯鄲城就收到前方探報：秦國先頭部隊已越過太行山，挺進到離邯鄲六十多里的武安。

換作一般人，會選擇直接滅掉這支人數不多的先頭部隊，而趙奢卻打起了這支部隊的主意。他故意讓趙軍在武安安營紮寨，做出趙軍只想保衛邯鄲不願救援閼與的架勢。

其間，有一位將領覺得趙奢不去救援閼與，實在太窩囊，於是主動請戰，結果被趙奢下令處死。

對於前來刺探情報的秦國奸細，趙奢也是好酒好肉地招呼著，表示自己懾於秦軍兵鋒，不敢前往閼與。秦軍先頭部隊就這樣傻呵呵地與趙軍主力對峙了起來，還向圍困閼與的秦軍主力發出了「趙軍不敢救援」的情報。

趙軍在武安駐紮了二十八天，在此期間趙軍不斷修築堡壘。直到一天晚上，趙奢下令全軍輕裝簡行，趁著夜色向閼與急行軍。

訓練有素的趙軍僅僅用兩天一晚就翻越了太行山，來到距離閼與五十里的地方。秦將胡陽此時正在閼與指揮圍城，突然收到趙軍主力出現在閼與附近的消息，不禁大驚失色。為了避免腹背受敵，胡陽立刻下令解除對閼與的包圍，與趙軍主力展開決戰。

來到閼與地區後，趙奢看著四周的崇山峻嶺，決定打一場山地爭奪戰。山地爭奪戰是一種利用山頭制高點給來犯敵人重大打擊的戰術。趙奢讓善於射箭的士兵在營地修築堡壘，保護好己方的後勤補給，自己則帶著隨從漫山遍野找適合固守的山頭。

一個叫許歷的軍官發現北面的山頭易守難攻，向趙奢建議在此駐防。趙奢採納了他的建議，分出一萬人固守北面山頭，剩下的大部隊則等秦軍久攻不下時再發動反攻。

秦軍發現趙軍出現在北面山頭，從不把趙軍放在眼裡的秦軍立刻對其發起猛攻。趙軍借助險峻山勢向秦軍射出箭雨，隨後無數巨石圓木也滾落下來。

秦軍又要爬山，又要防備高空拋物，又要向山上發動進攻，實在是太難了。進攻幾次之後，山坡上已經鋪滿了秦軍的屍體，秦軍士氣大跌。

突然，一陣「隆隆」的擊鼓聲響起，一直處於休息狀態的趙軍主力從山上向下反撲。秦軍陷入絕望之中，趙軍一下子就衝散了秦軍。

整個閼與之戰中，趙奢表現出色，不僅把握住了機遇，還總能牽著秦軍的鼻子走。在這個時代，誰能打贏秦軍，那可是爆炸性新聞。上了頭條的趙奢立即成為趙國耀眼的明星，被趙王封為馬服君。而避戰的廉頗也並沒有被處理，趙惠文王依然信任他。

戰國時，各國君主都會充分尊重將領的作戰意見，很少會直接干預。畢竟自己離前線那麼遠，只有前線指揮的將領最瞭解實時的局勢。如果君王起用一名將領，就要尊重他的作戰方式，否則就不要用他。

之前，趙惠文王徵詢廉頗與趙奢兩個人對秦的作戰意見，趙奢主戰，而廉頗避戰。但並不表示廉頗就是個膽小鬼，或趙奢不怕死，這只是體現了兩人截然不同的作戰風格。

廉頗是一名多次為趙國立下戰功的老將，他根據多年的戰爭經驗形成的打法就是穩紮穩打，在沒有絕對優勢的情況下絕不貿然出擊，作戰風格偏保守。趙奢資歷沒有信平君廉頗高，但他卻是一個敢於兵行險招的人。他能在自己處於絕對劣勢的情況下，瞅準稍縱即逝的戰機，以難以想像的勇氣，在關鍵時刻給敵人致命一擊，所以趙奢的作戰風格偏激進。

八年之後，在一場史詩級的大決戰中，廉頗與趙奢這兩種截然不同的打法先後上演，最終決定了趙國的生死。不過那時趙奢已死，沿用他策略的人正是他的兒子趙括。

秦國雖然在閼與之戰中大敗，但是這點損失對於規模龐大的秦國來說只是撓癢癢。此時，秦國關注的重點不是國外的戰爭，而是國內正在進行的權力大洗牌。

青雲直上的范睢

西元前二七三年，被秦國打怕了的韓國主動倒向秦國。趙、魏兩國決定懲治韓國，於是派出大軍圍攻韓國華陽，韓國緊急向大哥秦國求援。白起再次出場，一仗殲滅趙、魏兩國十五萬大軍。

此時的白起如日中天，成為全天下都畏懼的戰神。然而最興奮的倒不是白起本人，而是魏冉。白起是魏冉提拔的，自己提拔的人成為明星，魏冉臉上也很有光。

魏冉是秦昭襄王的舅舅。俗話說，舅舅為大。魏冉這個國君的舅舅，現在的日子過得不能更滋潤了。作為秦國名副其實的二把手，魏冉為了自己的大外甥也算是鞠躬盡瘁，盡自己所能去輔佐了。魏冉掌權期間，秦國國力可以說是高開高走。而在秦國發展的關鍵時刻，魏冉還會客串一把相國。他斷斷續續擔任相國長達二十五年之久，是秦國歷史上在位時間最長的相國。

由於魏冉勞苦功高，被秦昭襄王封為穰侯。後來五國滅齊的時候，秦國從齊國手中搶來的宋國舊地陶邑也成了魏冉的封地。

不光魏冉位極人臣，以宣太后為首的娘家人壟斷了秦國權力的核心。宣太后的弟弟羋戎被封為華陽君；秦昭襄王的兩個弟弟，公子芾被封為涇陽君，公子悝被封為高陵君。

穰侯、華陽君、高陵君、涇陽君被人稱為「秦國四貴」。

如果這些外戚本本分分做自己封地上的封君，那這一輩子將有享不盡的榮華富貴，可是他們偏仗著自己是宣太后的至親，不把秦王放在眼裡，壟斷朝政，貪斂財富。

秦昭襄王看著他們這樣，也只能睜一隻眼閉一隻眼。畢竟自己能登上王位，靠的就是母親娘家人的捨命幫助。直到舅舅魏冉的一次出征，才讓秦昭襄王有了要動他們的想法。

西元前二七〇年，魏冉下令穿越韓、魏兩國，去攻打復國不久的齊國，最後還將攻占的齊國城邑併入自己的封地陶邑。陶邑曾是宋國的大邑，交通便利、經濟發達，可是並不與秦國接壤，是秦國在東方的一塊飛地。

魏冉之所以要擴大陶邑的地盤，其實是要實現自己的野心。在秦國國內，他混到死也只是臣子的身分，可是到了自己的封地陶邑，他便可以利用當地豐厚的資源組建萬乘之軍，從而成為一個小諸侯。還可以仗著自己秦國二把手的身分，讓周邊諸侯都對自己俯首稱臣。

魏冉用國家的資源為自己謀私利，而秦昭襄王看破沒說破。

任何一個企業，一旦變成了家族制，內部以權謀私，這個企業離死也就不遠了。秦昭襄王急需一個能幫助自己除掉外戚集團的幫手。

這時，一個外援來到了秦國，他叫范雎。

范雎，字叔，魏國人。他滿腹才學卻又出身貧寒，只能在魏國大夫須賈手下當門客，可惜他找錯了老闆。

有一次，須賈出使齊國，范雎也隨同。魏國使團在齊國待了幾個月，在此期間齊襄王發現范雎很有才華。出於對人才的尊重，齊襄王派人送給范雎十斤黃金、牛肉和美酒。

手下居然混得比自己還要好，須賈知道後大為惱火。他想來想去，認為肯定是范雎向齊國出賣了魏國的情報，於是隻讓范雎收下牛肉、美酒，把黃金退了回去。

滿懷妒意的須賈回到魏國後就向相國魏齊告發了此事。魏齊聽說後，立刻嚴懲「賣國賊」范雎，讓人把范雎打成了重傷。受傷的范雎裝死，魏齊就命人用蓆子把范雎捲起來扔進廁所，讓人在他身上拉屎撒尿。

只剩一口氣的范雎從糞坑裡爬了出來，在朋友鄭安平的幫助下，化名張祿躲了起來。內心充滿屈辱的范雎發誓要報仇。

在當時，只有去比魏國更強大的國家，才能完成自己復仇的心願。說來也巧，秦國大使王稽正好出使魏國，鄭安平就帶著范雎前往王稽的住處。一番交談下來，王稽對范雎的才華驚為天人，於是就把范雎帶回了秦國。

不得不說，秦國之所以能打敗天下諸侯，就是開了「重用外國人才」的外掛，而這些外國人才的主力就來自魏國，商鞅、張儀、范雎都在魏國待過。只要秦國需要人才，魏國人資部門就會把人送上門，於是出現了搞笑的一幕：魏國人混到秦國的上層，帶著秦人來攻打魏國。

范雎來到秦國後，得到了王稽的舉薦，但秦昭襄王並沒有在意他，范雎就在賓館混了一年多。直到魏冉率軍穿越韓、魏去攻打齊國，將奪得的土地併入自己的封地陶邑，嗅覺靈敏的范睢判斷出，秦王內心肯定有動宣太后娘家人的想法。

秦國作為一個高度中央集權的大國，秦國所有的東西都是秦王的，一個權臣敢在自己的封地上開疆拓土，這分明是不把秦王放在眼裡。范睢瞅準時機上書秦昭襄王。

信中內容是：「我聽說，明君管理國家，有功勞的必給獎賞，有才能的必給官位。功勞大的給的待遇就高，功績多的爵位就高，能力突出的官位就高。我還聽說，秦國有人搶奪其他諸侯國的土地來中飽私囊。如果是君王獲得其他諸侯國土地，則對國家有利；有的人雖是臣子，卻是蛀蝕國家的害蟲。高明的醫生知曉病人的生死，偉大的君王能洞悉國家的成敗。請大王給我一次見面的機會，我有一些治國之策想說給您聽，如果我說的沒有效果，我願負罪受死。」

秦昭襄王讀完信後，立刻就理解了信中傳遞的兩條重要訊息：

第一，外戚集團長期霸占權力核心，並阻礙其他人進入，造成了權力的壟斷，從而威脅王權。

第二，魏冉仗著國君舅舅的身分，用秦國的武裝力量為自己謀取疆土，這種以公謀私的情況必須杜絕。

信中所說的，正是秦昭襄王所想的。秦昭襄王馬上派人去接范睢進宮。

范睢來到秦王宮後，直接往裡面走，正好碰到前來迎接的秦昭襄王。太監看到范睢這麼不懂禮數，立刻呵斥道：「大王來了，趕緊讓開。」

范睢想激怒秦王，故意說道：「秦國沒有王，秦國只有宣太后和穰侯魏冉。」

秦昭襄王此時已是五十五歲的人了，他聽到范雎的話，內心頓感淒涼。繼位三十六年以來，雖然外戚幫了他不少忙，但是自己竟一直活在他們的陰影下。

秦昭襄王屏退其他人，讓范雎談談他的想法。

范雎：「秦國占據地利優勢，武力強盛，之所以沒有成就霸王之業，就是因為穰侯、宣太后這些外戚對國不忠。他們只顧自身利益，家裡的財富已經超過了王室。更重要的是穰侯的對外擴張路線不正確。」

「請先生說說，哪裡不正確？」秦昭襄王來了興致。

范雎：「穰侯越過韓、魏進攻齊國，這一做法完全是為了擴大自己的封地陶邑，對秦國來說卻很不明智。倘若新得的土地不與本土連接，即便秦國在外闢地千里，也遲早會落入敵人手裡，是為他人做嫁衣。」

秦昭襄王：「那應該怎麼做呢？」

范雎：「大王不如遠交近攻，這樣得到一寸土地，也是大王得到的一寸；得到一尺土地，也是大王得到的一尺！」

「什麼是遠交近攻呢？」秦昭襄王疑惑地問道。

范雎要來一張地圖，鋪在兩人面前。他用手指著位於地圖中間的韓、魏兩國說：「秦國先與位於天下中樞的韓、魏兩國交好，然後威逼楚、趙兩國屈服，進而震懾遠方的齊國。等到遠方的齊國與秦國交好後，韓、魏兩國就沒有了後援，這時秦國就可以放手兼併韓、魏兩國。」

秦昭襄王：「韓、魏兩國，先打哪一個？」

范雎：「韓國！因為秦、韓兩國邊境犬牙交錯。韓國如果嵌入秦國領土中，就像大樹被蟲蛀了一樣。」

秦昭襄王對范雎的戰略構想表示了高度贊同。

從此，秦國開始和自己不接壤的國家搞好關係，然後向韓、魏兩國大舉進攻，占領了不少土地。得到秦昭襄王賞識的范雎也一路平步青雲。

在此期間外戚集團並沒有收斂，反而越來越放肆。范雎再次勸諫秦昭襄王：「宣太后獨斷專行；穰侯魏冉出使外國從來不上報；華陽君、涇陽君不顧法律，隨意處置他人；高陵君任免官員從不向秦王彙報。」

秦昭襄王聽完後陰沉著臉。范雎又接著說：「樹上結的果子太多，會壓斷樹枝；如果樹枝斷了，樹也會跟著受損！」

聽到范雎的比喻，秦昭襄王意識到是時候動手了。

秦昭襄王派人把郎中令和衛尉叫到身邊。郎中令率領的郎衛是秦王貼身的中央警衛團，人數為一千五百人。衛尉率領的衛士是負責王宮安全的守備部隊，也就是人們常說的禁衛軍，人數為兩萬人。

秦昭襄王下令：「今晚，你們就將宣太后、穰侯、華陽軍、涇陽君、高陵君五人軟禁起來。郎中令負責寡人在宮內的安全；衛尉留下一部分兵力戍守王宮，封鎖咸陽城城門，其餘人包圍上述五人宅邸！」

接著，秦昭襄王又拿出虎符：「范雎，我把虎符給你。你帶上我的調令，前往負責保衛咸陽城的中尉處，再調集中尉軍五萬人在咸陽外圍布防，封鎖咸陽城外各個關口。」

當晚，以宣太后為首的外戚集團全部被控制起來。他們死活都想不到，在秦國國內呼風喚雨的自己會在一夜之間失去自由。要怪只能怪他們實在太恣意妄為了，秦王不發威，還真當他是病貓了。

雖然商鞅已經死了數十年，但是秦人仍然活在他設計的操作系統裡。這套系統具有強大的中央集權功能，可以讓君主擁有絕對的操控權。就連商鞅自己在內，只要敢挑戰君主權威，都統統會被放進資源回收筒，等待格式化。

秦國的虎狼之師就靠秦王手裡小小的虎符來控制。無論你怎麼戰功卓著、威震朝野，打完仗都得上交兵權，變成一個無力反抗秦王的普通人。

不過，對秦昭襄王來說，外戚集團畢竟都是自己的親人，又曾經幫助過自己，也沒必要趕盡殺絕。於是秦昭襄王在軟禁母親宣太后之後，只是罷免穰侯魏冉的相位，把他和華陽君、涇陽君、高陵君趕出關外，但是沒有進一步處理。

魏冉雖然沒了權，但依然享有榮華富貴。他把家裡值錢的東西全部裝上車，足足裝了幾十輛，然後帶著這些金銀財寶浩浩蕩蕩地離開了咸陽，去了陶邑。

西元前二六六年，秦國外戚集團被掃蕩光了，相位空了出來。秦昭襄王自然就把信任的范雎扶上了相位，封他為應侯。

范雎雖然已經位極人臣，但是他使用的仍然是自己的化名張祿，以至於全天下人都以為秦國的相國叫張祿。此時，不知情的魏國派須賈作為大使出訪秦國。

范雎知道自己報仇的機會來了。過去被你戲弄、羞辱，今天我就來個以其人之道還治其人之身。范雎故意穿著破爛衣服來到須賈居住的賓館。須賈看到范雎愣住了，沒想到自己會在秦國遇見這個老熟人，而且對方還如此落魄。

須賈動了惻隱之心，請范雎進入房間一同吃飯，還拿了一件粗綢衣服給他穿。吃飯的過程中，須賈對范雎說：「我此次出使秦國，想認識秦國新任張相國。如果能認識他，我後面的事就好辦了，可惜沒有人幫我引薦。」

范雎：「沒問題，我認識張相國，我可以為您引薦！」

吃完飯，范雎就帶上須賈前往自己的相府。到了門口，范雎對須賈說：「您等等我，我去向張相國稟報一下。」

須賈在相府門口等了很久，始終沒有看到范雎出來。於是他就問門房：「范雎進去這麼久，怎麼還沒出來？」

門房回道：「這裡沒有叫范雎的人，剛進去的人正是張相國。」

須賈感到遭受了晴天霹靂。

須賈立刻向范雎請罪。而范雎細數他的罪行之後，看在他之前給自己一碗飯、一件粗綢衣服的分上，放了須賈一條生路。

不過，他還是要對須賈羞辱一番。晚上范雎大宴賓客，故意讓須賈坐在堂下，給他面前放草豆拌的飼料，還讓兩個囚犯在他旁邊餵他吃。

看到須賈受到羞辱，范雎感到非常痛快。他指著須賈吼道：「回去讓魏王把魏齊的人頭獻來，否則日後秦軍必屠平大梁。」

須賈回到魏國後把此事告訴了魏齊，不可一世的魏齊感覺世界末日就要到來了。他趕緊逃到了趙國，躲在平原君家裡。

曾經幫助過范雎的王稽與鄭安平都得到了秦王重用。

范雎並不是一個光明磊落的君子，而是一飯之德必償，睚眥之怨必報。范雎報復仇人是天經地義，有句話說得好：「未嘗他人疾苦，莫勸他人大度。」但是，在家國大事上就絕不能摻雜任何個人恩怨。數年之後的長平之戰，正是因為范雎心胸狹隘，才給秦國造成不可估量的損失，更間接導致白起之死。

歷史就像走馬燈一樣，人物換了一波又一波。西元前二六五年，宣太后即將走完自己的一生。這位在秦國叱吒風雲的楚國女子，原本只是秦惠文王的小老婆，自己的兒子也與王位無緣。沒想到時來運轉，這個外來的女人竟然帶著娘家人翻轉了秦國王室，扶持了自己的兒子坐上秦國王座。為了自己的兒子，也為了秦國，她做了義渠王的情人，與這個單純的男人生了兩個兒子，最後還終結了他的生命。把義渠納入秦國版圖，她對秦國的貢獻居功至偉。

宣太后晚年原本想過屬於自己的日子，卻被兒子軟禁起來。不過，雖然軟禁之後沒有自由，但宣太后還是又找了一個情人陪伴自己，這人叫魏醜夫。臨死之前，宣太后想讓情人魏醜夫給自己殉葬。

魏醜夫嚇得半死，他找了大臣庸芮為自己說情。庸芮對宣太后說：「人死之後，能感受到世間的事情嗎？」

宣太后：「感受不到。」

庸芮：「既然感受不到，那你為何要置自己喜愛的人於死地呢？如果人死後泉下有知，先王對您出軌的事一定恨之入骨。太后您彌補都彌補不過來，怎麼能帶著情人魏醜夫去黃泉呢？」

宣太后只能作罷。

宣太后死了，但是她愛找情人的作風在秦國後宮流傳了下來，最後讓她的太孫秦始皇吃了個大苦頭。

秦國內部完成了權力洗牌。而對外，秦國按照范雎的遠交近攻政策，重點攻擊韓國。已經遊走在死亡邊緣的韓國為了求生，決定將一塊巨型蛋糕獻給秦國，那就是秦人夢寐以求的上黨地區。

山雨欲來風滿樓，中國古代史上空前絕後的史詩級大戰——長平之戰，即將打響！

貳拾貳　長平煉獄

飛龍上天

長平之戰，還得從趙孝成王的一場夢說起。

西元前二六二年，繼位四年的趙孝成王趙丹做了一個詭異的夢。夢裡趙孝成王穿著左右顏色不一樣的衣服，騎著一條巨龍飛向天空。可是飛到一半，他就掉了下來，還看到了金山銀山。

夢是吉兆，還是凶兆？

為了解夢，趙孝成王專門把負責占卜的官員敢叫來。敢聽趙孝成王訴說完夢境，開始了專業的解夢工作：「人穿著的衣服一般是一種顏色，國君穿的衣服顏色卻是左右不對稱，象徵著殘缺；國君騎著飛龍上天，飛到一半掉了下來，說明有氣勢沒實力；看到金山銀山卻得不到，說明有憂患。」

年輕的趙孝成王並沒有當回事。夢裡的場景這麼荒誕，怎麼能把夢當真呢？然而三天之後，趙孝成王的夢境竟然成真了！

韓國負責駐守上黨郡的將軍馮亭派人來傳遞了一條消息：「韓國上黨郡地區軍民願效忠趙王！」

趙孝成王震驚得要打自己幾個耳光，來看自己是不是在做夢。

上黨郡被夾在太行山與太岳山之間，從地圖上俯看，這一地區就像一個長長的洗澡盆，又被稱為上黨郡盆地。雖然是塊盆地，但是其地勢極高，古人認為這塊地與上天為黨，故稱其為上黨郡。

上黨郡地區有十七座城市。由於韓國就住在秦國家門口，上黨郡地區成為秦國眼中的大肥肉。秦國隔三差五就向韓國敲詐勒索，收取保護費。如果韓國忍無可忍，想要奮起反擊，往往會被揍得很慘，家裡的財產也會被搶個精光。

就在馮亭向趙國獻出上黨郡前不久，白起按照范雎遠交近攻先滅韓國的思路，率軍攻陷了韓國要害野王城（今河南省沁陽市）。

秦國對韓國多年鯨吞蠶食，硬生生把韓國版圖咬成了一個數字「8」，而野王城就是數字「8」的中間點。野王城被秦國攻占，韓國這個數字「8」就會被分成上下兩個不接壤的數字「0」，上黨郡則是上面那個「0」，也是韓國一半的國土。

此時的韓國已經想開了，只能怪自己老祖宗沒有前後眼，三家分晉時分到的領土靠著秦國太近了。遇到秦國遲早要死，還是別掙扎了。我攤牌了，不守了，秦國想要上黨就自己拿去吧！

韓國上黨郡的守將叫馮亭。他收到韓王讓他把上黨郡移交秦國的命令後非常悲憤。他作為韓國人，實在不想看到自己的國家被虎狼般的秦國一口一口吞掉。他心想，就算自己的祖國不要上黨郡，也不能便宜秦國。

作為一名堅定的反秦鬥士，馮亭做了一件瘋狂的事——將上黨郡地區獻給鄰國趙國。韓、趙兩國同屬三晉，心理認同方面沒有隔閡。馮亭此舉得到了上黨郡地區軍民的一致同意。

至於趙國是否接受上黨郡，這看起來是一道簡單得不能再簡單的送分題，這麼碩大的肥肉被人送到自己嘴前，不吃白不吃！

可是在有的人眼裡，這卻是道送命題。

為保險起見，趙孝成王還是徵詢了老臣的意見。此時，相國藺相如已經病入膏肓，年輕的趙孝成王只能向王室裡的兩位重量級人物諮詢，這兩位分別是平陽君趙豹和平原君趙勝，都是趙孝成王的叔叔。

平陽君趙豹反對趙國接管上黨郡：「秦國費盡心機攻占野王城，就是為了得到上黨郡。如果趙國接受上黨郡，必然與秦國交戰。我看是韓國是故意將禍水引向趙國。」

趙孝成王皺了皺眉頭，說道：「如果趙國出動大軍奪取上黨郡，打個一年半載都未必能拿下。現在上黨郡送上門來，對於趙國那可是一本萬利呀！」

平陽君趙豹聽完後不再說話，行禮告辭了。

接著，趙孝成王又把平原君趙勝叫來。趙勝對接管上黨郡的想法高度贊成。

後世很多人都說，如果趙孝成王與平原君兩人不接受上黨郡，就不會有長平之戰的慘敗。這完全是拿結果倒推，來顯示自己作為事後諸葛的高明之處。

上黨郡是多山的盆地，東側就是雄偉的太行山。一旦上黨郡落入秦國之手，秦國不但能壯大實力，而且可以輕鬆越過太行山，此後擺在秦人面前的則是一馬平川的華北平原，而無險可守的邯鄲城正位於華北平原的南部。如果讓秦國拿下上黨郡，那麼趙國將會面臨和老鄰居韓國一樣的窘境。

戰國時代，諸侯玩的就是絕地求生的遊戲，最後只能有一個人活下來。在這種零和賽局的環境中，敵人越強大，自己生存的概率就越低。要想活下來，唯一的信條就是不斷地壯大自己。所以趙國必須拿下上黨郡，壯大自己，哪怕上黨郡真是禍水，趙國也得接住。

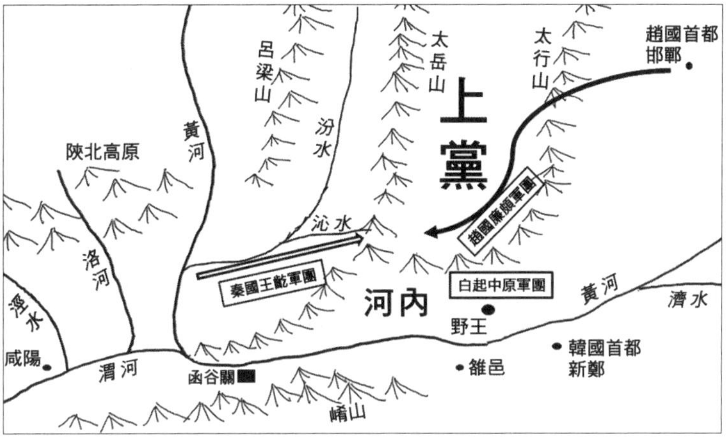

圖8　長平之戰　戰前局勢圖

那麼，趙國有沒有信心守住上黨郡呢？

答案是：有。

上黨郡地區多是山地，趙軍可以利用山地打防禦戰。而且上黨郡就在趙國邯鄲家門口，補給也方便，趙軍等於是進行有利的內線作戰。雖然名將趙奢已死，但是老將廉頗依然健在。廉頗打法偏保守，總是會把壞的方面全都想到，可以防得無懈可擊，很適合打防禦戰。

為了搶在秦軍前面接管上黨郡，趙國進行了緊急動員。趙孝成王安排平原君趙勝負責此事，又任命廉頗為將軍，率軍進駐上黨郡，修築防禦工事，準備與秦國交戰。

馮亭看到數十萬趙軍浩浩蕩蕩地開進上黨郡，自己懸著的心終於放了下來。他見到前來負責接收的平原君後，把早已準備好的地圖、戶籍等文件全部移交給了對方。

平原君恭敬地向馮亭行禮，客氣地說道：「敝國國君封您為萬戶侯，封您手下的縣令食邑千戶，世世代代都為侯。官吏與百姓的爵位全部晉升三級。」

但對於馮亭來說，功名利祿只是浮雲：「如果我接受封賞，那我就處於三不義的境地了。我本是上黨郡守將，卻沒有固守上黨郡，這是第一個不義；我本該按照國君的命令，將上黨郡交給秦國，卻擅自把上黨郡交給了趙國，這是第二個不義；我如果得到封賞，就等於是我出賣土地換取利益，這是第三個不義。」

平原君被眼前的馮亭感動了，他沒想到這竟然是一位義士。

馮亭留在上黨郡，與趙軍共同抗擊秦軍。老將廉頗率領趙軍與上黨郡的韓國軍民同仇敵愾，修築了堅固的防線。他堅信秦軍是攻不下上黨郡的。

大縱深防禦

我們先來看看廉頗是如何布防的。

上黨郡地域遼闊，要想守住上黨郡，就要在關鍵地區布防。

廉頗圍著地圖轉了一圈又一圈。經過反覆研究、仔細比對，他最後選擇了長平作為駐防地點。

長平就是現在的山西省高平市，現在整個高平市所轄區域都是長平之戰的古戰場。廉頗之所以選擇長平，是因為它東、西、北三面環山，境內有眾多高山可以固守，其丘陵也不阻礙大部隊行動，甚至可以起到隱蔽的作用。這裡還有數條河流可以運輸輜重，方便部隊飲水。更重要的是，長平靠近邯鄲，後勤補給方便。

那麼，秦軍會從哪裡來呢？

秦軍想進入長平地區，無外乎走兩條路。

第一條是從野王城出發。白起剛攻下野王城，他麾下的秦國中原軍團可以從野王城出發，由南向北穿越太行山的小路太行徑，抵達長平。

老練的廉頗判斷出白起不會來長平，因為如果白起揮師北上，必然會導致中原空虛，讓東方諸侯有機可乘。秦國奮鬥數百年就是為了逐鹿中原，中原一旦失手，後果不堪設想。所以白起不能動，更不能走。

第二條是從河東郡出發，由西向東沿著沁水，穿越太岳山，抵達長平。

廉頗判斷，秦軍進攻長平只有走沁水這條線，所以敵人必從西面來。為了防禦西來的秦軍，廉頗化身成基礎建設狂魔，在短短時間內修建了規模龐大的防禦體系。

一般人修建一道防線就夠了，廉頗卻覺得不夠，重要的事情要做三遍。

當你看到廉頗修建的防禦體系後，你會驚呼：「這是不是個追求完美的處女座啊？！」廉頗修了三道防線，每一道防線都是依山而建，就像鐵桶一般堅固。秦軍想突破其中任何一道防線，都得血流成河。

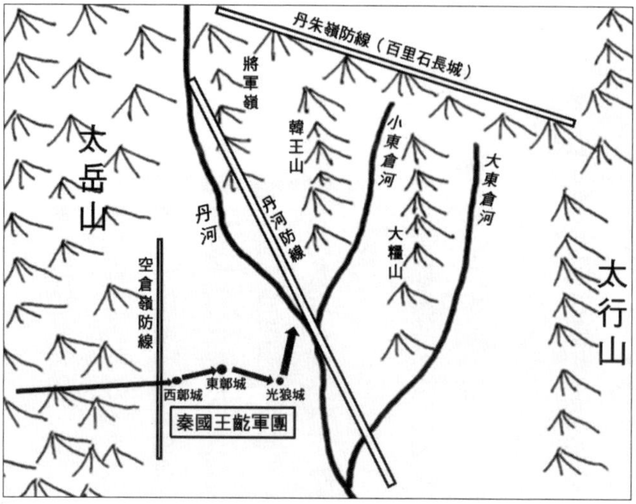

圖9　長平之戰廉頗布防圖

第一道防線是空倉嶺防線。當秦軍沿著沁水穿越太岳山後，擋在他們面前的是一座叫空倉嶺的山脈，廉頗在此修建了防禦工事。為了保險起見，廉頗在空倉嶺後面的兩條要道上修建了兩座要塞，分別叫東鄣（ㄓㄤ）城與西鄣城，史稱「二鄣城」。在鄣城後，還有一個修建在隘口的光狼城。

假使秦軍攻破了第一道防線，也不要緊，後面還有更難啃的第二道防線。

第二道防線是丹河防線。丹河旁邊有三座大山，分別是將軍嶺、韓王山、大糧山，海拔大都在一千公尺以上，是趙軍觀賞秦軍陣勢的最佳景點。廉頗在這三座山上依山修建了漫長的防禦工事。其中，大糧山旁有小東倉河和大東倉河流過，是趙軍重要的運糧通道，因此大糧山成為第二道防線的糧倉。

第三道防線是丹朱嶺防線，又被稱為「百里石長城」。

廉頗在此就地取石，修建了綿延百里的石長城，把上黨郡一分為二，這是趙軍最後的生路。從現代的眼光來看，這三道防線是完美的大縱深防禦，能像三把刮刀一樣，一層又一層地挖下秦軍血肉，直到秦軍的血流乾為止。

然而，沒多久，一位前來挑戰的秦國二線將領就把廉頗打得跌破眼鏡。這位秦將叫王齕（ㄏㄜˊ）。

西元前二六一年，王齕率領秦軍殺向長平。

在此之前，王齕在史書上沒有留下什麼記載，我們只知道他的爵位是左庶長。左庶長曾經是一個級別很高的職位，商鞅就曾擔任此職，可現在這只不過是一個高級爵位。

王齕進軍上黨郡後，看到在長平早已修好的空倉嶺防線。王齕作為秦國二線將領，沒有主動進攻名震天下的趙國名將廉頗，而是先修建沁河防線，確保自己的後勤補給。

要注意一點：秦國之前打的是韓國，而並未與趙國宣戰。後來韓國把上黨郡送給趙國，秦國才為了上黨郡而攻打趙國。秦、趙兩國雖然都知道雙方難免一戰，但是目前雙方仍保持著克制，還在為即將爆發的大戰做準備。

秦軍在修自己的防線，趙軍則站在高高的空倉嶺防線上細細欣賞。雙方保持著默契，沒有大打出手。直到四月，秦國一個前線偵察兵被趙軍發現。

趙軍把秦軍偵察兵暴打一頓。打架的時候，一方的人被打，一定會回去喊人，等人多勢眾的時候再打回去；對方看到情形不對，也會回去喊更多的人。最後雙方的人就會越喊越多。

秦軍偵察兵看到自己人被打了，哪能善罷甘休，他們抄起傢伙，把趙國前線一位叫茄的副將給殺了。趙軍同樣不肯善罷甘休，立刻對秦軍偵察兵反擊。

雙方的人越喊越多，本來只是個別士兵的肢體衝突，最後終於演變成一場大戰。

開戰初期，作為二線將領的王齕卻打得氣勢如虹。在衝突爆發兩個月後，王齕突破了空倉嶺防線，並攻下二鄣城，斬殺四個尉官，直逼重鎮光狼城。

廉頗知道，如果光狼城失手，自己設置的第一道防線就全部丟了，所以一定要死守光狼城。可是王齕僅用一個月便攻下光狼城，還斬殺兩個尉官。

趙國第一道防線土崩瓦解，趙軍退縮到第二道防線丹河防線固守。

王齕不停地猛攻丹河防線。丹河防線有山有河，比空倉嶺防線更加易守難攻。王齕為了攻下長平，不停地向秦國要兵要糧；廉頗為了守住長平，也不停地向趙國要兵要糧。

秦趙雙方你攻我守，打成了和第一次世界大戰一樣的陣地消耗戰。雙方都在用添油戰術，不斷往戰場增兵，最後比的就是雙方燒錢的能力。長平變成了一個黑洞，把秦、趙兩國的家底一點一點全吸了進去。

趙孝成王是最先被掏空的。到了西元前二六〇年，趙國在長平硬扛了三年，已經快撐不住了。要麼戰死，要麼餓死。趙孝成王終於意識到，免費送來的上黨，是一道送命題。

打破僵局，各自換將

趙孝成王多次下令廉頗火速出擊。

老練的廉頗卻不幹冒險的事，他知道秦軍巴不得趙軍出擊，好將趙軍一舉殲滅。廉頗不願意給秦軍送人頭，所以選擇堅守不戰。面對趙王的命令，他基本就是「我不聽我不聽」的狀態！

年輕的趙孝成王徹底暴怒了。你廉頗只顧在前線打仗，可是後勤補給都要我趙王來籌措。你主將無能，硬是把戰爭打成了消耗戰，結果現在後方百姓已經到了啃樹皮的地步。你再不打，四十五萬趙軍最後就將成為餓死鬼。

在氣頭上的趙孝成王想立刻撤了廉頗，換個主戰派將領，去跟秦軍結結實實地拼一場，贏得一線生機，總比大軍活活餓死強。可是誰能接替廉頗呢？

於是，史書上出現了一條著名的反間計。秦國相國范雎派間諜前往趙國，散布流言：「秦軍不怕廉頗，只怕馬服君趙奢的兒子趙括。只要趙括出馬，秦軍必敗。」

趙孝成王聽說趙括如此厲害，立刻撤掉廉頗職務，換趙括為將。相國藺相如聽說後，不顧重病在身，前去向趙孝成王勸諫：「趙括只是死讀兵書的人，跟他老爹趙奢簡直不能比！」但趙孝成王聽不進去。

趙括的母親也來勸諫趙孝成王：「我家這個兒子，從小就很聰明。他熟讀兵書，我夫君活著的時候，每次與趙括做戰爭推演，都贏不了他。可是事後我夫君總是說兒子不行，因為他總是把戰爭看得很簡單，沒有實戰經驗。如果讓趙括當將軍，趙軍必敗。」

趙孝成王無語。

趙媽接著說：「當年趙奢活著的時候，大王賞賜給他的東西，他都分給下屬。而趙括當了將軍後，把大王賞賜的東西全拿回自己家。父子二人的心是不同的，大王還是不要委任趙括為將吧。」

趙孝成王接著無語。

趙媽最後又說了一句話：「如果大王硬要派趙括為將，萬一趙括戰敗，請不要讓我們家屬連坐。」

趙孝成王聽完後哭笑不得，他哪見過有這樣咒自己兒子的親媽。趙孝成王最終同意，如果趙括戰敗，不牽連家人。

於是，毫無作戰經驗的趙括前往長平前線，替代駐守三年的廉頗。

趙孝成王換將，本應做好保密工作，可惜趙國在此方面一直很欠缺。趙括出任長平趙軍總指揮的消息傳到了秦國，秦國高層判斷，趙國換人是因為三年的消耗戰已經掏空了國力，所以必須轉守為攻。

對於秦國來說，這一個千載難逢的好機會，因為秦國自己也快扛不住了。三年耗下來，秦國的存糧也快告急了。再不決戰，秦國也要跟著破產了。

秦昭襄王立刻做出正確反應，調了一個人前往長平。

就在趙括上任不久，一位遮著臉的人徑直走進秦軍主將王齕的大帳內。

這人竟然不經通報就擅闖主將大營，王齕剛想怒斥這人不知禮數，他就露出了自己的臉。王齕看到對方的面容後，立即震驚了：「不知武安君前來，末將失禮了！」

武安君白起旁邊站著秦王使者。使者說道：「國君有令：武安君白起為上將軍，王齕為尉裨將。軍中有誰敢洩露武安君身分者，殺無赦！」

史書上對於秦王這次祕密調動，是這樣記述的：「乃陰使武安君白起為上將軍。」注意史書中這個「陰」字。秦昭襄王玩了一輩子陰的，知道如何欺詐對手。白起作為秦國中原方面軍司令，原本駐紮野王，震懾東方諸侯。如今將白起偷偷調走，東方諸侯誤以為白起仍在中原，就不敢趁機襲擊秦國，而趙括誤以為對手還是王齕，也不會提高警惕。

秦趙雙方均完成了換將，目的都是要打破僵局，速戰速決。一場規模宏大的史詩級大戰，即將打響。

修羅煉獄

佛教講，世間有六道，其中有一阿修羅道。這一道裡戰火連天，只要步入此道中，就將飽受殺戮的痛苦，如同身處煉獄一般，所以又被稱為「修羅煉獄」。

如果人世間真有修羅煉獄，那一定就在長平戰場。

白起在丹河西岸眺望河對岸的趙軍防線。此時，「西方必勝客」白起內心也不禁暗暗讚嘆，廉頗這位「北方無敵手」實在太厲害了，秦軍在長平打了三年也只攻陷了他修建的第一道防線，後面兩道防線仍然屹立堅挺。

白起判斷趙括即將發動進攻，因為趙國會率先沒糧。雖然秦國也鬧經濟危機，但是家裡還有點底子，能比趙軍撐得更久一些。

七月，趙括的內心如同天氣一般燥熱。他手裡有四十五萬大軍，兵力遠超當年閼與之戰時的父親。父親一直是他心中的榜樣，這次他就要超越父親。

趙括下令全軍主力向丹河西岸的秦軍全線出擊。數十萬趙軍翻過丹河防線，如同烏雲一般撲向秦軍，秦軍派出部隊迎擊。

短暫交手後，秦軍立即後撤，趙軍一路追擊，一頭撞向了秦軍在丹河西岸修建的壁壘。

趙括知道，只要攻破這道壁壘，秦軍必敗無疑。於是他下令全軍進攻，一時間丹河西岸殺得血流成河，靜靜流淌的丹河水也被鮮血染紅了。

當趙軍猛攻秦軍壁壘時，白起意識到包餃子的最佳時刻到了。

他立即命令兩萬五千名精兵迂迴到趙軍後方。這支奇兵的任務是攻陷防守空虛的百里石長城，截斷趙軍後路。白起又命令另外五千騎兵突擊趙軍壁壘之間，切斷趙軍主力與大糧山的聯繫，封鎖其糧道。

打著打著，趙括就發現自己被分割包圍了！

不過，秦軍雖然把趙軍包圍了，但要想吃掉四十五萬人的趙軍，也絕非易事。《孫子兵法》說

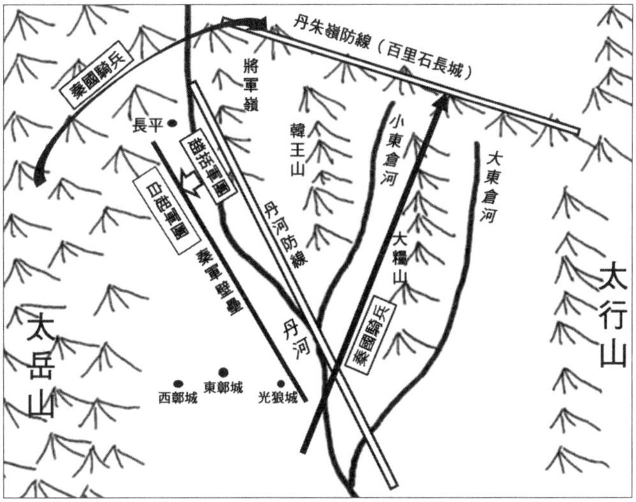

圖10　長平之戰決戰圖

「十則圍之」，意思是自己有大於敵人十倍的兵力，才能圍困敵人。而秦軍的兵力沒有壓倒性優勢，要想吃掉趙軍，必須增兵。

白起寫信向秦昭襄王請求增兵，好全殲趙軍。

收到白起的信後，秦昭襄王一開始極度興奮，可過了一會兒他就冷靜下來了。國內哪還有餘力給白起增兵呢？可如果不增兵，讓好不容易圍住的四十五萬趙軍跑了的話該怎麼辦？

關中的主力已經被王齕帶走，長平附近唯一還有增兵潛力的地方就是河內（黃河以北、太行山以南地區）。

秦昭襄王為了增兵也是拼了，他親自跑到河內，徵發該地所有十五歲以上的男子。要知道，秦國之前入伍的最低年齡是十六歲，可見此時秦國已經打紅了眼。秦昭襄王為了提高他們的積極性，還沒等他們上戰場，就把所有人爵位升一級。

最終，秦國在長平足足湊了六十萬大軍！

雖然秦軍兵力沒有比趙軍多出十倍，但是白起利用長平崇山峻嶺的地形與攻占的趙國百里石長城，還是圍死了趙軍。趙軍反覆突圍，最終都沒能成功。

趙軍不僅要望著同伴的屍山血海，還要忍受飢餓的折磨。趙軍被圍困了四十六天，軍心也逐漸動搖。活著的人開始自相殘殺，甚至吃起人肉。

趙括組織四支突圍隊伍輪番進攻秦軍包圍圈，可是每次突擊都以失敗告終。眼見包圍圈越來越小，趙括決定孤注一擲，向秦軍發起最後攻擊。

他脫掉鎧甲，赤膊上陣，懷抱渺茫的希望，帶頭衝向秦軍。突然「嗖」的一聲，一支流箭射中了他。趙括倒地不起，身邊的一個老兵背著趙括來到一個山坡上。

年輕的趙括原本想超越自己的父親，可是他最終把趙國大軍帶入了地獄。望著突圍求生的趙軍成排成排地倒下，趙括明白，自己也將和他們一樣，再也站不起來了。

後世人們給這個戰爭小白創造了一個成語——紙上談兵。

其實趙括未必是個光說不練的蠢材，他可能是被潑了兩千多年的髒水。

紙是漢代發明的，離戰國還有幾百年，所以趙括是不可能「紙上談兵」的。

另外，范睢實施反間計的橋段，與後世故事高度雷同。例如我們熟知的《三國演義》中有「蔣幹盜書」的情節：周瑜故意讓蔣幹偷走偽造的書信，曹操看了信，誤以為蔡瑁、張允二人是間諜，怒殺二人；明朝末年，後金努爾哈赤圍攻北京，袁崇煥率兵來救。明朝的一個太監被後金俘虜，關押在屋內。被俘期間，他聽到隔壁有人說袁崇煥早已和後金串通好了。後來太監被釋放，回到宮裡就向崇禎皇帝告發，最終袁崇煥被凌遲處死。

故事越是有戲劇性，杜撰的可能性越大。「紙上談兵」的故事無非是想說趙孝成王剛愎自用，任用了一個毫無軍事經驗、只會誇誇其談的趙括。但是，如果把你放在趙孝成王的位子上，你也會選用趙括。因為消耗戰打了三年，趙國已經耗不起了，而廉頗死活不進攻，善於大膽進攻的趙奢又死了，後來的名將李牧此時還沒有嶄露頭角，只有任用繼承了老爹敢於進攻優良傳統的趙括最合適。

趙孝成王任用趙括，也是希望能在他身上看見他老爹趙奢的影子，希望趙括能像他老爹一樣逆風翻盤，重現閼與之戰的輝煌。

那麼，趙括的軍事才能真的有我們想像的那麼差嗎？倒也未必！

趙括到了長平前線後，首先換掉廉頗原先的將領，提拔了和自己一心的將領。趙括這一措施並不是要在軍中培植自己的勢力，而是要確保基層將領能堅決貫徹、執行自己的命令。閼與之戰中，趙括的老爹趙奢為了貫徹軍令，就直接把不服從的人全部斬殺。從趙括的一系列操作看，他還是有一定軍事才能的。只可惜，他的對手是戰國時代名將排行榜上第一位的白起。

將上黨獻給趙國的韓國將領馮亭也和趙括一起陣亡。主帥死了，趙軍沒了首領。此時，整個長平屍橫遍野，如同地獄一般，空氣中充滿了令人作嘔的屍臭味。在秦軍的包圍圈內，趙軍四周全是由己方屍體堆積的人牆。

趙軍看不到生的希望，最終放棄了突圍。

白起發現趙軍不再進攻，就做起了思想工作：「趙軍的兄弟們，只要你們投降，秦軍保證你們的生命安全。」

剩下的趙軍眼見求生無望，覺得與其餓死，還不如投降，或許還有一線生機。於是趙軍放下武器，脫去鎧甲，排隊朝秦軍陣營走去。

長平之戰打完了，秦軍勝利了！

打贏了這場史詩級的戰役，可白起卻笑不出來。他縱橫沙場數十年，不僅從無敗績，而且都是以完勝收場。然而在長平之戰中，他不是完勝，而是慘勝。仗打了三年，秦國國力嚴重透支，前線六十多萬大軍死傷達到一半，國內的存糧也快消耗光了，數量驚人的趙軍俘虜該如何處理呢？

給俘虜們糧食吃？不行，秦國存糧已經不多，給俘虜吃了自己就沒得吃；放俘虜回趙國？也不行，把他們放回去，日後又是一支生力軍，秦軍那麼多將士就白死了。

最後，白起決定將俘虜全部殺掉。

白起特意留下二百四十個年幼的趙軍士兵放回趙國。這些年幼的孩子見證了長平地獄般的場景，他們幼小的心靈留下了不可磨滅的陰影，回去之後一定會大肆渲染秦軍的恐怖。

史書記載，秦軍將趙軍俘虜全部活埋。可是趙軍投降就是為了活命，他們難道會束手就擒，自願被埋入坑中嗎？

直到現代，真相才露出水面：趙軍曾經被圍困的地方在今日高平市西北丹河附近。這裡的農民在田間忙農活，經常會挖出長平之戰時的屍骨坑。其中最著名的要數永錄屍骨坑，裡面有上百具屍體，死者都是青壯年，身邊沒有武器，反而還帶著戰國時代的錢幣。這些死者有被砍死的，有被箭矢射死的，還有的沒有腦袋。

由此可見，白起是將繳械後的趙軍分到一個個小區域後集體屠殺，最後進行掩埋。之所以要掩埋，是為了避免戰後瘟疫的暴發。長平是秦國的新疆土，秦軍自然要愛惜。

《史記》記載白起埋殺了四十多萬趙軍俘虜，筆者認為沒有那麼多。因為秦軍傷亡都已過半，被圍困的趙軍死傷不會比秦軍少，所以最終投降的人數應在十萬到二十萬之間。

趙國雖然慘敗，但是不表示趙括就是蠢貨，他只是執行了趙孝成王速戰速決的策略，然後當了替罪羊而已。換作其他人，做得未必有趙括好。

廉頗選擇固守長平，雖然不會出問題，但是最後只會耗死趙國，導致趙軍全部餓死在前線。秦軍能以更小的損失拿下長平，從而進攻邯鄲。

擺在趙孝成王與趙括面前的只有兩個選擇：要麼主動出擊，可能大獲全勝，實現逆風翻盤，即使全軍覆沒也能給予秦軍以重擊；要麼繼續固守，最終被秦軍拖垮，兵不血刃地輸掉戰爭。他們會做哪種選擇，結果是顯而易見的。

可惜的是，年輕的趙括遇到的是「殺神」白起。這就如同青銅聖鬥士遇到了黃金聖鬥士。在各項數據不占優勢的情況下，青銅聖鬥士雖然戰敗，卻還是把黃金聖鬥士打成重傷，也很厲害了。

這場戰爭，秦、趙兩國都傾了全國之力。戰國時打的是全民戰爭，老百姓既是民也是兵，當時的動員效率在中國古代是最高的。財大氣粗的秦國即便打贏，也出現了經濟危機。受了重傷的秦國，對於下一步該怎麼走，不得不謹慎考慮。

長平之戰結束後，白起將秦軍兵分三路。一路作為先鋒進軍邯鄲，一路進軍趙國太原郡，白起則率主力坐鎮上黨，等待秦王派來的增援部隊與糧食。

白起的戰略目標很明確，就是要挾長平之戰的餘威，一鼓作氣滅了趙國。

然而，白起只管前線打仗，對後方吃緊的事情根本不管。仗打到這個地步，地主家也沒有餘糧了！

白起不斷要兵要糧，相國范睢陷入左右為難的境地。國庫裡已經沒有糧，國內也已經沒有兵。況且白起還是范睢的眼中釘、肉中刺，白起取得的成就越大，對范睢的威脅也就越大。絕不能讓白起繼續打下去！

范睢對秦昭襄王說：「即使白起滅了趙國，秦國的血也流乾了。東方諸侯如果合縱攻擊秦國，秦國必死無疑！」

秦昭襄王同樣沒有給取得長平之戰勝利的白起五星好評，因為這場慘勝也讓他心有餘悸，感到後怕的他也認為持續三年的戰事不能再打下去了。秦國再是超級大國，帳戶裡也沒多少餘額了。這次還能動員河內的百姓上戰場，下次就沒地方動員了，不能靠透支國家的未來維持戰爭！

當白起還在調兵遣將、準備按照自己的計畫滅掉趙國時，使者帶來了秦王的命令：「秦軍停止進攻，就地轉入防守。白起交出兵權，立刻回國！」白起無可奈何，只能交出虎符，隨使者回咸陽。

從此，白起徹底告別了戰場。

貳拾參 邯鄲保衛戰

戰神隕落

長平之戰，秦國取得慘勝。秦昭襄王不敢貿然繼續進攻，於是要求趙國割讓六座城池給秦國。趙孝成王滿嘴答應：只要你秦國不打我，別說要六座城池，就算要整個銀河系，我也給你。不過秦國得先等等，因為交接工作趙國要準備準備。結果秦昭襄王等啊等，等到西元前二五八年也沒有等到趙國送來城池，看來是想賴帳了。

秦昭襄王決定繼續攻趙。秦國在長平之戰中元氣大傷，現在已經有所恢復，準備火力全開，完成之前沒有完成的滅趙任務。

該年九月，秦昭襄王準備任命老將白起率軍出征，結果白起病了。老將嘛，歲數大了，難免容易生病，不能老指望他力挽狂瀾，還是要培養年輕人來接班的。於是秦昭襄王派遣五大夫王陵率軍攻打邯鄲。

很快，前線傳來戰報：「邯鄲久攻不克，五名軍校陣亡！」

收到戰報後，秦昭襄王坐不住了，看來還得老將出馬。秦昭襄王趕緊把白起請到王宮：「武安君，請您前往趙國，接替王陵的職務，替寡人拿下邯鄲！一切就拜託您了。」說完，秦昭襄王向白起恭敬地行大禮。

「去不了！」白起卻搖搖頭。

秦昭襄王大吃一驚，白起竟然還有不想打仗的時候，這讓秦昭襄王感到非常不可思議：「武安君，您可是秦國百戰百勝的戰神，怎麼會怯戰呢？」

白起冷冷地說道：「即使我去也打不贏，大王不如罷兵吧。」

秦昭襄王急切地問道：「武安君何出此言？」

白起：「長平之戰時，秦國雖然損失慘重，可是趙國已經奄奄一息，而且諸侯國也見死不救。如果當時大王再多給些兵馬糧草，想必邯鄲早已拿下。」

秦昭襄王：「過去的事就不提了。現在我給您備足兵馬糧草，您為何不願滅趙呢？」

白起：「此一時，彼一時。自長平之戰大敗後，趙國上下同仇敵愾，現在邯鄲城堅糧足，諸侯又大有合縱抗秦之勢。大王就算能補足軍備，可是我們如今國內空虛。當大軍遠涉千里去攻打邯鄲時，如果諸侯合縱抗秦救援邯鄲，我軍將在邯鄲城下遭受內外夾擊，必敗無疑！」

秦昭襄王陷入沉思。白起說的話不是沒有道理，這些被稱為「戰神」的人，都會根據戰場的實際環境做出最理性的決策。如果戰場環境對己方不利，他們就會選擇撤出，以保存實力。他們不想打的仗，一般就是真不能打，如果硬打，也贏不了。

但秦昭襄王不想保存實力，因為他實在不甘心，他一定要成為全天下的主宰！賭徒心態爆棚的秦昭襄王就是想賭一把，他堅信只要戰神白起出馬，沒有打不贏的仗。自己請不動，就派能說會道的范雎出馬。

白起對范雎非常感冒，讓范雎來勸，只會堅定他不出山的決心。范雎也知道自己勸不動白起，但是礙於老闆的命令，自己又不得不來。

范雎見到白起，勉強擠出一臉燦爛的笑容：「武安君，您可是秦國的戰神。伊闕之戰中，您以敵人一半的兵力，全殲韓、魏兩國二十四萬大軍，打得兩國至今都自稱是秦國的藩國。楚國幅員遼闊，兵多將廣，您卻能攻下郢都，摧毀他們的宗廟，讓楚國君臣逃亡東方。您的戰功威震天下！此次國君派您出征趙國，您為何不願去呢？」

白起：「我當年之所以能打贏伊闕之戰，是因為韓、魏各懷異心，所以我才能集中兵力逐個擊破。至於鄢郢之戰能取勝，是因為楚王不修政治，百姓離心，武備荒廢，而我們秦軍上下一心，情同手足，所以才能深入楚地，打贏勝仗。說句實話，並不是我神機妙算。」

范雎：「武安君太謙虛了。」

白起突然用拳頭猛擊桌子，隨後指著范雎的鼻子，怒吼道：「長平之戰後，秦國未能乘勝追擊，給了趙國喘息的機會，讓趙國得以耕種糧食，儲備食物，整頓兵甲，修補城池。我們此時再去打邯鄲，不僅比之前更加困難，還要提防諸侯聯軍來救。一場注定要輸的仗，我沒必要去，秦國也沒必要打。」

范雎被這位久經沙場的老軍人的氣場給震懾住了，他小聲地說道：「武安君，您還沒明白大王的意思嗎？」

白起沒理他：「當初若不是你掣肘，我早已拿下邯鄲。現在我生病了，沒法去前線，請你出去吧！」

范睢連忙退出屋外。他在秦國早已是一人之下萬人之上，沒想到白起是這麼一個天不怕地不怕的人，不但不給自己面子，連秦王的面子也不給。

范睢回到王宮後向秦昭襄王彙報：「白起一副死豬不怕開水燙的樣子，裝病不願意去前線。」秦昭襄王動了殺意。兩次請白起掛帥，都被他不留情面地拒絕了，這是對秦昭襄王的羞辱，更是對秦國的羞辱。但是由於白起在秦國威望太高，秦昭襄王暫時隱忍了下來。

秦昭襄王命令王齕接替王陵。王齕在長平之戰初期發揮得很好，秦昭襄王很看好他。可惜王齕發揮很不穩定，他對邯鄲圍攻長達八九個月，邯鄲仍巋然不動。

秦昭襄王被前線糟糕的局勢惹得心煩，對戰局陷入絕望的他只能放下身段，親自前往白起的府邸請他出山。

秦昭襄王用哀求的語氣說道：「將軍雖然有病在身，還是請您勉強一下，為寡人帶兵出征。有了戰功，寡人一定會重賞您；如果您不去，我會怨恨您。」

白起恭敬地向秦王跪下叩頭：「大王，我知道，只要我去了前線，哪怕沒有戰功，也可以免除罪過；我如果不去，即使沒有罪過，也會被殺。可我還是希望大王聽我一句勸，不要打趙國了。現在已經錯過了最佳滅趙時期，東方諸侯隨時會聯合起來。秦國自長平之戰後元氣大傷，應該讓百姓休養生息，避免不必要的傷亡。臣寧願受罰，也不願去打一場沒有意義的戰爭。」

秦昭襄王可沒有劉備三顧茅廬、禮賢下士的氣度：「免去武安君爵位，貶為士伍，並遷之陰密（今甘肅省靈臺縣）。」他發出震耳欲聾的咆哮。作為秦國至高無上的王，竟然被一位將領連續三次拒絕，這無疑觸犯了他的逆鱗。

小心眼的范雎故意落井下石，說白起離開咸陽城的時候「其意怏怏」。秦昭襄王本來心情就不好，聽范雎這樣說，決定派使者將白起處死。

使者在咸陽城外西十里的杜郵截住了白起，宣讀了命白起自刎的命令。

白起看著使者交給他的劍，仰天長嘆：「上天啊，我到底犯了什麼罪，竟然落得如此下場？」

過了一會兒，白起想明白了。長平之戰，他欺騙了數十萬趙軍，把他們全部屠殺，犯下滔天大罪。這樣的罪孽，是該死。

秦昭襄王五十年（西元前二五七年）十一月，白起揮劍自刎。

白起殺人如麻，但「秦人憐之」，秦國各地百姓都祭拜他。秦國是權臣的墳場，而白起不是權臣，只是一個職業軍人。打完仗，交出虎符，他就是一個普通人。

作為職業軍人，白起很成功。他雖然對待敵人狠，但是對待自己的下屬卻情同手足。只要是跟隨他的軍人，爵位不知道升了多少級，家裡土地不知道賞了多少畝。面對無意義的戰爭，他也愛惜自己將士的生命，不願送他們去死。百姓的感情是簡單實在的，你對我好，我就認為你是好人。

白起本人雖然在軍事指揮藝術上登峰造極，但是他過於純粹，完全不懂政治，最終造成自己悲劇的結局。

用一句話來緬懷白起：「老兵不死，只是慢慢凋零。」

毛遂自薦

白起死了，范睢贏了，范睢是導致白起自殺的幕後凶手。

白起的副將司馬靳也被賜死，他就是司馬遷的祖先。如果范睢只殺白起一人，說明這只是私人恩怨；如果范睢要連白起的副將也一同處死，說明這是政治派系的鬥爭，范睢想要除掉和白起一派的人。

白起這一派就是秦國的軍功集團。

軍功集團裡，每個人都是靠著自己親手砍下的一顆顆敵人首級加官晉爵的。而范睢看似位極人臣，實則是孤家寡人一個，因為他是靠腦子和嘴皮子上位，沒有絲毫軍功。

白起死後，秦國百姓會自發地祭祀他，可見白起在秦人心中具有極高的人氣。白起就是軍功集團的代言人，只要白起在，他在軍中就是一呼百應。現在白起沒了，范睢可以趁此良機，在軍中安插自己的勢力。

范睢是一個外國人，在秦國沒有根基，能依靠的只有自己當初的兩個恩人，王稽與鄭安平。

范睢透過運作，讓王稽擔任河東郡郡守，讓自己的老鄉鄭安平出任前線總指揮。

正在前線圍困邯鄲的王齕，突然被一個陌生人空降成為自己的上級，不禁在心裡發出三連問：

「這人立過軍功嗎？這人會打仗嗎？這人不會是走後門的吧？」

王齕最後得出結論：這個鄭安平來前線，一是要奪軍權，二是要把自己拿下的戰功據為己有。於是，王齕與鄭安平產生了矛盾。將帥不和，想打勝仗很難。

邯鄲已經被圍困多時，如果長期圍下去，即使秦軍不攻，裡面的人也得餓死。對趙國來說，當務之急是要求諸侯派援軍。派誰去說服諸侯呢？

趙國人都想到了平原君趙勝。他是趙孝成王的叔叔，更是戰國四大公子之一。四大公子領頭的孟嘗君已不在人間，剩下的趙國平原君趙勝、魏國信陵君魏無忌、楚國春申君黃歇成為影響當時局勢之人。

平原君趙勝在思考，該找誰來幫忙呢？韓國太小，自身都難保，更別說救助趙國；齊國外交政策就是不結盟，不會摻和進來；燕國對趙國虎視眈眈，想趁機搶占趙國土地；就只剩下魏國與楚國了。魏國的信陵君是平原君的小舅子，楚國春申君和平原君是好朋友，也只有魏、楚兩國能救趙國。魏國率先表明願意救助趙國，因為魏國離趙國太近。如果趙國被滅，下一個必然輪到自己。接下來，平原君打算帶上自己的門客前往楚國，說服楚國出兵相救。

除大使平原君以外，使團成員的人數必須是二十。平原君想從自己的門客中挑選出二十個有勇有謀的人組成使團。可是他挑到最後還是差了一人，組不成二十人的大使團。

此時，一個門客徑直走到平原君面前。由於家裡門客太多，平原君對這人完全沒有印象。看著一臉迷茫的平原君，這人主動介紹自己：「我叫毛遂，知道您要去楚國請求楚國出兵救趙，而使團人數還差一人，那就讓我來充數吧。」

平原君看得又好氣又好笑，「先生在我門下有幾年啦？」

毛遂：「三年。」

平原君：「三年啦！有才能的人在世上，就如同錐子放在口袋裡，鋒芒遲早會露出來。先生在我門下三年，我都沒有聽說過先生，先生還是不要去了。」

毛遂堅定地說：「請把我放在口袋裡吧，如果我早入口袋，鋒芒早已露出來了。」

平原君拗不過毛遂，只能把他帶上。

一路上，使團裡另外十九個門客與毛遂聊了起來，並且都被毛遂的見識震撼了。他們沒想到，這麼個毫不起眼的人，竟然有這麼高的才學，因此都對毛遂敬佩不已。

到了楚國後，平原君與楚考烈王進行了緊張的外交磋商。

楚國自從鄢郢之戰後元氣大傷，丟失一半國土，骨子裡也患上了恐秦症。會談從早上談到了中午，毫無進展。平原君的十九個門客鼓動毛遂：「先生登堂。」

毛遂毫不客氣，帶著劍進入了楚國朝堂。帶劍這一點值得注意。澠池之會上，藺相如就上演過玩命式外交。他曾走到距離秦王咫尺之地，威脅秦王生命安全，一副不要命的樣子。

燕趙之地多慷慨之士，他們最煩的就是動口不動手的爭論，行就行，不行就跟你玩命！顯然，楚考烈王沒有見識過趙人的玩命式外交。

毛遂來到平原君身旁，說道：「談判無非就是兩個字，不是『利』就是『害』，從早上談到中午，怎麼還沒有定下來，這是什麼緣故？」

楚王愣住了：「你是什麼人？」

平原君立馬打圓場：「不好意思，這是我的門客。」

楚王立馬怒斥：「我跟你家主人談判，你竟敢直接登堂？還不趕緊滾下去！」

毛遂面不改色心不跳，他手按著劍，一步步朝楚王走來。

「你……你要幹什麼？快把劍放下！來人啊！」楚王驚悚地喊道。

毛遂冷冷地說：「大王剛才敢怒斥我，就是仗著楚國人多勢眾。現在我離大王只有十步，十步之內，楚國就是再人多勢眾也趕不及，大王就是叫破嗓子也沒有用。大王的命在我的掌握之中，請您聽完我的話。」

楚王看著毛遂手中的劍，不住地點頭。

毛遂：「楚國曾是南方大國，帶甲百萬，卻被白起攻下郢都，焚毀祖上陵寢，這真是奇恥大辱啊！秦、楚兩國有不可化解的仇恨！此次合縱，不光是為了援救趙國，更是為了楚國復仇！」

楚王看著毛遂一邊唾沫星子直飛，一邊又緊握著手中的劍，不禁又連連點頭：「先生所言極是，我一定履行合縱的義務，痛擊秦國。」

毛遂走到楚王面前問：「大王確定要合縱抗秦了嗎？」

楚王：「確定了！」

毛遂對大臣喊道：「楚王同意合縱，快舉行歃血儀式。」

於是楚王與平原君在朝堂上歃血為盟，締結了盟約。楚國開始全國動員，要報秦國鄢郢的大仇。

在回趙國路上，平原君對毛遂刮目相看，尊奉他為上賓。毛遂作為一個平凡人，正是他的愛國熱情和敢於搏命的精神，讓他挺身而出，成了英雄。

竊符救趙

楚國搞定了，可是魏國明明說好派兵來，怎麼一直沒有動靜呢？

魏國知道，趙國一旦被滅，下一個被滅的就輪到自己了，於是魏安釐王派老將晉鄙率領十萬大軍救援趙國。

可是大軍剛到鄴城，魏王就命令大軍按兵不動。鄴城距離邯鄲只有八十多里，急行軍一天也就到了，為什麼魏王要停止進軍呢？

在魏王看來，現在還不是進軍的最佳時機。魏軍出現在邯鄲城下的最佳時機，就是秦軍與趙軍打到筋疲力盡之時。那時趙國被極度削弱，秦軍也死傷慘重，魏軍再出擊救趙，不但能以最小的代價打敗秦軍，同時也能削弱趙國，使其無法再對魏國構成威脅。

鄴城是魏軍最佳觀戰平臺，魏軍在這裡可以天天直播觀看秦趙廝殺，從而選擇合適的時機出手。

平原君急得如同熱鍋上的螞蟻，不停地給魏王和自己的小舅子信陵君寫信，希望他們趕緊出兵。信陵君是一個講義氣的人，眼見魏王見死不救，他便帶著自己的門客，湊了一百乘戰車，準備去營救趙國。

信陵君救趙小分隊路過城東門，碰見信陵君的老朋友侯生。

侯生覺得這麼點人去打虎狼秦軍，給秦軍塞牙縫都不夠。看不下去的侯生幫信陵君想了一個辦法：「十萬魏軍由晉鄙指揮，晉鄙只聽命於國君，而國君調兵遣將的信物就是虎符。只要拿到虎符，就能調動十萬魏軍去救趙。我聽說大王的虎符都藏在自己的臥室裡，大王最寵愛的妃子如姬經常出入大王的臥室，她可以幫公子取出虎符。」

信陵君一拍腦門：「對啊，我怎麼沒有想到啊！」

侯生：「如姬的爹被人給殺了，一直抓不到凶手，最後是公子您派人抓到了凶手，砍下凶手的首級交給如姬。您對如姬可是有大恩呀！」

信陵君立馬去找如姬。見到恩人有求於己，如姬一口答應，隨即偷出虎符交給信陵君。

信陵君拿到虎符後，立即準備前往魏軍大營，結果在路上又被侯生拉住了。

侯生：「將在外，君命有所不受。晉鄙作為前線將領，如果國君的命令不合軍情，他是可以回絕的。如果晉鄙不交兵權，派人回去向國君請示，公子您就敗露了。我身邊有一位大力士叫朱亥，請公子帶上他。如果晉鄙不聽從公子調遣，就讓朱亥擊殺他。」

一個熊腰虎背的巨人出現在信陵君面前，他手裡還拿著四十斤重的大鎚。

侯生：「我歲數大了，不能和公子一同前往。我已經算好了公子抵達鄴城的日子，公子抵達鄴城後，我就向北自刎而死。」

信陵君帶著虎符來到了鄴城。老將晉鄙核對虎符無誤後，疑惑地問道：「我在鄴城統領十萬大軍，大王只派公子一人來替換我，我覺得事有蹊蹺，需要派人回大梁確認一下。」

信陵君眼見不妙，連忙向朱亥使了一個眼色，朱亥立刻拿出四十斤大鎚砸向晉鄙，晉鄙的腦袋瞬間崩碎。

晉鄙沒有錯，他只是在盡一個職業軍人的本分，只可惜信陵君救趙心切，讓他成了犧牲品。

殺了晉鄙後，信陵君向全軍展示虎符，並且開始戰前動員：「軍隊裡有父子的，父親回家；兄弟同在軍隊的，兄長回家；是家裡獨子的，也回家。剩下的人跟我抗擊秦軍。」

符合條件的人回去了，還剩下八萬精兵。信陵君帶著八萬精兵快速朝邯鄲出發。此時，楚國大軍也即將抵達邯鄲。

西元前二五七年，邯鄲城已經被圍困長達兩年。邯鄲城內彈盡糧絕。就在所有人陷入絕望的時候，他們看到楚、魏兩國大軍出現在邯鄲城外，決戰的時刻到了！

看到楚、魏兩國大軍出現在自己身後，秦軍陷入了絕望。經歷長平之戰、邯鄲攻堅戰，秦軍兵力已損耗嚴重，如今人困馬乏，軍中也沒有白起，已經無法對抗聯軍的優勢兵力。

聯軍沒有給秦軍時間，迅速發動了內外夾擊。其中，平原君組織的三千人敢死隊在秦軍大營中左突右殺。以往，楚國與諸侯聯合抗秦時，每次團戰總會亂放技能坑隊友，而這一次楚軍很給力，因為他們一心想報鄢郢之戰的大仇。

曾經傲視天下的秦軍迅速崩潰了。王齕由於作戰經驗豐富，自己帶著殘存的秦軍突圍而去。只是來撈取利益的鄭安平所轄的兩萬人被聯軍包圍，嚇破膽的他立刻投降。

聯軍氣勢如虹，乘勝追擊，韓國也趁此良機出兵抗秦。聯軍不但奪回了上黨，還將秦國占據的河東與太原兩地搶到手裡。

自從商鞅變法以來，秦國從未經歷過如此慘敗。秦國不但失去長平之戰所贏得的一切，還把之前吃的也吐了出來。

秦昭襄王看到此結果，無比抑鬱。在他的經營下，秦國如同一家業績優秀高速增長的大公司，股票市值一路突飛猛進。沒想到，秦國公司在兼併對手趙國公司的過程中失敗，股價一路狂跌，大量市值蒸發。

董事長秦昭襄王很懊悔自己沒有聽白起的神預言。總經理范睢更加難過，甚至想辭職。雖然打邯鄲是秦昭襄王一意孤行，但是范睢沒少在背後推波助瀾。最讓范睢不安的是，自己推薦的鄭安平竟然臨陣投敵！

按照《秦律》，如果被舉薦的官員犯了罪，那麼舉薦的官員也要同罪處理。秦昭襄王用范睢用得很順手，不願意處理他，於是將這事冷處理。

可是令范睢沒想到的是，自己剛被鄭安平坑完，又被王稽坑。王稽私通外國被人舉報，被秦王下令處死，屍體棄市。

自己保舉的兩個人先後叛變，算計了別人一輩子的范雎這下被自己人坑了。范雎覺得自己難辭其咎，選擇主動辭職，離職之後不到一年就死了。

不過，秦國雖然暫時受到重創，但是只要給它一段時間，它馬上能滿血復活。

二十年後的統一戰爭，東方六國只能眼睜睜地看著身軀龐大的秦國將一個又一個諸侯國一屁股坐扁，卻無能為力。

邯鄲之戰結束後一年，上演了一場魔幻的鬧劇——禮樂征伐天子出。

這出鬧劇的主角正是周赧王，在位五十九年的他如今已經是一位風燭殘年的老人。雖然是周天子，可是他活得非常落魄。周平王東遷雒邑後，王畿地區只有巴掌大，在這塊巴掌大的地方，老姬家的王室成員還搞分封，於是出現了兩個小諸侯國：位於西邊的西周國和位於東面的東周國。

周赧王年輕的時候，在自己家裡看著健美先生秦武王因安全事故而死。他對著秦軍又是痛哭又是哀悼，終於把瘟神送走了，暫時保住了小命。

可是現在，秦國大有一統天下的趨勢，而周天子作為合法的天下共主，必然是秦國的障礙。他想不如趁秦國邯鄲之戰後元氣大傷，以天子的身分，號召諸侯共同討伐秦國，挽救自己的周王朝。

只能說，人越老越糊塗。秦國哪怕輸得再慘，滅你周王室還不是像踩死一隻螞蟻一樣容易嗎。

打仗是要花錢的，窮得叮噹響的周赧王為了籌錢，成為中國歷史上非法集資第一人。他以九鼎作為信用擔保，設立滅秦基金，開始向全天下募集資金。只要你投資，日後天子之師打贏了秦國，獲得的利益大家一起分，到時你就能賺得盆滿缽滿。人們一看，有周天子的身分背書，這款金融產品一定安全性很高，於是紛紛出錢參與。

可能是周赧王非法集資搞得太大了，結果驚動了秦國高層。秦國派出軍隊攻打周王室，周赧王看到秦軍來了，立刻解散軍隊投案自首，又派西周君到秦國叩頭謝罪。秦昭襄王羞辱完西周君還要走了他所有的地盤和人口。

周赧王一回到家，就被債主追上門。這些債主對周赧王抱有無比的信任，沒想到天子推出的金融產品也失敗了，他們的投資血本無歸。周赧王被眾多投資人圍堵得不敢出門，只能躲在宮裡一處高臺上。這就是「債臺高築」這個成語的由來。

西元前二五六年，偉大的周王室的最後一任天子周赧王，在自己的金融產品失敗後抑鬱而終。周王室沒有新天子繼位，也沒人敢繼位。

西元前二五五年，秦國拿下雒邑，順道把周天子家裡的傳家寶九鼎搬回了咸陽。

九鼎在手，天下我有。

貳拾肆

呂不韋的創業投資

公子異人

衛國有一位商人叫呂不韋，他來往於天下各地，靠著投機倒把賺了很多錢。有錢人的生活就是枯燥乏味，除了錢還是錢，不滿足於現狀的呂不韋有了更高的追求，那就是權力。誰說商人不能做官？我就要做官給你們看，還要做大官！

作為商人，呂不韋能比別人提前嗅到商機。這次，他將敏銳的嗅覺用到了尋找可以進行政治投資的對象上。

西元前二六五年，呂不韋經商路過趙國邯鄲，遇到了一個外表落魄、神情恍惚的秦國公子。這位公子叫異人，他的爺爺是秦昭襄王，爹是秦太子安國君。

這位公子背景這麼顯赫，為什麼會落得如此田地呢？要怪就怪安國君太能生了，這哥們兒一共生了二十多個兒子，異人不是長子，異人的母親夏姬又不是大老婆，所以異人成了家裡最被忽視的孩子。

幾年前，趕上秦、趙兩國處於長平大戰的前夕，空氣中充滿了火藥味。為了避免兩國擦槍走火，兩國需要讓王室成員去對方家裡當人質，萬一違背承諾，人質隨時有被撕票的風險。

秦國高層決定把這光榮又危險的任務交給異人去完成：你作為王室成員，有為國分憂的責任，再說你又不是長子，你媽也是小老婆，反正你兄弟多，死你一個也無所謂。

被祖國拋棄的異人來到趙國後，不但整天過著擔驚受怕的日子，生活待遇也極差，出門沒馬車，身上的錢也不夠花。

呂不韋主動結識了困境中的異人，送給他大筆金銀財寶。從來沒有感受過溫暖的異人覺得呂不韋比親爹還親。

簡單相處之後，呂不韋驚呼：「奇貨可居！」意思是，稀奇的貨物可以囤積起來，日後可以賣個好價錢。呂不韋心中萌發出把異人打造成儲君的瘋狂想法。如果異人繼位，作為回報，呂不韋自己就能做秦國相國了。

雖然找到了寶藏男孩，但是呂不韋在對異人做天使投資之前，還是要徵詢自己父親的意見。畢竟要把異人扶到儲君的位子，承擔的風險極高，稍不留神就得傾家蕩產。

呂不韋：「父親，耕田能獲利多少？」

呂父：「十倍。」

呂不韋：「販賣珠寶，能獲利多少呢？」

呂父：「百倍。」

呂不韋：「擁立一個國家的君主，能獲利多少呢？」

呂父震驚了：「孩子你腦袋被門夾了嗎？擁立國君的事，輪得著咱們商人做嗎？明天我帶你去看看醫生。」

呂不韋：「父親，我跟你說的是正經事。」

呂父見兒子表情嚴肅，明白事有蹊蹺：「不可估量！」

呂不韋：「我手上有一個擁立國君的計畫，您這麼一說，我決定幹一票！」

這是人類投資史上最偉大的一次風險投資，任何創投高手在呂不韋面前都要喊聲祖師爺。呂不韋的創投開局只有一張肉票，回報卻是一人之下萬人之上的相國之位以及數不清的財富。

此後，呂不韋隔三差五就去異人住所送溫暖，要什麼給什麼。

某一天，呂不韋又來異人住所送溫暖，兩人一邊喝酒一邊聊天。

呂不韋：「公子，我可以光耀您的門楣。」

異人大笑道：「你還是先光耀你的門楣，再來光耀我的吧。」

呂不韋：「公子啊，我在跟您說正事！」

異人臉色一變，酒醒了大半。他明白呂不韋言外之意，眼睛也露出了希望之光。

呂不韋：「我為公子量身打造了一個『儲君養成計畫』，公子只要按照我給您指明的方向走下去，一定能當上儲君！」

異人此時酒徹底醒了。以他現在的處境，能保住小命就不錯了，說能幫自己當上儲君的，不是騙子，就是高人。

呂不韋：「公子，您之所以備受排擠，就是因為您不是嫡長子！只要您成為嫡長子，就可以當國君。」

異人：「可是我媽是我爸的小老婆，我爸的大老婆是華陽夫人呀！」

呂不韋：「這還不簡單，您認華陽夫人當媽呀！」

異人這下反應過來了：對啊，華陽夫人一直不孕，自己認她當媽，就能子憑母貴，成為嫡子了！

呂不韋：「秦王已經老了，隨時可能走。公子的父親安國君是太子，而他對華陽夫人那可是集萬千寵愛於一身。作為大老婆，華陽夫人一直沒孩子，她也非常苦惱。安國君有二十多個兒子，子傒是長子，以後繼位成為國君的人很有可能是子傒。但子傒不是華陽夫人的兒子，一旦子傒繼位，華陽夫人必然失勢。我呂不韋願意拿出千金為公子去秦國遊說，讓安國君與華陽夫人立公子為太子。」

異人激動得手足無措，沒想到自己在生死未卜的人質生涯中，還能遇到能改變自己命運的高人：「先生，你要是能助我登上國君之位，我與你共享秦國國土。」

呂不韋：「公子，我來趙國帶了一千金，現在給您五百金，您拿去隨便花。我拿剩下的五百金去購買一些奇珍異寶，送給華陽夫人。」

就這樣，呂不韋帶著購買來的奇珍異寶，前往秦國。

來路不明

呂不韋是個富甲一方的商人，可是他到了秦國，卻處於鄙視鏈的最底端。因為秦國重農抑商，秦人最看不起的就是他這種投機倒把的商人。

雖然被瞧不起，但是呂不韋的野心一點不減。他選擇一步一步來，先找華陽夫人的弟弟陽泉君。呂不韋來到陽泉君的府上，獻上奇珍異寶。

陽泉君作為一名財大氣粗的封君，只在乎自己的財富地位能否長久。對於呂不韋獻上的寶貝，陽泉君都懶得用正眼瞧。他只是懶洋洋地看著呂不韋，不知道這個商人有什麼來意。

商人呂不韋來往於各個諸侯國，早已見識過各種上流人物。他深知，財寶只是大人物家門口的敲門磚，真正能做成買賣的，是要抓住對方內心的需求。

「閣下，您可知道，您的好日子即將到頭。秦王年事已高，一旦駕崩，太子安國君就要繼位。新王要立太子，熱門人選是他的長子子傒，而您的姊姊華陽夫人膝下無子。子傒以後成為秦王，您和您的姊姊就沒了靠山，必定盡失榮華富貴。」

陽泉君聽完後，臉色「唰」一下變白了。他明白呂不韋並沒有誇大其詞，姊姊華陽夫人沒有兒子，以後子傒繼位成為國君，自己和姊姊在秦國就沒了政治靠山。

沒了政治靠山，就沒了榮華富貴，甚至整個家族都要玩完了，因為他們是楚國外戚！

從宣太后開始，秦國王室就與楚國外戚深度捆綁。秦昭襄王雖然把自己母親家的親戚都趕走了，但也並沒有下狠手，畢竟自己也是靠著他們的鼎力幫助才登上王位的。只要他們不干涉自己的政務，榮華富貴少不了他們的。

楚國外戚雖然離開了秦國權力核心，可是他們與秦國王室的關係依然是剪不斷、理還亂。秦昭襄王的婚姻是母親宣太后一手包辦，他娶的就是楚國公主葉陽后。

太子安國君的大老婆華陽夫人也是楚國人，她的來頭可不小。曾經讓秦昭襄王頭疼的「四貴」中，有一位是華陽君芈戎，他是秦昭襄王的舅舅，安國君見到他還得恭恭敬敬地喊一聲舅爺，而華陽夫人正是華陽君的孫女。

說直白點，安國君與華陽夫人是表兄妹關係，結了婚之後算親上加親，安國君也非常寵愛自己的表妹，兩人如膠似漆。如果讓與自己半點關係都沒有的子傒當上國君，那麼楚國外戚的好日子也算到頭了。

可是華陽夫人肚子不爭氣，一直不生育，這可把楚國外戚急死了。

呂不韋抓住楚國外戚的心理需求，給他們送來了一個兒子：「公子異人身處趙國，從來沒有人疼愛，日夜思念祖國。如果讓異人認華陽夫人為親媽，等異人繼位成國君，一定對華陽夫人感恩戴德。」

陽泉君意識到，呂不韋正是他們的救星，於是趕緊把呂不韋引薦給姊姊華陽夫人。

呂不韋見到華陽夫人後對她說：「異人在趙國受盡屈辱，一直想得到母親的關愛，他無時無刻不思念自己的親媽華陽夫人！」

華陽夫人一驚：「我一直沒能生育，怎麼冒出來一個兒子異人啊？」

陽泉君看到華陽夫人臉上寫著大大的問號，立刻點醒她：「老姐啊，妳現在能得到太子的寵愛，就是因為妳漂亮。可是等到妳年老色衰，太子不再寵愛妳，妳膝下又無子，就徹底沒了依靠。不如認異人為兒子，他就可以依靠夫人正室的身分成為嫡長子，以後成為國君，老姐的榮華富貴也能保得住。原本沒有繼承王位資格的異人，一定會對老姐感激涕零！」

華陽夫人也擔心過自己以後的日子孤苦無依，現在有人主動送上門來當兒子，雖然不是親生的，但總比沒有強。

於是華陽夫人採取行動，主動找安國君哭訴，「我一直沒孩子，想要異人當自己的兒子，以後也好有一個依靠！」

安國君一看大老婆向自己哀求，於心不忍，就立異人為自己的嫡長子。同時，他還賜給異人豐厚的財物，委託呂不韋帶回趙國，照顧好異人。

一個朝不保夕的人質，一夜之間變成了秦太子的嫡長子，有可能成為秦國未來的國君。異人迎來了翻天覆地的變化，全天下的人都想來巴結他。

這時，呂不韋又對異人打起了新的主意——異人是個光棍。

親子鑑定

有一天，呂不韋推開了異人的房門，笑嘻嘻地問道：「公子，您要老婆嗎？」

異人愣住了，不知道呂不韋唱的是哪齣。

「只要您開金口，我馬上給您送來。」

異人覺得呂不韋在開玩笑，隨口回答：「那你就送來唄！」

沒想到，過了一會兒，一位膚白貌美氣質佳的女子就推開了異人的房門。異人一看，這不是自己一直朝思暮想的美人嗎？

之前有一次，呂不韋和異人喝酒，為了助興，讓自己的一位能歌善舞的姬妾現場表演，看得異人口水直流。他向呂不韋索要這個女子，呂不韋表示這可是自己最寵愛的姬妾，絕不能給。

其實呂不韋是故意吊異人的胃口，他在異人身上已經花了大筆的投資，怎麼還在乎一個姬妾呢？現在時機到了，呂不韋就大方地表示，雖然這個女子曾是自己的姬妾，可是既然公子想和她好，自己就忍痛割愛、成人之美。

這個美若天仙的女子叫趙姬，正是秦始皇嬴政的親媽。

根據《史記》記載，呂不韋將趙姬獻給異人之前，知道趙姬已經懷上了自己的孩子，為了能讓自己的兒子以後成為一國之主，故意把已有身孕的趙姬送給異人。

沒想到趙姬肚子裡的孩子也爭氣，推遲了兩個月才出生，讓異人誤以為這是自己與趙姬相處後生下的孩子。

西元前二五九年，孩子出生。異人哪知道自己已經頭冒綠光，他給這個孩子取名叫「政」，立趙姬為夫人。後來異人回到了秦國，繼位成為秦莊襄王。趙姬和呂不韋的孩子嬴政就成了太子，後來他一統天下，成為中國歷史上第一個皇帝。

這裡要說明一下，秦始皇名叫嬴政，而由於他出生在趙國，有的書裡也稱他為趙政。無論哪種稱呼，在當時都是不正確的。雖然到了戰國時期，隨著平民階層的崛起，姓、氏混在了一起，但是王室的姓氏還是有所區分的。各國王室都是以國為氏，嬴姓只是秦國王室的姓。他剛出生時應該被稱為王孫政，當了太子時被稱為太子政，成為國君時被稱為嬴政。而「嬴政」、「趙政」的稱呼都是後來姓、氏混在一起才會有的。不過大家習慣了把秦始皇叫嬴政，我們就按這個來稱呼他。

那麼，秦始皇嬴政究竟是不是異人的兒子呢？

在沒有超音波的情況下，呂不韋怎麼知道趙姬肚子裡一定是男孩？如果趙姬生的是女孩，那秦國王位最終只能傳給異人其他的孩子，呂不韋的算盤就落空了，所以這一點邏輯上說不通。

《史記》裡記載過另一個故事：楚考烈王一直沒有孩子。有一天，趙國人李園想把妹妹獻給楚考烈王，可又擔心萬一妹妹也沒懷上楚王，日後必定失寵，自己也得不到榮華富貴。於是李園打起了春申君黃歇的主意。

李園把妹妹獻給了春申君，沒多久，李園的妹妹就懷上了孩子。李園趁機對春申君說：「楚王多年沒有孩子，如果他死後他的兄弟繼位，您的榮華富貴就沒有了。不如把我的妹妹獻給楚王，孩子出生後就是國君，您本來就是令尹，又是國君的親生父親，我也是國君的舅舅。我們都是親戚，您的地位財富依然可以保留。」

春申君聽完後覺得很有道理，於是把已經懷孕的李園妹妹獻給了楚考烈王。後來李園的妹妹生下一個男孩，繼位成為楚國國君。李園生怕春申君把祕密洩露，於是派人暗殺了春申君。

異人與楚考烈王被「綠」的故事，情節高度相似，只不過主人公不同。而楚考烈王的故事裡也有相同的破綻：李園的妹妹在生下春申君的兒子後，在楚王宮中再接再厲又生了一個兒子。如果楚考烈王真的不育，她怎麼還會生下第二個孩子呢？要知道，當她進宮後，周邊都是太監和宮女，天天都有人看著，哪有機會出軌？

李園妹妹的大兒子繼位為楚幽王，在位十年後去世。二兒子繼位為楚哀王，在位僅兩個月就被公子負芻（ㄔㄨˊ）刺殺了。

負芻是靠弒君篡位，為了獲得合法性，就必須造謠說楚幽王與楚哀王不是楚考烈王的兒子。同樣，秦始皇一統天下，滅了六國，多少遺老遺少對秦始皇恨之入骨。除此之外，呂不韋的門客更是對秦始皇恨之入骨，因為呂不韋是異人一家的大恩人，沒想到秦始皇親政後卻逼得呂不韋自殺。那麼多人恨秦始皇，所以秦始皇自帶招黑屬性，髒水全潑到他身上了。

其實，最有發言權的就是異人。王室非常看重血統，孩子是不是足月出生，乃至是不是自己的，他心裡最清楚。而他後來對趙姬與嬴政還是疼愛有加，這就可以看出端倪了。

異人成為歷史上活得最滋潤的人質。別的人質整天擔驚受怕，生怕綁匪割自己一隻耳朵、斷自己一根手指頭，而異人不但連老婆、孩子都有，還成為秦國王室的儲君。

但是也不要忘了，他再怎麼飛黃騰達，身分還是人質。而只要是人質，就有被撕票的危險。

貳拾伍 榮華富貴夢一場

巨額回報

兒子嬴政的出生並沒有給異人帶來好運。當後來的「千古一帝」降臨人間時，並沒有出現什麼祥瑞，反而聚焦了趙人仇恨的目光。

長平之戰剛剛打完，趙國大部分精壯男子被秦人埋入了坑裡。異人一家作為秦國王室在趙國的人質，此時如履薄冰，因為所有趙人都恨不得食其肉、寢其皮。

呂不韋作為異人的幸運星，再次幫助異人逢凶化吉。

西元前二五七年，秦國大軍兵臨邯鄲城下，慘烈的邯鄲包圍戰正式打響。每天都有大量的軍人戰死，百姓餓死。亡國就在眼前，還要秦國人質何用，還不如把他們殺了，祭奠死去的趙人。

眼看自己花了血本投資的異人即將被趙人送上西天，為了避免血本無歸，呂不韋決定孤注一擲，把異人送到邯鄲城外的秦軍大營。

俗話說有錢能使鬼推磨，呂不韋花了一大筆錢賄賂城門守將，讓他在夜裡把呂不韋與異人放出城外。兩個人藉著月色向著燈火通明的秦軍大營逃去。

他倆手挽著手，在屍橫遍野、惡臭熏天的城外狂奔。兩人一不小心摔了一跤，一頭栽在一具屍體上。兩人仔細一看，腳下全是腐爛的無頭死屍，因為人頭都被秦軍砍去算軍功了。

驚魂未定的呂不韋與異人來到秦軍大營不遠處，高喊：「秦公子異人來了！」逃出生天的異人立刻被送回了咸陽。

在與華陽夫人見面前，呂不韋給異人包裝了一下，特意讓異人穿上楚國的衣服去見這位「母親」。

華陽夫人一看，發現自己認的兒子居然這麼會來事，他知道自己是楚人，就特意穿楚國衣服來見自己，哄自己開心。華陽夫人一高興就給異人取了一個新名子楚。

異人回國，卻把趙姬母子丟在了趙國。邯鄲城內的人都想殺了趙姬母子，好在趙姬出生於趙國大戶人家，和兒子躲進了娘家，才倖免於難。

後來，邯鄲之戰結束了，而趙姬母子雖然保住了小命，可是也受盡了趙人的羞辱。美好的童年可以治癒人的一生，但有的人卻用一生來治癒童年的不幸。少年嬴政心中留下了心理陰影，導致他始終沒有安全感。小嬴政把每一個迫害自己的人的名字都記了下來，內心暗暗發誓以後一定要加倍奉還。

西元前二五六年，就在三歲的嬴政小朋友遭受苦難時，另一個小朋友在楚國豐邑出生，雖然這兩位小朋友沒有交集，但是他倆各自建立了兩個偉大的帝國。這個小朋友就是劉邦。

異人回到秦國後，他沒有帶上老婆孩子這件事就成了個問題。趙姬母子倆都還在趙國過著提心吊膽、受人白眼的生活，他倆也就成了趙國手裡的人質。萬一哪天秦、趙兩國再撕破臉，趙姬母子就有被撕票的可能。

為防不測，秦國王室決定再給異人找一個老婆。

於是異人又娶了一個老婆，這個老婆姓甚名誰，史書上沒有記載。不過，我們可以猜到，異人作為安國君名義上的嫡長子、未來的秦國國君，他的婚姻已完全不能由他自己做主了。

很快，異人與這個新娶的老婆生了一個兒子，這個剛出生的孩子叫成蟜（ㄐㄧㄠˇ）。如果趙姬母子在趙國出了意外，那麼成蟜未來將是秦國的太子。可是成蟜小朋友不會知道，他的人生只會是一場悲劇，因為他一出生就被人視為眼中釘肉中刺。何苦生在帝王家！

西元前二五〇年，在位已五十六年的秦昭襄王去世了。太子安國君正式繼位，史稱秦孝文王。秦孝文王封華陽夫人為華陽后，異人為太子。

秦國新君繼位，一直被秦國暴揍的趙國也想趁此時機緩和氣氛，於是主動把趙姬母子送回了秦國。異人看到多年未見的老婆兒子後內心激動萬分，決定要好好補償他們。

可惜秦孝文王被命運所捉弄，因為他老爹太能熬，他好不容易熬到自己繼位，已經年過半百，竟然繼位三天就死了。

西元前二四九年，異人繼承王位，史稱秦莊襄王。秦莊襄王尊奉華陽後為華陽太后，自己的母親夏姬為夏太后，封趙姬為王后，嬴政為太子，任命呂不韋為相國，封文信侯。

呂不韋投資異人，給自己帶來了驚人的利潤，不光位極人臣，秦莊襄王還把雒邑周邊十萬戶賜給他當食邑，家裡光僕人就有一萬人。

可是呂不韋不知道，秦國的二把手是全天下最高危的職業。每屆國君都有自己最信賴的二把手，而他們的下場都不好。秦孝公的商鞅五馬分屍；秦惠文王的張儀被趕走；秦武王的甘茂逃走；秦昭襄王的范睢引咎辭職不久病死。

秦國是權臣的墳場，可是呂不韋看不見。商人出身的他認為任何高回報必然伴隨著高風險，人生愛拚才會贏！然而他最終的下場也好不到哪裡去。

秦莊襄王命薄，在位三年就死了。西元前二四七年，十三歲的嬴政正式繼位。此時他的身分還只是秦王，在他統一天下當皇帝前，他的正式稱呼是嬴政。

由於嬴政年幼，呂不韋輔政，他也被嬴政尊稱為「仲父」。九年後，二十二歲的嬴政親政之前，全國的軍政大權都由呂不韋一手操控。再加上在秦莊襄王時期當了三年相國，呂不韋總計執政達十二年之久。

呂不韋雖然是商人出身，但是他在擔任相國方面也很有天賦。西元前二四九年，呂不韋率兵滅了東周國。

之前，秦昭襄王滅了周赧王，周天子此後就不存在了。可是在王畿地區還有兩個周天子分封的迷你諸侯國，位於西邊的叫西周國，位於東邊的叫東周國。西周國國君和周赧王一道被秦國滅了，而東周國卻僥倖活了下來。如今，呂不韋攻滅東周國，有著八百年悠久歷史的周王室就此正式從地球上消失了。他們躲過了犬戎，在春秋戰國的亂世中夾縫求生，但最終還是沒能躲過秦國的魔掌。

呂不韋主持秦國時，實施了東進中原的戰略。由於長平之戰後秦國國力大損，西元前二四七年趙、魏、韓、楚、燕在信陵君的率領下，再次打敗秦軍，此後秦國與東方諸侯陷入拉鋸戰。不過秦國在拉鋸戰中占了上風，蠶食了不少諸侯國的土地。在秦始皇親政前，秦國已取得十五個郡，占到統一天下後國土面積的一半。

呂不韋的人生已經到達了巔峰，他是秦國太后的前男友，更是秦王的仲父，秦國實際的主宰，全天下敬畏的對象。但呂不韋並不知足，他還有更高的追求。

人死了，就什麼都沒有了，而呂不韋想要流芳百世。他要編書，只要自己編著的書籍可以傳承下去，他就能一直活在書裡。

呂不韋雖是被人看不起的商人出身，卻有一顆想當文化人的心。百家爭鳴的戰國時代，文化事業蓬勃發展，各個學派經過幾百年的激烈廝殺，思想都已發展成熟。呂不韋作為秦國相國，當然也不能落後。

著書這事本身就很累，自己身為仲父又很忙，沒時間寫，怎麼辦？不要緊，讓手下人寫，自己掛個名字就行。於是轟轟烈烈的編書運動開始了。呂不韋一共召集了三千多人，給予了優厚待遇，最終編成了《呂氏春秋》。

之前諸子百家的書，很多都是作者死後弟子自發整理而成，所以《呂氏春秋》是中國歷史上第一部有組織有計畫編寫成的文集。

《呂氏春秋》編寫成後，呂不韋決定辦一場隆重的新書發布會。他把《呂氏春秋》全文掛在咸陽城門，上面懸掛一千金。誰要是能挑出書裡的毛病，哪怕只是改一個字，這一千金就送給他了。「一字千金」的成語就是這麼來的。

可是沒人去改，誰都知道這是呂不韋為自己新書宣傳造勢的手段。你要是上去改，不就是駁了相國的面子嗎？不過《呂氏春秋》也的確編寫得很好，每部分內容整整齊齊，篇幅長短相當，語言文字也屬上乘。

然而，就在呂不韋向全國人民發布自己的著作時，秦國政局也開始出現劇烈的變化。原本平靜的政治格局掀起波瀾，一場血雨腥風即將席捲咸陽。

嫪毐之亂

西元前二四〇年，嬴政的親奶奶夏太后去世了。

這一年，秦國夜空中的東方、西方、北方都出現彗星，一次彗星更是在西方連續出現十六天。對於天文愛好者來說，這是一次千載難逢的觀測好機遇，可是對於秦國來說，這是老天預示著將有一場動亂。

西元前二三九年，嬴政在位第八年，此時嬴政尚未親政，處理國事的是呂不韋。呂不韋安排嬴政的弟弟成蟜去打趙國，希望他肉包子打狗有去無回。

之前的長平之戰和邯鄲之戰，都是由白起、王齕這些作戰經驗豐富的將領指揮的，但即使如此，最終也沒能滅掉趙國。讓成蟜這樣一位少年去打趙國，明眼人一看就知道，這孩子被人算計了。

正好，成蟜進攻趙國要途經上黨的屯留。他知道自己有去無回，倒不如就地造反。上黨地區曾是韓國故地，對秦國仇恨很深，居民都參與了成蟜叛亂。

很快，成蟜叛亂就被平息，成蟜逃亡到了趙國，參與叛亂的人被全部處死，當地居民也被全部遷到現在的甘肅臨洮，屯墾戍邊。

嬴政雖然少了一個潛在的敵人，但是他的對手就像地鼠一樣，今天滅了一個，明天又躥出來一個。新躥出來的敵人雖然只是一個下三爛的角色，可是對秦國政壇的衝擊卻是毀天滅地的，這個人叫嫪毐（ㄌㄠˋ ㄞˇ），是趙國邯鄲人。

秦莊襄王在王位沒兩年就死了，趙姬再次守寡。趙姬人近黃昏，卻依然風情萬種。呂不韋作為趙姬的前男友，再次與趙姬苟且在一起，他倆的故事也經常被相關影視作品大肆渲染。

嬴政逐漸長大，為了避免姦情被嬴政發現，呂不韋決定與趙姬徹底分手。可是趙姬沒了自己的陪伴，空虛寂寞怎麼辦？於是呂不韋又特意給趙姬找了一個男寵，正是嫪毐。

司馬遷本著實事求是的態度，在《史記》中描述嫪毐說他是「大陰人」，意思是嫪毐陰部很大。司馬遷接下來又寫了更恐怖的一句話：「使毒以其陰關桐輪而行」，意思是嫪毒的陰部穿在桐木車輪上，可以使車輪轉動。司馬遷描述的畫面簡直令人毛骨悚然。

呂不韋看中了嫪毐這個善於表演成人秀的演員，把他獻給了趙姬。

如何讓嫪毐入宮，這是一個難題。宮裡都是宦官，宦官雖然都是朝廷編制，可是這個編制可不好考，是要挨上一刀的。如果把嫪毐變成宦官，豈不是白送了嗎？

於是呂不韋想出了一個辦法：讓嫪毐假裝受過宮刑，並把他的鬍子一根根拔掉，成功將他送進了宮裡。嫪毐進宮後與趙姬過上了幸福的生活，趙姬還為嫪毐生了兩個兒子。

由於嫪毐深得國君老媽寵信，被封為長信侯，河西與太原兩大郡成為他的封地，家裡僕人有幾千人，門客也有一千多。此時的嫪毐如日中天，勢力已經與呂不韋不相上下。

有的人一旦富貴就忘乎所以，真把自己當成大人物了。嫪毐軟飯硬吃，竟然還吃得氣勢如虹。嫪毐非常喜歡自己的兩個兒子，有一次還對趙姬說，如果秦王死了，就讓這兩個孩子繼位。

有的話私下說說可以，如果拿到檯面上說是要死人的。

西元前二三八年的一天，嫪毐一邊喝酒一邊賭博，在賭博過程中與人發生了爭執。由於喝大了，他竟當著眾人的面口出狂言：「我是秦王的假父（乾爹），你們誰敢欺負我！」

秦國法律鼓勵人告密，於是嫪毐被人告發了。嫪毐與趙姬苟且還生了兩個兒子的事，早已成為坊間笑話，被人津津樂道。而秦王嬴政是一個眼睛裡揉不得沙子的人，一個小小的嫪毐敢說自己是國君乾爹，還敢和國君老媽通姦，這恐怕是活膩了。

於是嬴政下令徹查此事。聽聞秦王要調查自己，自以為是的嫪毐徹底慌了，他做的事無論哪一件都是死罪啊。再想想《秦律》五花八門的死法，隨便哪一種死法嫪毐都吃不消。

想活命，怎麼辦？

逃離秦國幾乎是不可能的，當年位極人臣的商鞅因為沒有通行證，連個旅店都住不了，到死都沒能逃出去。還是鋌而走險，反了算了。

碰巧這一年二十二歲的嬴政要去秦國故都雍城舉行加冠禮，住在雍城的蘄（ㄑㄧˊ）年宮，嫪毐決定趁機造反。

造反是要有兵的，嫪毐沒有調兵權，但他可以想辦法。嫪毐寫了一封調兵文書，加蓋了趙姬的太后璽與他私刻的秦王璽，隨即帶上自己的門客前往咸陽。他想憑藉手裡的調兵文書，調動咸陽及其附近所有武裝力量。

史書裡是這樣記載的：「長信侯毐作亂而覺，矯王御璽及太后璽以發縣卒及衛卒、官騎、戎翟君公、舍人，將欲攻蘄年宮為亂。」縣卒是咸陽附近縣的武裝力量，衛卒是守衛王宮的部隊，官騎是騎兵部隊，戎翟君公是戎狄部隊的首領，舍人是嫪毐自己的門客。嫪毐想發動首都咸陽及其周邊的所有武裝力量，攻擊住在蘄年宮的嬴政。這些部隊可是秦軍精銳中的精銳，如果整個首都的衛戍部隊都跟著嫪毐造反，打起來絕對地動山搖。

可是嫪毐太幼稚了，他低估了商鞅的影響。

商鞅給秦國設計了一套超級完美的君主專制制度，任何權力都牢牢掌握在秦王手裡，沒有人能挑戰秦王的權威，就連商鞅自己也死在了自己設計的制度裡。

想在秦國調動五十人以上的軍隊，必須要有三樣東西——璽、符、節。秦國為了國家安全，設置了三層密碼。「璽」是秦國的玉璽，調兵文書裡必須要蓋有秦王的玉璽。「符」是虎符，相當於現在的密碼。虎符的外形象隻小老虎，右半部分交給國君保管，左半部分交給將領保管。調兵時，將左右兩部分虎符合在一起，嚴絲合縫才能調兵。虎符上也刻有「凡興士被甲，用兵五十人以上，必會王符，乃敢行之」。「節」是通關證明，部隊通過各個關口時，必須要出示通關證明才能通過。

嫪毐來到咸陽城後，傻乎乎地拿著調兵文書，在駐軍之間跑來跑去，沒有一個人理睬他。沒有虎符和通關的節，哪怕蓋的是天王老子的章，軍隊也不會跟他走。

造反最講究保密性，嫪毐拿著自己偽造的調兵文書在咸陽城到處亂撞，秦國的告密體系又極其發達，一有風吹草動，秦王雖然遠在三百里之外的雍城，還是第一時間就知道了。

嬴政隨身攜帶著虎符，他知道嫪毐造反的消息後，立刻命令昌平君、昌文君、呂不韋攜帶璽、符、節徵調周邊軍隊。

平叛大軍很快開進咸陽與叛軍激戰，斬殺數百人，嫪毐戰敗逃跑。嬴政發布懸賞令，活捉到嫪毐賞錢一百萬，殺掉他賞錢五十萬，在巨額賞金誘惑下，嫪毐被抓獲，後被五馬分屍，他的三族，包括與趙姬通姦生下的兩個兒子也都被處死了，趙太后也被軟禁。

這事並沒有了結。嬴政是一個凶狠的君王，絕不允許手下人對自己不忠，更不允許他們有半點差錯。一個嫪毐拿著偽造的調兵文書，帶著自己的門客在咸陽城內到處亂跑，竟然沒有一個人抓他，最後反倒要靠秦王自己派來平叛部隊。咸陽的衛戍部隊呢？他們是空氣，是擺設，是看客嗎？

後來嬴政仔細一想，明白了。自己加冠後才算是正式親政，而之前國事都由相國呂不韋打理，國內的人事任免都是呂不韋說了算，咸陽衛戍部隊的將領都是呂不韋任命的。這些將領之所以始終沒有對嫪毐下手，就是因為他們知道嫪毐是趙太后的寵臣，而趙太后和呂不韋又有不清不楚的關係，打狗也得看主人呀！

還好這次只是嫪毐造反，如果是呂不韋自己造反，估計連虎符都不需要，這些人肯定就會跟著他造反。

秦王嬴政下令：衛尉竭、內史肆、佐弋竭、中大夫令齊等二十人皆梟首。

不要小看這些人，他們都是咸陽衛戍部隊裡的核心將領。衛尉是統率保衛王宮的部隊的首領；內史是統率京畿（關中地區）的大軍區司令；佐弋是咸陽弓弩射擊部隊的指揮官；中大夫是統率掌管王宮門戶的保安官員。

嬴政把咸陽城所有的核心將領來了一遍大清洗，二十多人的腦袋被砍掉，掛在街上示眾。

對於君王來說，核心的軍事力量一定要掌握在自己手裡。秦始皇的兒子秦二世胡亥之所以會被趙高幹掉，就是因為咸陽軍事力量的關鍵位置上都是趙高的人。趙高的弟弟趙成擔任皇帝身邊的郎中令，這是統率中央警衛團的職位；趙高的女婿閻樂是咸陽令，可以徵召咸陽地區的武裝力量。

一旦負責皇帝安全的部隊造反，誰都救不了皇帝。所以趙高能在弟弟與女婿的幫助下，直接幹掉秦二世。

初掌國政的嬴政顯示出了凶狠霸氣的執政風格，對他來說，臣子要麼順從，要麼被毀滅，任何潛在的威脅都必須消滅在萌芽狀態。

不過，光靠嬴政一個人是不可能完全清洗咸陽城所有的核心將領的。要是這些被清洗的將領中，隨便有一個人狗急跳牆，都夠嬴政喝一壺的。所以嬴政必須要有幫手，可以幫他震懾想反抗的人。

負責平叛的分別是昌平君、昌文君、呂不韋，平定嫪毒之亂後，嬴政重點清洗的就是呂不韋的勢力，所以他可以依靠的就是昌平君與昌文君。

這兩人的身分大有來頭，他倆都是楚國人。昌平君名叫熊啟，他老爹正是楚考烈王，當年楚考烈王在秦國當人質，和秦國公主生了昌平君。後來秦滅六國，昌平君還逃回楚國，成為末代楚王。

楚國外戚就是嬴政背後的鐵桿支持者，他們的核心人物正是華陽太后。幾代秦王都是老芈家擁立的，幾代秦王的老婆也都是老芈家的姑娘，老芈家在秦國幾代經營，樹大根深，呂不韋這幾個外來戶，憑什麼撼動老芈家？

而且，華陽太后超級能活，她一直活到了嬴政在位的第十七年。嬴政執政的前期，楚國外戚一直是秦國政壇的一股重要勢力。

有人認為嫪毒叛亂是他和趙姬想要讓自己的私生子當秦王，顯然這是站不住腳的。無論三家分晉還是田氏代齊，這些取代原來王室的家族都經歷了數百年的奮鬥，手裡都有兵有權。而秦國王室也有數百年的歷史，子孫不計其數，整個秦國就是老嬴家的私人財產。嫪毒不過是一個太后寵臣，他的私生子怎麼可能成為秦國的合法繼承人呢？

也有人認為嫪毒叛亂，是趙姬想與華陽太后為首的楚國外戚爭奪大權。可是，趙姬想奪回大權，最可靠的幫手應該是老情人呂不韋。呂不韋和趙姬是一條繩上的螞蚱，楚國外戚是他們共同的敵人。呂不韋在秦國主政十二年，軍政各處都是他的人，他要造反，成功概率要高得多。可是呂不韋在嫪毒造反期間是和嬴政站在一起的，這說明呂不韋對嫪毒造反之事一無所知。

由此我們可以得知，嫪毒為了逃避秦王關於他和趙太后的調查，是在呂不韋完全不知情的情況下發動了叛亂。呂不韋完全是被豬隊友給坑了。

平定嫪毐叛亂之後，秦王嬴政下令參戰人員爵位升一級。由於反賊嫪毐是呂不韋獻給趙姬的，呂不韋因此罷官，被逐出咸陽，前往自己的封地。趙姬畢竟是國君的親媽，長期軟禁影響不好，過了一段時間後，嬴政還是把她接了出來。反正趙姬的政治羽翼已被斬除了，再不會對自己構成威脅了。

呂不韋到了封地後並沒有收斂，來往的各國賓客絡繹不絕。嬴政絕不允許一個戴罪之人活得如此瀟灑，他寫了一封書信給呂不韋：「你對秦國有何功勞？可以有十萬戶食邑。你和秦王有何血緣？敢稱自己為仲父。你和你全家全部遷往蜀地。」

呂不韋明白，嬴政步步緊逼，就是要讓他死。這個孩子是自己看著長大的，沒有自己的付出，嬴政的父親不會是秦王，嬴政的母親也不過是自己的侍妾，嬴政本人更不會成為令天下畏懼的秦王。世態炎涼，冷暖自知，一旦嗜血的王權張開血盆大口，不管你曾經立下何等功勞，都會被無情地吞噬。

呂不韋對嬴政派來的使者說：「秦王不用擔心了，我自行了斷。」隨後他就喝毒酒自殺了。

呂不韋是一個商人，他以一個投機者的心態成功參與到秦國的政治漩渦中。他實現了自己的夢想，最後也葬送其中。

用《呂氏春秋》裡的一句話來概括呂不韋的一生吧：「全則必缺，極則必反，盈則必虧。」

貳拾陸

李斯與韓非

廁中鼠

呂不韋死後，秦王嬴政對外國人極度不信任。他想把這些外來人都趕走，其中就包括李斯。

李斯是楚國上蔡人，年輕時是當地管理糧倉的小公務員。有一次，他上廁所，看到裡面有隻老鼠在吃髒東西。看到有人進來，廁所裡的老鼠就立刻逃走。後來他去糧倉清點糧食，看到糧倉裡也有老鼠，這些老鼠吃著屯糧，長得又大又肥，生活安逸，見到人來了也不躲避。

李斯不禁感嘆：「都是老鼠，習性之間的差距怎麼就這麼大呢？看來這都是由自己所處的環境決定的。」

對普通人來說能吃皇糧就不錯了，可是在李斯看來，這與低賤的廁中鼠沒什麼區別，他追求的是位極人臣。

如今天下紛爭，每個君王都想得到一流的人才。只要有才華，就能成為人上人，成為倉中鼠。碰巧，大儒荀子曾被春申君邀請來楚國做官，現在退休了，正在楚國養老。李斯就去他那裡求學，提升自己。

大儒孟子創造了性善論，而荀子與孟子雖然同為儒家，觀點卻與孟子相反。荀子創造了性惡論，認為人性本惡，必須要靠禮來約束。

荀子一生不得志，他希望自己的學生來實現自己的政治理想。李斯拜入荀子門下後認真學習，這時，韓國公子韓非子也來向荀子求學。

韓非子出身名門，天資聰慧，從小就受過一流的教育。他來荀子處求學，就是為了提升自己的學術層次，從韓國頂尖，變成天下一流，乃至自創門派，成為一代宗師！

所以李斯與韓非子，一個是想混得更好當大官，一個是想成為學術大師。兩人的追求不一樣，人生道路也就不一樣了。

幾年之後，李斯覺得自己已經學成，可以離開了。在選擇求職單位時，他思慮再三，自己雖然是楚國人，可是楚國日薄西山，全天下人都知道秦國遲早要統一天下，就去秦國吧。

臨走前，李斯向老師荀子辭行：「老師，我打算走了。」

荀子：「既然你要走，為師也不留你。希望你青出於藍而勝於藍。對了，你打算去哪裡呢？」

李斯：「我打算去秦國。」

荀子：「秦國是虎狼之國，儒家學說不受歡迎。我當年去秦國，見了范雎，見了秦王，他們都沒有重視我。你去那裡，他們會重用你嗎？」

李斯：「去碰碰運氣吧，人一旦有了機遇，就一定要抓住。現在秦國想吞併各國，這正是我們這些出身平民的人施展才華的大好機遇。地位卑賤，又不想追求富貴，那活得跟牲口有什麼區別。人生中，最大的恥辱是卑賤，最大的悲哀是貧窮。所以我決定去西方秦國求職。」

荀子滿臉錯愕，自己一生想做大官，是想實現孔子理想的禮制社會，而李斯想做大官，只是為了升官發財。

看著臉上彷彿寫著「功利」兩個大字的李斯，荀子感到了悲哀。

他對李斯說：「你走之前，為師送你一句話：『君子之修行也，其未得之，則樂其意；既得之，又樂其治。是以有終生之樂，無一日之憂。小人者，其未得也，則憂不得；既已得之，又恐失之。是以有終生之憂，無一日之樂也。』」

這句話的意思是：君子的修行，是在沒有做官時，以追尋自己的內心為樂；在得到官職後，以治理為樂。所以君子一生都很快樂，沒有憂愁。小人在沒有得到官職前，一天到晚愁眉不展；得到之後，又怕把官職丟了，所以小人一生都憂愁，也沒有一天快樂。

李斯聽完後默不作聲，他已經過夠了清貧的日子，一定要不擇手段出人頭地。可是李斯的一生確如荀子所描述的那樣，從來沒有真正感覺到快樂。他總是怕人奪走他的權力，即便最後爬到了相國的位子，也總是在惶恐與不安之中徘徊，最後死得也極其悽慘。

渴望變成倉中鼠，可內心卻仍是一隻廁中鼠，這是李斯一輩子甩不掉的宿命。

李斯來到秦國，正巧秦莊襄王剛去世。李斯拜入相國呂不韋門下，由於他是荀子的高徒，呂不韋給了李斯一個郎官的職務。雖然郎官級別很低，但是可以經常見到秦王。如果能在秦王面前留下好印象，以後一定能飛黃騰達。

李斯學富五車，經常在少年嬴政面前侃侃而談，給嬴政留下了極好的印象。嬴政先讓他擔任長史，後又封他為客卿。

但是李斯風光不到兩年，他的後臺老闆呂不韋就倒臺了。這還不夠，一個叫鄭國的水利高級工程師又讓李斯丟掉了飯碗。

鄭國是韓國人。韓國被秦國持續暴擊之後，知道自己被秦國滅亡只是時間問題，決定再搶救搶救，爭取多活一會兒。於是韓國想出來一個計謀：讓秦國修築大型工程，耗光秦國精力。

歷史上，有些帝國就是因為修建大型工程，加速了自己的死亡進程。譬如秦帝國修長城，隋帝國修大運河。

韓國想來想去，決定想辦法讓秦國修水利，來耗死秦國。修水利又要花錢，又要徵召百姓，消耗多大呀！

鄭國作為韓國派出的高級間諜，以水利工程師身分為掩護，悄悄打入了秦國內部。作為外籍專家，呂不韋對他高度重視，希望他能對秦國的建設建言獻策。於是鄭國趁機說：「關中缺水少雨，而涇河流量大，水裡的泥沙肥效好。正好，關中西高東低，可以引涇河水，由西向東注入洛水，沿途可以灌溉四萬餘頃田地。」

相國呂不韋覺得這個想法很有創意，於是任命鄭國修建水利設施。沒想到，這個工程竟是個無底洞，無數人力、物力、財力投進去修了十年，水利設施還沒有修完。

後來呂不韋倒臺，鄭國作為呂不韋推薦的人也受到了審查。這一查可不得了，他韓國間諜的身分徹底暴露了。

鄭國對秦王嬴政說道：「我雖然是間諜，但是水利工程本身是好的，如果把它修完，關中將更加富饒。」

嬴政想了想，覺得反正已經修了一大半了，不好半途而廢，還不如繼續修下去。於是嬴政放了鄭國，讓他繼續修建水利。

雖然免了鄭國死罪，但是他造成的影響確實惡劣。由於呂不韋、鄭國都是外國人，於是秦國內部掀起了一股排外浪潮。

當時，東方諸侯國有很多人在秦國擔任客卿，身居要職，而秦國王室宗族很多人因此備受排擠。藉此機會，王族宗室向嬴政諫言說客卿在秦國只會挑撥離間、搬弄是非，應該把他們趕走。

嬴政覺得很有理，立刻頒布〈逐客令〉，命令所有秦國客卿在規定時間內必須自行離開，逾期不走將被遣送出境。

楚國人李斯本來在秦國混得好好的，這下不僅丟了官，還被驅逐。他本來滿心期望能在秦國位極人臣，沒想到理想就這樣破滅了。

李斯很不甘，他寫了一篇著名的文章〈諫逐客書〉託人交給秦王，自己收拾行囊走了。

嬴政收到信後一看，被信中無可辯駁的觀點征服了：

「秦穆公時期，因為得到了百里奚，兼併二十多國，稱霸西戎；秦孝公時期，商鞅入秦，諸侯臣服，至今國力強盛；秦惠文王用張儀計謀，拆散六國聯盟；秦昭襄王重用范睢，打擊了外戚勢力。這些明君靠的都是客卿的幫助，客卿從來沒有辜負秦國。」透過這段話，李斯是想告訴嬴政，你們秦國靠的就是外國人才發家致富。

「美女、音樂、珠寶都來自外國，大王您照用不誤。可是對於外國的人才，卻偏偏不用。」李斯想說，嬴政你在玩雙標，分明是故意針對外國人。

「泰山不嫌棄細小的泥土，這才造就它的偉大。江河不拒絕細流的匯入，這才造就它的深廣。聖明的君主不拋棄他的百姓，才能顯示他的賢德。你把我們這些客卿都趕走了，這些有才能的人就會去投靠東方諸侯。這等於是把武器送給了敵人，把糧食送給了盜匪！」李斯警告嬴政，國與國之間的競爭就是人才的較量，人才都走了，你秦國還玩什麼大一統啊？

嬴政看上去凶狠殘酷，可是內心深處卻很明事理。他知道國家利益至上，個人恩怨無足輕重。於是嬴政立刻派人去追李斯。此時李斯已經走到了驪邑，他接到命令後欣喜若狂，立刻返回了秦國，嬴政升任他為廷尉。

年輕的嬴政認為，這個人以後必將是秦國的棟梁！可是他錯了，他追回來的並不是一個政治家，而是一個政客。

政治家有著強烈的使命感，他要實現心中宏大的政治藍圖，任何人都不能阻止他。商鞅就是一流的政治家，即使你是地位顯赫的權貴，也難逃他的霹靂手段。而政客追求的只是功利，只要能給他榮華富貴，他就可以毫無底線、放棄原則。李斯就是這樣的人，後來在秦國的幾次關鍵決策上，他起到了掘墓人的作用。

法家集大成者

李斯回到咸陽後，再次受到嬴政的重用。可是沒兩年，學弟韓非的到來，讓李斯感到了嚴重的危機。

提到韓非，就必須要給他加一個「子」字，因為他是戰國最後的思想家！

韓非子的老師荀子本身就是一個頗具顛覆性思想的人，他看重現實，更發掘出了人性的陰暗。荀子想讓人透過學習，在禮的約束下，實現儒家理想的禮制社會。

老師的思想有顛覆性，學生的思想只會更具毀滅性。如果荀子還活著的話，一定要抽自己的嘴巴。明明自己是儒家，教出來的兩個高徒不但處處與儒家對著幹，還欺師滅祖。韓非子成為法家集大成者，李斯更是在秦統一天下後焚燒儒家經典。

韓非子熟讀儒家經典，可他卻認為這些書講的都是上古時代的人，書裡的道理並不適合現在。不過，他繼承了荀子看重現實的性惡論，不指望人們會良心發現，他認為為了維護國家秩序光用禮是不夠的，更得用法。

韓非子才高八斗，連學長李斯都自嘆不如。可惜他有口吃，說話吞吞吐吐。

韓非子在荀子那裡學習完就回到韓國。韓王安不重視法制建設，不用自己君王的權威來駕馭臣子，不重視踏實苦幹的人，卻重用那些誇誇其談的人。一些遊俠成為流竄犯，經常製造刑事案件破壞國家治安。國家真正需要的人才得不到重用，都是奸邪小人活躍在臺上。

韓非子憂心忡忡地向韓王安上書。可是韓王安是死豬不怕開水燙，你上你的書，我接著過我的聲色犬馬生活。

韓非子貴為韓國公子，看著自己的國家一天一天沒落，內心充滿了焦慮。戰國時，有才華的人一旦官場失意，就會化悲痛為創作靈感，開始著書立說。於是韓非子也開始著書立說，他的文章被後人整理成著名的帝王教科書——《韓非子》。

現在有很多人看《厚黑學》，想從這些書裡學習混社會的經驗，最好是不僅能讓自己不被人算計，還能學會如何算計別人。抱著這樣的心態去讀書是不好的，尤其是年輕人。其實要論哪本書厚黑功力最深厚，還得數先秦的《韓非子》。

《韓非子》這本書洋洋灑灑十萬字，其實裡面的精髓就三個字——法、術、勢。

不要小看這三個字。如果君王能夠領悟這三個字，就可以無敵於天下；如果普通人能參透這三個字，就可以縱橫於職場。

法、術、勢是韓非子的理論精髓，而這三個字是建立在荀子性惡論的基礎之上的。在韓非子眼裡，人性本來就是惡的，不要把人想得太高尚，人與人之間的關係就是靠利益維持的。要想把國家治理好，讓百姓順從，讓官員忠誠，就必須要學法家。

可是從戰國時代開始，幾百年來，各國都有著名的法家人物，要學哪一個呢？

韓非子把法家總結出成「法」、「術」、「勢」三個流派。

「法」派代表人物是秦國商鞅。商鞅只講刑罰，不徇私情，秦國因此快速富強。可是國家富強了，卻被大臣用來作為擴張勢力的資本。例如魏冉把陶邑作為自己的封國，呂不韋權傾朝野。

「術」派代表人物是韓國申不害。申不害教導君主要讓手下的大臣害怕自己，讓大臣們永遠猜不到君主在想什麼。君主不要暴露自己的慾望，大臣就無從討好君主，更不敢隱瞞自己的錯誤，君主就能將大權掌握在自己手中。可是「術」也是有危害的，因為它不注重法令，給了奸臣可乘之機。

「勢」派代表人物是慎到，他主張加強君主權威，認為只有君主有權威，朝廷才能正常發號施令。

只要將法家的「法」、「術」、「勢」三者合一，國家就可以無敵於天下。

韓非子的理論雖然沒有在國內泛起波瀾，可是牆內開花牆外香，秦王嬴政對韓非子的理論很感興趣，於是讓人找來了市面上廣泛流傳的韓非子的文章。

〈五蠹（ㄉㄨˋ）〉這篇文章講，儒士、言談者、遊俠、逃兵、從事工商的這五類人像蛀蟲一樣危害國家。

〈八經〉這篇文章告訴君王：你身邊沒一個好人，都要提防他們。造成國家動亂的有六種人，母后、妻妾、子孫、兄弟、大臣、顯貴。國君面對身邊人，一定要抓住權力不放手，不要顧及倫理道德，對待謀反的人要不擇手段。

不得不說，韓非子總結得很到位，古代搞政變的就是這六類人。嬴政讀完這篇文章後心想，這文章不就是給我寫的嗎？自己的弟弟成蟜造反，自己的母親把印璽交給寵臣嫪毐造反，自己的仲父大權獨攬……。想不到在遙遠的韓國，竟然有最瞭解我的人。

寫得太透徹了！

當嬴政看到〈孤憤〉時，又立刻體會到了韓非子懷才不遇、孤獨憤怒的心情。看完韓非子的文章，嬴政從靈魂深處感嘆道：「韓非子就是我的偶像！如果能和偶像見一面，我死而無憾啊！」

就這樣，嬴政成了韓非子的鐵桿粉絲，已經到了見上一面就死而無憾的地步。每天晚上，嬴政都要看一看韓非子的文章，然後把書恭恭敬敬地放在枕邊，才能美美地睡上一覺。

為了追星，嬴政發兵攻打韓國，勢必要得到韓非子。嬴政哪裡知道，自己是「心動不如行動，激動最後失控」，最終讓偶像命喪自己手裡。

韓王安：「我招誰惹誰啦？我打不過秦國，派韓非去和談。」

韓非子作為韓國大使來到了秦國，結果羊入虎口。

有的相逢是喜極而泣，而有的則是你死我活！李斯與韓非子兩位老同學的再次相逢，就要了韓非子的小命。

嬴政看到自己的偶像後，熱情地接待了他，跟他從早到晚不停地聊，把自己心裡埋藏已久的話都說給韓非子聽。

此時，李斯的心情那叫一個酸啊。學弟成為秦王的紅人後，秦王眼裡只有他了。如果照這樣發展下去，韓非子肯定是秦國相國的不二人選，那自己還混個屁啊！

戰國有一個奇怪的現象，就是學長總愛坑學弟。龐涓把孫臏坑了，而學長李斯為了自己的功名前途，也決定要坑學弟韓非子。

很快，機會來了。

韓非子雖然與嬴政天天在一起侃大山，可也沒有忘了自己的使命。他是來和談的，要說服秦國不要攻打韓國。此時，秦國有一個著名的縱橫家叫姚賈，這個人經常代表秦國出使各國，挑撥離間，破壞抗秦同盟。韓非子就故意向嬴政說，姚賈與東方諸侯私通。嬴政一聽，立馬把姚賈隔離審查，畢竟粉絲對偶像是無比信任的。

後來，韓非子在與嬴政聊天的過程中，無意中得知李斯制定了「先滅韓以振諸侯」的策略。韓非子就對嬴政說：「秦國攻打韓國，趙國必救。趙國比韓國強，趙國才是秦國的心腹大患。所以秦國應該先滅趙國！」

嬴政聽完後覺得有道理，就把這意見轉告給了李斯。李斯作為與韓非子相處多年的學長，敏銳地察覺到韓非子對秦王的諫言別有目的。趁此良機，李斯要揭穿韓非子的真面目，置他於死地。

李斯在秦王面前駁斥韓非子的言論：「韓國就堵在秦國的家門口，更是秦國東進中原的絆腳石。如果秦國攻趙，齊國必救，那時秦國將對付齊、趙兩國。韓國表面老實，其實一肚子壞水，當秦國與齊、趙兩國僵持不下的時候，韓國再聯合楚國、魏國攻打秦國，那時秦國將被諸侯聯軍重創，只能退回函谷關。」

聰明的嬴政立刻覺察出了韓非子的詭計。如果換作別人的話，早就人頭落地，可韓非子畢竟是秦王的偶像，嬴政並沒有要動他的意思。

被限制自由多日的姚賈被無罪釋放，吃了多日清湯寡水的他決定報復韓非子。李斯正愁沒人和他一起整韓非子，於是兩人串通在一起，聯名向秦王告發韓非子。

嬴政看到兩位重臣面帶怒火來到自己的面前，意識到這不是件小事。

兩位重臣對嬴政說：「大王，韓非是韓國人，他此行的目的是想挑起我國內部不和，誤導秦滅六國的戰略決策。韓非是韓國公子，他為自己的祖國也是應該的。如果大王把他放回韓國，他瞭解我們秦國內部的情況，這會給秦國帶來危害，請大王按照《秦律》處置他！」

人在生活、工作中遇到不好的事、不好的人，心裡都會埋藏個小火藥桶。沒有點燃還好，可是一旦有壞人在旁邊煽風點火，人心中的怒火定會爆炸。

嬴政之前被親媽坑，被仲父搶權力，現在連他的偶像都在騙他，這點燃了他的怒火。他雖然喜歡韓非子，但他也公私分明，既然偶像不能為自己所用，那就堅決不能放虎歸山。

嬴政：「李斯，韓非子的審訊交你處置。」

李斯假裝一臉嚴肅，內心卻狂喜萬分。

韓非子被捕，被關在了雲陽的監獄。李斯日夜審問韓非子，從精神到肉體折磨韓非子。折磨夠了，就該弄死了。李斯捧著一杯毒酒進了牢房，看著已經不成人形的學弟韓非子。韓非子也看著李斯，冷冷地笑道：「我看透了人心的險惡，唯獨沒有看透你。我現在的一切都拜你所賜，現在你是來送我走的吧？」

李斯：「我心胸坦蕩，從無要陷害你的想法。我作為秦王的臣子，就要按照秦國的刑罰來秉公辦事。你作為韓國間諜來秦國從事破壞工作，死罪難逃。這是一杯毒酒，你喝了吧，至少能減輕點痛苦。作為同窗多年的老同學，我只能幫你到這個份兒上了。」

韓非子看著眼前的毒酒，又想哭，又想笑。自己有曠世之才，卻無處發揮，最後落到被毒死的悲慘地步。死了也算解脫了，於是韓非子將毒酒一飲而盡。

嬴政事後氣消了，轉念一想，即便韓非子不願為秦國效力，秦國也可以養著他，沒必要殺他，反正又不差他這碗飯。於是他趕緊派人赦免韓非子。

可惜他來晚了，韓非子早已死了。

帝王導師

韓非子是諸子百家裡最不得志的人，一生都沒得到過重用。唯一能懂他的人只有嬴政，可惜嬴政卻是害死他的幫凶。

但不得不說，韓非子確實是嬴政的精神導師。

誰都知道秦國即將統一天下，可是如何管理天下呢？呂不韋的《呂氏春秋》，在嬴政看來就是一鍋大雜燴，完全不具備可操作性。而韓非子的文章，卻是嬴政統治天下的帝王操作手冊。

法、術、勢並用，成為嬴政統治天下的制勝祕籍。嬴政尤其看重勢，也就是增強自己的權威，讓全天下人都怕自己。最後嬴政想出了「皇帝」的尊號，讓自己顯得神聖不可侵犯。

為了增強自己的君主集權，避免出現第二個呂不韋，嬴政又按照韓非子「宰相必起於州部，猛將必發於卒伍」的理念選人用人。因為這些從基層爬上來的人，既有工作經驗又沒有背景，對國家有用，而又對君王不構成威脅。

後來，秦在統一天下之後焚書坑儒，其實這也早就寫在韓非子的文章裡。在《韓非子．詭使》中，韓非子認為，天下的私學和君王不是一條心，而是有「二心」的，所以稱之為「二心私學」。如果對「二心私學」不禁其行，不破其群，不散其黨，這幫人遲早要犯上作亂。二十年後，秦始皇嬴政就是按照韓非子帝王操作手冊的說明行動。

韓非子雖然死了，卻活在了嬴政的心裡。嬴政不知道該怎麼統治天下時，就去韓非子的文章裡尋找答案。可以說，秦帝國的設計師不是嬴政而是韓非子！

這個世界虧欠韓非子太多。有人說韓非子是一位頂級的厚黑學大師，把世上所有人看得無比醜惡，會使用各種權謀操控別人。而筆者想說的是，韓非子恰恰是一個正人君子。

韓非子以超越常人的眼光，看破了世間一切醜惡，並且徹底撕下這些醜惡的偽裝。韓非子深知世間的惡任何人都無法避免，因此告訴世人該用什麼手段去對付惡，君王該用什麼手段去駕馭人心中的惡。韓非子的最終理想是國家強盛太平，只有這樣百姓才能安居樂業。這和荀子期望的君君臣臣父父子子、秩序井然的儒家禮制社會的目標是一致的，只不過使用的手段不一樣。

如果韓非子沒死而是混跡官場，能取代李斯位極人臣嗎？可能也是不會的，他看破又說破，這樣的人太實在了，絕對混不久。真正厚黑的都是把想法藏在心裡暗暗使壞的人，例如李斯。

中國古人給君子定的標準太高，幾乎是完美的，可是現實中能有幾個人真的達到這種標準呢？所以很多人最後就成了偽君子，偽君子往往比真小人更可怕！

韓非子也算死得乾乾淨淨，不像偽君子李斯死有餘辜，遺臭萬年。

撇開對人性的探討，從政治學層面來說，《韓非子》是中國古代最牛的帝王教科書，能和它媲美的只有一千七百多年後義大利人馬基維利所著的《君王論》。

兩本書裡有很多觀點驚人地相似。

馬基維利認為，人天性就是自私自利，見利忘義，人的一切行為就是為了滿足自己的私慾。這不就是荀子的「性惡論」嗎？

《君王論》說：「君王要當一隻狡猾的狐狸，能認出陷阱；同時還要是一隻獅子，能威懾豺狼。」這跟韓非子所提的「術」與「勢」異曲同工。

「如果能靠欺騙取勝的話，完全不需要借助武力。」在馬基維利眼中，國家利益高於道德，這也與韓非子的觀點有相似之處。

後世的歐洲政治家都拼命攻擊《君王論》，可是他們的身體又很誠實，在實際行動中都是按著馬基維利所說的去做。所以，中國人在政治學上要比歐洲人早熟，在戰國就達到了高峰。

不光政治學，整個思想在戰國時也達到了中國古代無人能及的高峰。

胡適寫了一本著名的《中國哲學史大綱》，可這書只寫到戰國部分就結束了。按照他的說法，這只是上部，還有下部沒寫。可是直到胡適去世，下部也沒有出版。

木心先生說出了這本書沒有下部的原因，答案就是十六個字：「春秋以降，哲學從缺。無米難炊，請君原諒。」

早在兩千年前的先秦，諸子百家就給中國人構建好了宏大的思想框架，後來的思想家只是在其框架上搭建自己的小房子而已。

貳拾柒

歸一

奮六世之餘烈

唸書的時候可能有背過一篇課文——漢代賈誼寫的〈過秦論〉。這篇文章讀起來恢宏大氣，讓人彷彿置身於秦統一天下的壯麗時代中。

文章裡有這麼一句話：「及至始皇，奮六世之餘烈，振長策而御宇內，吞二周而亡諸侯，履至尊而制六合，執敲撲而鞭笞天下，威振四海。」這句話說直白一點，就是秦國六代君王給秦始皇留下了豐厚的家底，秦始皇在此基礎之上統一了六國。

其實嬴政在統一天下的戰爭中，很少打出什麼驚豔世人的戰役，很少看見有運用過穿插、迂迴、分割、包圍、突襲等戰術，遠不如白起打的那幾場殲滅戰漂亮。

此時秦國不光在戰役上不顯眼，在戰略上也存在問題。

統一戰爭前期，秦國在先滅韓還是先滅趙之間搖擺不定；統一戰爭後期，秦在滅楚時，嬴政摳門只給了二十萬人，還用錯將領，結果導致二十萬人慘遭團滅，最後出動六十萬人才擺平。

反觀秦昭襄王，他屠宰東方諸侯時是有先後順序的，先是征討韓、魏的伊闕之戰，接著是伐楚的鄢郢之戰，最後是狠擊趙國的長平之戰。一旦確定攻擊對象，秦昭襄王可以什麼都不顧，直接一把「梭哈」。

長平之戰的決戰時刻，秦昭襄王孤注一擲，徵調河內十五歲以上的男子去前線，每人爵位升一級。要知道，在秦國，十六週歲才會上戶口，才有服兵役的義務。

所以秦國滅六國的整個戰爭過程，給人的感覺就是戰略太模糊，方法不正確。這只能怪嬴政一生太順遂了，二十二歲就把所有政敵全部剷除，國家權力集中到自己一人手中，這使他有種迷之自信。周邊諸侯都被太爺爺秦昭襄王打成高位截癱，就等著自己收拾殘局。所以豪橫的秦國滅六國時，也不需要高深的戰術。秦國如同滿肚肥腸的五百斤大胖子，面對骨瘦如柴的東方諸侯，直接一屁股坐死你就是了。

西元前二三七年，嬴政在位第十年，他剛罷免呂不韋，就著手統一戰爭。這一年，李斯對嬴政說了一句十分重要的話：「先取韓以恐他國。」這句話一直縈繞在嬴政心頭。

韓國就堵在秦國的大門口，韓國首都新鄭是天下之咽喉。秦惠文王時期，張儀就主張東出中原，一定要拿下韓國。嬴政想用最低的成本拿下瀕臨滅亡的韓國，於是派李斯遊說韓王安，請韓王安來秦國進行友好訪問。韓王安也不傻，知道秦國是著名的詐騙集團，去了就會被綁票，所以沒有前去。

騙不行，那就來硬的。韓國已經被秦國打成七雄中國土面積最小的，秦滅韓就如同掐死一隻螞蟻。但滅韓國容易，卻會招來多國敵對。雖然東方諸侯是散裝的同盟，卻也是有底線的，他們決不會讓其中一國滅亡。

既然滅最弱的會招來救兵，秦國索性就先打大國。只要能打贏大國，其他小國即使救援也沒有什麼用。

秦國看來看去，還能跟自己對打的就剩趙國、楚國了。趙國首都邯鄲位於中原，只要攻下邯鄲，秦國將在中原無敵手。而楚國首都現在是壽春，遠離秦國，對秦國統一戰爭不構成威脅。所以秦國先滅趙國，後滅楚國，其他小國可以順手再滅。

按照這個思路，嬴政十一年，也就是西元前二三六年，嬴政二十四歲時，秦國正式對趙國宣戰，統一戰爭拉開序幕。

嬴政沒想到，滅趙戰爭竟然持續了九年，歷經五次大戰，其中秦國兩次慘敗。最後因為趙國臨陣換將、國力不支，秦國才獲得勝利。

第一次秦攻趙戰爭，趙國正好在攻打燕國，趙軍主力全在燕國境內，秦國占了一個大便宜。秦軍兵分南北兩路，南路由桓齮（一）率領，攻占安陽、鄴城；北路由王翦率領，攻占閼與。兩路大軍攻占趙國九座城池。此時趙悼襄王突然病死，趙王遷繼位。就在趙國生死存亡之際，魏國無意中幫了趙國一把。

魏國主動找秦國當大哥，希望大哥和自己一起攻打楚國，掠奪來的土地哥兒倆一起分。年輕的嬴政缺乏經驗和定力，經常想一齣是一齣，他覺得與魏國一起幹掉楚國可以省不少事，於是派人與魏國進行磋商。可這事最後不了了之，秦國耽誤了整整一年，給了趙國喘息的機會。

西元前二三四年，嬴政發動第二次攻趙戰爭。桓齮率領秦軍在平陽大戰趙軍，斬首十萬！

自從長平之戰後，趙國全國精壯將士都已被埋入長平黃土，已不再是可與秦國正面對抗的北方雄獅。被桓齮殲滅的十萬趙軍，已是趙國砸鍋賣鐵、掘地三尺拼湊出來的軍隊。

眼看秦軍即將進逼邯鄲，趙王遷決定動用撒手鐧。

李牧死，趙國滅

趙武靈王為應對凶悍的北方遊牧民族，在北方修建了趙長城，還一手打造了胡服騎射騎兵軍團。由於承擔著保衛華夏文明的巨大防衛壓力，這支騎兵軍團一直在鎮守長城。

趙武靈王離去後，這支駐守在長城沿線的騎兵軍團不斷增加附屬兵種，如車兵、步兵、弓弩手。此時，它已經變成彙集多兵種的複合軍團，我們稱它為長城軍團。

統領這支長城軍團的將領叫李牧，駐紮在雁門郡。作為前線總司令，李牧權力很大，可以設置官吏，徵收當地賦稅用作軍費。騎兵出身的他親自教授官兵騎射，每天殺牛給官兵吃，還經常下基層視察前線烽火臺。這樣的將領，深受官兵們的喜愛。

對經常來騷擾的匈奴騎兵，李牧並不主動攻擊。他讓守軍用烽火報警，一旦收到匈奴來犯的消息，立刻收攏將士固守堡壘。匈奴騎兵也拿龜縮在堡壘後的趙軍沒有辦法，幾年下來，趙國百姓沒有遭到任何損傷。

老是躲起來，讓人感覺他很膽小，趙國大臣開始向趙王彈劾李牧。正所謂眾口鑠金，人言可畏，李牧很快就被罷官。李牧前腳剛走，匈奴騎兵後腳就來進犯趙國邊境。趙軍主動出擊，多次失利，損失慘重，邊境附近的趙國百姓深受其害。趙王只有請李牧重新出山。

李牧說：「出山可以，但是國君必須答應，我在前方指揮，後方不得干預！」

趙王：「好的，沒問題。」

李牧來到雁門郡後，還是不主動出擊，反而決定把匈奴騎兵放進來。

有人會問，為什麼不主動出擊，反而要把匈奴人放進來呢？這就不得不提匈奴騎兵的打法，用一句話來概括，就是「利則進，不利則退，不羞遁走」。意思是，戰局對自己有利，則進攻；如果對自己不利，則撤退；如果打不過，就撤走，而並不因此感到羞恥。

如果趙軍主動出擊，未必能擒住匈奴主力，多半會徒勞無獲，還不如把敵人放進來，打一場伏擊戰。

李牧所在的雁門郡有險峻的雁門山，匈奴騎兵進入雁門山只能走山谷，一旦進入山谷，再強的騎兵也無法展開機動作戰。

為了全殲匈奴騎兵，李牧調集了騎兵一萬三千名、戰車一千三百乘、步兵五萬人、弓弩兵十萬人！

為了引誘匈奴騎兵，李牧故意放大量的牲畜在邊境。匈奴騎兵一看有大肥肉送到嘴邊，哪有不搶的道理？而趙國部隊則象徵性地抵抗了一下就撤走了。

匈奴騎兵從來沒有見過如此眾多的牲畜，而且竟然沒有趙軍阻撓，他們立刻呼朋喚友，匈奴主力也聞風而來。十萬匈奴騎兵放開膽子，邁開步子，越過趙長城，深入雁門山。

匈奴大軍抱著打劫致富的目的來到趙國腹地，可是他們沒想到的是，這次行動他們算是上了死亡黑名單。

無論你騎術有多高超，有多麼靈活機動，只要進入山谷，連掉個頭都費勁。當十萬匈奴大軍進入雁門山後，李牧下令收起包圍圈的口袋。弓弩兵站在山頭朝山谷裡射箭，匈奴騎兵就成了活靶子，沒死的也被步兵拉下馬來砍死。有些匈奴騎兵僥倖衝出包圍圈，才發現還有趙國戰車與騎兵在等著他們！

就這樣，十萬匈奴騎兵被李牧全殲。匈奴被嚇破膽了，本來自己人就不多，再和李牧對打下去，恐怕就要滅族了。此後，匈奴十年不敢騷擾趙國邊境。

秦國第二次攻趙勢如破竹，遠在趙長城的李牧立刻抽調長城軍團回師救援邯鄲。

桓齮此時正在向邯鄲方向前進，他原本以為拿下邯鄲指日可待，但沒想到秦軍走到肥下時，正與李牧南下的長城軍團遭遇，一場大戰就此爆發！

這支雄踞趙國北方的長城軍團，曾經連秦昭襄王都對其感到懼怕。但無論長平之戰還是邯鄲之戰，這支部隊始終沒有南下。而此次趙國已經無兵可用，又沒有外國援軍，生死關頭，全靠長城軍團！

長城軍團的將士可是天天與魔鬼般的匈奴騎兵過招，戰鬥力逆天的他們打得匈奴不敢南下，這支勁旅即將告訴秦軍，誰才是戰國最強兵團！

虎狼般的秦軍與趙國長城軍團一交手，就立刻敗下陣來，被打得潰不成軍。桓齮剛收攏敗軍，長城軍團又如幽靈一般出現在自己眼前，已無戰鬥意志的秦軍慘遭趙軍屠戮。

挽救趙國一命的李牧成為萬眾矚目的英雄，趙王遷封李牧為武安君。可惜武安君可以說是戰國最晦氣的稱號，之前的蘇秦、白起也都是武安君，誰用誰倒楣，沒一個有好下場。

此次秦國大敗，讓嬴政徹底震驚。戰無不勝的秦軍會遭受如此慘敗，嬴政自己也不得不做出深刻反省。第一次大戰勝利是南北兩路夾攻趙國，而這一次自己只出動了南路大軍，可見戰略是有問題的。

但是對秦國來說，一次進攻不能滅趙，那就來兩次；兩次不行，那就來三次，反正我體胖腰圓，耗得起！

西元前二三三年，嬴政發動第三次攻趙之戰，主帥依然是桓齮。

本來桓齮的內心無比痛苦，因為之前李牧的出現讓他患上了恐趙症。但老天還是眷顧桓齮的，李牧上次打退秦軍之後，就率軍趕回趙長城駐守了。此次桓齮發揮還是不錯的，順利地拿下了武城、平陽、宜安。

然而，就在桓齮超常發揮的時候，韓非子正好來到秦國。韓非子鼓吹秦國主攻趙國，而李斯向嬴政揭露了韓非子的間諜身分。年輕的嬴政心想，越是敵人期望的，就越不能做。韓非子越是希望秦國攻趙，秦國越是不能攻。於是，秦國暫緩攻趙。

後來，韓非子死了，嬴政轉念一想，覺得攻打趙國的決策還是對的。西元前二三二年，秦國出動南北兩路大軍，第四次攻趙。

李牧作為趙國的救星，再次大發神威，一舉攻破秦國北路軍，接著又直撲秦國南路軍。桓齮一看剋星李牧來了，生怕自己給他送人頭，直接當了逃兵，潛逃去了燕國。

不過，雖然秦國四次失利，可是對於這個超級大國來說，這點損失也算不上什麼。反倒是趙國被打得快支撐不住了，只能靠北方長城軍團續命。

西元前二三一年，韓王安看見旁邊的趙國被打得幾近休克，自己也隨時有亡國的危險。為了保命，韓王安向秦國獻出南陽的土地。

嬴政命令內史騰以接受南陽為幌子，順手滅了韓國。韓王安原本以為秦軍是來接受土地的，沒想到他們直接就來滅國了，毫無招架之力的韓國被秦國瞬間吃下。

東方六國已滅一國，韓國作為秦國滅趙的絆腳石，現在也沒有了，嬴政可以放手進攻趙國了。

西元前二二九年，老天爺不斷加害行將就木的趙國。這一年趙國接連發生了大地震、乾旱、饑荒，一連串的天災加上此前連年的戰爭，趙國都不用秦國打，自己已經要崩盤了。

嬴政見到天賜良機，第五次出兵趙國。秦軍這次依舊是南北兩路打法，李牧的北方長城軍團也再次南下。

這一次，李牧的對手是與他同為戰國晚期四大名將的王翦。王翦的打法偏保守，與廉頗很像，在獲得絕對優勢前絕不主動攻擊，而是傾向於透過消耗戰來耗死敵人。

王翦仗著秦國強大的國力與李牧對峙，這一對峙就是一年。此時趙國已經無法支撐長期的消耗，趙王遷希望李牧速戰速決。可是李牧知道，王翦始終龜縮不出，貿然衝向秦軍壁壘無異於送死。無論趙王遷怎麼催，他就是不聽。於是趙王遷動起了臨陣換將的念頭。

據史書記載，秦國收買趙王遷身邊的寵臣郭開，造謠李牧謀反，趙王遷便殺害了李牧。

這一幕，和長平之戰趙孝成王換將的場景是多麼的相似啊！但是仔細思考，如果靠造謠就能讓敵軍換一員大將，那全天下諸侯都別打仗了，都去造謠吧。

其實，趙王遷殺李牧的背後是有更深的原因。

第一，趙國已不復當年能在長平與秦國對耗三年的國力。李牧與秦軍對耗的打法，無疑是在不停地放血，如今趙國經濟瀕臨崩潰，已無力支持這種打法。

第二，李牧觸怒了趙王遷的逆鱗。趙王遷要求李牧交出兵權等待發落，李牧在大敵當前的情況下拒絕交出，這一點就讓趙王遷動了殺意。當年長平之戰也是大敵當前，趙孝成王讓廉頗交出兵權，廉頗就立刻交出。如今你李牧拒絕交出兵權，難道是想謀反？趙武靈王被困死在沙丘宮的慘案，對每一任趙王來說都是前車之鑑，趙王對於兵權問題分外敏感。

李牧被處死後，王翦立刻向趙國長城軍團發出凌厲攻勢。李牧是長城軍團的靈魂，他死了，軍團的魂也就沒了，從未失敗過的趙國長城軍團徹底被打垮。

趙國雖是北方大國，可也架不住被秦國巨人連打五次。西元前二二八年，邯鄲城陷，趙國滅亡，趙王遷被俘。趙國公子嘉率領殘存勢力逃亡代郡，自稱代王。數年後被秦國滅掉。

李牧死，趙國滅。

但是，即使李牧不死，也難以挽救趙國滅亡的命運，死了也算是保住了自己的一世英名。

李牧是一個性格耿直的職業軍人，他眼裡只有國家的安危。他並沒有敗在戰場上，而是敗在了趙國遠不及秦國的國力上。

戰國後期有四大名將，號稱「起、翦、頗、牧」。如果要給這四個人做個排序，李牧能排第二。白起殲敵一百多萬的戰績無人能敵；廉頗在長平之戰中始終不與秦軍正面交鋒，而秦軍主帥王翦又不敢與李牧正面交鋒，只敢在李牧被殺後才攻擊趙軍。能全殲秦軍大兵團的李牧絕對排得上戰國後期四大名將第二名。

不靠譜的刺殺行動

當年邯鄲保衛戰時，趙人本想殺掉人質嬴政和他的母親。現在已是秦王的嬴政沒有忘記仇恨，秦軍攻入邯鄲後，嬴政下令把那些曾經欺負過他的趙人全部處死。

北方強國趙國已經被秦國所滅，此後秦國在北方再無對手了。

然而諸侯中實力最弱的燕國為了保命，做了一件瘋狂的事。

燕國作為戰國七雄裡實力最弱的國家，雖然在燕昭王時期崛起了一回，但是很快回歸到老末位置。

之前趙國歷經長平之戰、邯鄲保衛戰，國力消耗巨大，大部分青壯年戰死。燕國想趁機搶占趙國土地，出兵二十萬，結果被廉頗率領殘存的趙軍打得大敗。廉頗打順手了，還一度深入燕國境內包圍燕都，逼得燕國只好割讓五座城池給趙國。燕國也再次扛起了「七雄之恥」的稱號。

燕國連元氣大傷的趙國都打不過，更何況虎狼之師的秦國。燕國上下一想到即將被秦國吞併，所有人都陷入了失眠焦慮。

在巨大的壓力之下，燕國太子丹決定幹一票大的，來個斬首行動，直接殺掉嬴政，這就有了荊軻刺秦王的故事。

值得注意的是，嬴政與太子丹二人曾經熟識，還是好朋友。

嬴政早年在趙國當人質時，碰巧太子丹也在趙國當人質。兩人都是人質，很快就玩到了一起。後來嬴政成為秦王，太子丹就到了秦國做人質。沒想到嬴政成為秦王後，對太子丹的態度來了個一百八十度大轉彎，對曾經的好友愛理不理。太子丹十分氣憤，逃回燕國，從此兩國正式絕交。

要執行斬首行動，就要找到合適的刺客。這個刺客首先要有必死的決心，因為刺殺秦王的行動無論成功與失敗，刺客都會被秦人剁成肉醬。

上哪裡去找這個不要命的刺客呢？

燕國有一個叫田光的人，結交各路豪傑，人脈極廣，於是太子丹找到田光，問他有沒有合適的人選。

田光想了想，身邊還真有這樣一位劍客，正是荊軻。

荊軻是衛國人，平時愛讀書、擊劍。作為一個武俠愛好者，他總想找人比畫比畫。於是荊軻找了兩位名震武林的劍客，結果被兩位高手弄得十分難堪。

有一次，荊軻路過榆次，碰巧聞名天下的劍客蓋聶在此，荊軻就慕名而來，與蓋聶討論劍術。

蓋聶一開始以為荊軻也是位劍術高手，可是他越聊越發現不對勁：怎麼荊軻對劍術的見解亂七八糟，分明是野路子啊！

於是蓋聶朝荊軻怒目而視。荊軻感到有一股劍氣直衝向自己，他見勢不對就趕緊走了。

在一旁聽蓋聶與荊軻談論劍術的人，覺得聶蓋做得有點過分：「蓋聶，畢竟人家是客人，你把客人嚇走了多不好。」

「我剛才和那人談論劍術，他完全是在瞎說，所以我用眼睛瞪他。你去找他吧，他應該逃走了。」勸蓋聶的人去找荊軻，發現荊軻果然逃走了。

既然理論不行，那就實踐吧。荊軻路過邯鄲，聽說著名劍客魯勾踐在此，決定找他切磋武藝。結果魯勾踐發現荊軻的劍術底子太差，不講究路數。

魯勾踐：「你的招式不對呀！誰教你的？」

荊軻：「關你什麼事？」

魯勾踐：「我讓你看看什麼是真正的劍術！」

荊軻二話不說又趕緊跑了。他把兩位劍術大師都得罪了，要不是跑得快，真要領教劍術的終極奧義。

後來荊軻來到了燕國，在街頭與一個叫高漸離的人成了死黨，兩人經常在一起喝酒。酒喝多了，高漸離就開始擊筑唱歌，兩人唱著唱著就放聲大哭。

田光看到這個荊軻不是喝得酩酊大醉，就是在探討劍術，覺得這樣的人要麼是在裝樣子，要麼就是世外高人。於是田光把荊軻當作自己的好友，荊軻需要什麼就給他什麼。

終於有一天，田光找到荊軻，對他說：「太子有一份重要的事情託付我，可是我老了，幹不了。我找到你，希望你來完成。這涉及國家機密，為了保密，我馬上自殺。你見到太子後，就說我已經死了。」

說完田光自刎而死。

雖然荊軻劍術不怎麼樣，但是行走江湖多年，行俠仗義是他的基本信條。於是荊軻帶著田光的囑託求見太子丹。太子丹沒想到田光會犧牲自己，他聽說田光死了，立刻跪倒下來痛哭流涕。

太子丹看著眼前站著的荊軻，心想，這是田光推薦的武林高手，一定有蓋世武功，刺殺秦王的事就靠他了。

只聽「撲通」一聲，太子丹跪在荊軻面前，磕頭如搗蒜。荊軻沒想到一個諸侯國的太子會向自己行如此大禮，不禁大吃一驚。

不過他不知道，太子的大禮可不是白行的，是要你拿命回報的！

「秦國攻打趙國，趙國滅亡只是時間問題，接下來就輪到我們燕國了。我們燕國實力弱小，無法與強秦對抗，只能鋌而走險，派一位壯士假扮使者，在秦國大殿上劫持秦王，逼他歸還侵吞的土地，如果他不同意就趁機殺了他。那時秦國內部一定大亂，東方諸侯聯合起來，就能打敗秦國！」

荊軻聽完後心徹底涼了，這是有去無回的刺殺行動啊：「我荊軻能力有限，這是國家大事，恐怕我無法勝任。請太子另找他人吧。」

太子丹又開啟了磕頭模式，荊軻轉念一想，既然太子如此器重我，作為一位大俠，我不能見死不救。於是，荊軻在沒有經過任何武功考核的情況下，成了一名刺客。

太子丹拜這位不怕死的大俠為上卿，天天好酒好肉伺候著，美女侍奉著。可是過了一段時間，荊軻人都胖了，也沒見到他有刺殺秦王的意思。此時趙國已被秦國殲滅，秦國大軍兵鋒直指燕國，再不行動就來不及了。

太子丹催促荊軻趕緊行動，荊軻回答：「太子，我明白你的意思，可是我想要接近秦王，一定要有讓秦王感興趣的東西。」

太子丹：「什麼東西？」

荊軻：「樊於期的人頭和燕國督亢之地的地圖！樊於期是從秦國叛逃到燕國的將領，秦王重金懸賞要他的人頭，而且秦國對燕國督亢之地垂涎三尺。」

據考證，樊於期其實就是先前的秦國將領桓齮，這兩個名字在古代讀音接近。

荊軻來到樊於期的住所，開門見山地對他說：「樊將軍，秦王對你太狠了。你逃到燕國後，他殺了你全家，還重金懸賞你。你打算怎麼辦？」

樊於期一邊流淚一邊說：「沒辦法啊！」

荊軻：「我有一個辦法。太子命我刺殺秦王，我想借將軍的人頭一用。屆時，秦王看到將軍的人頭，一定會想就近看一看。那時，我抓住秦王的衣袖直刺秦王，將軍的大仇就報了！」

樊於期聽完就自刎而死。荊軻趴在樊於期的屍體上痛哭一陣，然後取下了他的首級。

有了人頭、地圖，就要準備合適的武器。暗殺最好使的就是匕首，小巧，便於隱藏，而且一旦扎中人體非死即傷。

趙國有一位著名的武器鑄造大師叫徐夫人，太子丹派人花重金在徐夫人那裡專門定製了一把全天下最鋒利的匕首。匕首買回來後，太子丹專門找人將毒藥淬在匕首上。人身上要是被這匕首划上一道，哪怕只是破點皮也會立即死亡。

同時太子丹還給荊軻配了一個副使，叫秦舞陽。秦舞陽十三歲就殺過人，沒人敢正面看他。

一切準備妥當之後，荊軻就該上路了。

太子丹率領自己的賓客來到易水送行，高漸離也隨同一起前來。高漸離一邊擊筑一邊唱道：「風蕭蕭兮易水寒，壯士一去兮不復還！」很多送行的人流下了眼淚。

荊軻帶著樊於期的人頭和地圖來到秦國。嬴政身穿隆重的華服，舉行了盛大的九賓儀式，在咸陽宮召見燕國使者。

荊軻捧著樊於期的人頭，秦舞陽抱著地圖，按照主、副使的順序依次朝見秦王。秦舞陽從未見過世面，見到秦王宮如此大的陣仗，臉色變得煞白，渾身直打哆嗦。

大殿上的秦國大臣問荊軻這是怎麼一回事。荊軻笑嘻嘻地說：「秦舞陽從未見過世面，請大王多包涵！」秦國大臣們都哈哈大笑起來。

接著，荊軻對秦王說：「我給大王帶來兩份禮物，一份是樊於期的人頭，一份是督亢之地的地圖。」

嬴政聽說後極其開心，讓荊軻趕緊把地圖呈上來。

荊軻接過秦舞陽手中的地圖，在秦王面前緩緩展開。他一邊介紹，一邊手指著地圖，嬴政則聚精會神地觀看地圖。

當地圖展開完畢，就露出了一把敞亮的匕首。

圖窮匕見，嬴政大驚失色。荊軻抓住嬴政的衣袖，拿起匕首直刺他的胸膛。但嬴政立刻掙脫，荊軻只拽斷了他的衣袖，於是荊軻手裡拿著匕首追著秦王跑。驚慌失措的嬴政想拔出劍自衛，可惜劍太長，拔不出來。拔不出劍的嬴政只能繞著柱子跑，後面的荊軻在拼命追。

大殿上的大臣們都嚇傻了。根據秦國法令，大臣上殿不得佩帶武器，所有侍衛武官也只能在殿外守候，此時喊殿外侍衛已經來不及了。

就在嬴政命懸一線的時候，大殿上的醫官夏無且用藥袋擊中了荊軻的臉。滿臉藥粉的荊軻根本看不清路。有人大喊：「大王，把劍轉到身後！」嬴政經人這麼一提醒，立刻將劍轉到身後，然後一把抽出，砍斷荊軻的左腿。

荊軻癱倒在地，他將匕首扔出，可惜沒有擊中嬴政。嬴政看見荊軻沒了武器，就拼命擊砍荊軻，荊軻身負八處劍傷。

渾身是血的荊軻用盡全身力氣靠在柱子上，兩腿張開，朝著秦王。這種坐姿叫「箕坐」，在當時是很不禮貌的。

荊軻朝著秦王大笑：「大事沒成，是因為我想活捉你，讓你簽訂和平條約。」其實這是荊軻對自

圖11　璏式佩劍法

己行刺失敗的一種說辭。他當初一手抓住嬴政的袖子，一手直刺，這就是要人性命。

殿外的侍衛衝了進來，亂刀砍殺了荊軻。事後，嬴政獎賞了夏無且，賞賜他黃金二百鎰。

魯勾踐聽說荊軻刺殺秦王的消息後，感嘆道：「可惜啊，荊軻的劍術不講路數，我之前對他也不是很瞭解。過去我訓斥他，以為我和他不是一路人。但沒想到他竟然做出刺殺秦王的壯舉。」

荊軻刺秦王的故事講完了。故事裡有一處關鍵點，就是嬴政的劍為什麼拔不出來。

這裡不得不講講戰國時人是怎麼佩劍的。讀者如果有興趣，可以去仔細看看兵馬俑裡一號銅馬車上的御官俑。他的佩劍方式叫「璏（ㄓˋ）式佩劍法」，璏是專門用來繫刀劍的玉質劍鼻，劍柄裝上璏後，用腰帶穿過，繫於腰間。你會發現，御官俑的劍長占到了他身高的一半。由於他是負責駕車的，為了不妨礙駕駛馬車，他就把劍放置於腰後。

先秦出土的文物，劍通常都是放置於人腰的左側。而兵馬俑出土的銅劍，很多長度接近一公尺，想直接拔出來是很難的。由於劍可以在腰間活動，拔劍時就需要將劍往後引，增加手臂的活動範圍，這樣才能拔出來。

不管最終結果如何，還是得敬佩荊軻慷慨赴死之決心。

西元前二二六年，大難不死的嬴政命令王翦攻打燕國，十月攻下燕國首都薊。燕王喜與太子丹逃亡遼東，燕王喜迫於秦國壓力，殺了太子丹並將首級送到了咸陽。五年後，燕國被秦所滅，燕王喜被俘。

四海歸一

秦軍在攻下薊後，又把兵鋒對準了魏國。西元前二二五年，秦將王賁率領大軍攻打魏國。

在一馬平川的中原大地上，魏國無險可守，只能集中兵力守衛大梁城。大梁城可是當年魏惠王建造的天子之都，城堅糧足，要想攻下大梁城必然要死傷很多。

秦國國力雄厚，既然人力難以攻克大梁城，那就借助大自然的力量，建造個水利工程。

秦國最不差的就是水利專家，無論是修建鄭國渠的鄭國，還是修建都江堰的李冰，都在秦國辦事，就連秦將白起也曾用大水淹死過楚軍。王賁作為秦國將領，自然也會用水攻。

大梁城旁邊有黃河，王賁命人掘開堤壩，洶湧的黃河水形成了規模恐怖的黃泛區，直奔大梁而來。大梁城被泡在水裡長達三個月，城裡很多人只能抱在樹上或趴在屋頂上求生。城裡瘟疫橫行，病死、餓死的人不計其數。

長期被水浸泡，大梁城終於支撐不住。秦軍划著小船，蕩起雙槳，殺入大梁城中，魏王假被殺，魏國滅亡。

秦國要滅的國家只剩下楚、齊。

用兩種動物分別形容這兩個國家，一個是牛，一個是豬。

楚國實力不及秦國，可它的大國地位從春秋到戰國一直沒有動搖，這麼牛的楚國，什麼風浪沒見過？而齊國自從再次復國後，就抱著不結盟的政策，對於其他諸侯國的相繼覆滅全當沒看見，一副死豬不怕開水燙的樣子。

死豬已經生無可戀，不存在任何威脅。楚國作為重點對象，得到了秦國的重點照顧。

西元前二二六年，秦國輕鬆地攻占楚國十座城池。嬴政感到戰爭好順利呀，於是準備一舉滅楚。

嬴政想低成本拿下楚國，他知道王翦與王賁這對父子的打法是「一屁股坐扁法」，這種打法需要強大的兵力，成本太高。於是嬴政想到一顆冉冉升起的將星，他叫李信。

李信曾經在滅燕戰爭中嶄露頭角。秦軍攻占燕國首都薊後，燕王喜與太子丹逃亡遼東。李信率領幾千人的騎兵部隊一路狂飆突進，搶先趕到衍水將燕王喜與太子丹截住。燕王喜萬萬沒想到秦軍會追上自己，為了活命，燕王喜命人斬殺了太子丹，將人頭送給了李信，自己則逃之夭夭。

只帶幾千騎兵就敢深入敵人腹地，李信膽大敢闖的性格深受嬴政的喜愛。
嬴政制定滅楚的計畫時，專門把李信與王翦喊了過來。
嬴政：「李信，你覺得滅亡楚國要多少人？」
李信不假思索地說道：「二十萬！」
嬴政又問：「王翦，你覺得滅亡楚國要多少人？」
王翦沉思了良久：「六十萬！」
秦王暗自吃了一驚，六十萬人，那可是長平之戰秦軍動用的兵力，這麼多兵力得消耗多少資源
啊？雖然秦國很有錢，但也得省著花呀！
於是秦王大手一揮，抽出二十萬兵力交給了李信滅楚。
如果李信要滅的只是普通小國，二十萬兵力綽綽有餘；可如果要是滅楚國，這點兵力顯然是不夠的。楚國雖然已不是當年的南天一霸，可瘦死的駱駝比馬大，湊個幾十萬兵力還是沒問題的。
而且楚國的將領段位也比李信高，他就是西楚霸王項羽的爺爺——項燕！項燕有一個牛氣衝天的孫子，他自己的實力也非同凡響。項家世世代代在楚國為將，個個能打。
西元前二二五年，李信作為主力，蒙武作為策應，秦軍兵分兩路攻打楚國。
楚軍統帥項燕並沒有與秦軍硬碰硬，而是選擇進攻秦國後方。
當李信與蒙武在楚國左突右殺的時候，秦國傳來緊急軍情：南郡被楚國圍攻。南郡可是秦軍進攻楚國的後勤基地，負責向深入楚國的秦軍源源不斷地輸送補給。

李信立刻率領秦軍主力回師救援。他哪裡知道，項燕攻打南郡只是個幌子，其真正目的是捕捉秦軍主力，伺機殲滅。

由於項燕主場作戰，關於李信行動蹤跡的情報能源源不斷地送到他那裡。李信就在渾然不知的情況下，被項燕尾隨了三天三夜。到了夜晚，秦軍全部進入夢鄉後，楚軍發動突襲。當晚，楚軍攻破秦軍兩個堡壘，殺死七個都尉，李信大敗而歸。

孤軍深入的蒙武見李信大敗，立刻撤軍回國。

李信大敗，嬴政異常震怒，立即撤了李信的職位。

年輕人靠不住，看來還得老將出馬。

嬴政放下身段，主動前往王翦的家裡承認錯誤，並且滿足老將軍六十萬大軍的要求。

王翦又向嬴政要了很多田宅，他說自己打了一輩子的仗，想給子孫留點產業。嬴政大手一揮，只要你能幫我吞併楚國，田宅要多少給多少！

王翦身邊的心腹將領問他，出征前向國君要不動產，這樣做是否過分？王翦說：「大王生性多疑，現在秦國六十萬大軍交到我手中，他萬一對我不放心，那我的下場可就慘了。為了打消大王顧慮，我故意多要些不動產，讓他以為我是貪戀財物、沒有志向的人。」

西元前二二四年，王翦率領六十萬大軍發動滅楚戰爭。楚國也毫不示弱，全國總動員，出動四十萬大軍迎戰秦軍，由項燕統率。

王翦先是攻占楚國陳至平輿一線，隨後立刻停止進攻，就地駐紮修築堡壘。項燕最擅長的是打運動戰，後來他的孫子把他的風格發揮到極致，而他最不擅長的就是打攻堅戰。

六十萬秦軍躲在修好的防禦工事後面，四十萬楚軍只能乾瞪眼。王翦的戰術很明確，就是不與你硬碰硬，反正我秦國財力雄厚，耗上個一年半載沒問題。而楚國國力弱於秦國，耗上一段時間，四十萬人的後勤補給絕對能拖垮楚國。

急於速戰速決的項燕不停地挑釁秦軍，可是秦軍就是堅守不出。隨著時間一點一點地流逝，吃好喝好的秦軍日夜操練，而楚國的後勤補給越來越困難。楚軍的處境像極了長平之戰中的趙軍。

兩軍僵持很久之後，四十萬楚軍的補給已經開始吃緊。項燕決定在後勤崩盤之前，率楚軍趕緊撤離戰場。

當項燕下令撤軍的時候，王翦瞅準時機，下令全軍追擊。

正處於撤軍途中的楚軍連陣型都沒能展開就被秦軍直接衝散，項燕在亂軍之中戰死，楚軍主力被擊潰。

秦軍兵鋒直指楚國首都——壽春（安徽淮南市壽春縣）。說來楚國也挺慘的，自從老家郢都丟失後，楚國就將首都遷到了陳。可是陳離秦國還是太近，楚國又把首都遷到了壽春。

西元前二二三年秦軍攻入楚國壽春，俘虜楚王負芻。這時，嬴政的一位老朋友來到楚國，被楚人擁立為楚王，他就是昌平君。

昌平君曾在嬴政平定嫪毐之亂中發揮了重要作用。作為秦國外戚的他原本可以在嬴政身邊過著富貴生活，可他始終沒有忘記自己身體裡流淌著楚人的血。他決定回到楚國，為了自己的祖國而戰。

可惜勢單力薄的昌平君哪裡是秦軍的對手，王翦像掐死一隻螞蟻一樣，輕鬆消滅了昌平君的抵抗勢力。

楚國亡了，天下只剩下秦國和齊國。

齊國一直不想也不敢參與對抗秦國的合縱活動，當秦國一個一個滅掉諸侯國時，齊國就像一隻鴕鳥一樣把頭埋進土裡，全當看不見。

齊國：「你看不見我！你看不見我！」

秦國一腳把齊國踹倒在地，說：「把頭露出來，我要宰了你！」

西元前二二一年，嬴政命王賁攻打齊國。

齊王建知道楚國這樣的大國都被滅了，自己被秦國滅掉就是板上釘釘的事。

為了活命，齊王建開了一個腦洞：他決定主動前往秦國，向嬴政訴說自己的一片真心，甘當秦國的屬國。

結果他半道被大臣們勸阻。所有人都覺得齊王建想法不靠譜，去了秦國，就是肉包子打狗有去無回。算了，還是拼老命吧。

齊國自從復國後，國力孱弱，動員出的兵力不多，只能集中使用。齊國四面漏風，敵人可以從任何一個方向攻擊齊國。

秦國在西邊，齊國在東面，秦國進攻齊國多半會從西往東走，於是齊國高層決定賭一把，把主力部隊部署在西邊。結果秦軍竟然從北面突擊齊國，齊國滅亡！

西元前七七〇年，周平王東遷雒邑後，天下有數百個大大小小的諸侯。

西元前二二一年，嬴政統一六國，四海歸一。

大國小民

西元前二二四年，秦曆二月，公曆五月，天氣逐漸熱了起來。

秦軍部隊正浩浩蕩蕩地前往淮陽。部隊裡許多士兵自從被徵調入伍後一直沒有回過家鄉，他們身上還穿著從家裡帶著的厚厚冬衣。

士兵們一邊擦汗一邊往前走，六十萬名將士匯聚成了一臺恐怖的戰爭機器，正在摧毀具有八百年歷史的楚國。

到了晚上，夜深人靜，溫度降了下來，爽快的涼風吹拂著士兵們稚嫩的面龐。

一對隸屬於不同部隊的兄弟晚上湊到一起。他們靠在熊熊燃燒的篝火旁，哥哥黑夫藉著篝火的亮光在一塊木牘上寫起家書，弟弟驚則在一旁看著。

黑夫工工整整地用筆在木牘上寫著字，字型雖是小篆，卻帶點隸書的味道。每行二三十個字，譯文如下：

二月辛巳日，黑夫和驚向衷（衷是黑夫和驚的親兄弟）問好，母親身體還好吧？黑夫和驚一切都好。前幾天黑夫與驚由於執行不同任務，短暫分開了，現在又聚在了一起。

黑夫托益給家裡捎封信，請母親給黑夫寄些錢來，順帶把夏天穿的衣服一起寄來。

母親收到信後，請看一下老家安陸（今湖北省雲夢縣）的絲布價格是否便宜。如果便宜的話，還煩勞母親多買些布料，做成天氣暖和時穿的衣服寄給我們兄弟倆，再寄些錢來。

如果老家安陸的絲布價格貴，就請母親將錢寄來，我們在當地購買衣服。

黑夫和驚的部隊正在奔赴淮陽前線，楚人占據淮陽發動叛亂。可是這座城池久攻不下，不知道自己會不會受傷，希望母親給黑夫的錢不要太少。

衷收到這封信後，請一定給我回信，告知我和驚給家裡爭取的爵位官府有沒有分發。如果沒有分發，請告訴我這一情況。

對了，王得他怎麼樣了？相家爵送走了嗎？相家爵的衣服與書信是否寄到南軍了？

請母親和衷代我倆向姑媽、康樂孝須姐姐和大姑一家問好。請母親和衷代我倆向東室季須姐姐問好，問她是否身體健康。請母親和衷代我倆向嬰記季問好，問他辦的事情是否確定了。請母親和衷代我倆向夕陽呂嬰和里閻諍兩位老者問好。

驚新娶的媳婦嫛還好吧？兒媳婦要儘量照顧老人，不要和長輩發生矛盾。

黑夫寫完信後，對著木牘注視了良久。他轉手把木牘交給弟弟驚過目，看有沒有什麼要修改的。

弟弟驚看著木牘，不一會兒就哭了起來。

哥哥黑夫拍著弟弟的肩膀，和藹地說道：「我們不是第一次為國出征了，哭什麼呀？」

驚：「想家人了，也想新娶的媳婦嫛了。」

黑夫：「好好活著，多立戰功才是真的！」

說完，黑夫拿起木牘放入一個布袋子中，然後用繩子紮好，寫上地址與收件人，交給了軍中負責驛傳的益。益拿到黑夫的信後，放在身後不同的大袋子裡。

黑夫：「請問益，寄回到老家安陸要多長時間？」

安陸到淮陽路程四百公里左右。益回答：「十天左右！大家都是安陸人，信件不會丟的。」

黑夫：「拜託您了。」

益：「大秦驛傳，使命必達！」

接著，益將身後的包裹按照安陸不同的地址進行分裝。第二天，益把包裹交給駛往安陸的驛傳馬車。

秦國引以為傲的驛傳，就是古代的郵政系統。「驛」是用馬傳遞信件包裹，「傳」是用馬車運送信件包裹。如果是短距離傳送信件還有亭郵，就靠兩條腿。

秦國每隔三十里就設有一個驛站，裡面有更換的馬匹、食物，還可以住宿。如果遇到十萬火急的軍情，投送軍事急件時可以日行千里。

黑夫與驚繼續踏上征途。可是過了快一個月，楚人在淮陽發動的叛亂已經被平定，兄弟倆還是沒有看到老家寄來的東西。

到了晚上，黑夫與驚在淮陽城內又聚在一起。四周都是殘垣斷壁，屍首無人掩埋，空氣中散發出濃烈的惡臭味。在黑暗隱蔽的角落裡，還躲藏著負隅頑抗的楚人。

黑夫之前已經給家裡寫了一封書信，現在不好再次催促，只能讓弟弟驚執筆寫信。

驚：「哥哥，我的字不好看，而且寫得語句又不流暢，比較亂。」

黑夫：「沒事，弟弟你就寫吧。」

於是驚在黑夫的注視下，在木牘上寫下了第二封家書，譯文如下：

驚向衷問好，母親的身體還好嗎？家裡大人小孩都還好嗎？母親走路吃力嗎？

我現在和哥哥黑夫同住在一起，經過一場惡戰，我倆都安然無恙，請家裡人放心。

現在我倆最缺的就是錢和衣服，希望母親趕緊寄給我們五六百錢，二丈五尺的好布。我倆問垣（ㄩㄢˊ）柏借的錢即將花完，家裡再不寄東西過來，我倆就要死了，急急急！

我的新婚妻子嬰還好吧？作為兒媳婦要孝敬家裡的老人。

驚在外征戰遠離家鄉，懇請衷囑咐我的妻子嬰，不要去太遠的地方砍柴。

驚還聽說，秦國新攻占楚國的地方人煙稀少，當地很多楚人都逃跑了，那些人都不認同秦律。

請家人去家裡的祠堂為我和哥哥黑夫祈求平安，如果驚有什麼不測的話，可能就是在剛攻占的淮陽城內遭遇不測。

驚向姑媽問好，姑媽生完孩子後，母子平安嗎？

對了，新征服的地區治安很差，請衷不要去。

驚寫完信後，滿臉都是淚水，黑夫長嘆了一聲：「別哭了，去寄信吧！」

驚和黑夫再次找到了益，把信件交給了他。

黑夫：「益，我們家快一個月都沒給我倆寄東西了。這次寫的信件，我家裡人能收到嗎？收到後，他們寄給我倆的包裹，我們倆能收到嗎？」

益長嘆了一口氣：「現在大秦滅楚戰爭打得如火如荼，我軍不斷向敵人腹地深入。很多地方像淮陽這樣，征服之後又發生叛亂，所以我們驛傳也不好做。沿途都有反抗的楚人，送件的兄弟隨時有被襲擊遇難的危險。所以能不能寄到老家，老家寄的包裹能不能收到，都很難說。」

黑夫與驚向益深深地行了禮。

益：「大秦驛傳，使命必達！」

遠在家鄉的衷早在半個月前就收到了兄弟黑夫和驚寄來的信，他和母親把兄弟倆所要的東西都打包寄了過去。可是沒想到，過了十多天又收到第二封信件，看來，第一次寄出的包裹大概是半道被楚人劫了。衷和母親趕緊把兄弟倆所需的錢和布再次寄走。

故事講到這裡，有讀者可能會問，黑夫和驚後來收沒收到家裡第二次寄來的包裹？他們收沒收到，我們不清楚，但是有一點可以推測：黑夫和驚戰死沙場，再也沒有回到老家。

一九七五年十二月底，在湖北雲夢縣睡虎地發現了一個秦墓群。其中編號四的秦墓就是衷的墓，裡面出土了墨、石硯、銅鏡、陶甕等數十件陪葬品。其中還有兩塊木牘，正是黑夫和驚寫給衷的家書。這兩封家書被稱為「雲夢睡虎地木牘家書」。

人死的時候，往往會把自己最心愛的東西當作陪葬品，倘若黑夫與驚能平安歸來，這兩份家書應該會被衷收起來；如果黑夫與驚戰死沙場，這兩封家書就是他們留給家人最後的念想。

年邁的母親再也看不到自己的兩個兒子，新婚不久的妻子嫈再也沒有等到丈夫驚回來。

十多年前，筆者初讀這兩封家書時，並不覺得有什麼稀奇。等自己成家立業，有了孩子之後，再讀這兩封家書，不禁潸然淚下。

一套《二十四史》，無非是帝王將相史。一部《資治通鑑》，無非是帝王教科書，誰曾關心普通小老百姓的生死？

秦軍雖是虎狼之師，可是沒有一個人生來就是虎狼。戰場上的士兵哪個不是父母眼中的孩子、妻子身邊的丈夫？

秦國這樣的大國，其堅實的基礎，正是這無數的小民。

秦國之所以可以一下子動員數十萬人上戰場，不斷地對外發動吞併戰爭，有兩個重要因素：一個是高效精準的人口管理，另一個是它發動戰爭的成本比後世低很多。

歷史書裡有這麼一句話「皇權不下鄉」，意思是皇權只能到縣級，很難到鄉級行政單位，鄉以下的管理只能靠自治。而秦國竟一竿子將王權插到基層。

秦國一旦開戰，可以高效精準地徵召士兵。秦國對每戶人口有精準的統計，知道每家有多少壯丁。秦國抽調百姓家中的壯丁上前線也並不是全上，例如黑夫和驚上了前線，衷就能留在家裡，就怕一家壯丁全死了，老人無人贍養。

這是多麼的人性化！秦國發動戰爭的成本也比後世王朝低太多了。秦國士兵上戰場，國家只提供武器裝備和口糧，其他開銷由士兵自己承擔。因為秦國給士兵授田，給軍功獎勵。秦國老百姓全民皆兵，在老家是預備役，在農閒時定期操練，戰時可以玩命地拼殺爭功，戰鬥素質也不差。

這就是動員力極強的全民戰爭。後世進行如此深入的戰爭動員，還得等到一九一四年第一次世界大戰，歐洲列強動員全國壯丁上戰場。

後世很多王朝的兵都是職業兵，他們脫離生產，就靠當兵謀生。而雇人幹活是要給工資的，人越多工資支出就越高，所以職業兵對於一個國家來說是沉重的負擔。

王翦滅楚戰爭，從西元前二二四年一直持續到前二二三年。這麼長時間，春去秋來、寒來暑往，秦軍將士就跟現在在外地讀書的大學生一樣，都需要家裡給自己寄錢寄衣服。

黑夫與驚是秦軍中的普通士兵，他們打仗需要自掏腰包，一旦戰事持久，就需要家裡不斷寄東西來。他們在家書裡提到的熟人相家爵，在秦軍的南軍，也需要家裡寄東西。

當時秦國出動六十萬大軍攻打楚國，黑夫、驚、相家爵只是這六十萬人的縮影。六十萬人的包裹物流運輸，秦國驛傳既要能寄到，還要能收到，這種效率實在驚人。要知道，那可是在兩千年前，不像現在有發達的郵政系統，而且秦國驛傳承擔的可是戰爭狀態下的物流運輸！

世界上最厲害的快遞，就是戰地郵局！戰地郵局就是負責在戰爭時期，給前線的士兵與後方的家人提供收發郵件的服務。

對於戰地郵局信差來說，最大的挑戰就是如何找到收件士兵的地址。

軍隊會隨著戰爭的進程而不斷轉移，士兵待的地方也不固定。家裡人給某某部隊士兵寄信件包裹，戰地郵局的信差要能準確地找到收件士兵所屬部隊的位置，途中還要穿越火線，這個難度可謂相當大。

秦國對外作戰，通常是以地區進行動員。例如長平之戰在決勝階段，秦國動員河東地區十五歲以上壯丁，秦國計畫幫魏攻打楚國時發動了四郡之兵，都是以縣為單位，再將在這個縣徵召的士兵編成軍隊。所以士兵上了戰場，身邊的戰友都是自己的老鄉熟人。

我們從家書裡可以看到，負責收件的益與黑夫和驚一家都認識，這說明安陸地區將士的包裹運輸由安陸地區的驛傳人員負責。這樣點對點的物流，是非常高效精準的。

黑夫與驚的家庭是萬千秦國家庭的縮影。他們平時在田間辛勤耕作，戰時徵召入伍，自備開銷。他們有自己的喜怒哀樂，家長裡短。

在亂世之中，普通百姓沒有本錢。只有一條命，想往上爬，只能以命相搏。大國小民，僅此而已。

看似如同塵埃一般的平民，才是歷史真正的推動者，更是活生生的歷史！

故事戰國：縱橫200年，帝國來臨前的權力賽局

作　　者　任超
責任編輯　夏于翔
協力編輯　黃暐婷
內頁構成　李秀菊
封面美術　萬勝安

總 編 輯　蘇拾平
副總編輯　王辰元
資深主編　夏于翔
主　　編　李明瑾
業務發行　王綬晨、邱紹溢、劉文雅
行銷企劃　廖倚萱
出　　版　日出出版
地址：231030新北市新店區北新路三段207-3號5樓
電話：02-8913-1005　傳真：02-8913-1056
網址：www.sunrisepress.com.tw
E-mail信箱：sunrisepress@andbooks.com.tw
發　　行　大雁出版基地
地址：231030新北市新店區北新路三段207-3號5樓
電話：02-8913-1005　傳真：02-8913-1056
讀者服務信箱：andbooks@andbooks.com.tw
劃撥帳號：19983379　戶名：大雁文化事業股份有限公司

印　　刷　中原造像股份有限公司
初版一刷　2024年12月
定　　價　760元
I S B N　978-626-7568-43-9

原書名：戰國：兵戈200年
作者：任超

國家圖書館出版品預行編目（CIP）資料

故事戰國：縱橫200年，帝國來臨前的權力賽局／任超著. -- 初版.
-- 新北市：日出出版：大雁出版基地發行, 2024.12
512面；17×23公分
ISBN 978-626-7568-43-9（平裝）

1.CST: 戰國史

621.8　　113017315

圖書許可發行核准字號：文化部部版臺陸字第112042號
出版說明：本書由簡體版圖書《戰國：兵戈200年》以中文正體字在臺灣重製發行。